VENEDIG

Die Zahlen 1–17 bezeichnen die Kapitel des Buches, in denen die jeweiligen Stadtviertel behandelt werden

200m

Cimitero San Michele

San Michele

W0011112

SS. Giovanni e Paolo

Fondamenta Nuove

Fond. Case Nuove

Campo S. Giovanni e Paolo

Barbaria delle Tole

Campo della Confraternita

Campo di S. Maria Formosa

Campo S. Lorenzo

Calle dei Furlani

Canale delle Galeazze

Campo S. Lorenzo

C A S T

Fond. dei Osmarin

Salizz. del Pignater

Arsenale Vecchio

Canale di Porta Nuova

Darsena Grande

San Marco

Campo S. Zaccaria

Palazzo Ducale

Molo Riva degli Schiavoni

Riva degli Schiavoni

Riva Ca' di Dio

Riva dei Sette Martiri

Campo della Tana

Via Garibaldi

Fond. di S. Anna

Secco Marina

Viale Garibaldi

E L L O

Canale di San Pietro

Canale di S. Marco

Canale di San Giorgio

Fond. S. Giovanni

S. Giorgio Maggiore

Viale Giardini Pubblici

Paludo di S. Antonio

Viale Trento

Viale Trieste

HUGH HONOUR

Venedig

HUGH HONOUR

Venedig

Ein Führer

PRESTEL

MÜNCHEN · LONDON · NEW YORK

Auf dem Umschlag: Dogenpalast
(Foto: Huber/Simeone)

Die Originalausgabe dieses Buches
erschien erstmals 1965 unter dem Titel
›The Companion Guide to Venice‹
im Verlag Collins, London

Deutsch von Peter de Mendelsohn.
Für die Neuausgabe hat Martin Graue, Berlin,
den Text aktualisiert und
Ergänzungen des Autors übersetzt.

Die Deutsche Bibliothek – CIP Einheitsaufnahme
Ein Titeldatensatz für diese Publikation
ist bei der Deutschen Bibliothek erhältlich.

© der deutschen Ausgabe
Prestel Verlag, München · London · New York 1966
6., vollständig überarbeitete und erweiterte Neuausgabe 2000

Prestel Verlag · Mandlstraße 26 · 80802 München
Telefon 089/38 17 09-0 · Telefax 089/38 17 09-35

Gestaltung: Albert Teschemacher, München
Lithographie: Eurocrom 4, Villorba (TV), Italien
Satz: Vornehm, München
Gesetzt aus der Walbaum-Antiqua
Druck und Bindung: Westermann Druck, Zwickau

Printed in Germany

ISBN 3-7913-2355-5

INHALT

Einleitung

Dieses Buch ist für den Besucher Venedigs bestimmt und nicht für den Lehnstuhl-Reisenden. Die Kapitel II bis XVII sind ein jedes einem Gebäude oder einer Gruppe von Gebäuden gewidmet, die bequem an einem einzigen Vormittag oder Nachmittag besichtigt werden können. Die Kapitel XVIII und XIX schildern Ausflüge, für die man einen ganzen Tag braucht. Ich habe das Buch soweit wie möglich so angelegt, daß es an Hand der Baudenkmäler der Stadt eine Geschichte des venezianischen Staates und eine Schilderung der venezianischen Kultur und Zivilisation ergibt. So beschäftigen sich die Kapitel I bis IV in der Hauptsache mit der Geschichte Venedigs und seinen Institutionen; die Kapitel V bis XII verfolgen die Entwicklung der bildenden Künste in Venedig; die übrigen befassen sich mit unterschiedlichen Aspekten des Geistes- und Kulturlebens. (Wer die Geschichte der venezianischen Kunst in genauerer chronologischer Reihenfolge zu verfolgen wünscht, mache den in Kapitel IV geschilderten Spaziergang im Anschluß an den des Kapitels VII.) Venedig ist jedoch eine kunterbunte Stadt, in der Gegenstände sämtlicher Perioden in höchst anziehendem Wirrwarr durcheinandergewürfelt sind. Man macht sich auf den Weg mit dem Vorsatz, Barockbauten anzusehen, und wird, ehe man es sich versieht, von einem gotischen Palast, einem Renaissancegemälde oder einer klassizistischen Statue abgelenkt. Ich habe nur selten der Versuchung widerstehen können, überragende Kunstwerke, die nicht in den zeitlichen Rahmen meiner Kapitel gehören, dennoch zu erwähnen.

Alle Reiseführer müssen zwangsläufig eine Auswahl treffen – nicht einmal der unschätzbare ›Lorenzetti‹ ist allumfassend –, und das vorliegende Buch macht hierin keine Ausnahme. Die hier erwähnten Kunstwerke sind nur ein Bruchteil aller jener, welche die Aufmerksamkeit des Besuchers verdienen. Außerdem ist meine Auswahl durchaus persönlich bestimmt. Der Plastik und der Architektur ist mehr Platz eingeräumt, als es für gewöhnlich in Venedigführern üblich ist. Ich habe auf die Frührenaissance besonderen Nachdruck gelegt, weil für mein Gefühl die besten Gemälde, Skulpturen und Bauwerke, die etwa zwischen 1450 und 1510 in Venedig geschaffen wurden, eine poetische Qualität besitzen, welche diese Zeit zu einem der goldenen Augenblicke in der Geschichte der europäischen Kunst macht. Ich habe mich jedoch bemüht, einige der besten Kunstwerke einer jeden Periode vom 11. Jahrhundert an bis zur Gegenwart besonders hervorzuheben.

Bei der Beschreibung von Kirchen habe ich die Begriffe ›rechts‹ und ›links‹ als rechter und linker Hand eines Beschauers, der auf den Hochaltar blickt, verwendet und die Himmelsrichtungen in ihrem liturgischen Sinn, der von der (oft falschen) Voraussetzung ausgeht, daß der Hochaltar am Ostende der Kirchen steht. Jeder in diesem Buch geschilderte Spaziergang ist so angelegt, daß er entweder auf der Piazza San Marco oder an einer Bootsanlegestelle beginnt und endet.

Für aktuelle praktische Informationen sollte der Besucher die jeweils letzte Ausgabe des italienisch-englischen Magazins ›Un Ospite di Venezia‹ konsultieren, das man beim örtlichen Touristenbüro in San Marco und am Bahnhof oder an der Rezeption der meisten Hotels und Pensionen erhält. Es listet die Öffnungszeiten von Museen, Scuolen etc. auf, die sich von Saison zu Saison ändern; Sonderausstellungen, kulturelle Veranstaltungen, Fahrpreise für Gondeln und Wasserbusse und die Fahrpläne der öffentlichen Verkehrsmittel werden genannt. Bei den Touristenbüros erhält man auch aktualisierte Listen der Öffnungszeiten der Kirchen, von denen einige mittlerweile

von den auswärtigen Besuchern nur noch gegen ein gerin-
ges Entgelt, von den Einheimischen weiterhin kostenlos
besucht werden können. Es gibt eine Reihe von Wasser-
buslinien. Die Linie 1 ›Accelerato‹ führt vom Piazzale
Roma zum Bahnhof, den Canal Grande hinunter, an der
Riva entlang bis zu den Giardini Pubblici und schließlich
zum Lido (sowie in umgekehrter Richtung) und hält
unterwegs an jeder Haltestelle. Die Linie 82 fährt mit
weniger Haltestellen auf der Strecke San Zaccaria, Giudecca, Tronchetto, Piazzale Roma, Bahnhof, Rialto, San
Marco, Lido und umgekehrt. Die Linien 41 und 42 zirku-
lieren in beiden Richtungen um Venedig herum, vorbei
an Piazzale Roma und Bahnhof mit Haltestellen an den
Fondamenta Nuove, Murano, Riva degli Schiavoni und
Giudecca. Andere Linien verbinden Venedig mit Chioggia,
mit Burano und Torcello und einigen kleineren Inseln.

Man hat mich oft gefragt, welches die beste Jahreszeit
für einen Besuch Venedigs sei. Der September ist (oder
war) der Modemonat, in dem die internationale elegante
Gesellschaft in ihren Palästen am Canal Grande hofhält
und in dem die Filmfestspiele auf dem Lido stattfinden.
Ich ziehe jedoch den zeitigen Frühling und den Spätherbst
vor. Auch der Sommer hat natürlich offenkundige Vorteile
– schönes Wetter, langes Tageslicht, das es ermöglicht, Kirchen und Museen am Spätnachmittag aufzusuchen, Baden
am Lido, Ausflüge auf der Lagune und Touristenattraktio-
nen wie Konzerte, Opernaufführungen und Regatten. Der
einzige, ernstliche Nachteil eines Besuchs in der Zeit zwischen Anfang Juni und Ende September sind die Mengen
anderer Besucher, von denen die Stadt dann überfüllt ist.
Im Winter und im zeitigen Frühjahr entgeht man den
Menschenmassen völlig. Zu diesen Jahreszeiten zeigt sich
Venedig von seiner schönsten Seite, wenn das reine, klare
Sonnenlicht den Türmen und Fialen ein ganz besonderes,
ungewöhnliches, krebsschalenartiges, brüchiges und zer-
brechliches Aussehen verleiht, oder wenn die Sonne den

frühmorgendlichen Nebelschleier durchdringt und man
alles wie durch den hauchdünnen Gazevorhang bei einer
Verwandlung auf der Bühne zu sehen scheint. Längere
Schlechtwetterperioden im zeitigen Frühjahr sind nicht
häufiger als die plötzlichen Anfälle von heißem, klebrigem
und bewölktem Wetter im Sommer, wenn der ›scirocco‹
von Süden heraufbläst. Alle Hotels und Pensionen sind im
Winter gut geheizt und heißen den Besucher eifriger willkommen als im Sommer und sind zuweilen sogar bereit,
billigere Preise zu machen, wenn man vierzehn Tage oder
länger bleibt. Aber die Tage sind natürlich kurz, und nach
dem Mittagessen das Innere von Kirchen zu besichtigen,
ist völlig ausgeschlossen. Einige Hotels und Restaurants
haben zu. Während der Karnevalssaison, der vier Wochen
vor Aschermittwoch, finden mehr Theateraufführungen
und Konzerte statt als üblich, auch Kunstausstellungen und
besondere Happenings, die vor allem die Jungen ansprechen. Auch kann Venedig sehr kalt sein – ich habe schon
zugefrorene Kanäle gesehen, und als ich einmal im Januar
nach Torcello fuhr, mußte sich das Motorboot durch eine
dünne Eisdecke durchpflügen. Wenn ich Venedig nur einmal im Jahr aufsuchen könnte, würde ich im Oktober,
November, April oder Anfang Mai hinfahren und auf diese
Weise die sommerlichen Menschenmengen und das Win-
terwetter vermeiden.

Heutzutage erreicht man Venedig sehr gut mit dem
Flugzeug. Es gibt häufige Flüge im Sommer wie im Winter und auch Charterangebote. Einer von mehreren Vortei-
len, sich Venedig aus der Luft zu nähern, liegt darin, daß
man vor der Landung normalerweise hoch über der
Lagune einschwebt und daher den Grundriß der Stadt auf
einen Blick überschauen kann. Die Landebahn liegt auf
dem Festland, am Ende der Lagune; mit dem öffentlichen
Wasserbus oder einem Wassertaxi kann man sich nach
Venedig bringen lassen oder – die günstigste Möglichkeit –
mit dem Linienbus zum Piazzale Roma am Kopfende des

Canal Grande. Zugverbindungen nach Venedig sind ebenfalls gut. Wer mit dem eigenen Wagen kommt, kann diesen
in zwei großen Parkhäusern am Piazzale Roma lassen oder
– in der überfüllten Hauptsaison – auf einem der Park-
plätze der Insel Tronchetto, in San Giuliano (Mestre) oder
Fusina (da die meisten nachts nicht bewacht werden, empfiehlt es sich, alle Fotoapparate und Wertsachen mitzunehmen). Am Bahnhof und dem Piazzale Roma findet man
eine Vielzahl von Gepäckträgern, die das Gepäck zur Bootsanlegestelle am Canal Grande oder zum Hotel tragen.

Hotels und Pensionen gibt es viele in Venedig. Einige
kann ich aus eigener Erfahrung oder aufgrund der
Berichte enger Freunde empfehlen. In der Luxus-Katego-
rie ist das ›Gritti Palace‹ mit kleinem Vorsprung das teuer-
ste und wahrscheinlich das schwelgerisch komfortabelste.
Das ›Danieli‹ kostet etwas weniger, ist aber gleichfalls überaus komfortabel und hat als zusätzlichen Reiz das erlesen-
ste Gästebuch Venedigs, vielleicht sogar ganz Europas. Das
›Cipriani‹ ist berühmt für seine Küche: Es ist auf dem neu-
esten Stand und – ein Ausnahmefall – ausgesprochen
ruhig. Es liegt auf der Giudecca und ist mit dem hoteleige-
nen Motorboot erreichbar, das ständig – Tag und Nacht –
zwischen Hotel und San Marco unterwegs ist. Im Winter
ist es geschlossen.

Von den Vier-Sterne-Hotels ist das ›Monaco‹ ausgezeichnet und verfügt über wundervolle Ausblicke auf den Canal
Grande; das ›Gabrielli Sandwirth‹ liegt ein wenig von San
Marco entfernt, ist attraktiv und besitzt einen ruhigen Garten. An der Riva degli Schiavoni liegt das sehr aufgewertete
›Metropole‹. Von den Drei-Sterne-Häusern findet sich
ganz in der Nähe das ›Savoia E Jolanda‹, auf unprätentiöse
Weise angenehm. ›All'Angelo‹ ist in dieser Kategorie wahrscheinlich das bequemste Hotel und Nachbar eines ausge-
zeichneten Restaurants.

Eine Vielzahl der Pensionen ist empfehlenswert, vor
allem die ›Pensione Accademia‹ mit Garten und Blick über

einen Seitenkanal auf den Canal Grande. Das ›Seguso‹ an den Zattere schaut hinüber zur Giudecca.

Restaurants und Trattorien gibt es noch zahlreicher als Hotels – für alle Geschmacksrichtungen und jeden Geldbeutel. ›Antico Martini‹ nahe dem Fenice-Opernhaus hat eine ausgezeichnete internationale Küche, die bei den Venezianern (vor allem den Ausgewanderten) sehr populär ist, von den Besuchern als eher unvenezianisch empfunden wird. Das nahegelegene ›Al Campiello‹ ist etwas preiswerter, bis spät geöffnet und eine ausgezeichnete Anlaufstelle nach der Aufführung im Opernhaus. Das ›La Colomba‹ in derselben Gegend ist nicht weniger berühmt für seine Küche wie für die große Zahl zeitgenössischer Gemälde an den Wänden. ›Al Graspo de Ua‹ nahe Campo San Bartolomeo ist eines der ältesten eingeführten Restaurants und präsentiert nach wie vor gute lokale Gerichte. ›Corte Sconta‹, nahe dem Arsenal, gehört zu den neueren Adressen, die Küche ist auf exzellente Weise traditionell. Das gleiche gilt für das empfehlenswerte ›Al Covo‹ ganz in der Nähe. ›Da Fiore‹ nahe Campo San Polo ist schwieriger zu finden, aber der Mühe wert: Nirgends ist der Fisch frischer und besser zubereitet. ›Alla Madonna‹ nahe der Rialto-Brücke auf der Frari-Seite ist seit langem – gerade zur Mittagszeit – bei den Venezianern beliebt. Wer der venezianischen Küche müde ist, geht zu ›Da Ivo‹, spezialisiert auf toskanische Gerichte.

Auf der Suche nach Lokalkolorit, nach guter, preiswerter venezianischer Küche und angenehmer Umgebung fühlt man sich in der ›Locanda Montin‹ wohl, mit Räumen voller moderner Bilder und großem schattigen Garten. Weder in Venedig noch sonstwo in Italien sind in Restaurants oder Trattorien diejenigen willkommen, die nur einen einzigen Gang bestellen. Wenn man es eilig hat oder nur eine kleine Mahlzeit möchte, sollte man in die Rosticceria gehen, in der man die heißen Gerichte entweder gleich (relativ unbequem) essen oder mitnehmen kann.

Auch viele Bars servieren Nudel- oder Eiergerichte, fast alle verschiedenste Sandwiches.

Unglücklicherweise neigen alle Restaurantempfehlungen dazu, veraltet zu sein, bevor man sie niedergeschrieben hat. Eines der größten Reisevergnügen ist es jedoch, selbst Adressen zu finden.

Es sollte noch darauf hingewiesen werden, daß die üblicherweise gute Regel, alle Restaurants mit mehrsprachigen Menüs zu meiden, in Venedig nicht zutrifft. Ich vermute manchmal, daß die amüsanten Fehlübersetzungen auf den Speisekarten vielmehr klug ersonnen werden zur Freude der weltgewandten Besucher.

Die venezianische Küche ist oft und gern verleumdet worden. Sie verwendet sehr weitgehend Fische der Adria, die sich mit den Fischen der Nordsee nicht vergleichen lassen. Nichtsdestoweniger ist der ›sampiero‹, der Petersfisch, ganz ausgezeichnet. Ich finde stets einen ›fritto misto‹ aus Krabben, Scampi, kleinen Polypen, weichschaligen Krebsen und Sardinen ein gutes und sättigendes Gericht. Diejenigen, die gern Aal essen, wissen die ›anguilla alla veneziana‹ zu rühmen, ein in einer Sauce aus Zitrone und Thunfisch gekochter Aal. Die echten Venezianer schwärmen von ›baccalà‹, einem Gericht, das sehr schmackhaft sein kann, trotz seiner nicht sehr verheißungsvollen Ingredienzen – nämlich getrocknetem Schellfisch, Milch, Zwiebeln, Petersilie und Anchovis –, welche zusammengekocht und so lange gerührt werden, bis sie eine dicke Creme ergeben. Mehrere kleine Schalentiere schmecken in Zusammenstellungen mit Reis oder Spaghetti köstlich – ›spaghetti alle vongole‹ und ›risotto con cozze‹ sind beide sehr gute Vorspeisen. Die ›zuppa di pesce‹, eine Fischsuppe, die etwa der Bouillabaisse entspricht und eine große Vielfalt von verschiedenen Fischen und Weichtieren enthält, ist ebenfalls sehr gut, allerdings besonders sättigend und folglich besser als Hauptgericht geeignet. Außerdem gibt es zahlreiche venezianische Speisen ohne Fisch. ›Risi e bisi‹,

ein Risotto mit Erbsen und Schinken, ist ein altherge-
brachtes Lieblingsgericht der Bevölkerung und eines
der besten unter den einfachen Gerichten. Die ständige
Hauptmahlzeit des armen Venezianers ist die ›polenta‹, ein
goldgelber, teigiger Kuchen aus Maismehl, der für gewöhnlich mit etwas Fisch oder Leber gegessen wird. Für
meinen Geschmack ist er überhaupt nur genießbar, wenn
er in Scheiben geschnitten und gebraten ist. In den besseren Restaurants ist Polenta die übliche Beilage zu Schnep-
fen und anderen kleinen gebratenen Vögeln. ›Fegato alla
veneziana‹ – gebratene Leber mit Zwiebeln – ist ebenfalls
ein beliebtes venezianisches Gericht. Von den Käsesorten
ist der eher trockene ›asiago‹ gut. Der sahnige ›mascar-
pone‹ (Quark) ist eine der köstlichsten aller italienischen
Spezialitäten – man ißt ihn entweder einfach als Creme-
oder Weichkäse oder untermischt mit gemahlenem Kaffee
und Zucker oder mit Eiern und kandierten Früchten zu
einem Pudding geschlagen –, aber leider ist er nur selten
auf den Speisekarten der Restaurants anzutreffen.

Die Restaurants in Venedig haben im übrigen natürlich
auch die üblichen italienischen Gerichte zu bieten – die
außerordentlich vielen verschiedenen Sorten von ›pasta‹ –
so ›spaghetti‹ (rund), ›tagliatelle‹ (flach und für gewöhnlich frisch gemacht), ›lasagne‹ (große, flache Teigblätter,
die mit reichlich Fleischsauce und Käse zu einer Art Paste-
tentorte zubereitet werden), ›cannelloni‹ (Teigblätter, die
um eine Mischfüllung aus gehacktem Fleisch und Käse
herumgewickelt werden) –, dann ausgezeichnete Gemüse-
suppe (›zuppa di verdura‹), Hühnerbrust (›petto di pollo‹)
und natürlich Kalbfleisch (›vitello‹) in verschiedenen
Zubereitungsarten, nämlich ›arrosto‹ (gebraten), ›alla
griglia‹ (gegrillt), ›alla Marsala‹ (in Marsala-Wein) oder
als ›saltimbocca‹, einem Kalbsfilet mit einer Unterlage aus
Schinken und einem Salbeiblatt und mit Käse überbacken.

In allen Restaurants, außer den teuersten, werden die
Weine mit rühmlicher Verachtung von allem Weinkenner-

snobismus kurzweg und schlicht in weiße (›bianco‹) und rote (›rosso‹) eingeteilt. Hier wie auch überall anderwärts in Italien gibt es kein umständliches Getue, zu welchen Gerichten Rotwein und zu welchen Weißwein zu trinken ist: Man trinkt, was man Lust hat, zu jedem Gericht, das einem paßt. Die meisten in Venedig ausgeschenkten Weine kommen aus dem Veneto. Unter den Markenweinen sind wohl die besten der ziemlich herbe Tokaier aus dem Friaul, der trockene weiße Soave di Verona und der rote Merlot Pinot Nero und Cabernet. Conegliano erzeugt einen guten, nicht allzu herben weißen prickelnden Wein namens ›prosecco‹ – der nach der ersten Flasche, wenn man sich in angenehmer Gesellschaft befindet, durchaus wie Champagner schmecken kann. Ein Glas davon wird in besseren Restaurants oft als Aperitif gegeben. Die Anzahl der verschiedenen Sorten Wermut, die als Aperitif getrunken werden, ist unübersehbar – mir schmeckt der ›Punt e Mes‹ am besten –, aber keiner ist ausgesprochen venezianisch. Venezianischen Ursprungs ist die ›grappa‹, eine eher feurige Abart des französischen Tresterschnapses. Außerdem sind viele Liköre zu haben, darunter italienische Abarten von Chartreuse, Curaçao, Cognac und so weiter, aber meinem Gaumen tut keiner so wohl wie der nach Orangen schmeckende Aurum, der allerdings ziemlich klebrig und sehr süß ist. Kaffee wird von den meisten Venezianern zu Recht als unerläßlicher Teil des Lebens betrachtet. Es gibt in der ganzen Stadt kaum eine Geschäftsstraße oder einen Campo ohne eine ›Bar‹ oder ein Café. Die Preise in allen Bars sind behördlich streng festgesetzt; auf dem Markusplatz sind sie natürlich wesentlich höher als anderwärts in der Stadt. Generell zahlt man viel mehr bei Tischbedienung, als wenn man – wie die meisten Venezianer – an der Bar steht.

KAPITEL 1

Auf der Piazza

Es gibt kaum eine angenehmere Art, einen Sommerabend zu verbringen, als bei einer Tasse Kaffee oder auch einem Glas Aurum auf der *Piazza San Marco* zu sitzen. Ganz besonders behaglich ist es an einem jener Abende, an denen die venezianischen Stadtmusikanten ein seelenerschütterndes, romantisches Musikstück zum besten geben – eine Ouvertüre von Rossini oder Verdi oder irgendein anderes Lieblingsstück, welches vom Dirigenten das traditionelle Gebärdenspiel verlangt, sanfte Fingerspitzen-Andeutungen für die Holzbläser, ein herrisches Winken den Schlaginstrumenten, wildes Stabdreschen, um das Blech zu einem besonders saftigen ›tutti‹ heranzuholen. Indes der Dirigent die ganze Skala theatralischer Gestikulation – von Leidenschaft und Ekstase bis zu Zerknirschung und Verzweiflung – durchläuft, sitzen seine Musikanten mit dem gelangweilten Gesichtsausdruck weltmüder Croupiers um ihn herum. Und die ganze Zeit über promenieren die jüngeren Einwohner einer der bestangezogenen Städte Europas um den Platz herum, schwatzen, flirten, zanken und streiten und starren ihre zahlreichen, seltsam gekleideten Besucher mit dem immer gleichen, unverwandten Blick an, den die Venezianer seit fünfhundert Jahren den Gästen in ihrer Mitte zukehren. Die Fassade von San Marco schließt die Szene mit einem Geglitzer von goldenem Mosaik und einem Gebrodel von Kuppeln ab, während der große, dicke, rote Campanile sich in die warme, von Nachtfaltern durchschwirrte Dunkelheit des Sommerhimmels hinaufreckt.

Doch die Piazza ist zu allen Stunden des Tages und der Nacht und in allen Jahreszeiten schön. Sie ist eines der

wenigen zarten und zierlichen Baukunstwerke, die ein
ungeschliffenes Menschengewühl ohne Verlust an Würde
in sich aufzunehmen vermögen; einer der wenigen großen
Stadtplätze, die ein Gefühl der Belebtheit und der Lebhaftigkeit vermitteln, auch wenn nur wenige Menschen sich
auf ihm befinden. Ich muß allerdings gestehen, daß ich
den Platz nie völlig menschenleer erlebt habe, denn selbst
in den frühen Morgenstunden eines Wintertages beherber-
gen die Arkaden einige wispernde, absichtsvolle Herum-
lungerer. Das Sonnenlicht läßt den Platz in Heiterkeit und
Frohsinn erglitzern, aber die Sonne ist hier nicht so unerläßlich wie in den meisten südlichen Städten. Ein Vorhang
aus Dunstschleiern verleiht den Gebäuden erhöhten Adel
und größere Erhabenheit, besonders wenn er die Spitze des
Campanile umhüllt. Eine Schneedecke, welche die seltsamen Linien des Bodens zudeckt und jeden Vorsprung an
den Gebäuden übertrieben hervorhebt, bewirkt eine
bizarre Verzauberung. Die Piazza sieht sogar im Regen
schön aus, oder wenn eine Überschwemmung die Platzmitte in einen riesigen Spiegel verwandelt. Wenn es überhaupt eine ›beste Zeit‹ gibt, um die Piazza San Marco zu
sehen, dann sofort nach der Ankunft in Venedig, was
immer die Stunde oder die Jahreszeit sein mag.

Ob man draußen vor dem Café Quadri oder dem Café
Florian sitzt − wo Wagner saß und sich beklagte, daß niemand seiner Musik Beifall zollte, oder Proust seine Ruskin-
Übersetzung korrigierte −, ist es mehr als wahrscheinlich,
daß die Leute am Nebentisch keine Venezianer sind. Das
soll nicht heißen, daß die Venezianer diese ausgezeichne-
ten Cafés verächtlich verschmähen; aber in allen etwas teureren Lokalen sind ihnen die Ausländer zahlenmäßig weit
überlegen. Denn Venedig ist seit langem und auch heute
noch eine internationale Ferien- und Urlaubsstadt, und das
ist eine seiner vielen Besonderheiten. In Paris stößt der
Reisende mit ein wenig historischer Vorstellungskraft auf
Schritt und Tritt auf die Geister großer Franzosen − die

Piazza San Marco

freilich nicht immer Pariser sind –, Schriftsteller, Generäle,
Könige, Revolutionäre; in Florenz trifft er auf Boccaccio,
Dante, Machiavelli und die Medici. In Venedig jedoch
haben die Ausländer von jeher einen so bedeutenden Teil
des Gesamtbildes ausgemacht, daß er im Menschengewühl
wesentlich mehr Schatten von Ausländern als von Dogen
und venezianischen Literaten begegnet. Man tritt auf die
Piazzetta und trifft Ruskin mit seinen Wasserfarben, wie er
emsig die Kapitelle der Arkade skizziert, oder Nietzsche in
Betrachtung der Tauben, die das Thema eines seiner

schönsten Gedichte sind. Auf der Höhe des Campanile steht Goethe, begeistert von seinem ersten Anblick des Meeres. Man wendet sich zur Riva degli Schiavoni und erhascht einen Blick von Proust, wie er sich gerade aus dem ›Danieli‹ zu einer Gondelfahrt im Mondschein mit Reynaldo Hahn aufmacht, der ihm etwas vorsingt − vielleicht eine venezianische Barkarole? Keineswegs, sondern Gounods Musik zu Alfred de Mussets

> Dans Venise la rouge
> Pas un bâteau qui bouge ...

In einem Haus weiter oben an der Riva steht Henry James mit dem Fernglas in der Hand am Fenster und späht auf einen hinab. Man entfleucht nach San Lazzaro − und stößt auf Byron, wie er bei der Übersetzung einer armenischen Grammatik hilft. Und die Italiener, denen man begegnet, sind höchstwahrscheinlich keine Venezianer, sondern Besucher aus Florenz, Mailand oder Rom − Dante, wie er das Arsenal inspiziert, Petrarca, der neben dem Dogen im Dogenpalast sitzt, Aretino, der oben am Rialto seine giftsprühenden Schmähschriften zu Papier bringt, Galilei, wie er auf dem Campanile sein Teleskop vorführt, Manzoni, der im Campo San Maurizio über die ›Promessi Sposi‹ nachsinnt.

Nichtsdestoweniger hat der berühmte und einzigartige Zauber der Stadt zuweilen in seiner Wirkung versagt. Montaigne fand sie »ganz anders, als er sich vorgestellt hatte, und nicht ganz so wundervoll«. Edward Gibbon, im Geiste bereits mit dem ›Niedergang und Sturz des Römischen Reichs‹ beschäftigt, fand an der Erbin von »anderthalb Viertel« des Römischen Reiches nur wenig, das etwas taugte. »Der Anblick Venedigs«, schrieb er, »vermittelte einige Stunden des Erstaunens und einige Tage des Abscheus.« Nicht wenige Stimmen schlossen sich dem allgemeinen Chor des Lobgesangs nicht an. »Eine widerwärtige, grüne, schlüpfrige Stadt«, nannte sie D. H. Lawrence,

und viele andere haben wahrscheinlich das gleiche gedacht, ohne es auszusprechen.

In Wahrheit verhält es sich so, daß in der Luft Venedigs
etwas eigentümlich Melancholisches und Sinnbetörendes
liegt, das den unromantischen Vollblutmenschen irritiert.
Die ganze Stadt atmet die Atmosphäre eines verlassenen
Ballsaals am Morgen nach dem Fest. Ein jedes Zeitalter
hat angenommen, daß »Venedig früher einmal fröhlich,
der vergnügte Schauplatz jeglicher Festlichkeit« gewesen
sei, aber jene Tage sorglosen Frohsinns liegen natürlich in
so weiter Ferne und sind so chimärenhaft wie das Goldene
Zeitalter. Sogar in den letzten hektischen Karnevalsjahren
der Republik, als der Tod des Dogen zwei Wochen lang
geheimgehalten wurde, damit er der Fremdensaison keinen Abbruch tue, war die fröhliche Ausgelassenheit ein
wenig hohl. Man muß nur die Domino-Gestalten, die auf
Francesco Guardis Bildern tanzen, genau betrachten, und
man kann sich des Eindrucks nicht erwehren, daß sie
einen Totentanz aufführen; man muß nur durch die
Augenschlitze einer ›bautta‹ (Karnevalsmaske) spähen,
um zu entdecken, daß sich dahinter ein Totenschädel ver-
birgt. Jene jedoch, die in dieser Schwermut einen Widerhall ihrer eigenen Lebensstimmung gespürt haben, die
wie Proust und Thomas Mann imstande waren, eine
Atmosphäre der Vergänglichkeit und des Verfalls auszuko-
sten, sind unweigerlich von Liebe zu Venedig erfaßt worden. Wie Henry James schrieb: »Die Entthronten, die
Besiegten, die Enttäuschten oder auch nur die Gelangweilten scheinen hier etwas gefunden zu haben, was kein
anderer Ort ihnen zu geben vermochte.« Oder Thomas
Mann: »Die Atmosphäre der Stadt, diesen leis fauligen
Geruch von Meer und Sumpf, den zu fliehen es ihn so sehr
gedrängt hatte, – er atmete ihn jetzt in tiefen, zärtlich
schmerzlichen Zügen. War es möglich, daß er nicht
gewußt, nicht bedacht hatte, wie sehr sein Herz an dem
allen hing?«

Dieser schwermutsvoll-sinnliche Unterton ist aus den meisten der großen venezianischen Gemälde deutlich herauszuspüren – aus Giovanni Bellinis bangen Madonnen mit den trauervollen Augen, aus Giorgiones wehmütigen Hedonisten, aus den nach innen gekehrten jungen Männern, wie Lotto sie porträtiert hat, aus Tizians samtgekleideten Heiligen, aus Tintorettos Mystikern. Selbst die seidigen Götter Veroneses und Tiepolos scheinen uns zuweilen daran zu gemahnen, daß »Staub Helenas Auge geblendet hat und Königinnen jung und schön gestorben sind«. Zum Teil ist dies die Wirkung des venezianischen Lichts, das sogar das gewichtigste Bauwerk vergänglich erscheinen läßt, wie auf einer Ansicht von Francesco Guardi, auf der Kirchen und Paläste sich als schimmernde Phantome des Lichts enthüllen. Pietro Aretino bemerkte dies eines Tages von seinem Fenster am Canal Grande aus: »Die Luft war so, wie ein Künstler sie gern abbilden würde, den es schmerzte, kein Tizian zu sein. Das Steingefüge der Häuser, wenngleich solid, schien künstlich, die Atmosphäre schwankte zwischen Glasklarheit und Bleischwere. Die Wolken über den Dächern verschmolzen in eine rauchig graue Ferne, die nahen strahlten wie Sonnen, die entfernteren glühten wie geschmolzenes Blei und lösten sich schließlich zu horizontalen, eben noch grünlichblauen, jetzt bläulich-grünen Streifen auf und spiegelten sich in den Palästen wie auf den Landschaften Vecellis. Und indes ich diesem Vorgang zusah, mußte ich einmal übers andere ausrufen: ›Oh Tizian, wo bist du, und warum nicht hier, um diese Szene festzuhalten?‹«

Von Bellini und Carpaccio bis zu Tiepolo, Canaletto und Guardi haben die besonderen Eigentümlichkeiten des venezianischen Lichts das eigentliche, wesentliche Thema so manchen Meisterwerkes gebildet. Und nicht nur auf Bildern; viele Bauwerke scheinen eigens entworfen und gestaltet, um die Feinheiten dieses ungewöhnlichen Lichts einzufangen und widerzuspiegeln. Hand in Hand mit einem Gefühl für Lichtwirkung ging eine Liebe zur Farbe, die in der verschwenderischen Verwendung von Marmor und Mosaiken an Gebäuden, in den schweren, reichen Gewändern der Würdenträger des Staates, in noch schwererer Seide, Brokat und Damast für die Heiligen der Altarbilder ihren Ausdruck fand. Glücklicherweise ist dieses Gefühl für Farbe und Putz noch immer in Venedig lebendig. Die jungen Leute kleiden sich hier mit womöglich noch gewagterer Eleganz als ihre Altersgenossen in anderen italienischen Städten, und da sie sehr mit der Mode gehen, halten ihre Kleider nicht länger als eine einzige, kurze Saison vor. Die Farbe spielt eine große Rolle, nicht nur bei den Kleidern der jungen Mädchen, sondern auch bei den Pullovern, Hemden und Hosen der jungen Männer, und eine bestimmte Farbenzusammenstellung bleibt selten länger als sechs Monate beliebt. Bei den Armen kommt die Wohnung an zweiter Stelle nach der Kleidung, aber die Wohnungen des Mittelstandes und der Oberschicht bezeugen eine wahre Leidenschaft für reiche, schwere, glänzende Materialien in saftigen Farben, die dem nördlichen Auge häufig grell und protzig erscheinen. Man kann auf der Piazza San Marco auch heute Samt- und Brokatstoffe kaufen, die den Stoffen, wie sie vom 16. bis zum 18. Jahrhundert beliebt waren, ganz ähnlich sind – und sie sind auch heute noch so teuer wie eh und je. Diese Leidenschaft für satte Farben ging und geht noch heute Hand in Hand mit einer Vorliebe für Teppiche, Porzellan und andere Dinge, die einen Hauch exotischer Phantasie hinzutun.

Die Vorliebe für bizarre Phantasiegebilde ist ein weiterer Zug im venezianischen Charakter, der in den Kunstwerken der Stadt sehr stark zum Ausdruck kommt. Man erkennt ihn auf dem Hintergrund von Gemälden, in kleinen Satyr-Bronzen, in den haarsträubenden Formen der Möbelstücke des 18. Jahrhunderts und am auffallendsten in den vielen, in Stein gehauenen absonderlichen Köpfen, die überall an den Gebäuden angebracht sind.

Wo immer man geht, wo man auch mit der Gondel fährt, starren diese Köpfe auf einen herab, manche ganz klein, aber die Mehrzahl überlebensgroß – Zyklopenköpfe, rohe Riesen mit herausgestreckten Zungen, grotesk gütige, runzelige Greisenköpfe, wilde Amazonen, Köpfe mit großen Stoßzähnen und hervorquellenden Augen, Köpfe, die einem vor Freude über einen schlüpfrigen Witz lästerlich zublinzeln. Es gibt auch in anderen Städten Groteskköpfe, aber nirgends sind sie so zahlreich und von einer solchen Vielfalt bizarrer Phantastik wie in Venedig.

Als Kontrast zu dieser Vorliebe für groteske Phantasiegestalten bezeugen die Maler Venedigs eine faszinierte Anteilnahme am Alltagsleben ihrer Stadt. Diese Seite ihrer Kunst kündigt sich in der plastischen Darstellung der Gewerbe am Portal von San Marco bereits an. Sie taucht in der Malerei sämtlicher Perioden vom 15. Jahrhundert an wieder auf. Mit Carpaccio brachte Venedig den ersten europäischen Genremaler hervor. Man entdeckt eine Vorliebe für das Genre häufig an den überraschendsten Stellen: eine schlichte, häusliche kleine Szene im Hintergrund eines opulenten Tizian, ein Detail aus dem Alltagsleben, wie etwa eine Frau beim Wäschewaschen, das eines von Tintorettos großen kosmischen Dramen fest in der sichtbaren Welt verankert, ein Liebespärchen in der Ecke eines der großen, allegorischen Deckengemälde von Tiepolo. Solche Szenen entspringen zum Teil jener liebenswertesten aller italienischen Leidenschaften – der Neugier, wie sie aus den Gesichtern der jungen Leute spricht, die uns anstarren, während sie über die Piazza flanieren. Aber in Venedig ist es mehr als nur reine Neugier: Es ist das Bedürfnis, jeglichen Aspekt dieser Stadt rühmend hervorzuheben, welche die Venezianer mit einigem Grund für die schönste der Welt halten.

Nahezu jedes große venezianische Kunstwerk ist auf die eine oder andere Weise eine Lobpreisung der Schönheit, der Macht oder der Prachtfülle Venedigs. Seine Maler wur-

den es nicht müde, den unablässigen Wechsel des venezianischen Lichts darzustellen, die Landschaft des venezianischen Festlandes, die Prachtentfaltung venezianischer
Zeremonien, die Idealgestalt der schönen Venezianerin
abzubilden, wenn sie nicht unmittelbar das tatsächliche
Abbild der Stadt selbst schilderten. In ähnlicher Weise ist
die Literatur eine einzige, lange und für den Außenstehen-
den einigermaßen ermüdende Lobpreisung Venedigs. Es
gibt in ihr keine Romane, keine Philosophie von irgend-
welcher Bedeutung, wohl aber eine Fülle von Darstellungen der Geschichte der Erlauchten Republik. Die Komödien Goldonis und Pietro Chiaris sind venezianische
Genremalereien – gleichsam Pietro Longhis in Prosa –,
und Gozzis ›Fiabe‹ sind Dramatisierungen venezianischer
Märchen. Die Volkslieder, in denen der dichterische
Genius der Venezianer am deutlichsten zum Ausdruck
kommt, feiern für gewöhnlich die Schönheit Venedigs oder
der Lagune:

> O che festa, oh! che spetacolo,
> Che presenta sta laguna,
> Quando tuto xè silenzioso,
> Quando sluse in ciel la luna ...

Bezeichnenderweise sind die Verfasser solcher Lieder
ungenannt und unbekannt.

Die Serenissima verlangte von ihren Bürgern ein solches
Maß selbstentäußernder Hingabe, daß Anonymität zur
Tugend wurde. Alles, was von ferne einem Personenkult
ähnelte, wurde mißbilligt. Der Doge war ein anonymer
Strohmann, den sein Krönungseid daran hinderte, sich in
die Politik einzumischen. Die Regierungsarbeit wurde von
einem Ausschuß oder vielmehr von einer häufig wechseln-
den Reihe von Ausschüssen besorgt. Heerführer und
Admiräle, die sich allzu großer Erfolge erfreuten, konnten
unversehens, damit sie sich keine persönliche Machtstel-

lung schufen, im Gefängnis landen. Von jedem Venezianer wurde erwartet, daß er den Staat allein voranstelle.

Liest man die venezianische Geschichte, so muß man unablässig an Erfahrungen unseres Zeitalters denken. Jede Einzelheit des Lebens, sogar die Kleidung, wurde durch ein Aufwandsedikt nach dem anderen behördlich geregelt. Prokuratoren durften eine Toga aus rotem Damast mit einer Stola über der rechten Schulter tragen, andere Senatoren ähnliche Roben, aber ohne Stola; Mitglieder des Großen Rates durften Geschmeide im Wert von soundso viel Dukaten und nicht mehr anlegen; dem Volk war das Tragen jeglichen Goldschmucks untersagt. Admiräle durften auf den Dächern ihrer Paläste Obelisken errichten. Zwischen den beiden Parteien des ›popolo‹ wurden regelrechte offene Feldschlachten organisiert, damit sie Dampf ablassen konnten. ›Ausgeherlaubnisse‹ wurden wie in einem Schulinternat nur bei besonderen Gelegenheiten erteilt und galten als Sondervergünstigung. Viele Länder blieben für die Venezianer ständig gesperrt, und es war jedermann zu allen Zeiten verboten, mit Besuchern Venedigs in gesellschaftliche Beziehung zu treten.

Eine solche Reglementierung unterstützte die Leidenschaft zur Anonymität und Unterwerfung der Persönlichkeit unter den Staat und wurde ihrerseits von jener unterstützt. Diese Anonymität macht jegliches Studium der venezianischen Geschichte, sei es Sozialgeschichte oder Kunstgeschichte, zu einer verhext schwierigen Sache. Venedig hat keinen Vasari mit scharfem Gehör für Klatsch und Tratsch und scharfer Feder zur Aufzeichnung persönlicher Wesenszüge hervorgebracht. Wir wissen erstaunlich wenig von Giovanni Bellini, Cima, Carpaccio, Giorgione, von den Lombardi, Rizzo und Vittoria, von Veronese, Palladio, Longhena, Piazzetta, Canaletto, Tiepolo und Guardi, die doch allesamt zu ihren Lebzeiten hochberühmt waren. Sie sind nahezu so anonym wie die Künstler, die die Mosaiken in San Marco schufen, oder die Maurer und Steinmet-

zen, die das Bauwerk errichteten. Es ist bezeichnend, daß
ein langes, aus dem 17. Jahrhundert stammendes Gedicht
von Marco Boschini, ›La carta del navegar pitoresco‹, das
sich als Preislied auf die venezianische Malerei vorstellt,
sich wesentlich weniger mit den Künstlern als mit ihren
Werken befaßt und hauptsächlich eine Lobpreisung des
von seinen Malern und Architekten geschmückten und
verzierten Venedig ist. »Sta città«, schreibt er,

> xè vaga, shigular, unica al mondo,
> san xè l'agiere, el sito xè giocondo.

Nur zwei venezianische Künstler treten als Persönlichkeiten deutlich hervor – Tizian, der so viel für ausländische
Auftraggeber arbeitete, und Tintoretto, dessen ausgeprägt
individualistische Malerei die kärglichen zeitgenössischen
Berichte über ihn als Menschen einigermaßen ergänzt. Bei
den übrigen genügte es, daß sie Venezianer waren, daß sie
die Kollektivpersönlichkeit der venezianischen Schule verkörperten, so wie der Doge die des Staates verkörperte.

Dies wird an der Piazza San Marco besonders deutlich.
Die Namen der Architekten der meisten Gebäude sind
urkundlich belegt und verzeichnet. Aber von allen diesen
Männern ist nur einer als Mensch und Persönlichkeit
lebendig; er war ein Ausländer, nämlich Jacopo Sansovino,
der aus Florenz stammte und dessen Lebensgeschichte
Vasari aufgezeichnet hat. Und sein Hauptbauwerk in Venedig, die Libreria an der Piazzetta, ist das einzige, das Indi-
vidualität höher bewertet als die Tradition der venezianischen Schule. Denn die Piazza war nicht als Schaustellung
des individuellen Genius der verschiedenen Baukünstler
gedacht. Sie sollte vielmehr die Pracht und die Herrlich-
keit der Hauptstadt des venezianischen Reiches zum
Ausdruck bringen. Und so überliefert sie denn auch der
Nachwelt in Marmor, Backstein und Mosaik die Wachs-
tumsgeschichte dieses Reichs von der Frühzeit des Zusam-

menschlusses der Laguneninseln bis zum endlichen Sturz der Republik im Jahr 1797.

Als im 5. und 6. Jahrhundert eine Barbaren-Invasion nach der anderen – Westgoten, Hunnen, Ostgoten, Lombarden – aus den Bergen herabfegte, um das morsche Römische Reich anzugreifen, flüchtete sich eine Anzahl von Familien aus der venezianischen Ebene auf die schlammigen, sumpfigen Inseln der Lagune. Gegen Ende des 7. Jahrhunderts hatten diese Gemeinden sich unter einem vom Volk gewählten Führer oder Dogen zusammengeschlossen. Die größte dieser verschiedenen Stadtsiedlungen war zu dieser Zeit Malamocco auf dem Lido. Aber es erwies sich, daß Malamocco Angriffen sowohl von der Landseite wie vom Meer her allzu ungeschützt ausgesetzt war, und folglich wurden Regierung und Verwaltung auf die mittlere Inselgruppe verlegt, die von einem tiefen Kanal durchschnitten war, der ihr seinen Namen ›rivo alto‹ oder Rialto gab – die Inseln, die wir heute Venedig nennen.

Venedig liegt ziemlich genau in der Mitte einer halbmondförmigen Lagune, deren konvexe Seite ans Land grenzt, während die konkave aufs Meer hinausblickt. Die Lagune wurde vermutlich von drei Flüssen – Sile, Piave und Brenta – geschaffen, die von den Dolomiten herabkommend Mengen von Schlamm und Schwemmsand mit sich führten, der sich an der Stelle, wo die Flüsse auf das Adriatische Meer stießen, ablagerte und aufhäufte und so allmählich die langgestreckte Insellinie des Lido bildete. Weitere Schlammablagerungen bildeten Inseln innerhalb der Lagune, von denen einige so niedrig waren, daß sie bei Hochflut unter Wasser lagen, andere hingegen fest und hoch genug, daß man auf ihnen Gebäude errichten konnte. Niederlassungen von Fischern setzten sich auf den festeren Inseln schon sehr frühzeitig fest. Später entdeckte man, daß die größeren Inseln oder vielmehr Inselgruppen, vor allem Venedig, Torcello, Murano und Burano, unter der Schlammablagerung eine feste Schicht schweren Lehm-

bodens hatten und daß sich auf Pfählen, die man in diese
Unterschicht hinabrammte, hohe Gebäude errichten ließen. Zu Beginn des 9. Jahrhunderts wurde an der Stelle,
wo heute der Dogenpalast steht, eine Festung für den
Dogen und die Regierung der Lagune erbaut; die städtische Entwicklung Venedigs begann. Die ›campi‹ oder Fel-
der wurden mit der Zeit in gepflasterte Plätze umgewandelt und durch Pfade und Wege miteinander verbunden,
die schließlich gleichfalls gepflastert wurden. Die schmalen Kanäle, welche die unzähligen kleinen Inseln voneinander trennten, wurden ausgebaggert und zu ständigen
offenen Wasserwegen gemacht, die von Ebbe und Flut der
Adria saubergehalten wurden. Zu dieser Zeit waren
beträchtliche Mengen des Flußwassers allseits von Land
eingeschlossen und bildeten stehende Gewässer in der
Lagune, was die Malaria heraufbeschwor. Im Laufe der
Jahrhunderte leiteten die Venezianer jedoch die Flüsse
durch breite Kanäle um, die an Stellen außerhalb der
Lagune ins Meer flossen. So wurde die Lagune in einen
Meerwasser-See umgewandelt, der von den Gezeiten in
Bewegung gehalten wird – gerade kräftig genug, um
Abfälle und Unrat hinwegzuführen. Diese natürliche
Kanalisation machte die Stadt zu einer der gesündesten in
Europa, während die tückischen Schlammbänke der
Lagune sie gegen Angriffe von der Landseite und vom
Meer her abschirmten.

Venedig wurde auf einem Kompromiß zwischen Land
und Meer errichtet. Seine Anfangsentwicklung wurde
durch den Konflikt zwischen dem Oströmischen Reich und
den Barbaren, die im Westen herrschten, ermöglicht. Die
frühen Dogen hatten offiziell ihren Titel als Bevollmäch-
tigte der byzantinischen Kaiser inne, aber die Münze, die in
der Republik verwendet wurde, war die der deutschen Kaiser. Der winzige Staat spielte schlau und gewitzt die beiden
Kaiserreiche gegeneinander aus. Die Kirche von San
Marco wurde, wie wir sehen werden, als ein Akt trotzigen

Aufbegehrens gegen Byzanz und als eine Proklamation der
Unabhängigkeit erbaut. Wenngleich vorherrschend in
byzantinischem Stil, ist sie nichtsdestoweniger ein Wahrzeichen der Befreiung Venedigs von der Oberlehnsherr-
schaft des Oströmischen Reiches und seines Sieges über
Byzanz im 13. Jahrhundert. Ihr hervorragendster Schmuck
war Beutegut aus Konstantinopel. Die beiden großen orientalischen Granitsäulen der Piazzetta, die im 12. Jahrhundert aufgerichtet wurden, stammen ebenfalls aus dem östlichen Mittelmeer. Die eine trägt eine hellenistische
Statue, die in die Gestalt des Griechen St. Theodor, des
ersten Schutzheiligen Venedigs, umgewandelt wurde. Die
andere trägt eine aus dem 4. Jahrhundert stammende
Chimäre aus der Levante, die zum Löwen des hl. Markus
umgestaltet wurde, welchen die Venezianer sich als Nachfolger des hl. Theodor zu ihrem Beschützer wählten und
unter dessen Banner sie ihr Reich über das ganze östliche
Mittelmeer ausdehnen sollten.

Der Dogenpalast erhielt seine gegenwärtige Gestalt im
15. Jahrhundert, als Venedigs Handelsmacht und politische
Macht auf ihrem Höhepunkt standen. Dies war das Goldene Zeitalter verschwenderischen venezianischen Reichtums, als der hohe *Campanile* mit seinem vergoldeten
Engel, der den Galeerenflotten als Landmarke diente, die
die Reichtümer des Orients nach Europa brachten – Seide,
Gewürze, Juwelen, Sklaven, Reliquien, Handschriften,
antike Skulpturen. Der Campanile wurde im 9. Jahrhundert begonnen und erreichte seine gegenwärtige Höhe im
16.; im Jahr 1902 stürzte er ein, wurde aber genau so wie er
war wieder aufgebaut.

An der Nordseite der Piazza steht quer über dem Eingang zu den Mercerie der *Uhrturm*. Er wurde 1496–99
gebaut, und die beiden Bronzefiguren, die mit Hämmern
die Stunden an die Glocke schlagen, stammen aus der gleichen Zeit. Die Uhr ist mit einem mechanischen Glockenspiel verziert, das als einziges der zahlreichen Prunkstücke

noch erhalten ist, mit welchen der Himmelfahrtstag gefeiert wurde. An diesem Tag beging der Doge die alljährliche
Vermählungszeremonie der Stadt mit dem Meer. Während
der Auferstehungswoche kommt bei jedem Stundenschlag
aus der kleinen Tür links von der Statue der Jungfrau
Maria ein Engel mit einer Trompete hervor und führt die
drei Weisen aus dem Morgenland mit hölzernen Devo-
tionsgesten an ihr vorbei. Zunächst dem Uhrturm steht das
langgestreckte Gebäude der *Procuratie Vecchie* – ursprünglich für die Prokuratoren von San Marco, die höchsten
venezianischen Würdenträger nach dem Dogen, errichtet.
Obwohl im frühen 16. Jahrhundert gebaut, behalten sie
noch zahlreiche Elemente ihres im byzantinischen Stil
gehaltenen Vorgängers bei, vor allem die mit Arkaden versehene Fassade, die das Mauerwerk in ein unkörperlich
schwereloses Flackern von Licht und Schatten auflöst.

Die Südseite der Piazza nehmen die *Procuratie Nuove*
ein, ein prunkhafterer klassizistischer Bau, der 1582 von
Palladios Schüler Scamozzi in Nachahmung von Sansovinos Bibliothek begonnen wurde, die an der Ecke der Piazzetta an ihn anschließt. Nahezu ein Jahrhundert trennt
die beiden Prokuratien voneinander. Die ersten wurden
begonnen, ehe die eifersüchtigen europäischen Mächte
sich zusammenschlossen, um im Krieg der Liga von Cambrai Venedig zu demütigen. Die zweiten wurden begonnen,
als die politische Macht und die Handelsblüte Venedigs –
zum Teil infolge der Erschließung des Seeweges nach
Indien – im Niedergang begriffen waren. Man vermag in
ihrem reicheren Schmuck eine Art verlegener Geste, einen
vom Wunsch getragenen Glaubensakt an die fortdauernde
Macht der Republik zu verspüren.

Die beiden Prokuratien sind durch einen Flügel miteinander verbunden, der 1807 an der Stelle einer Kirche
erbaut wurde, die nach dem endgültigen Erlöschen der
Republik auf Napoleons Befehl abgerissen wurde. Napoleon spielte mit Venedig auf brutalste Weise; er verkaufte

es 1797 an Österreich und gewann es dann 1806 als Teil des Königreichs Italien wieder zurück. 1815 gab es keine dynastischen Erben, die Venedig auf dem Wiener Kongreß hätten vertreten können. Da allein schon der Name Republik in Wien zutiefst verhaßt war, wurden die venezianischen Staaten Österreich zugesprochen. Und Venedig blieb, abgesehen von den wenigen Monaten der heroischen, aber vergeblichen Revolution Daniele Manins 1848/49, österreichisch bis zum Jahr 1866. Während dieser Jahre kam Venedigs Feindseligkeit gegenüber seinen alten Widersachern und neuen Oberherrn in friedfertiger Weise auf der Piazza zum Ausdruck. Die Venezianer saßen im Café Florian und boykottierten das Café Quadri, das von den Österreichern frequentiert wurde. Wenn die österreichische Musikkapelle auf der Platzmitte spielte, klatschte kein Venezianer jemals Beifall. Schließlich wurde Venedig 1866 dem 1861 gegründeten Königreich Italien angegliedert, und die italienische Trikolore wurde an den drei großen Flaggenmasten gehißt, die in den prachtvollen Renaissance-Bronzesockeln vor San Marco stehen – jenen Flaggenmasten, von denen ursprünglich die roten und goldenen Seidenbanner der Erlauchten Republik wehten.

Venedig hat seine Selbständigkeit vor annähernd zwei Jahrhunderten verloren. Und doch hält die Stadt an einem eigenen Gesicht, an einer Eigengesetzlichkeit fest, die mehr ist als nur die launenhafte Grille seiner Lage. Bis zum heutigen Tag suchen die Italiener Venedig auf, als sei es eine ausländische Stadt. Jede Straße, jeder Kanal verkündet, daß es nicht lediglich die Hauptstadt eines italienischen Staates war, sondern der Mittelpunkt eines mächtigen Reiches, die Radnabe einer großen Kulturwelt. Und der heutige Einwohner der Stadt ist sich seines Erbes bewußt.

KAPITEL 2

San Marco: Venedig und Byzanz

Der erste Blick auf *San Marco* vom westlichen Ende der Piazza gehört zu den ganz großen Erlebnissen, die dem Menschen beschieden sind. Weder den Tausenden mittelmäßiger Gemälde noch den Millionen marktschreierisch greller Ansichtspostkarten ist es gelungen und kann es je gelingen, die ätherische Schönheit dieser erstaunlichen Fassade zu einer abgedroschenen Vulgarität zu machen. Sie überrumpelt stets und unweigerlich alle Sinne mit hellem Entzücken. Steht man vor ihr, so verlieren alle billigen Vergleiche alsbald jeden Sinn, den sie ansonsten vielleicht haben mögen. Sie ähnelt durchaus nicht einem arabischen Feldlager, wie ein Originalitätshascher jüngst einmal bemerkte; noch weniger gleicht sie, wie Mark Twain einst meinte, »einem riesigen, warzenbedeckten Käfer, der sich auf einem besinnlichen Spaziergang befindet«. San Marco läßt sich, wie ganz Venedig überhaupt, nur mit sich selbst vergleichen.

Die Verfechter der Stilreinheit mögen den Wirrwarr der Baustile und Formen kritisieren. Dennoch kann niemand leugnen, daß die Kirche zu den schönsten und bewegendsten Bauwerken der Welt gehört. Die Liebkosungen von acht Jahrhunderten haben hier das Werk von Generationen von Künstlern auf einen harmonischen Gleichklang gestimmt. Denn im Unterschied zu den meisten anderen Gebäuden, die ein Flickwerk der Zeiten und Zeitalter sind, besitzt San Marco eine durchgehende, beständige Einheit der Zweckbestimmung: die Verherrlichung des venezianischen Staates. Die Kirche ist zugleich das Sinnbild von Venedigs Reichtum und eine Bildererzählung seines Aufstiegs zur Macht. Der Zweck, dem sie geweiht ist, der

Grundriß, die Form, die Ausschmückung – alles in und an dieser Kirche bringt den einen oder anderen Aspekt der Geschichte Venedigs zum Ausdruck. Deshalb möchte ich die Aufmerksamkeit des Beschauers mehr auf die Sinnbildhaftigkeit von San Marco als auf ihre offenkundigen ästhetischen Vorzüge hinlenken.

Zuerst und vor allem gilt es sich daran zu erinnern, daß San Marco erst 1807 zur Kathedrale von Venedig wurde. (Der Palast des Patriarchen zur Linken stammt im wesentlichen aus den dreißiger Jahren des vorigen Jahrhunderts.) San Marco wurde als die Hauskapelle der Dogen erbaut, als Staatskirche der Republik und als Nationalheiligtum, um zur Kathedrale in Castello an der östlichsten Spitze von Venedig ein Gegengewicht zu schaffen. Die Dogen leisteten ihren Krönungseid in San Marco, und die ersten von ihnen wurden auch hier begraben. Der Doge ernannte ohne Einmischung der Kirche den Primarius und führte ihn in sein Amt ein – das heißt den Dekan oder obersten Geistlichen, der das Recht besaß, bei gewissen Gelegenheiten die Mitra, den Ring und den Stab eines Prälaten zu verwenden. (Das Amt war auf Angehörige der eingesessenen Adelsfamilien beschränkt.) Zu den Titeln, die der Doge trug, gehörte auch der des ›patronus et gubernator‹ von San Marco, und zu seinen Pflichten gehörten Schutz und Obhut der Reliquien.

Es fällt heutzutage schwer, die Bedeutung zu würdigen, die im Mittelalter den Reliquien anhaftete. Sie besaßen nicht nur mystische Eigenschaften, sondern waren außerdem Symbole der Macht und des Reichtums des Staates. Eine Stadt ohne Reliquien war wie ein Mann ohne Schatten. Den Venezianern war klar, daß sie, wenn sie eine Kirche von internationaler Bedeutung haben wollten, Reliquien besitzen mußten, die alle jene in den Patriarchatskirchen von Grado und Aquileia, deren kirchlicher Gerechtsame die Stadt unterstand, an Bedeutung übertrafen. Am begehrenswertesten waren natürlich die Reliquien des hl. Markus, der sein Evangelium angeblich in Rom für die Bewohner Italiens geschrieben hatte und der, wie es hieß, auch der apostolische Missionar an den Nordgestaden der Adria und mithin der wahre Begründer des venezianischen Patriarchats gewesen war. Anscheinend wurden Leute nach Alexandria eigens zu dem Zweck entsandt, sich der Reliquien des hl. Markus zu bemächtigen. Die Legende erzählt, sie hätten sie in Schweinefleisch verpackt, welches die Muselmanen verabscheuten, und sie solcherart hinausgeschmuggelt. Was immer die Vermummung gewesen sein mag, es kann kaum einen Zweifel geben, daß diese Reliquien in der Tat im Jahr 828 oder 829 in Venedig eintrafen. Unmittelbar darauf wurde zunächst dem Palast des Dogen für sie eine Kirche erbaut. Die Venezianer wechselten in ihrer Treuepflicht von ihrem griechischen Schutzpatron, dem hl. Theodor, zum hl. Markus über und proklamierten damit ihre Unabhängigkeit von Byzanz. Erst gegen Ende des 13. Jahrhunderts, als alle von Byzanz drohenden Gefahren vorüber waren, wurde der hl. Theodor wieder als Schutzheiliger Venedigs anerkannt.

Die erste Kirche von San Marco wurde im Jahr 830 begonnen, und zwar auf dem für Apostelkirchen üblichen kreuzförmigen Grundriß und nicht nach dem in Venedig gebräuchlichen Basilika-Grundriß (obwohl die Ironie es will, daß die Kirche heute ›Basilika‹ genannt wird). Das Vorbild lieferte die Kirche der Heiligen Apostel in Konstantinopel, die ebenfalls ein apostolisches Heiligtum und eine Staatskirche war. Von dieser ersten Markuskirche, die 976 abbrannte, ist außer dem Kern einiger Mauern und einigen wenigen Steinmetzarbeiten nichts erhalten. Eine zweite Kirche wurde als genaue Nachbildung der ersten erbaut, aber diese wurde abgerissen, um der gegenwärtigen Platz zu machen, die zwischen 1063 und 1094 nach dem Entwurf eines griechischen Architekten errichtet wurde. Die große Neuerung dieses Bauwerks waren Ziegelgewölbe – an Stelle des Holzdachs –, was die Schaffung der

Deckenmosaiken ermöglichte. Nach Fertigstellung des Mauerwerks begann die Arbeit der Ausschmückung außen und innen, und sie wurde in unterschiedlichen Anläufen des Tatendrangs bis ins 16. Jahrhundert fortgeführt, besonders im 13. Jahrhundert, als die Kirche begann, ihr heutiges Aussehen anzunehmen.

Diese Zeitpunkte sind von großer Bedeutung. San Marco wurde im 9. Jahrhundert begonnen, als Venedig offiziell noch eine Provinz des Ostreiches war, obwohl es bereits unverkennbar als unabhängiger Staat hervorzutreten begann. Da Byzanz außerstande war, seine Oberlehnsherrlichkeit mit Gewaltmitteln durchzusetzen, begnügte es sich damit, wenigstens die Freundschaft der neuen Macht zu behalten oder gar sie zu erkaufen, während Venedig seinerseits darum besorgt war, als Schutz vor den ehrgeizigen Bestrebungen der deutschen Kaiser den Anschein byzantinischer Herrschaft aufrechtzuerhalten. So wurde die Kirche nach byzantinischer Art gebaut, um Reliquien in sich aufzunehmen, die Venedigs Unabhängigkeit verkündeten. Bald darauf fühlte Venedig sich stark genug, um sich von Byzanz zu lösen. Aber die dritte Kirche wurde während einer Zeit der neuerlichen Annäherung erbaut, unter drei Dogen, die alle probyzantinisch eingestellt waren und von denen einer mit der Schwester des Kaisers Michael VII. Dukas verheiratet war. Diese Zeitspanne der Freundschaft datierte bis zum Ende der Regierungszeit des Dogen Ordelaffo Falier, unter dem ein großer Teil der Pala d'Oro in Konstantinopel in Auftrag gegeben wurde. Nach der schändlichen Plünderung Konstantinopels durch die Kreuzfahrer im Jahr 1204 wurde zwischen Venedig und Byzanz der Spieß umgedreht. Der Doge nahm den hochtrabenden Titel ›Dominator quartae et dimidiae partis totius Romaniae‹ an (Herrscher über ein Viertel und die Hälfte des gesamten Römischen Reiches), und während der nächsten fünfzig Jahre war Venedig die Macht, die hinter dem Kaiserreich der Lateiner im Osten stand. Während dieser Zeit wurde das Äußere von San Marco durch Marmorinkrustationen und Skulpturen umgewandelt, die Beutegut aus Konstantinopel waren.

Venedig nahm seine Rolle als Erbin eines Teils des Römischen Reichs sehr ernst. Dies erklärt die Methode, nach der das Äußere von San Marco – und noch vieles andere in der venetobyzantinischen Baukunst – ausgeschmückt wurde. Zahlreiche dekorative Formen sind byzantinisch – vor allem die Verwendung von plastischen Elementen als ornamentaler Flächenschmuck und nicht, wie anderwärts in Europa üblich, um die Struktur des Bauwerks zu betonen. Aber bei keinem anderen byzantinischen Bauwerk dieser Zeitspanne ist ein ähnlich verschwenderisches Übermaß an Säulen und Marmorverkleidungen anzutreffen. Die Kunsthistoriker haben hinter diesen Schmuckelementen die aus der Mitte des 12. Jahrhunderts stammende Backsteinfassade entdeckt, die überraschenderweise mit Rundbögen und nicht mit gotischen Spitzbogenarkaden versehen war. Hieraus geht hervor, daß Venedig zu einer Zeit, da das übrige Europa den gotischen Baustil entwickelte, sich der Antike zuwandte und aus ihr seine Anregungen bezog. Offensichtlich war die verschwenderische Verwendung des Marmors ein durchaus bewußter Versuch, den Glanz des antiken Rom wieder aufleben zu lassen, wenn auch der Baumeister nicht weiter als bis zur frühchristlichen Periode zurückblickte. Auf jeden Fall proklamierte Venedig mit einer solchen Rückkehr zu einer Form des Klassizismus – der sich auch im Wohnbau widerspiegelt, wo der zweigeschossige Portikus beliebt wurde – auf triumphierende Weise seine Nachfolge des Römischen Reichs, wenn es auch nicht mehr war als »ein Viertel und ein halbes Viertel« dieses Reichs.

Die Verwendung von Beutestücken aus Konstantinopel verkündete gleichfalls den Sieg. Die vier wundervollen Bronzepferde, die im kaiserlichen Rom hergestellt und später nach Konstantinopel gesandt worden waren, wurden

wie eine Quadriga auf einem Triumphbogen über dem
Mittelportal aufgestellt. Die Südfassade beim Eingang
zum Dogenpalast, die der auf dem Wasserweg ankom-
mende offizielle Besucher als erstes zu Gesicht bekam, war
ausschließlich der Schaustellung der Kriegsbeute gewidmet, die in den Kriegen gegen Byzanz und gegen Genua,
Venedigs Hauptnebenbuhler im östlichen Mittelmeer, gemacht worden war. Aus ihr stammen die ins 4. Jahrhundert
datierten Porphyr-Tetrarchen – zwei Paare sich umarmen-
der Gestalten, die Diokletian und seine Mitkaiser darstellen –, der Porphyrkopf auf der Balustrade (alexandrinisch,
3. Jahrhundert), die Rosetten aus Marmor und Onyx, die
Säulen und die Kapitelle kommen samt und sonders aus
Byzanz. Zu den genuesischen Trophäen, die 1256 in Akkon
erbeutet wurden, gehören die beiden großen freistehenden
Säulen mit sarazenischer Steinmetzarbeit und der Por-
phyrstumpf, der ›pietra del bando‹, das Wahrzeichen der
genuesischen Rechtshoheit, von dem öffentliche Bekannt-
machungen verlesen wurden. Die Nordfassade ist gleichfalls mit Beutegut verziert, das jedoch anscheinend nach
der Brandschatzung Konstantinopels hinweggeführt und
mehr dekorativ denn als Kriegstrophäen angeordnet
wurde. Einige der Flachreliefs sind bemerkenswert. Über
dem am weitesten westlich stehenden Bogen befindet sich
eine eingelassene Skulpturplatte, die zwölf Schafe beiderseits eines Throns mit einem Kreuz zeigt – Sinnbild Christi und der Apostel, im 7. Jahrhundert in Konstantinopel
geschaffen und ein seltenes Stück byzantinischer Plastik
aus der Zeit vor dem Bildersturm.

Auf der Hauptfassade sind die Bildwerke nach einem
eindeutigen ikonographischen Plan angeordnet, um die
Bedeutung und Funktion der Kirche als Nationalheiligtum
hervorzuheben. Die Konzeption ist die eines riesigen
fünftorigen Triumphbogens. In den Bogenzwickeln befinden sich sechs Reliefs. Das auf der äußersten Linken stellt
Herkules dar, wie er den Erymanthischen Eber trägt – eine

römische Arbeit aus dem 3. Jahrhundert –, das auf der äußersten Rechten ist eine venezianische Kopie, die tausend Jahre später geschaffen wurde. Herkules galt als der ursprüngliche Stammesheld der Venetier, von denen die Venezianer abzustammen behaupteten; er spielte die allegorische Rolle des Retters, der das Böse besiegt, und war außerdem anerkannt als der Typ des Helden-Beschützers. Die beiden nächsten Reliefs, nach innen gezählt – venezianische Plastik nach byzantinischen Vorbildern –, stellen ›Die Verkündigung‹, die Jungfrau und den Erzengel dar, die beide als Beschützer des Staatsoberhauptes galten. Die beiden Reliefs in der Mitte schließlich zeigen Heilige, die Krieger waren und somit die Beschützer von Kriegern: St. Demetrius und St. Georg – das erste eine byzantinische Arbeit aus dem späten 12. Jahrhundert, das zweite eine venezianische Nachahmung davon.

Mit den Skulpturen am Hauptportal begeben wir uns aus einer venetobyzantinischen in eine vorwiegend venezianische Welt. Sie wurden zwischen 1225 und 1260 ausgeführt und scheinen die ersten Stilbeispiele echt venezianischer Plastik zu sein, wenngleich sie sich auf eine Synthese aus anderen Stilarten – byzantinisch, orientalisch und romanisch – gründen. Der Form nach zeigt das Portal die Abwandlung eines romanischen Programms, wie man es in vielen französischen und deutschen Kirchen antrifft, nur mit Säulen anstatt Statuen und einem Mosaik anstelle eines Reliefs. Jeder der drei Bogen ist sowohl auf der Außenfläche als auch in der Laibung, der inneren Gewölbefläche, mit Reliefs ausgeschmückt, was insgesamt sechs Reliefbänder ergibt. Thematisch stellt diese Folge, die von innen nach außen zu lesen ist, ein Fortschreiten vom Allgemeinen zum Besonderen, vom Abstrakten zum Konkreten dar. Der innerste Bogen zeigt in der Laibung Figuren, die Fabeln und Legenden darstellen, und auf der Außenfläche kämpfende Figuren, als Sinnbilder der ungebärdigen Welt. Bei dem zweiten Bogen sehen wir in der Laibung allegorische Darstellungen der Monate und auf der Außenfläche Personifikationen der Tugenden. Der dritte und interessanteste der drei Bogen zeigt in der Laibung lebensechte Figuren der venezianischen Gewerbe – Schiffsbauer, Zimmerleute, Küfer, Fischer und so fort – und Christus und die Propheten auf der Außenfläche, die das Giebelfeld der ganzen Komposition bildet.

Das mittlere Bogenfeld ist von einem Mosaik des Jüngsten Gerichts ausgefüllt, aber einem traurigen Ersatz aus dem 19. Jahrhundert für das ursprüngliche. Die anderen Lünetten-Mosaiken stammen aus dem 17. und 18. Jahrhundert, ausgenommen das über der Nordtür, welches aus dem 13. Jahrhundert herrührt und die ›Überführung der Reliquie des hl. Markus‹ darstellt. Es zeigt die früheste, bekannte Abbildung der Kirche selbst. Oberhalb der Portale verläuft die Galerie, auf der die Kopien der Bronzepferde stehen. Vier ihrer Bogenfelder sind mit Mosaiken aus dem 17. Jahrhundert gefüllt, welche die Hauptfeste der Kirche darstellen. Alle fünf Bogen tragen eine Schaumkrone von Skulpturen aus dem späten 14. und frühen 15. Jahrhundert und sind durch hohe gotische Baldachine über den einzelnen Heiligenfiguren voneinander abgesetzt.

Der mittlere Durchgang führt in den *Narthex*, die Vorhalle, welche die West- und Nordseite der Kirche umfaßt. Ihr Fußboden ist von einem geometrischen Teppich aus seltenen und edlen Marmorarten bedeckt, in den knapp vor der Mitteltür ein kleiner Porphyr-Rhombus eingelassen ist, der der Überlieferung nach die Stelle bezeichnet, an der die Venezianer Friedrich Barbarossa nötigten, Papst Alexander III. zu huldigen. In Mauernischen stehen Sarkophage, in denen frühe Dogen bestattet sind; einige der Nischen sind mit Eisengittern im maurischen Stil abgeschlossen. Von den drei Eingängen, die in die Kirche selbst führen, hat der rechte besonders schöne, im 11. Jahrhundert in Konstantinopel gefertigte Bronzetüren, die Venedig von

Kaiser Alexios I. Komnenos als Geschenk übersandt wurden. Die darüber befindlichen Mosaiken, sämtlich aus dem 13. Jahrhundert, stellen Szenen aus dem Alten Testament dar und gehören zu den schönsten in Venedig. Sie wurden wahrscheinlich von venezianischen Kunsthandwerkern gefertigt, wenn auch nach byzantinischen Vorlagen. Ganz besonders bezaubernd ist die Kuppel, in der die Bilderfolge mit der Schöpfung und der Geschichte von Adam und Eva beginnt. (Das Bild der beiden ersten Menschen, wie sie unbehaglich in ihren ersten Kleidern herumzappeln, ist unwiderstehlich.) Der große, mit Nischen ausgestaltete Haupteingang in die Kirche und die Mosaiken der Heiligengestalten auf beiden Seiten sind die bedeutendsten Reste der Ausschmückung von San Marco aus dem 11. Jahrhundert, die uns erhalten sind.

Das *Innere* ist wohl der düster-eindrucksvollste Raum der ganzen Christenwelt. Vom Boden bis zur Decke mit kostbaren Materialien ausgekleidet, besitzt er eine drückende, gewitterschwüle Pracht, die im dunkelhäutigen Gefunkel von Gold und Rubinen düster und geheimnisvoll zu erbeben scheint. Der Raum kommt natürlich am besten an hohen kirchlichen Festtagen zur Geltung, wenn die Ornate der Priester einen letzten schimmernden Hauch Farbe hinzufügen und die Kerzen hilflos in den Weihrauchschwaden flackern.

Der verhältnismäßig einfache und gradlinige Grundriß eines griechischen Kreuzes hat hier etwas Geheimnisvolles durch die Kolonnaden erhalten, die den Mittelraum von den dunkleren Seitenschiffen abteilen. Mit seinen Kuppeln und Mosaiken, seiner Chorschranke und den Ambonen wirkt er auf den ersten Blick charakteristisch byzantinisch. Bis zu einem gewissen Grad trifft dies auch zu. Eine byzantinische Abhandlung aus dem 12. Jahrhundert von Nikolaus Mesarites hebt mit ganz besonderem Lob als Leitstern der Kirchenbaukunst die Apostelkirche in Konstantinopel hervor, die für San Marco das Vorbild lieferte. »Sie erfreut

die Sinne nicht mehr, als sie den Geist beeindruckt«,
schrieb Mesarites. »Die Linien entzücken die Sinne und
prägen sich dem Geist ein ... Sie füllt die Augen mit der
Schönheit der Farbe und dem Goldschimmer der Mosaiken, sie ergreift den Geist durch ihre überwältigenden
Ausmaße, ihre geschickte Baukunst.« In der Verwendung
bedeutungsvoller geometrischer Figuren – des Quadrats,
des Kreises und des Kreuzes – und dem mystischen Verhältnis der Proportionen zueinander entspricht die Kirche
der byzantinischen Leidenschaft für Symbolik und dem
byzantinischen Glauben an die Gesetze der Harmonie und
die Heiligkeit der Mathematik, der »höchsten aller Wissenschaften«. Nichtsdestoweniger ist sie in allem Wesentlichen eine byzantinische Kirche mit italienischem
Schmuck, und nichts Ähnliches ist im ganzen Ostreich
jemals erbaut worden. Die ursprüngliche Wirkung war
völlig anders als die heutige und bei weitem ausgesproche-
ner byzantinisch. Die Kirche hatte viel mehr Fenster, und
über den Seitenschiffen befanden sich Galerien, so daß das
Licht in den ganzen Mittelraum hineinflutete und einen
wesentlich stärkeren Kontrast zu den ihn umgebenden
Schatten schuf. Aber ihre Leidenschaft für Flächendekora-
tion veranlaßte die Venezianer, viele der Fenster zuzumau-
ern, um Platz für zusätzliche Mosaiken zu schaffen.
Dadurch wurde der Raum unter den Galerien so gefähr-
lich dunkel, daß ihre Böden entfernt werden mußten und
nur die seltsamen Laufstege, die man heute sieht, übrig-
blieben.

San Marco verdankt selbstverständlich einen großen
Teil seiner verschwenderisch üppigen Wirkung den *Mosaiken*, die eine Fläche von etwa 4200 m² bedecken und zwischen dem 12. und 18. Jahrhundert ausgeführt wurden. Ihr
Geglitzer ist äußerst geschickt und mit sorgfältiger Berech-
nung künstlich hervorgerufen – die einzelnen Steinchen
und Plättchen sind in leicht verschiedenen Winkeln zum
Grund eingelassen, so daß sie das Licht auf verschiedene

Weise auffangen. Mit solchen Kunstkniffen suchten die von Byzanz inspirierten Kunsthandwerker die Sinne zu erfreuen. Das ikonographische Programm der abgebildeten Szenen sollte jedoch zugleich eine nicht weniger starke Wirkung auf den Geist tun. Während die Mosaiken in der Vorhalle Gegenständen aus dem Alten Testament gewidmet waren – also die Welt vor der Erlösung –, feiern die im Innern gebührenderweise den Triumph der Kirche. Wie in der byzantinischen Ikonographie üblich, erscheint Christus Pantokrator in der Apsis auf seinem Thron erhöht. Unter ihm stehen die vier Beschützer Venedigs: die Heiligen Nikolaus, Peter, Markus und Ermagora. Die Kuppel über dem Hochaltar ist den Propheten gewidmet – den Verkündern des Christentums. Die Vierungskuppel zeigt in der Mitte die Himmelfahrt und darunter Figuren, die u. a. die Tugenden darstellen. Die Kuppel über dem Mittelschiff, wo die Gemeinde steht, hat Pfingsten und die Apostel, die den Völkern das Evangelium predigen, zum Thema. An der Wand über dem Toreingang erscheint wiederum Christus, sitzend zwischen der Jungfrau und dem hl. Markus, den Blick auf den Hochaltar gerichtet; noch höher, darüber, finden sich Szenen aus der Apokalypse. Der Bogen quer über der Vorhalle, der den eigentlichen Kirchenraum mit der Fassade verbindet, trägt eine Darstellung des Jüngsten Gerichts, ein Vorwurf, der auch schon auf der Mittellünette der Fassade auftritt. Kleinere, geringere Mosaiken fügen sich diesem allgemeinen Plan ein und verfolgen ihn weiter: Die Glaubensakte der Apostel tauchen auf beiden Seiten der Pfingstkuppel auf. Die Vierungskuppel ist von Szenen aus dem Leben Christi umgeben. Die Kuppeln der Querschiffe befinden sich außerhalb dieses allgemeinen Programms, und ihre Sinngebung ist schwerer zu deuten. Beide sind von Szenen aus dem Leben Christi umgeben. Die südliche zeigt die Gestalten der Heiligen Nikolaus, Klemens, Blasius und Leonhard und in den Stützbogen Erasmus, Euphemia, Dorothea und Thekla, sämtlich Mär-

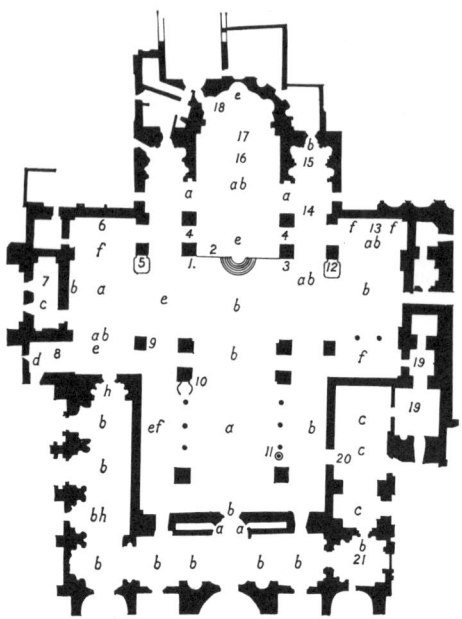

San Marco

(1) Doppelambo (bzw. Doppelkanzel), im 14. Jahrhundert aus früheren Stücken errichtet – **(2)** Chorschranke (›Iconostasis‹ genannt) mit Figuren aus dem 14. Jahrhundert – **(3)** Reliqienambo, im 14. Jahrhundert aus früheren Stücken errichtet – **(4)** Bronzerelief mit Wunder und Martyrium des hl. Markus von Sansovino – **(5)** Altar des hl. Paulus, 15. Jahrhundert – **(6)** Madonna Nicopeia (die ›Siegbringerin‹), byzantinische Ikone des 13. Jahrhunderts – **(7)** Kapelle des hl. Isidor (1354 bis 1355) – **(8)** Kapelle der Madonna dei Mascoli (1430) – **(9)** Relief der Madonna dello Scioppo, frühes 14. Jahrhundert – **(10)** Capitello del Crocifisso, 13. Jahrhundert – **(11)** Weihwasserbecken aus Porphyr – **(12)** Altar des hl. Jakob (1462–1471) – **(13)** Sakramentsaltar (1617), Fußboden 12.–13. Jahrhundert – **(14)** Ikonostase (Chorschranke) mit Figuren des späten 14. Jahrhunderts – **(15)** Kapelle des hl. Klemens – **(16)** Hochaltar – **(17)** Pala d'Oro – **(18)** Sakristeitüre, von Sansovino (1546) – **(19)** Schatzkammer – **(20)** Taufkapelle – **(21)** Zen-Kapelle mit Antonio Lombardos ›Madonna mit Kind‹ – **(a)** Mosaiken des 12. Jahrhunderts **(b)** Mosaiken des 13. Jahrhunderts – **(c)** Mosaiken des 14. Jahrhunderts **(d)** Mosaiken des 15. Jahrhunderts – **(e)** Mosaiken des 16. Jahrhunderts **(f)** Mosaiken des 17. Jahrhunderts – **(h)** Mosaiken des 19. Jahrhunderts tyrer. Die nördliche enthält Szenen aus dem Leben Johannes' des Evangelisten und in den Stützbögen Kirchenlehrer der Westkirche. Vermutlich sollten die beiden Folgen jeweils ›actio‹ und ›meditatio‹ im Dienst der Kirche darstellen.

Die Erläuterungen zum beigefügten Grundriß geben die ungefähren Entstehungszeiten der Mosaiken an und verweisen auch auf die wichtigsten Gemälde und Skulpturen, von denen hier nur einige wenige hervorgehoben werden können. Die sogenannte *Ikonostase*, die Chorschranke, die das Hauptschiff vom Altarraum abtrennt, trägt ein von Jacopo di Marco Bennato signiertes Silberkruzifix zwischen den Marmorstatuen der Jungfrau und der Apostel, die 1394 von den Brüdern Jacobello und Pierpaolo dalle Masegne in naturalistischer gotischer Manier geschaffen wurden, welche die endgültige Abkehr der venezianischen Künstler von der byzantinischen Konvention deutlich werden läßt. Blickt man durch die Chorschranke hindurch, so gewahrt man beiderseits zwei kleine Galerien, die mit besonders schönen Hochrenaissance-Reliefs von Jacopo Sansovino verziert sind. An den beiden Enden der Schranke stehen zwei Ambonen, beide im 14. Jahrhundert aus früheren Materialien, darunter byzantinischen Reliefplatten, errichtet. Der linke Ambo hat die Gestalt einer Doppelkanzel, von der unteren wurde die Epistel gelesen, von der oberen das Evangelium. Der Ambo auf der rechten Seite wurde zur Schaustellung der Reliquien an hohen kirchlichen Festtagen verwendet, und hier zeigten sich auch die neugewählten Dogen dem Volk. Der Altar im linken Querschiff ist der Madonna Nicopeia (der Siegbringerin) geweiht – eine Ikone, die wohl im 10. Jahrhundert für ein Kloster in Konstantinopel gemalt wurde und einen mit sehr schöner Emailarbeit verzierten Rahmen hat.

Zwei Kapellen führen aus dem linken Querschiff hinaus. Die größere ist dem hl. Isidor (7) geweiht, der die Insel Chios bekehrte und dort nach dem Erleiden mehrerer Fol-

terungen im Jahr 250 enthauptet wurde. Seine sterblichen
Überreste wurden zusammen mit anderem Beutegut 1125
von Chios nach Venedig gebracht und hier bis etwa 1330
versteckt, als der Doge Andrea Dandolo diese Kapelle
gleichsam als Schrein für sie neu ausschmücken ließ. Die
Lebensgeschichte des hl. Isidor und die Geschichte der
Überführung seiner Reliquien ist auf den Mosaiken dargestellt. Zwei dieser Szenen – die Folterung und das Martyrium – sind in Flachreliefs auf dem Grabmal selbst
wiederholt, und zwar mit größerer Lebhaftigkeit und
Lebendigkeit, was bereits den Beginn der gotischen Skulptur in Venedig ankündigt. Die andere Kapelle, della
Madonna dei Mascoli (8) (so genannt, weil sie einer Laien-
Bruderschaft gehörte – ›mascoli‹ ist venezianisch für
männlich –, und nicht, wie der alte Kirchendiener einem
erzählt, weil die Frauen hier um männliche Kinder bete-
ten), hat einen Altaraufsatz, der die Jungfrau mit dem Kind
zwischen den Heiligen Markus und Johannes zeigt, eine
Arbeit aus den späten zwanziger Jahren des 15. Jahrhunderts, gotisch, wiewohl ihre entschieden individualisti-
schen Statuen bereits auf die ersten Regungen der Renaissance hindeuten. In den aus dem 15. Jahrhundert
stammenden Szenen der Mosaiken wird die Renaissance-
atmosphäre noch stärker spürbar, vor allem in ihren architektonisch gegliederten Hintergründen. Die Kartons für
diese Mosaiken sind häufig dem Urheber der Renaissance
im Veneto, Andrea Mantegna, zugeschrieben worden.

An der Ecke des Hauptschiffs und des nördlichen Querschiffs steht (9) die Madonna dello Schioppo (so genannt
nach der Kanone, die ihr als Votivgabe beigegeben ist), ein
Relief aus dem 15. Jahrhundert, das noch den byzantinischen Formen folgt, aber mit mehr Zartheit und einem
stärkeren Bewußtsein der dritten Dimension gearbeitet ist,
was ein behutsames Vorrücken zur Gotik zeigt. Dieser
Übergang vom Byzantinischen zum Gotischen läßt sich
noch deutlicher im *Baptisterium* verfolgen (20). In der Mit-

telkuppel herrscht Byzanz vor; die klassischen Ursprünge der byzantinischen Kunst kommen in den Christus umgebenden, nackten Engeln nicht weniger klar zum Ausdruck als in den größeren Figuren mit ihren regelmäßigen Gesichtszügen und entschiedenen Gebärden. Aber in der Lünette, die das Martyrium des Täufers zeigt, tritt Salome wie eine modisch elegant gekleidete Dame von etwa 1350 auf und macht den Eindruck einer lebenden Schauspielerin auf einer Marionettenbühne. Sie gemahnt einen daran, daß der in Venedig kurzlebige gotische Stil eine unerläßliche Brücke zwischen der Klassizistik von Byzanz und dem humanistischen Klassizismus der Renaissance bildete. Ebenfalls im Baptisterium befindet sich das Grabmal des Dogen Andrea Dandolo, des Freundes Petrarcas; er war der Mann, der diese Mosaiken sowie die Ausschmückung der Kapelle des hl. Isidor in Auftrag gab. Seine humanistischen Neigungen sind vielleicht aus dem neuen Realismus abzulesen, der sich an beiden Orten bemerkbar macht.

Der Altar des Baptisteriums – jetzt von einer Statue des hl. Pius X. gekrönt, der Patriarch von Venedig war, ehe er 1903 Papst wurde – ist aus einem Granitblock gefertigt, der schon im 13. Jahrhundert aus Tyros herangeschafft wurde. Die Überlieferung besagt, daß Christus auf diesem Stein ausruhte. Das Taufbecken ist bedeckt mit einem schönen, von Sansovino entworfenen und von seinen Schülern ausgeführten Bronzedeckel.

Von der Kapelle des hl. Klemens (15) mit ihrem wundervollen, aus dem 12. Jahrhundert stammenden blau-weiß-goldenen Mosaik kann man den Raum hinter dem Hochaltar betreten, um die *Pala d'Oro* zu betrachten. Dieser goldene Altaraufsatz, einer der größten Schätze von San Marco, hat eine komplizierte Geschichte.

Pietro Orseolo, Doge von 976 bis 978, bestellte in Konstantinopel eine silberne Altarfront, von der man nicht weiß, ob Teile davon erhalten sind. Im Jahr 1105 gab ein anderer Doge eine noch reichere Altarfront aus Gold und

Edelsteinen in Auftrag, die ein Jahrhundert später erweitert wurde, als man in Konstantinopel erbeutete Emailtafeln einarbeitete. Um 1340 wurde die Altarfront dann durch in Venedig geschaffene Emailtafeln weiter vergrößert, in einen Altaraufsatz (›pala‹) verwandelt und dem jetzigen gotischen Rahmen eingefügt. Forscher byzantinischer Kunst streiten heftig über die Datierung und den Ursprung der einzelnen Teile dieses prächtigen Gesamtwerkes. Dieses Fachwissen kann jedoch eher Hindernis als Hilfe sein bei der Bewunderung jener ungemein edlen und eleganten Einzelfiguren: der wohl aus dem 12. Jahrhundert stammenden Madonna im Zentrum der untersten Reihe; der Kaiserin Irene daneben und des Christus Pantokrator darüber. Quadratische Tafeln erzählen das Leben des hl. Markus und die Überführung seiner Gebeine nach Venedig, die großen Szenen am oberen Rand das Leben Jesu, links mit dem ›Einzug nach Jerusalem‹ (aus dem 13. Jahrhundert).

Der Baldachin über dem Hochaltar wird von vier, mit komplizierter Steinmetzarbeit geschmückten Säulen getragen, die ebenfalls ein Erzeugnis der ›Renaissance‹ des 13. Jahrhunderts sind. Die konkave Bronzetür zur Sakristei (18) in der Apsis zeigt eine völlig andere Art des Klassizismus. Sie wurde 1546 von Sansovino modelliert und ist ein Meisterwerk der Skulptur der Hochrenaissance, ihre beiden großen Reliefs − ›Grablegung‹ und ›Auferstehung‹ − besitzen die klassische Ausgewogenheit und Endgültigkeit der Gemälde Tizians. Der Bildhauer und der Maler waren übrigens Freunde, und ihre Porträts, zusammen mit dem Aretinos, sind unter den sechs, die aus der Tür hervorspähen (Aretino oben rechts, Tizian gegenüber und Sansovino unter ihm). Man ist versucht zu vermuten, daß diese Porträts in die Tür eingefügt wurden, um der Hilfe zu gedenken, die Tizian und Aretino Sansovino während seiner Gefängnishaft 1545 leisteten.

Den ›tesoro‹, die *Schatzkammer*, betritt man durch den Hufeisenbogen im südlichen Querschiff. In dem hier an-

gehäuften glitzernden Hort aus Gold, Silber, Onyx, Bergkristall und emailliertem Glas findet sich Kleinkunst aus
verschiedenen Perioden; die interessantesten Stücke sind
die byzantinischen. Eine schwarze Glasschale, mit nackten
Figuren und klassischen Büsten in Email verziert, ist
ein schönes Musterstück der byzantinischen, klassischen
›Renaissance‹ des 11. Jahrhunderts. Die sogenannte Krone
Leos VI., die mit Emailmedaillons mit Abbildern von
Heiligen und einem Kaiser verziert ist, wurde zwischen
886 und 912 in Konstantinopel angefertigt. Sie war wahrscheinlich ursprünglich der Rand eines Abendmahlkelchs,
ähnlich den in der Nähe stehenden Kelchen, die in der
zweiten Hälfte des 10. Jahrhunderts aus Onyx gefertigt und
mit Emailplaketten geschmückt wurden. Ein Reliquienschrein, ebenfalls mit Zellenschmelzarbeit, die Kreuzigung
in der Mitte, ferner eine Ikone des Erzengels Gabriel (an
der Wand neben der Tür) entstammen etwa der gleichen
Zeit und zeigen in ähnlicher Weise die zunehmende Tendenz, das menschliche Antlitz und die menschliche Gestalt
zu einem Muster leuchtender Farben zu entpersönlichen.
Aus wenig späterer Zeit stammen eine Alabaster-Patene
mit Edelsteinen, die rings um den Rand ›en cabochon‹
gefaßt sind, und eine Emailplakette mit einem Christus in
der Mitte. Bemerkenswert hier die mathematische Symbolik der sechs Kreise innerhalb eines Kreises – die Sechs galt
in Byzanz als die vollkommene Zahl. (Wie Methodios fest-
stellte: »Geteilt durch 3 wird sie 2, geteilt durch 2 wird sie
3, geteilt durch sechs wird sie 1, und 2 plus 3 plus 1 macht
6.«) Alle diese Arbeiten zeigen, wie sehr Byzanz sich nicht
nur mit Reichhaltigkeit, Fülle, Farbe und Textur, sondern
auch mit Symbolik beschäftigte, und sie liefern damit
einen Schlüssel zur byzantinischen Kunst. Denn es ist
wichtig, sich immer wieder daran zu erinnern, daß in
Byzanz, ebenso wie in China, keine Trennungslinie zwischen Großkunst und Kleinkunst bestand. Es ginge vielleicht zu weit, wollte man sagen, daß sämtliche byzantini-

schen Kunstformen einschließlich der Baukunst die juwe-
lengleiche Zartheit, die geschmeideartige Fülle eines
Email-Reliquienschreins anstrebten. In der Schatzkammer
von San Marco befindet sich ein aus dem 12. Jahrhundert
stammender Schrein aus Gold und Silber in Form einer
Kirche – man muß ihn als eine Art Idealbild dessen verstehen, wie eine Kirche aussehen sollte, und keinesfalls als
Modell für ein bestimmtes Bauwerk. Doch hätten die
byzantinischen Baumeister mit Gold und Silber und Edelsteinen bauen können, so hätten sie es unzweifelhaft getan.

Ein enger Türdurchgang neben dem Haupteingang zur
Kirche führt zu einer Wendeltreppe, über die man hinauf
ins *Museum* gelangt. Hier kann man die vier vergoldeten
Bronzepferde im Original bewundern, modelliert und ge-
gossen, um einen Triumphwagen irgendwo im Römischen
Imperium zu ziehen (weder der genaue Ort noch das
Datum sind gesichert). Sie wurden von den Venezianern
aus Konstantinopel entwendet und im Jahr 1222 über dem
Hauptportal von San Marco aufgestellt, wo sie – abgesehen
von einem Kurzaufenthalt in Napoleons Paris – bis in die
siebziger Jahre blieben. Nach ihrer Restaurierung stellte
man sie in einigen Städten Europas und der Vereinigten
Staaten aus. Mit ihrer Rückkehr wurden sie auf Dauer im
Innern der Basilika plaziert, um sie vor der Umweltver-
schmutzung zu schützen. Zu den auffälligsten Ausstel-
lungsstücken gehört ferner die 1345 von Paolo Veneziano
gemalte Verkleidung der Pala d'Oro; es ist interessant, die
dramatischen Szenen der Markuslegende hier mit denen
der Emailtafeln zu vergleichen. Dann gibt es noch einige
Mosaikfragmente, Tapisserien, sehr feine, wenn auch ver-
blaßte persische Teppiche und mit zarter venezianischer
Spitze geschmückte Gewänder. Das Museum lohnt sich zudem, um einen genaueren (gleichwohl schwindelerregen-
den) Blick auf die Mosaiken der Kirchendecke zu werfen
und auf das wogende Muster aus Marmor, das den Fußboden bedeckt.

KAPITEL 3

Der Dogenpalast: Das Gefüge der Republik

San Marco veranschaulicht Venedigs Verhältnis zu Byzanz und sein Wachstum vom unbedeutenden Stadtstaat zur großen Reichsmacht. Der Dogenpalast veranschaulicht das politische Gefüge der Erlauchten Republik und seine Entwicklung von einer Form römischer Demokratie zur Oligarchie. Vor allem mit diesem Aspekt und weniger mit den ästhetischen Qualitäten der malerischen und plastischen Ausschmückung der verschiedenen Räume des Palastes möchte ich mich in diesem Kapitel beschäftigen. Denn so wie San Marco mehr ist als die Hauskapelle des Dogen, so ist der Palast, der außer den Privatgemächern des Staatsoberhauptes auch Sitzungssäle, Gerichtshöfe, eine Folterkammer und Gefängnisse umfaßt, mehr als nur die Residenz des Dogen.

Der Dogenpalast ist das Werk mehrerer Jahrhunderte. Er nahm nach zahlreichen Neubauten und Umbauten Mitte des 14. Jahrhunderts seine gegenwärtige Gestalt an. Die Arbeit begann an der Ecke zwischen dem Molo und dem Kanal, der den Palast von den Gefängnissen trennt. Im Jahr 1577 wurde ein großer Teil des Bauwerks durch eine Feuersbrunst zerstört, aber die konservativeren Männer unter den Räten sorgten dafür, daß der Palast in seiner vormaligen Gestalt wieder aufgebaut wurde und nicht als großartiges Renaissancebauwerk entsprechend den Entwürfen, die Palladio und andere unverzüglich vorgelegt hatten.

Die Gestalt des Gebäudes ist ungewöhnlich, mit ihren zwei Loggien, die eine aus einfachen gotischen Bögen, die andere aus sehr reich gestalteten, gleichsam spitzengehäkelten Arkaden, die eine schwere Masse von Mauerwerk darüber tragen. Nach allen Gesetzen der Baukunst müßte eine solche Anordnung unbehaglich, wenn nicht regelrecht häßlich wirken. Aber Venedig neigte mehr dazu, die Gesetze der Architektur zu schaffen, als ihnen zu folgen, und tatsächlich ist diese Gliederung erstaunlich gelungen. Denn die weiße und rosa Verkleidung der oberen Mauern, die in einer Art Damastmuster gearbeitet ist, verleiht dieser Fläche eine schwebende Schwerelosigkeit. Und die zartgliedrigen Arkaden darunter erscheinen einem weniger als Stützen dieses Mauerwerks, sondern mehr als ein reich mit Quasten besetzter Fransenrand, der über den Oberteil der Außenmauer herabgezogen ist, um ihn straff zu halten. Das Ganze wirkt wie ein mit einem schweren Tuch bedeckter Tisch und fängt den Blick in einer Weise, daß man das Vorhandensein einer verborgenen soliden Struktur darunter als selbstverständlich voraussetzt.

In der unteren Arkade, dem sogenannten ›broglio‹ – wo die Kaufleute und Politiker auf und ab zu gehen und zu schwätzen pflegten und wohl auch, wie der Name schließen läßt, in ein gelegentliches ›imbroglio‹ gerieten –, sind die Kapitelle mit Köpfen und allegorischen Figuren verziert, die aus dem späten 14. und frühen 15. Jahrhundert stammen (viele sind allerdings restauriert und einige durch moderne Kopien ersetzt worden). An den drei Ecken befinden sich über den Kapitellen größere Hochreliefs – die ›Trunkenheit Noahs‹ (bei dem Ponte della Paglia), ›Adam und Eva‹ (zwischen Piazzetta und Molo) und ›Das Urteil Salomonis‹ (auf der San Marco-Seite). Die beiden ersten stammen von venezianisch-gotischen Bildhauern, das dritte, das etwas später zu datieren ist (1438–42), weist toskanischen Einfluß auf und könnte von einem Florentiner wie etwa Niccolò di Pietro Lamberti sein. Alle drei sind moralisierende Muster für die Schwäche des Menschen. Noahs Trunkenheit erinnert zugleich an den biblischen Ursprung der Menschheit: Europa, Asien und Afrika.

Der Palast ist von San Marco durch die *Porta della Carta* abgetrennt, die früher den Haupteingang in den Hof bildete. Dieser reichverzierte Torbogen, eines der verschwenderischsten Beispiele venezianisch-gotischer Baukunst und Bildhauerei, wurde zwischen 1438 und 1442 von Bartolomeo und Giovanni Bon ausgeführt. Die Skulpturen sollten die Verkettung dreier Themen betonen: Iustitia, verkörpert durch die thronende Figur auf der Spitze; der hl. Markus im Tondo darunter; und der Doge Francesco Foscari, Auftraggeber des Werkes, kniend vor dem Markuslöwen. Die Figur des Dogen ist eine Kopie des Originals, das 1797 zertrümmert wurde. Die begleitenden Statuen stellen Temperantia, Fortitudo, Prudentia und Caritas dar.

Im Innern des Hofes machte die einheitliche Geschlossenheit einem Stilgemisch Platz, dessen gemeinsames, einigendes Element nur das Bedürfnis nach eindrucksvoller Prachtentfaltung ist. Klassizistische Renaissance überwiegt gegenüber der Gotik. Ein gewaltiger und imposanter Treppenaufgang, bewacht von zwei Kolossalstatuen des Mars und Neptun – von Sansovino, der sie 1567 fertigstellte –, führt hinauf zur Loggia des ersten Geschosses. Wir benutzen diese Freitreppe jedoch nicht, sondern nehmen die Treppe rechts, nahe dem Eintrittskartenbüro. Der Weg, auf dem die Besucher durch den Palast geschleust werden, ändert sich ab und zu; der Lageplan wird dem Leser helfen, die einzelnen Räume zu identifizieren, falls er sich in dem nachfolgend beschriebenen Rundgang nicht gleich zurechtfindet.

Im ersten Stock befindet sich eine Gruppe von drei Räumen, genannt die Avogaria – dies waren ursprünglich die Amtsräume der drei Avogadori de Comun, Rechtsbeamten, die das Libro d'Oro, das Goldene Buch, führten, in welchem die Namen der Adelsfamilien eingetragen waren, und denen bei gewissen Rechtsfällen die Anklageerhebung auf Strafverfahren oblag. In ihren Räumen hängen Gemälde hauptsächlich aus dem 17. Jahrhundert.

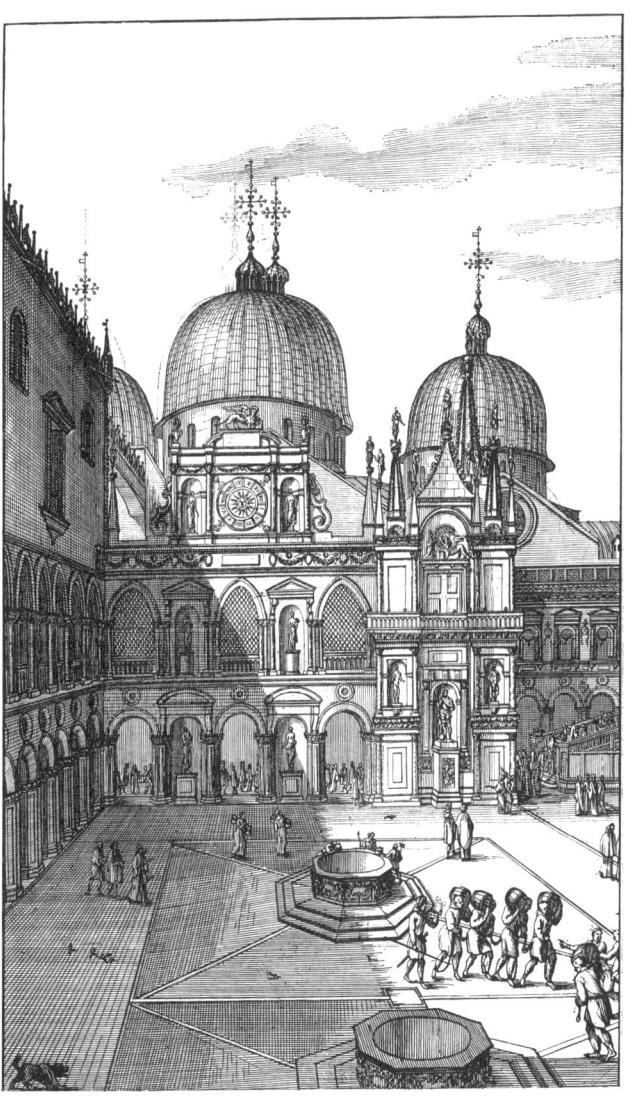

Innenhof des Dogenpalastes

Wir gehen jetzt zum zweiten Stock hinauf, und zwar
über die berühmte *Scala d'Oro*, einen der eindrucksvollsten
Treppenaufgänge, die es überhaupt auf der Welt gibt.
Er erhielt seine gegenwärtige Gestalt um die Mitte des
16. Jahrhunderts, als er mit vergoldeten Stuckreliefs von
Alessandro Vittoria und ausgemalten Feldern von Battista
Franco ausgeschmückt wurde. Wir wenden uns nach rechts
und betreten die *Gemächer des Dogen* – vorerst den Raum,
in dem der Doge sich mit den Prokuratoren und anderen zu
versammeln pflegte, um bei feierlichen Gelegenheiten
sodann in zeremonieller Prozession hinauszutreten; danach
gehen wir in das große Vorzimmer, dessen Wände um die
Mitte des 18. Jahrhunderts mit Landkarten bemalt wurden, die einigermaßen optimistisch die Ausdehnung des
venezianischen Herrschaftsbereichs zeigen, und auf der
Wand uns gegenüber die Reisen Marco Polos und anderer
berühmter venezianischer Reisender. Hieran schließt eine
Folge von Räumen, von denen einige schwere, schön ge-
arbeitete Kaminsimse aus dem 16. Jahrhundert besitzen.
Hinter den großen Empfangsräumen liegt eine Folge von
wesentlich kleineren Wohnräumen, die heute für eine
kleine Sammlung von Gemälden verwendet werden, darunter einige Stücke von Hieronymus Bosch und seinen
Nachfolgern.

In diesen Räumen verbrachten die Dogen ihre Nächte
und einen großen Teil ihrer Tage, vom Zeitpunkt ihrer
Wahl bis zu ihrem Tod. Prachtvoll gewandt, glänzend
behaust, von Scharen unterwürfiger Diener umsorgt, und
doch machtlos, namenlos, ungeliebt, war der Doge ein
Gefangener des Staates. Die Venezianer entwickelten das
erste System der konstitutionellen Monarchie und sparten
keine Mühe, um Gewähr zu schaffen, daß das Staatsoberhaupt sich streng und genau innerhalb der ihm vorge-
schriebenen Verfassungsgrenzen verhielt. Nach 1250 ver-
pflichtete ihn der Eid, den er bei seiner Krönung leistete,
die Befehle und Anordnungen des Großen Rates oder

irgendeines Rates, den dieser wählen mochte, durchzu-
führen. Er führte üblicherweise den Vorsitz über die Rats-
sitzungen, konnte selbst aber nicht mehr tun, als den
Beschlüssen des Rates sein Siegel aufzudrücken. Der Große
Rat andererseits konnte ohne ihn zusammentreten und aus
eigener Machtvollkommenheit handeln. Der Doge durfte
keine Handelsgeschäfte betreiben, weder persönlich noch
durch einen Stellvertreter, und er durfte keine Geschenke
oder Huldigungen entgegennehmen, die nicht ausdrücklich für den Staat als Ganzes bestimmt waren. Kein Mitglied seiner Familie durfte ein Regierungsamt innehaben,
und seine Söhne waren von der Wahl in die geschäfts-
führenden Regierungsausschüsse ausgeschlossen. So überrascht es nicht, daß die Dogen, in alle diese Beschränkungen eingeengt, im ganzen eine recht langweilige und als
Persönlichkeiten uninteressante Gesellschaft waren. Mit
Ausnahme Enrico Dandolos, der, wiewohl blind, die venezianischen Streitkräfte 1204 bei der Plünderung Konstantinopels anführte, ragen in der Geschichte nur zwei Dogen
hervor: Marino Falier und Francesco Foscari. Falier wurde
wegen eines hochverräterischen Versuchs, die Verfassung
zu ändern, enthauptet. Foscari mußte mit ansehen, wie sein
Sohn in die Verbannung geschickt wurde, und wurde dann
abgesetzt. Mit diesen Beispielen vor Augen, erfüllten die
späteren Dogen ihre dekorativen Pflichten auf die an-
onyme und gefällige Weise, welche die Serenissima verlangte. Coryate berichtet, man habe ihm erzählt, die beiden
Säulen aus Akkon, die draußen vor der Porta della Carta
stehen, seien eigens als Galgen für jeden Dogen, der sich
etwas zuschulden kommen ließ, dort aufgestellt worden –
und obwohl man ihm etwas Unrichtiges erzählt hatte, spiegelt seine Geschichte doch durchaus richtig die venezianische Einstellung gegenüber dem Staatsoberhaupt wider.

Der nächste Absatz der Scala d'Oro führt hinauf ins
Obergeschoß und zu den meisten Ratssitzungszimmern.
Der erste Raum (2) hat ein Deckengemälde von Tintoretto

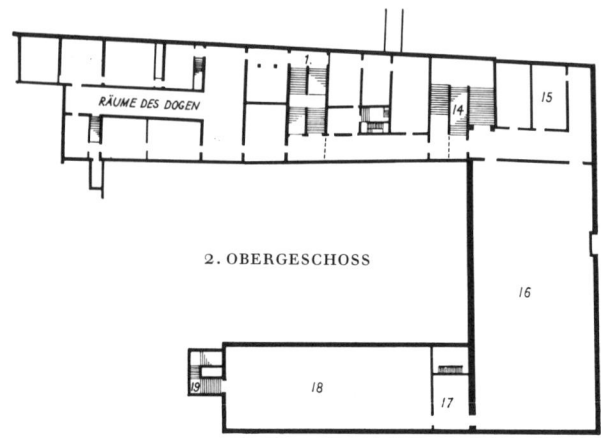

Der Dogenpalast

(1) Scala d'Oro - (2) Vorraum – (3) Sala delle Quattro Porte – (4) Anti-Collegio – (5) Sala del Collegio – (6) Sala del Senato – (7) Vorkapelle (8) Kapelle – (9) Sala del Consiglio dei Dieci – (10) Sala della Bussola (11) Raum der drei Amtsrichter – (12) Raum der Staatsinquisition (13) Rüstkammer und Waffensammlung – (14) Scala dei Censori (15) Sala del Guariento – (16) Sala del Maggior Consiglio – (17) Sala Quarantia Civil Nuova – (18) Sala dello Scrutinio – (19) Treppe zum 1. Stockwerk

OBERGESCHOSS DES OSTFLÜGELS

und seinen Gehilfen. Er führt in die *Sala delle Quattro Porte* (3), einen der eindrucksvollsten Räume im ganzen Palast mit einer überschwenglich reichen Stuckdecke, die Gemälde von Tintoretto umschließt. Anschließend, im *Anticollegio*, vier weitere Tintorettos, darunter sein größtes Werk ›Bacchus und Ariadne, von Venus gekrönt‹, sowie Paolo Veroneses meisterlicher ›Raub der Europa‹ und Jacopo Bassanos ›Rückkehr Jakobs mit seiner Familie‹. Die vier Tintorettos sind als eine Allegorie der Eintracht gedacht und ausgeführt, natürlich mit zusätzlicher politisch-propagandistischer Tendenz – so vereint zum Beispiel Venus (die Liebe) Bacchus (die Adria) mit Ariadne (Venedig), auf deren Haupt sie die aus Sternen gebildete Krone der Oberherrlichkeit setzt. Diese große Allegorie gibt einen passenden Auftakt zur *Sala del Collegio* (5) mit einer von Veronese in seiner elegantesten, überreichsten Manier gemalten Decke und einem Riesengemälde hinter den Thronsesseln, das den Admiral der venezianischen Flotte zeigt, wie er Gott für den Sieg bei Lepanto dankt. In diesem Raum trat der Doge mit dem Kollegium – den fünfundzwanzig Mitgliedern des aus dem Großen Rat gewählten Regierungskabinetts – zur Beratung von Staatsgeschäften zusammen. Hier empfingen sie auch die Botschafter ausländischer Mächte, die nach dem langen Anstieg über vier Treppenfluchten und dem Gang durch soviel vergoldete und mit Stuck und Fresken verzierte Pracht sich zweifellos körperlich und geistig in einem gebührend unterwürfigen Zustand befanden. Es war ein charakteristisch venezianischer Geniestreich, die hochmögenden fremden Besucher einer solchen Qual zu unterziehen. Man hört geradezu das Prusten und Stöhnen irgendeines aufgeblasenen Abgesandten, der nur zu froh ist, endlich vor den Herrschern der Serenissima in die Knie sinken zu dürfen.

Die Sala del Collegio führt in die größere *Sala del Senato* (6), den Sitz des Senats oder Oberhauses des venezianischen Parlamentes und seiner gesetzgebenden Körperschaft.

Hier traten der Doge und die Mitglieder des Kollegiums mit etwa zweihundert gewählten Senatoren zu Debatten zusammen. Die Ausschmückung des Raums wirkt durch die glanzvollen Vergoldungen überaus prächtig, aber die Qualität der Wandgemälde − zumeist von Künstlern, die um eine Generation jünger waren als Tintoretto − hat begonnen nachzulassen.

Verläßt man den Senat durch die Tür am anderen Ende, so geht man zurück durch die Sala delle Quattro Porte und von dort zur *Sala del Consiglio dei Dieci* (9). Dieser Raum besaß ursprünglich eine der besten Decken des ganzen Palastes, die von Veroneses Mittelstück beherrscht wurde, das sich jetzt im Louvre befindet. Veronese ist jedoch noch durch das rechteckige Feld ›Juno bietet Venedig die Dogenkrone an‹ (ein neuerliches Beispiel, wie die Mythologie dem venezianischen Staat zwangsverpflichtet wurde) und ein kleineres Oval vertreten, das einen turbantragenden Orientalen mit einem Mädchen darstellt. Dies war der Raum, in dem der berüchtigte Rat der Zehn zusammentrat und beriet. Diese Körperschaft wurde im 14. Jahrhundert als eine Notstandsmaßnahme ins Leben gerufen und besetzte mit der Zeit eine der wichtigsten Rollen in der ganzen Regierungsmaschinerie. Ihre Mitglieder nahmen eine Stellung ein, die dem Collegio untergeordnet war und ungefähr parallel mit dem Senat lief, dessen Funktionen sie in aller Stille an sich rissen. Denn während alle gewöhnlichen Staatsgeschäfte im Senat erörtert wurden, wurden alle außerordentlichen und hochwichtigen Angelegenheiten von den Zehn beraten, deren Sitzungen geheim waren und folglich gefürchtet wurden. Im nächsten Raum, der *Salla della Bussola* (10), warteten die von den Zehn Vorgeladenen, um verhört zu werden. In einer Ecke befindet sich eine berühmte ›bocca di leone‹ (Löwenmaul) − einer der Kästen, in die geheime Denunziationen geworfen wurden. Über diese Denunziationsbriefe ist viel romantisches dummes Zeug geschrieben worden, und es verdient immerhin festgehalten zu werden, daß alle anonymen Denunziationen, die nicht wenigstens zwei Zeugen anführten, verbrannt wurden, außer die Zehn und die Räte des Dogen erklärten mit Fünf-Sechstel-Mehrheit, daß die Beschuldigungen Staatssachen betrafen.

Der nächste Raum (11) gehörte den drei Amtsrichtern, die aus der Mitte des Rates der Zehn gewählt wurden, um alle diese Briefe zu lesen und Sitzungen einzuberufen. Von hier führt der Weg in den düsteren Raum der Staatsinquisitoren – einer Körperschaft, die aus zwei Mitgliedern der Zehn und einem Rat des Dogen bestand und alle Fälle untersuchte, in denen Hochverratsverdacht vorlag. Von hier führt eine Treppe zu der handlich nahebei gelegenen Folterkammer und eine zweite Treppe zu den Piombi, den Gefängniszellen unter den Bleidächern. Eine dritte Treppe, deren wir uns glücklicherweise bedienen können, führt uns in die *Rüstkammer* und Waffensammlung (13).

Hier befinden sich inmitten einer Überfülle von Spießen, Hellebarden, Harnischen, Helmen und komplizierten frühen Feuerwaffen einige ungewöhnlich hervorragende Stücke. So eine zu Pferd sitzende Gestalt in einer Rüstung aus dem 16. Jahrhundert (die allgemein, aber fälschlich für die des Condottiere Gattamelata gehalten wird), eine Kinderrüstung, die im Jahr 1515 auf dem Schlachtfeld von Marignano gefunden wurde, und eine Rüstung, die der Republik 1603 von Heinrich IV. von Frankreich geschenkt wurde. Auch ein oder zwei bedeutende Skulpturen sind hier aufgestellt – schöne Bronzebüsten des Sebastiano Venier und des Agostino Barbaro von Tiziano Aspetti und eine phantastische Barockbüste Francesco Morosinis von der Hand Filippo Parodis.

Die *Scala dei Censori* führt hinunter in den zweiten Stock. Hier ist ein kleiner Raum (15) den recht blassen Bruchstücken eines Freskos gewidmet – alles, was vom ›Paradies‹ oder der ›Krönung der Jungfrau‹ übriggeblieben ist, die der paduanische Meister Guariento 1365 für die

Sala del Maggior Consiglio malte, die bei der großen Feuersbrunst von 1577 nahezu völlig verbrannte. Nebenan sind einige Skulpturen aufgestellt, vor allem Antonio Rizzos ›Adam und Eva‹, die früher im ›cortile‹ standen, wo sie durch Bronzekopien ersetzt worden sind. Sie wurden vor 1471 geschaffen, gehören zu den großen Meisterwerken der venezianischen Skulptur und lassen erkennen, daß sie den Gemälden Giovanni Bellinis verpflichtet sind: Sie sind mit wesentlich größerem Augenmerk für den Bau des nackten menschlichen Körpers modelliert und stehen unter einem geringeren Einfluß der antiken Marmorstatuen als die meisten nackten Figuren der Renaissance. Der englische Reisende Thomas Coryate (1577–1617) erzählt in seinem berühmten, 1611 erschienenen Weltreisebericht ›Crudities‹, der Herzog von Mantua habe vergeblich versucht, die Statue der Eva für ihr Gewicht in Gold zu kaufen.

In der *Sala del Maggior Consiglio* (16) – wohl dem imposantesten und überladensten Innenraum in ganz Europa – ist das Gemälde zu sehen, das Tintoretto als Ersatz für Guarientos Werk malte. Obwohl weitgehend eine Arbeit seiner Werkstatt, ist es doch ein Gemälde von ungeheurer Pracht und ein Meisterwerk dynamischer Komposition. Wie schon auf Guarientos Fresko, folgt auch hier der thematische Vorwurf dem dreißigsten Canto von Dantes ›Paradiso‹ und gründet sich auf die Anordnung und Abfolge der Litanei, in der Engel und Heilige in der ihnen gebührenden Reihenfolge stehen – Christus und seine Mutter oben in der Mitte, sodann die Erzengel und Engel, dann hervorragende Gestalten des Alten Testaments, die Evangelisten (unter ihnen besonders hervorgehoben der hl. Markus) und die Kirchenväter, und schließlich die Heiligen. Gemälde, die Gentile da Fabriano, Pisanello, Bellini, Carpaccio, Tizian und andere, unter ihnen auch Tintoretto und Veronese, an den anderen Wänden und an der Decke ausgeführt hatten, wurden nach dem Brand durch Arbeiten der besten Maler, die im letzten Viertel des 16. Jahrhunderts zur Verfügung

standen, ersetzt. Aber sie waren bedauerlicherweise mit der
bedeutenden Ausnahme Tintorettos und Veroneses, die die
besten Deckenstücke malten, keine sonderlich begabten
Künstler. Einige der Gemälde an den Wänden reichen
kaum über das bescheidene Niveau eines Dekorationsma-
lers von solidem handwerklichem Können hinaus. Wie zu
erwarten, spiegeln alle diese Szenen mit Ausnahme des
›Paradiso‹ – und vielleicht sogar dieses, denn Venedig hatte
sich dem besonderen Schutz der Jungfrau unterstellt – den
Ruhm Venedigs wider und stellen Bilder aus seiner wirklichen und mythischen Geschichte dar: Landschlachten,
Seegefechte, Triumphe, diplomatische Siege und unterschiedliche Apotheosen des venezianischen Staates. Der
Fries ist mit (zumeist der Phantasie entstammenden) Porträts der ersten sechsundsiebzig Dogen verziert, mit auffallender Ausnahme Marino Faliers, dessen Platz mit einem
schwarzen Vorhang und einer Inschrift ausgefüllt ist. »Hic
est locus Marini Falethri decapitati pro criminibus« – eine
heilsame Warnung an seine Nachfolger auf dem Dogen-
thron.

Die Sala del Maggior Consiglio war der Sitz des Unter-
hauses des venezianischen Parlamentes. In seiner Frühzeit
war Venedig eine echte Demokratie, und alle wichtigen
Beschlüsse, wie etwa die Wahl des Dogen, wurden auf stür-
misch bewegten Volksversammlungen gefaßt, an denen die
gesamte Bürgerschaft teilnahm. Mit dem stetigen Anwachsen der Bevölkerung wurden diese Versammlungen
allmählich zu wild und ungebärdig, und es wurde folglich
ein Wahlsystem eingeführt, wonach jede Gemeinde der
Konföderation alljährlich ihre Abgeordneten zur Volks-
versammlung wählte. Aber in einer Zeitspanne politischer
Unbeständigkeit, die das unmittelbare Ergebnis zunehmenden Wohlstandes war, hatten selbst diese demokrati-
schen Parlamente viele Nachteile. Zu Beginn des 13. Jahrhunderts war eine neue Aristokratie entstanden, die sich
aus Familien zusammensetzte, welche durch die Kolonial-

und Handelsexpansion im östlichen Mittelmeer reich geworden waren. Eine jede Wahl wurde jetzt zu einer kämpferischen Auseinandersetzung zwischen diesen neuen Männern und dem alten Adel, der von den ursprünglichen Führern der venezianischen Konföderation abstammte. Als 1289 das Amt des Dogen neu zu besetzen war, wählten die Bürger auf Verlangen der Volksmenge einen greisen Vertreter der alten Aristokratie namens Jacopo Tiepolo, der die Ehre jedoch ablehnte und sich aufs Festland zurückzog. Die neuen Männer ergriffen diese Gelegenheit und wählten daraufhin Pietro Gradenigo, einen jungen und unbarmherzig rücksichtslosen Angehörigen ihrer eigenen Partei. Und im Jahr 1297 setzte Gradenigo die berühmte Serrata del Maggior Consiglio durch, eine Gesetzesakte, die öffentliche Wahlen durch das Volk abschaffte und die Mitgliedschaft und Zugehörigkeit zum Großen Rat auf jene beschränkte, die nachweisen konnten, daß ein Vorfahr der väterlichen Linie ihm bereits angehört hatte. Diese Gesetzesakte schloß nicht nur das Volk von der Regierung aus, sondern war auch dazu angetan, die politisch aktiven neuen Männer auf Kosten des alten Adels zu begünstigen, denn viele Angehörige der alten Aristokratie hatten sich nie zur Wahl in den Großen Rat gestellt. Im Jahr 1300 kam es zu einem Volksaufstand, aber seine Anführer wurden in den Dogenpalast gelockt, aus dem sie nicht lebend wieder herauskamen. Zehn Jahre darauf veranstalteten die Konservativen unter Führung von Bajamonte Tiepolo eine Rebellion, aber ihre Streitkräfte wurden in die Flucht geschlagen. Hinfort war Venedig in friedfertiger Weise aufgeteilt zwischen den Adligen, die lediglich auf Grund ihres Geburtsrechtes Sitze im Großen Rat hatten, und der Bevölkerung, die keinerlei Aussicht hatte, jemals auf diese Sitze zu gelangen. (Erst im 17. Jahrhundert konnten Adelspatente käuflich erworben werden.)

Dieses Fortschreiten von der Demokratie zur Oligarchie – das in vieler Hinsicht an die augusteische Revolution in

Rom erinnert – erwies sich als ein Segen für das »älteste
Kind der Freiheit«. Es war das Ergebnis des wachsenden
Wohlstandes des 13. Jahrhunderts und ermöglichte eine
weitere Ausdehnung im 14. und 15. Indem es den Demagogen von der politischen Bühne entfernte, bewahrte es den
Staat vor dem Halbbruder des Demagogen, dem Tyrannen.
Es legte die Regierung in die Hände einer großen Körperschaft von Männern, deren kommerzieller Wohlstand und
gegenseitige Eifersucht verhinderten, daß eine Einzelfami-
lie überwiegende Macht oder Einfluß erwarb. Dieses durch
die Serrata del Maggior Consiglio geschaffene System
bewährte sich so gut, daß es sich unverändert ein halbes
Jahrtausend lang hielt.

Während dieser Jahrhunderte hatte der Maggior Consiglio lediglich eine Wahlfunktion. Er trat im großen Sit-
zungssaal zusammen, um die Mitglieder des Senats und
anderer Regierungsämter zu wählen – es fand zumindest
einmal in der Woche die eine oder andere Wahl statt –, und
er wählte auch den ersten der Folge von Ausschüssen, die
ihrerseits den Dogen wählten. Jeder Adlige, der das fünf-
undzwanzigste Lebensjahr überschritten hatte, hatte einen
Sitz im Großen Rat, vorausgesetzt, daß er nicht die Unbe-
sonnenheit begangen hatte, eine Bürgerliche zu heiraten,
was ihn und alle seine Nachkommen ausschloß.

Die Sala del Maggior Consiglio war jedoch nicht ausschließlich parlamentarischen Geschäften vorbehalten. Gelegentlich wurde sie auch als Fest- und Bankettsaal verwendet. Heinrich III. wurde hier 1574 bewirtet. Dreitausend
Gäste waren zu seinen Ehren geladen, und die Anrichten
bogen sich unter einer Last von Gold und Silber im Wert
von 200 000 Kronen. Bei einem anderen Bankett im
16. Jahrhundert entdeckten die Gäste zu ihrem Entzücken,
daß sämtliche Gegenstände auf den Festtafeln – Brotlaibe,
Teller, Messer, Gabeln, Gläser, Tischtücher, Servietten und
die von Sansovino entworfenen Statuetten – aus Zucker
gefertigt waren.

In diesem gleichen Raum spielte sich der letzte Akt in der Geschichte der Erlauchten Republik ab, als am 12. Mai 1797 Ludovico Manin, der letzte Doge, die Annahme von Napoleons Ultimatum bekanntgab. Ippolito Nievo, der das Ereignis schilderte, schrieb, der große Saal sei von einem undeutlichen Schaudern und Wispern erfüllt gewesen. »An diesem trüben, zwielichtigen, abgeschlossenen Ort herrschten Schweigen und Trauer. Der Doge erhob sich blaß und bebend vor dem souveränen Obersten Rat, dessen Vertreter er war und dem er einen Akt der Feigheit vorzuschlagen wagte, der nicht seinesgleichen hatte.« Nachdem er die Forderungen der Franzosen verlesen hatte, »schlug er in schamloser Weise die Abschaffung der alten Regierungsform und die Errichtung einer Demokratie vor. Für ein kaum halb so großes Verbrechen war Marino Falier auf dem Schafott gestorben. Ludovico Manin fuhr mit seinem Gestotter und Gestammel fort, sich selbst, den Großen Rat und sein Land zu entehren, und nicht eine Hand erhob sich, um ihm den Dogenmantel abzureißen und ihm den Schädel auf dem Steinfußboden zu zerschmettern, auf dem die Abgesandten von Königen und die Legaten von Päpsten gekniet hatten ... Plötzlich vernahm man einige Musketenschüsse; der Doge hielt verwirrt inne und schickte sich an, die Stufen des Throns herabzusteigen.« Eine Schar erschrockener Patrizier drängte sich um ihn und rief: »Zur Abstimmung!« »Draußen heulte und brüllte das Volk vor Wut, drinnen war alles Verwirrung und Schrecken. Unter allgemeinem Rufen, Gedränge, Eile und Angst« begab sich die Versammlung aller ihrer Rechte und setzte eine provisorische Regierung ein, um Napoleons Forderungen nachzukommen. »Der Doge eilte in seine Gemächer, riß sich im Gehen die Hoheitszeichen seines Amtes ab und befahl, daß die Behänge des Dogen von den Wänden herabgenommen würden.« Korrupt, verderbt, machtlos und ruiniert, hatte Venedig die Zeiten seines Reichtums und seines Ruhms längst überlebt.

Aus der Sala del Maggior Consiglio führt der Weg hinaus in die Sala della Quarantia Civil Nuova, dem Berufungsgericht in Zivilsachen für Venezianer vom Festland. Im nächsten Raum, der *Sala dello Scrutinio* (18), traten die unterschiedlichen Ausschüsse für die Wahl des Dogen zu Debatte und Abstimmung zusammen. Dieser Vorgang war von einer geradezu chinesischen Kompliziertheit; es fanden nicht weniger als neun Abstimmungen statt, um den Ausschuß von einundvierzig Männern zu wählen, der seinerseits den Dogen wählte. Abgesehen von einem Tintoretto an der nach der Hofseite gelegenen Wand stammen die Gemälde von zweitrangigen Künstlern des 16. Jahrhunderts, unter ihnen Palma Giovane, von dem das lange ›Jüngste Gericht‹ stammt – eine peinlich unzulängliche Tintoretto-Nachahmung. Rings um die Decke läuft ein Fries mit Porträts der letzten zweiundvierzig Dogen, die ersten sieben von Tintoretto, die übrigen von späteren Malern nach dem Leben ausgeführt. Am Ende des Raums feiert ein Triumphbogen-Durchgang die Siege Francesco Morosinis im Peloponnes – die letzten bedeutenden Siege, die der venezianische Staat errang.

Aus den trüblichtigen Annalen der venezianischen Dogen leuchtet Morosini als Persönlichkeit durch seine Laufbahn vor seiner Wahl zum Dogen hervor. Er wurde 1658 Oberbefehlshaber des Heeres, als Venedig bereits seit dreizehn Jahren Krieg um Candia führte – ein vergeblicher Versuch, Kreta den Türken vorzuenthalten. Nach weiteren elf Kriegsjahren, die die Mittel der Republik erschöpften, kapitulierte Morosini und erlangte erstaunlich günstige Bedingungen von den Türken, die des Krieges nicht weniger überdrüssig waren als er selbst. Bei seiner Rückkehr nach Venedig wurde ihm natürlich wegen Feigheit und Untüchtigkeit der Prozeß gemacht, aber er brachte es zuwege, sich gut und überzeugend zu rechtfertigen. Im Jahr 1684, als Venedig sich der Heiligen Liga gegen die Türkei anschloß – deren Heere inzwischen die Tore Wiens

erreicht hatten –, wurde Morosini abermals Oberbefehlshaber. Er befehligte einen Feldzug in Griechenland und
eroberte die ganze Morea zurück. Doch sein Sieg war
begleitet von einem der kummervollsten Verluste der
europäischen Geschichte: Während er Athen belagerte,
schlug eine venezianische Kanonenkugel in das türkische
Pulvermagazin auf der Akropolis ein und löste die Explo-
sion aus, die dem Parthenon so unermeßlichen Schaden
zufügte. Morosini kehrte jedoch im Triumph nach Venedig
zurück und brachte zwei große Marmorlöwen mit, die die
Heilige Straße und den Hafen von Piräus bewacht hatten.
1688 wurde er zum Dogen gewählt, aber fünf Jahre darauf
abermals zum Oberbefehlshaber des venezianischen Heeres bestellt, das in Griechenland Rückschläge erlitt, weil
ihm ein fähiger Heerführer mangelte. Er war somit seit
Enrico Dandolo der erste Doge, der Venedig verließ. Aber
nach einem Anfangssieg erkrankte er und starb. Obwohl er
zum volkstümlichen Wahrzeichen venezianischer Macht
wurde, waren seine Erfolge doch Pyrrhussiege, die dem
Schatzamt verhängnisvoll wurden und zum endlichen Ruin
und Zusammenbruch der Republik das Ihre beitrugen.

Von der Sala dello Scrutinio führt eine Treppe (19) zur
Loggia auf dem darunterliegenden Stockwerk. Während
man um die Loggia herumgeht, kommt man auf der Süd-
seite an der Sala del Piovego vorbei (kein Einlaß), in der die
Dogen vor der Bestattung feierlich aufgebahrt wurden.
Neugewählte Dogen wurden am Ende ihrer Krönungsfei-
erlichkeiten hierher geführt und hatten sich die folgende
brutale Ansprache anzuhören: »Euere Erlaucht seid auf
der Höhe des Lebens hierher gekommen, um den Palast in
Besitz zu nehmen; doch wisset im voraus, daß Euch, wenn
Ihr tot seid, Augen, Gehirn und Gedärme entfernt werden.
Sodann werdet Ihr an diesen Ort verbracht werden, und
hier werdet Ihr drei Tage lang aufgebahrt liegen, ehe man
Euch begräbt.« Dies war der letzte Satz des Urteils auf
lebenslängliche Gefängnishaft.

Doch wenden wir uns vom bildlichen Gefängnis den echten *Gefängnissen* zu. Schilder weisen den Weg zu den Prigioni – und kein Besuch des Dogenpalastes ist vollständig ohne einen Blick auf sie. Man gelangt zu ihrem Eingang über die aus dem 17. Jahrhundert stammende Seufzerbrücke. Die Zeiten politischer Unruhe waren längst vorüber, als diese berühmte Brücke gebaut wurde, und nur ein einziger politischer Gefangener hat sie je überschritten – aus welchem Grund der amerikanische Schriftsteller W. D. Howells, der 1861–65 amerikanischer Konsul in Venedig war, sie einen »rührseligen Schwindel« genannt hat. Die Gefängniszellen selbst sind so dunkel und trübselig wie alle Gefängnisse jener Zeit. Dickens geriet bei seiner Schilderung geradezu in eine Ekstase des Schreckens und Grauens, aber in Wahrheit waren diese unteren Gefängniszellen, genannt die ›pozzi‹, für Taschendiebe und andere unbedeutende Missetäter reserviert, die nicht, wie Dickens schreibt, erdrosselt und in einem Sack ins Meer geworfen wurden; und wenn sie auch nicht sehr bequem gewesen sein können, waren sie doch nicht unhygienischer als etwa die englischen Gefängnisse des 19. Jahrhunderts. Im Jahr 1746 verließ ein achtzigjähriger griechischer Geistlicher sie nach vierzigjähriger Haft in angeblich tadellosem Gesundheitszustand. Die ›piombi‹, die Gefängniszellen unter den Bleidächern des Dogenpalastes, waren, wie Balzac erklärt hat, nicht ärger als so manche Dachkammer in Paris. Casanova, dem in kühner Weise die Flucht aus ihnen gelang, erzählt, daß er eine verhältnismäßig angenehme Haftzeit hier verbrachte und sich mit der Lektüre der Akten eines schlüpfrigen Skandalprozesses aus einem anstoßenden Raum die Zeit vertrieb. Als die Revolutionäre 1797 im ersten Hochgefühl der Demokratie die Gefängnisse aufbrachen, trafen sie dort zu ihrer Enttäuschung keinen ihrer schmachtenden Genossen an – die ›pozzi‹ waren überhaupt leer, und die ›piombi‹ enthielten nur vier gewöhnliche Verbrecher.

KAPITEL 4

Die Scuole: Tizian und Tintoretto

Nach allen Gesetzen der Staatswissenschaft besteht der rascheste Weg, eine Revolution hervorzurufen, darin, den wohlhabenden Mittelstand von aller Mitsprache bei den Regierungsgeschäften auszuschließen. Und doch scheint in Venedig die politisch machtlose, mit einem Maulkorb versehene Schicht des Bürgertums nahezu fünfhundert Jahre lang unter einer allmächtigen Oligarchie ein recht glückliches und zufriedenes Leben geführt zu haben. Eine der Erklärungen dieses seltsamen Sachverhalts findet sich in den ›scuole‹, die einen Ersatz für politische Betätigung boten. Diese weltlichen Laienbruderschaften sind sowohl aus diesem Grund von beträchtlichem Interesse, als auch weil ihr Reichtum es ihnen ermöglichte, bei der Förderung und Beschäftigung venezianischer Künstler eine wichtige Rolle zu spielen.

Die venezianischen ›scuole‹ – das Wort läßt sich nicht mit ›Schule‹ übersetzen, ohne falsche Vorstellungen auszulösen – waren eine Art Gilden, Vereinigungen von Laien, welche die wohltätigen Ziele der Freimaurer mit den Andachtsübungen religiöser Bruderschaften verbanden. Ihre Mitglieder übten ein gemeinsames Gewerbe aus (als Schuster, Bader, Maler und so fort), gehörten der gleichen Volksgruppe an (Slawen, Griechen, Albaner), waren durch eine besondere Art wohltätigen Wirkens miteinander verbunden (die Mitglieder einer ›scuola‹ suchten Häftlinge im Gefängnis auf und bezahlten den Begräbnisgottesdienst der Hingerichteten), oder sie bekannten sich zu einem besonderen religiösen Kult. Die Mitglieder verpflichteten sich zu gewissen religiösen Dienstleistungen und zur Hilfe gegenüber ihren Genossen, besonders bei Krankheit. Sie

Santa Maria Gloriosa dei Frari

wählten ihre eigenen Beamten. Und schließlich zahlten sie einen jährlichen Mitgliedsbeitrag, aus dem sich ihre Organisation finanzierte und der für gewöhnlich einen Überschuß abwarf, welcher auf die Ausschmückung ihrer Bruderschaftshäuser verwendet wurde. Die Pracht ihrer Gebäude, von denen viele von den größten Künstlern Venedigs ausgeschmückt wurden, läßt den Reichtum dieser Institutionen, besonders der religiösen, erkennen und auf die leidenschaftliche Treue und Ergebenheit ihrer Mitglieder schließen. Napoleon schloß sie samt und sonders, aber zwei lebten später wieder auf und bestehen noch heute als wohltätige Vereinigungen – die Scuola Grande di San Rocco und die Scuola di San Giorgio degli Schiavoni.

Eine der frühesten und interessantesten dieser ›scuole‹ ist die des *San Giovanni Evangelista.* Sie wurde im 13. Jahrhundert als eine Bruderschaft von Flagellanten gegründet, die in religiösen Bußprozessionen durch die Stadt zogen, sich die entblößten Rücken geißelten und das Pflaster mit Blut bespritzten. Ihre Gebäude liegen fünf Minuten zu Fuß vom Bahnhof entfernt. (Man überquere die Scalzi-Brücke, gehe die Calle Lunga entlang, nehme dann die Brücke über den Rio Marin, biege rechts ein, überquere den Rio abermals bei der nächsten Brücke und gehe an ihm entlang bis zur Calle del Caffettier, von welcher der Hof der Scuola abgeht.)

Der Vorhof der Scuola di San Giovanni Evangelista ist ein kleines Meisterwerk venezianischer Renaissancebaukunst – eine exquisite Komposition aus grauem und weißem Marmor, Stein, Backstein und Stuck und, wie Ruskin bemerkt hat, »das charakteristischste in Venedig vorhandene Beispiel jener Architektur, die Carpaccio, Cima und Giovanni Bellini geliebt haben«. Und doch ist dieser anscheinend so harmonisch geschlossene Hof in Wahrheit das Werk mehrerer verschiedener Perioden und Architekten. Die Fassade der Scuola mit ihren steilen Kielbogenfenstern stammt aus den fünfziger Jahren des 15. Jahrhunderts, und

in sie eingefügt sind zwei kleine Reliefs von (wie die Inschrift besagt) 1349: eine Madonna mit Kind und eine
kleine Gruppe von Mitgliedern der Bruderschaft, die vor
ihrem Schutzheiligen knien. Die elegante, vom Adler des
hl. Johannes beherrschte Renaissanceschranke, die Kolonnade aus korinthischen Pilastern und der scharf und klar
mit Blattwerk skulptierte Fries wurden um 1480, möglicherweise nach einem Entwurf von Pietro Lombardo,
hinzugefügt. Das Hauptportal der Scuola mit den knienden Figuren auf dem Querbalken wurde 1512 errichtet.

Im Innern der Scuola gelangen wir vorerst in eine
große, höhlenartige Halle im Erdgeschoß. Ins Obergeschoß
kommt man über eine Doppeltreppe von heiterer und erlesener Schönheit, die ihr Licht aus hübschen Rundbogenfenstern erhält, überkuppelt und mit Rippen aus grauem
Marmor gewölbt ist, die an den Enden zu Rosen erblühen.
Nach dem Entwurf von Mauro Codussi in den letzten Jahren des 15. Jahrhunderts erbaut, zeichnet sich diese Treppe
durch die geräumige Leichtigkeit und Anmut aus, die das
schönste Charakteristikum der venezianischen Renaissancebaukunst ist. Der große obere Saal, von Giorgio Massari 1727 neu ausgestaltet, ist ebenso reich und überladen,
wie das Treppenhaus einfach und elegant ist – mit einem
gemusterten Marmorfußboden und großen Gemälden an
Wänden und Decke (die besten sind zwei L-förmige Visionen der Apokalypse von Domenico Tiepolo in den beiden
äußersten Ecken beim Altar). Das ›Oratorio della Croce‹,
nächst dem ›Salone‹, wurde zur Aufbewahrung einer Reliquie des Wahren Kreuzes geschaffen und mit einer faszinierenden Folge von Gemälden ausgeschmückt, die sich
jetzt leider in der Accademia befinden, wo sie viel von ihrer
Ausstrahlung einbüßen. Die Reliquie ist noch da und
befindet sich hinter den Türen über dem Altar in einem
schönen gotischen Reliquienschrein. An der Decke ein
Gemälde von Francesco Maggiotto, umrahmt von einem
zarten, weißen und goldenen Stuckgekräusel.

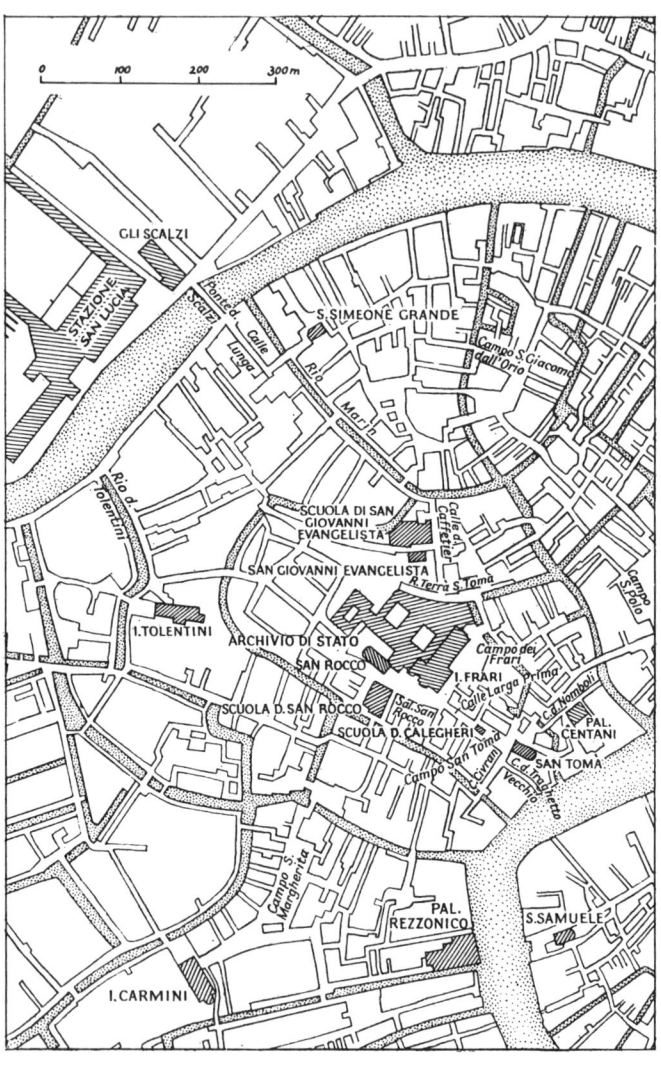

GLI SCALZI

STAZIONE SAN LUCIA

Ponte d. Scalzi

Calle Lunga

S. SIMEONE GRANDE

Rio Marin

Campo S. Giacomo dall'Orio

Rio d. Tolentini

SCUOLA DI SAN GIOVANNI EVANGELISTA

Calle d. Cafetier

SAN GIOVANNI EVANGELISTA

R. Terra S. Tomà

I. TOLENTINI

Campo S. Polo

ARCHIVIO DI STATO

Campo dei Frari

SAN ROCCO

I. FRARI

Cal. San Rocco

Prima

C. d. Nomboli

SCUOLA D. SAN ROCCO

Calle Larga

PAL. CENTANI

SCUOLA D. CALEGHERI

Campo San Tomà

C. d. Traghetto

SAN TOMA

C. d. Saoneri

Vecchio

Campo S. Margherita

PAL. REZZONICO

S. SAMUELE

I. CARMINI

0   100   200   300 m

Von der Scuola di San Giovanni Evangelista führt die Calle del Caffettier zum Rio Terrà San Tomà (der Ausdruck ›rio terrà‹ bezeichnet einen Kanal, der zugeschüttet worden ist, um aus ihm eine Straße zu machen). Hier beherbergt ein feierliches und äußerst schweres und solides Gebäude aus dem frühen 19. Jahrhundert das *Archivio di Stato*, das Staatsarchiv, die große Sammlung venezianischer Staatsakten und Urkunden, die für Historiker besonders interessant ist wegen der zahlreichen Geheimberichte, welche die habichtsäugigen Botschafter der Serenissima über das politische Leben und die politischen Machenschaften der fremden Hauptstädte an die Regierung sandten.

Biegt man vor dem Staatsarchiv links ab und überquert sodann den Ponte San Stin, so erblickt man die himmelwärts strebende Fassade von *Santa Maria Gloriosa dei Frari*, allgemein ›I Frari‹ genannt. Das Bauwerk wurde 1340 begonnen, die Fassade um 1440 und das Innere 1469 vollendet. Die Kirche wurde für die Franziskanermönche (oder ›frari‹) erbaut und ist den zahlreichen, anderwärts in Italien für diesen Orden errichteten Kirchen ähnlich, nur daß sie einige wenige, charakteristisch venezianische Besonderheiten aufweist, wie zum Beispiel die kleinen Steinbaldachine, die am Giebel der Hauptfassade sitzen. Die Baumaterialien sind so einfach und so praktisch wie eine rostfarbene Mönchskutte – rötlichbrauner Backstein mit sehr sparsamer Verwendung von Terrakotta und weißem Stein. Der Innenraum (Eingangstür beim Campanile an der Nordseite) ist ähnlich einfach und schmucklos, dem franziskanischen Ideal der Armut angemessen und dazu bestimmt, einen hübschen, aber kargen Zuhörerraum für Predigten und Altäre für die Messe zu liefern. Es wurde gar kein Versuch gemacht, das elegante Muster der Gewölberippen zu verschönern oder die Querbalken zu verkleiden. Die Verzierungen halten sich überall, sogar an den Kapitellen der kräftigen Säulen, auf knappem Mindestmaß. Trotz der in späteren Zeiten angebrachten zahlreichen Gemälde

und Grabdenkmäler hat die Kirche das würdevolle Gehabe
apostolischer Kargheit beibehalten.

Die Kirche ist reich an Skulpturen aller Stilperioden,
von der Gotik bis zum Neuklassizismus. Im südlichen
Querschiff steht das flamboyante gotische Grabmal (4) des
seligen Pacifico aus Marmor und Terrakotta, das ursprünglich, als es noch mit hellen Farben bemalt und vergoldet
war, noch unvergleichlich viel üppiger ausgesehen haben
muß. Nahebei steht das früheste Reiterstandbild der Stadt
zur Erinnerung an einen ›condottiere‹ namens Paolo
Savelli, der 1405 in der Schlacht fiel, als er das venezianische Heer gegen die Carraresi von Padua ins Feld führte. –
Die Renaissance tritt auf mit Donatellos bemalter Holzstatue Johannes des Täufers in der Florentiner Kapelle (9) –
eine edle Gestalt, mit einem Naturalismus und einer
ergreifenden Menschlichkeit geschnitzt, welche die gotischen Bildhauer, die in Venedig arbeiteten, als die Statue
1451 aus Padua eintraf, erstaunt, wenn nicht gar erschreckt
und empört haben dürfte. Der Gegensatz in der Technik
und der künstlerischen Qualität zwischen dieser Statue und
den beiden Heiligen, zwischen denen sie steht, veranschaulicht aufs nachdrücklichste die Art, wie Donatello
mit großen Sprüngen seinen Zeitgenossen vorauseilte.
Antonio Bregnos riesiges und eher wirres Foscari-Denk-
mal, rechts vom Hochaltar, ist in der Form noch gotisch,
obwohl es um 1460 geschaffen wurde, und nimmt gewisse
Renaissance-Elemente auf, wie zum Beispiel die beiden
Figuren in antiker, römischer Rüstung. Ihm gegenüber
steht Antonio Rizzos Grabdenkmal für Niccolà Tron, etwa
zwei Jahrzehnte später, und zeigt bereits eine vollständiger
assimilierte Renaissance in seinem Aufbau, seiner Ornamentik und vor allem in seinen allegorischen Figuren in
enganliegenden Gewändern, in Pagenknaben und Putten-
reliefs. Und doch waren Rizzos Assistenten, die die Figuren
der oberen Reihe meißelten, ganz offensichtlich noch gewöhnt, im gotischen Stil zu arbeiten. Die klassische Ruhe

und Ausgewogenheit der Renaissance ist besser durch eine
weitere Statue Johannes des Täufers vertreten, die um 1550
ebenfalls von einem Florentiner, nämlich Jacopo Sansovino
geschaffen wurde (15). Im Mittelschiff steht eine ungewöhnlich gute Statue des hl. Hieronymus von Alessandro
Vittoria, ein Werk von großer, vergeistigter Schönheit,
ursprünglich das Mittelstück eines sehr reich gestalteten,
stuckverzierten Altars, von dem heute nur noch die beiden
Heiligenstatuen und zwei Sibyllen erhalten sind. Das
Barock ist mit dem Denkmal des Dogen Giovanni Pesaro
(gest. 1659) von dem deutschen Bildhauer Melchior Barthel (17) vertreten, einem gewichtigen Phantasiegebilde
mit Mohren, Skeletten und Totenköpfen, das eines der vielen Beispiele für die Vorliebe der Venezianer für das Bizarre
ist. Ein zweites, prachtvoll pompöses Barockdenkmal
befindet sich über dem Westportal, zum Gedenken des
Senators Girolamo Garzoni, der in schwerer Perücke
dasteht und den vertraulichen Einflüsterungen eines
Engels lauscht, welcher flügelschlagend neben seinem
Kopf schwebt.

Die beiden auffallendsten Monumente in der Kirche
sind die für Canova und Tizian, die einander quer durch das
Hauptschiff anblicken. Das Canova-Grabmal (18) wurde
von seinen Schülern gearbeitet und ähnelt im Entwurf,
wenn auch leider nicht in der Ausführung, einem Modell,
das er für ein Tizian-Grabmal angefertigt hatte und später
für sein Denkmal der Maria-Christine in Wien verwendete.
Diese riesige Anhäufung von Carrara-Marmor birgt jedoch
nur das Herz des großen Bildhauers; sein Leib wurde in seinem Heimatdorf Possagno beigesetzt. Das Tizian-Grabmal
(2) wurde von zwei Schützlingen Canovas zwischen 1838
und 1852 geschaffen, als die neoklassizistische Inspiration
bereits recht schal und abgestanden war.

Die Kirche enthält drei Meisterwerke der Malerei –
eines von Bellini und zwei von Tizian. Giovanni Bellinis
Triptychon auf dem Sakristei-Altar (7) stellt die Madonna

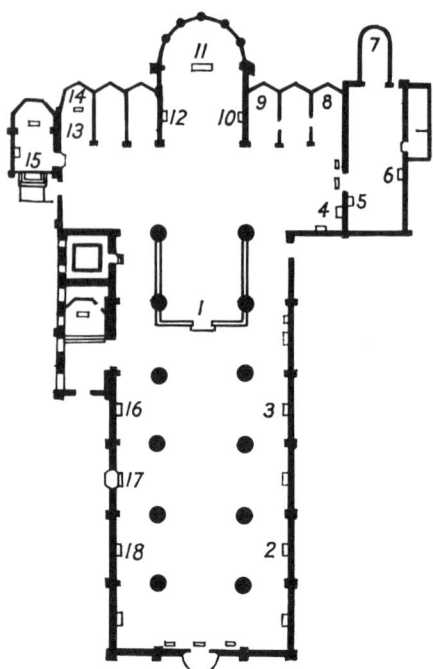

S. Maria dei Frari

(1) Der Mönchs-Chor, Schranke und Statuen von Pietro Lombardo und dessen Gehilfen, Chorgestühl von Marco Cozzi (1468) – **(2)** Tizian-Grabmal von den Brüdern Zandomeneghi (1852) – **(3)** Statue des hl. Hieronymus von Alessandro Vittoria – **(4)** Grab des sel. Pacifio (ca. 1440) **(5)** Reliquiar des Heiligen Bluts, nach Pietro Lombardo – **(6)** Reliquienaltar von Cabianca mit zwei Holzstatuen von Andrea Brustolon (1711) **(7)** Triptychon von Giovanni Bellini – **(8)** Polyptychon von Bartolomeo Vivarini (1482) – **(9)** Statue Johannes des Täufers von Donatello (1451) **(10)** Grabdenkmal des Dogen Francesco Foscari von Antonio Bregno **(11)** ›Assunta‹ von Tizian – **(12)** Grabmal des Dogen Niccolò Tron von Antonio Rizzo – **(13)** Grabdenkmal des Komponisten Claudio Monteverdi – **(14)** Altaraufsatz von Alvise Vivarini und Marco Basaiti (1503) **(15)** Statue Johannes des Täufers von Sansovino (ca. 1550) – **(16)** ›Madonna des Hauses Pesaro‹ von Tizian (1526) – **(17)** Grabmal des Dogen Giovanni Pesaro von Melchior Barthel (1669) – **(18)** Grabmal des Antonio Canova (1827) und das Kind mit den Heiligen Nikolaus, Peter, Benedikt und Paul dar und befindet sich noch in seinem ursprünglichen Rahmen, der die Architektur des Bildes fortsetzt. Es ist eine himmlische Vision heiter-gelassenen Frohsinns, durchströmt vom ruhevollen Geist des Gebets, dessen Worte in Goldmosaik über dem Haupt der Jungfrau stehen. Es wurde 1488 gemalt und verkörpert die letzte Vervollkommnung jener malerischen Tradition, in welcher Tizian, damals noch ein Knabe in Cadore, geschult werden sollte und mit der er dann brach.

Statisch, ruhig und unberedt drückt Bellini in vollkommener Weise die Geisteshaltung der Malerei des Quattrocento in Venedig aus. Tizians große ›Assunta‹ (Himmelfahrt) auf dem Hochaltar (11), 1518 gemalt, ist dynamisch, turbulent und rhetorisch und schlägt den Grundton für die weitere Entwicklung der Kunst in Venedig, ja in ganz Europa an. Ridolfi, ein Schriftsteller des 17. Jahrhunderts, erzählt, Tizian sei bei der Arbeit an diesem Gemälde häufig von den Mönchen unterbrochen worden, die ihre Unzufriedenheit äußerten und ihm gute Ratschläge gaben. Als der Gesandte des Kaisers dies vernahm, bot er eine große Geldsumme für das Bild, aber die Mönche weigerten sich klugerweise, es herzugeben, da sie »schließlich einsahen, daß die Kunst nicht ihr Beruf sei und die Lektüre des Breviers keine Kenntnis der Malerei vermittle«. Ob die Geschichte nun wahr ist oder nicht, sie veranschaulicht doch die Haltung, die zahlreiche Venezianer gegenüber diesem revolutionären Werk eingenommen haben dürften, in dem Tizian zum ersten Mal die ganze Reichweite seines Genies offenbart.

Betrachtet man das Bild heute, so fesselt einen als erstes die Üppigkeit seiner Farbgebung – ein Rot, das schwer und dunkel glüht wie orientalische Rubine, gelbe Töne wie schweres gehämmertes Gold, das Blau des Lapislazuli. Sodann bannt die Figur der Jungfrau den Blick. Wie Berenson bemerkt hat, »steigt sie himmelwärts auf, nicht

etwa hilflos in den Armen von Engeln, sondern hochgetra-
gen von der Fülle des Lebens, das ihr innewohnt, und vom
Bewußtsein, daß das Weltall ihr gehört und nichts ihren
Aufstieg hemmen kann. Die Engel scheinen nur da zu sein,
um den Sieg eines Menschenwesens über seine Umwelt zu
besingen. Sie sind die leibhaftige Freude und rühren an
unsere Nerven wie die verzückten Ausbrüche des Orche-
sters am Ende des ›Parsifal‹.« Diese an ein Wunder gren-
zende Wirkung wird zum Teil durch den erstaunlichen
Realismus des Schattens bewirkt, den die Gestalt der Jungfrau auf die Apostel wirft und der das Antlitz des einen
Apostels sogar völlig verdunkelt. Sie hat zum anderen Teil
ihren Grund in der komplizierten Komposition, die sich
auf die dynamische Linie gründet, welche sich vom nackten Bein eines Apostels zur Rechten über den hochgereck-
ten Arm und sodann durch den Körper der Jungfrau zum
Antlitz Gottvaters hinauf kurvt. Andere Figuren, wie etwa
der Cherub, dessen Fuß beinahe den Kopf eines Apostels
berührt, betonen noch zusätzlich diese hochdrängende
Bewegung, die dem Bild seine Kraft verleiht.

Das andere Gemälde von Tizian, die ›Madonna des Hauses Pesaro‹ (16), wurde 1526 vollendet. Die Farbgebung ist
nicht weniger strahlend, die Komposition nicht weniger
revolutionär. Tizian trotzt hier der althergebrachten Regel,
daß der wichtigsten Gestalt auf einem Altargemälde der
Mittelplatz eingeräumt werden müsse, und schafft die Illusion größerer Tiefe, indem er die Jungfrau mit dem Kind
kühn aus der Mitte weg und in eine erhöhte Stellung rückt,
welche die ganze Szene beherrscht. Die Komposition
beruht auf einer umgekehrten S-Kurve, die sich von der
Gruppe knieender Gestalten zur Rechten über jene auf der
Linken und durch die Köpfe von St. Peter und der Jungfrau
windet und schließlich in einem Paar Cherubim endet, die
ein Kreuz halten und auf einer Wolke stehen, welche vor
den Säulen vorbeischwebt – eine geistvolle, typisch venezianische ›trompe-l'œil‹-Vertracktheit.

Jegliche Zeit ist auf immer gegenwärtig in dieser Vision vergänglichen irdischen und ewigen himmlischen Reichtums, indem Vergangenheit und Zukunft in einem einzigen Moment zusammengefaßt werden. Das Gemälde wurde von Jacopo Pesaro, Bischof von Paphos, in Auftrag gegeben, der vom Borgia-Papst Alexander VI. im Krieg gegen die Türken mit einem Kommando betraut worden war und mit Hilfe der venezianischen Flotte im Jahr 1502 einen Sieg errang. Er kniet auf der linken Seite, dahinter ein Mann in Rüstung, der ein Banner schwenkt, das die Wappen der Borgia mit dem der Pesaro verbindet. Dieser Bewaffnete führt einen turbantragenden Türken und einen schwarzen Sklaven vor den hl. Petrus, um deren Konversion und den Kreuzzugscharakter des Krieges anzudeuten.

Auf der rechten Seite des Bildes hält der hl. Franziskus seine stigmatisierten Hände über die Häupter von Jacopos Bruder Francesco Pesaro und anderer Familienmitglieder, auch über den jungen Neffen Lunardo, der als Erbe des Familienvermögens als einziger auf uns – und in die Zukunft – schaut. Diese zeitgenössischen Figuren stehen ein wenig erhöht über dem Betrachter und sind doch auch – versunken in ihre eigenen Gedanken – physisch getrennt von der Jungfrau mit dem Kind und den Heiligen, die schutzspendend auf sie hinabschauen.

Tizian schuf einige der bewegendsten religiösen Darstellungen und einige der verführerischsten erotischen Illustrationen klassischer Mythen, und er teilte mit seinen Auftraggebern sowohl die Ängste und Hoffnungen um das ewige Leben wie auch die stark entwickelte Liebe zu den Freuden des Fleisches. Weder seine Vielseitigkeit noch seine Fähigkeiten sind je übertroffen worden. Er war der erste umworbene Porträtmaler der Geschichte, zudem ein vollendeter Hofmann. Aber seine Briefe zeigen ihn auch als geldgierig und anmaßend, besonders gegenüber Malerkollegen, die er als Geringere betrachtete. Die Überlieferung will wissen, daß er aus reiner Eifersucht Tintoretto nach einem einzigen Tag aus seiner Werkstatt verwies, und man ist versucht zu vermuten, daß er in der Tat voraussah, wie der jüngere Maler seine eigenen technischen Leistungen ihrem logischen Schluß zuführen werde – und zwar in einem Geist, der seinem eigenen entgegengesetzt war.

Die Werke Tintorettos sind am besten in der *Scuola di San Rocco* zu sehen, die auf der anderen Seite des kleinen Campo am Ostende der Frari-Kirche steht. Dieses imposante Bauwerk aus weißem Marmor, inkrustiert mit Rundscheiben aus Porphyr, viereckigen grünen Marmorplatten und zahlreichen Steinmetzarbeiten wie den kleinen Alptraum-Ungeheuern an den Sockeln der Säulen, wurde nach einem Entwurf von Bartolomeo Bon und Antonio Abbondi zwischen 1515 und 1560 errichtet. Trotz der verschwenderischen Verwendung klassischer Details dürfte dieses Gebäude die Klassizisten der Generation Palladios empört haben, und zwar nicht weniger durch seine mutwillige Asymmetrie als durch seine hochfahrend unbekümmerte Behandlung der Säulenordnungen. Sogar der heutige Betrachter spürt den Mißklang zwischen den unteren und oberen Geschossen, zwischen den Rundbogenfenstern und ihren übergiebelten Rahmen, die jeweils der frühen und der mittleren Phase der venezianischen Renaissancearchitektur angehören – das Ergebnis eines tollkühnen Versuchs, mit den Stilwandlungen während eines halben Jahrhunderts Schritt zu halten. Man betritt die Scuola durch die rechte Tür. Am besten geht man unverzüglich Abbondis noblen Treppenaufgang hinauf und durch die Sala Grande zur Sala dell'Albergo, wo man die ersten Gemälde erblickt, die Tintoretto für die Bruderschaft ausführte.

Jacopo Robusti, der Sohn eines Färbers und aus diesem Grund *Tintoretto* genannt, wurde 1518 geboren, dem Jahr, in dem Tizian seine ›Himmelfahrt Mariens‹ vollendete. Während Tizian noch die großen Zeiten der Macht, des Reichtums und des Ruhms der Serenissima gekannt, ihre

Zuversicht, ihren Zukunftsglauben geteilt und über ihre üppige Pracht frohlockt hatte, wurde Tintoretto in ein Venedig geboren, das traurig, verarmt und von der Liga von Cambrai gedemütigt war. Tizian war das Kind der humanistischen Renaissance, Tintoretto wuchs in der religiösen Atmosphäre der Gegenreformation auf. Aber nicht nur der Altersunterschied trennte die beiden Künstler voneinander. Sie verkörperten zudem die Zwillingssträhnen im venezianischen Charakter. Tizian kam seiner Sucht nach sinnestrunkener Fülle nach, Tintoretto seiner Neigung zu mystischen Phantasievorstellungen. Tizian war sowohl dem Charakter nach als auch in seiner Kunst selbstbeherrscht, beinahe berechnend und führte einen langen, ausführlichen Briefwechsel mit seinen königlichen und kaiserlichen Auftraggebern über die Bezahlung, die er für ein Bild erhalten sollte. Tintoretto, der hauptsächlich für die Kirchen und Scuole Venedigs arbeitete, war von eiferglühender Frömmigkeit, sprunghaft und weltunkundig. Anders als Tizian, der häufige und weite Reisen an die Königshöfe unternahm, war Tintoretto ein Stubenhocker, der daheim blieb, ein Familienvater, der mit Liebe an seiner Frau und seinen Kindern hing. Er scheint Venedig nur ein einziges Mal verlassen zu haben, und zwar um eine Folge von Bildern in Mantua abzuliefern, und sogar bei dieser einzigen Gelegenheit bestand er darauf, seine Frau mitzunehmen. Es heißt, daß er ein trefflicher Musikant war, aber im übrigen interessierte er sich für wenig außer seiner Religion und seiner Kunst; und so sehr drängte es ihn zu malen, besonders für religiöse und kirchliche Körperschaften, daß er häufig seine Dienste unentgeltlich anbot. Nie zuvor dürften in einer einzigen Stadt zwei so große, so verschiedene und einander so ergänzende Künstler gleichzeitig gelebt und gearbeitet haben. Unter den Liebhabern venezianischer Malerei haben sie eine ewigwährende Spaltung hervorgerufen. Die großen Sammler haben für gewöhnlich den weltzugewandten Tizian mehr als alle anderen bewundert. Ruskin zog Tintoretto bei weitem vor, und in jüngster Zeit ist auch Jean-Paul Sartre für Tintoretto eingetreten. Man kann jedoch durchaus beide bewundern, wenn man die Verschiedenheit, ja Unvereinbarkeit ihrer Zielsetzung erkennt und anerkennt.

Eine farbenfreudige, aufschlußreiche und vermutlich wahre Geschichte erzählt, wie Tintoretto seine große Folge von Bildern für die Scuola di San Rocco zu malen begann. Im Jahr 1564 forderte die Bruderschaft eine Anzahl von Künstlern auf, Entwürfe für das mittlere Deckengemälde des ›hl. Rochus in der Verklärung‹ zu unterbreiten. Während Veronese, Salviati und Zuccari sorgfältig genaue Zeichnungen ihrer Kompositionen herstellten, malte Tintoretto mit der für ihn charakteristischen stürmischen Art sogleich das ganze fertige Bild und ließ es heimlich an Ort und Stelle anbringen und verhüllen. Am Tag der Entscheidung des Wettbewerbs legten die anderen Künstler ihre Zeichnungen vor, während Tintoretto zu ihrem Zorn an einer Schnur zog, seine eigene Arbeit in ihren glühenden Farben in der Mitte der Decke enthüllte und sie der Bruderschaft als Geschenk anbot. Obwohl man ihn beschuldigte, geschwindelt zu haben, gewann er doch den Wettbewerb und erhielt zum großen Glück für die Nachwelt den Auftrag, die gesamte Folge von Decken- und Wandgemälden für die ›scuola‹ auszuführen. Im Jahr 1567 vollendete er die Gemälde in der *Sala dell'Albergo* (wo das Kapitel der Bruderschaft seine Sitzungen abhielt). Sie stellen dar: ›Christus vor Pilatus‹, ›Christus das Kreuz tragend‹, ›Ecce Homo‹ und das erschütterndste von allen, die riesige ›Kreuzigung‹, ein Werk von solcher Erhabenheit, daß es sogar den beredten Ruskin zum Schweigen brachte: »Ich muß es diesem Bild überlassen, nach seinem Willen auf den Beschauer zu wirken, denn es befindet sich jenseits jeglicher Analyse und ist über jegliches Lob erhaben.«

Tintoretto führte die Decken- und Wandgemälde in dem großen *oberen Saal* zwischen 1575 und 1581 aus und

fügte 1588 noch das inzwischen stark nachgedunkelte
Altarbild der ›Vision des hl. Rochus‹ hinzu. Die kleinen
rechteckigen Teilbilder an der Decke wurden im 18. Jahrhundert aufgefrischt und verdorben. Die Deckengemälde
stellen Szenen aus dem Alten Testament dar, während die
Gemälde an den Wänden dem Neuen Testament gewidmet sind. Die beiden Gruppen sind, wie zu erwarten, nach
einem ikonographischen Programm miteinander verbunden. So steht zum Beispiel der ›Sündenfall‹ mit den Wandgemälden der ›Geburt Christi‹ und der ›Versuchung Christi‹ in Zusammenhang. Die Bilderfolge betont außerdem
die wohltätigen Ziele der Scuola − Labung der Durstigen,
Pflege der Kranken, Speisung der Hungrigen. Die größten
Deckenbilder wie ›Moses schlägt Wasser aus dem Felsen‹,
›Die Aufrichtung der ehernen Schlange‹ und ›Das Manna-
Wunder‹ finden ihr Echo an den Wänden in ›Die Taufe‹,
›Die Erweckung des Lazarus‹ und zusammengenommen in
›Die Speisung der Fünftausend‹ und ›Das Abendmahl‹.

Die Gemälde selbst zeichnen sich alle durch die
visionären Qualitäten der ›Kreuzigung‹ aus: Die gleiche
mystische Aura umgibt die Mittelfiguren, während die
übrigen Gestalten mit der gleichen scharf erfassenden,
naturalistischen Beobachtung wiedergegeben sind. Tintorettos persönliche Eigenheiten sind womöglich noch auffälliger − seine Freude an der Verkürzung der Perspektive,
seine Verwendung künstlicher Lichtquellen, um ein Geschehen hervorzuheben oder einen geistigen Inhalt anzudeuten und weit weniger, um eine natürliche Wirkung hervorzurufen, seine Vorliebe für diagonalen Bildaufbau, seine
vordringliche Beschäftigung mit dem menschlichen Körper, wie er läuft, rennt, springt und sich in die Höhe
schwingt, und seine Verwendung gedämpfter und zuweilen absonderlich unwirklicher Unterwasser-Farbtöne.

Im Obergeschoß der Scuola befinden sich noch mehrere
andere bedeutende Kunstwerke. In der Sala dell'Albergo
hängt eine ›Kreuztragung‹, die möglicherweise eines der

letzten Werke Giorgiones ist. In der *Sala Grande* sind vor
dem Altar vier Gemälde auf Staffeleien aufgestellt: eine
liebreizende ›Verkündigung‹ von Tizian, eine ›Heimsuchung‹ von Tintoretto und zwei Jugendwerke von Giovanni Battista Tiepolo, nämlich ›Abraham und die Engel‹
und ›Hagar und die Engel‹.

Unterhalb der Tintorettos befinden sich an den Wänden
eine Folge von Skulpturen – seltsame armlose Figuren –
und ein beängstigend gut vorgetäuschtes Bücherbrett, das
noch wesentlich fesselnder wäre, wenn man es in weniger
überwältigend großartiger Gesellschaft sehen könnte. Es
sind dies Arbeiten des Francesco Pianta, eines hochbegabten, wenn auch einigermaßen widernatürlich bizarren
Bildhauers, der zwischen 1630 und 1690 in Venedig arbeitete. Diese eigentümlichen, exquisit gearbeiteten Figuren,
die mit allem möglichen Kleinkram behangen sind –
Schuhen, Waffen, Masken, Ketten, Flaschen, Körben –,
scheinen auf den ersten Blick nicht mehr zu sein als die
Phantasiegebilde eines gestörten barocken Geistes. Aber
Pianta ließ es sich angelegen sein, ihre sinnbildhafte
Bedeutung auf einer Pergamentrolle zu erklären, welche
die Figur des Merkur neben dem Haupteingang in der
Hand hält. Der Schurke im Schlapphut mit dem bis zu den
Augen hinaufgezogenen Umhang ist ein Spion, der die
Neugier bezeichnet; die Figur, die ihm das Gleichgewicht
hält, stellt die Tobsucht dar; der kahlköpfige Mann mit
dem monströsen Fuß ist – höchst überraschenderweise –
Cicero, der die Bildhauerkunst verteidigt; die Karikatur
eines Mannes mit Malerpinseln ist Tintoretto, der die
Malerei symbolisiert; und so fort und fort, rings um den
ganzen riesigen Raum herum mit einer phantastischen,
alptraumartigen, unerschöpflichen Erfindungsgabe.

Im *Treppenhaus*, das hinab ins Erdgeschoß führt, befinden sich zwei Gemälde zum Gedenken an die Pest, die
Venedig 1630 heimsuchte – das eine von Antonio Zanchi
und das andere, zur Rechten, von Pietro Negri. Beide sind

gute Handwerksarbeit, verblassen aber zur Bedeutungs-
losigkeit neben den Werken Tintorettos, denen sie – wie
überhaupt die Mehrzahl der venezianischen Gemälde des
›seicento‹ – beinahe zuviel verdanken.

In dem Raum im *Erdgeschoß* befinden sich noch acht
weitere Gemälde von Tintoretto aus den Jahren 1564 und
1581–88, die alle schöne Beispiele seines womöglich noch
ätherischeren Spätstils sind. Sie stellen dar: die ›Verkündigung‹, auf welcher dem Erzengel ein Schwarm fliegender
Cherubim folgt, der ins Gemach der Jungfrau hereinplatzt
– während der hl. Joseph draußen mit einer jener gefährli-
chen Vorrichtungen aus Holz, Bindfaden und Stahl arbei-
tet, welche die italienischen Tischler bis zum heutigen
Tag als Säge verwenden; die ›Anbetung der Heiligen Drei
Könige‹, mit einer geisterhaften Reiter-Kavalkade im Hintergrund; ›Die Flucht nach Ägypten‹, die in eine der schönsten, üppigsten, leuchtendsten Landschaften verlegt ist, die
wohl jemals gemalt worden ist; ›Jesus im Tempel‹; der
›Bethlehemitische Kindermord‹, ein wilder Wirrwarr ver-
kürzter Figuren; die ›Himmelfahrt‹ und zwei schmale Bilder, die die hl. Maria Magdalena und die hl. Maria von
Ägypten meditierend in einer mondlichtübergossenen
Landschaft von überirdischer Stille darstellen. Diese beiden letzten Bilder, die Tintoretto malte, als er nahezu sieb-
zig war, atmen die elegische Stimmung der Ruhe nach dem
Sturm, die so viele Künstler kennzeichnet, die ein mildes
Greisenalter erreichen.

Die *Kirche von San Rocco* ist von der Scuola durch einen
kleinen Campo abgesondert. Sie hat eine schöne, um 1760
errichtete Fassade und ist reichlich mit Statuen des Öster-
reichers G. M. Morlaiter verziert. Im Innern stehen beiderseits des Hauptportals Marmorfiguren des David und der
hl. Cäcilie von Giovanni Marchiori (1743), wohl die elegantesten und verfeinertsten Werke der venezianischen
Rokokoskulptur. Über dem ersten Altar zur Linken zwei
Gemälde, den hl. Martin und den hl. Christoph darstel-

lend, von der Hand des merkwürdigen, neurotischen
Malers Giovanni Antonio Sacchiense, genannt Pordenone.
Und außerdem noch einige weitere Gemälde von Tintoretto, die wohl größere Aufmerksamkeit erheischen würden, wenn nicht nach der großen Bilderfolge in der Scuola
der Höhepunkt bereits überschritten wäre. Die beiden
interessantesten von ihnen sind der ›Hl. Rochus bei den
Pestkranken‹ und der ›Hl. Rochus im Gefängnis‹ (1567),
deren kraftvolle Behandlung der Aktfiguren einen daran
erinnert, daß Tintoretto seine große ›Kreuzigung‹ ursprünglich mit nackten Figuren malte, denen er später Gewänder
anlegte.

Die zwei schon geschilderten Scuole waren beide An-
dachts- und Wohltätigkeitsbruderschaften. Nahebei stand
die viel einfachere *Scuola dei Calegheri*, in der die Schuster
ihren Sitz hatten. Sie liegt auf dem Campo San Tomà, zu
dem man gelangt, indem man von der Südwestecke der
Frari-Kirche die Calle Larga Prima hinuntergeht. Das
Haus ist äußerlich unversehrt erhalten. In der Mitte der
Fassade befindet sich ein verblichenes Relief der Jungfrau,
die die Mitglieder der Zunft beschützt, und über der Tür
ein reizvolles Relief von Pietro Lombardo, das den hl. Markus darstellt, wie er den Schuster Annanius heilt, der
später die Taufe nahm, Bischof von Alexandria wurde, hei-
liggesprochen und von den Schustern zu ihrem Schutzheiligen ernannt wurde. Auf dem Querbalken der Türe drei
Flachreliefs mit Schuhen.

Auf dem Campo San Tomà weist ein Schild den Weg zur
nahegelegenen Schiffshaltestelle am Canal Grande. Doch
bevor wir diesen Bezirk verlassen, lohnt es sich, noch kurz
den *Palazzo Centani* aufzusuchen, der zwei Minuten zu
Fuß von der Brücke auf der Nordseite der trübseligen San
Tomà-Kirche die Calle dei Nomboli hinunter liegt. Von der
Brücke aus kann man übrigens zur Linken den Wassserein-
gang des Palazzo Bosso sehen, einen aus dem 13. Jahrhundert stammenden Torbogen, der mit schön gearbeiteten

Blattwerk- und Tierskulpturen im venetobyzantinischen Stil geschmückt ist. Der Palazzo Centani ist interessant, weil er das einzige, verhältnismäßig kleine venezianische Wohnhaus aus dem 15. Jahrhundert ist, das für Besucher geöffnet ist − er hat einen ungewöhnlich malerischen Innenhof mit einer Brunneneinfassung und einer schönen Steintreppe, die zum ›piano nobile‹ hinaufführt, der im 18. Jahrhundert neu dekoriert wurde. Hier wurde 1717 Carlo Goldoni geboren, und zu seinem Andenken befindet sich hier ein kleines venezianisches Theatermuseum mit Stichen von Theatern, Bühnenbildern und Porträts von Dramatikern und Schauspielern. Goldoni, der fruchtbarste aller italienischen Dramatiker, schrieb nicht weniger als 136 Komödien, von denen einige, wie ›La Locandiera‹, Genieblitze sind, während die Mehrzahl über einen Leisten geschustert ist und sich durch kaum mehr als die Titel voneinander unterscheidet. Manche halten ihn für den größten italienischen Komödiendichter. Aber er besitzt einen großen Rivalen in seinem poetischeren, ursprünglicheren und echteren venezianischen Zeitgenossen Carlo Gozzi, dessen absonderliche und verrückte Phantasiestücke zu den ansprechendsten italienischen literarischen Werken des 18. Jahrhunderts gehören. Denn wie bei Tizian und Tintoretto oder, um vom Allerhöchsten ein wenig hinabzusteigen, wie bei Canaletto und Guardi verkörpern auch diese beiden Dramatiker wieder einmal die zwei verschiedenen Strähnen des venezianischen Charakters.

KAPITEL 5

Der Anbruch der Renaissance:
Bellini, Carpaccio und Cima

Die Renaissance gelangte verhältnismäßig spät nach Venedig. Lange nachdem Masaccio bereits die Fresken in der Brancacci-Kapelle in Florenz geschaffen hatte, fuhren die venezianischen Künstler noch fort, Altaraufsätze in floralem, gotischem Stil herzustellen, indes einige, noch altmodischere, eine geradezu byzantinische Manier der Ikonenmalerei betrieben. Steile Kielbögen krönten weiter die venezianischen Fenster, als schon längst Friese und Ziergiebel ihre ernüchternde Herrschaft über die ganze Toskana ausgedehnt hatten. Dieses lange Zaudern, sich den neuen, klassizistischen Stil zu eigen zu machen, hat man einer gewissen konservativen Strähne im venezianischen Charakter sowie Venedigs geographischer Lage zugeschrieben. Tatsächlich jedoch wurde Venedigs Abgeschlossenheit von mehreren toskanischen Künstlern durchbrochen, vor allem von Castagno und Donatello; und außerdem waren die Venezianer zu anderen Zeiten alles andere als künstlerisch konservativ – sowohl Tizian als auch Tintoretto machten in der Mitte des 16. Jahrhunderts einen Riesensatz in Richtung Barock. Eine befriedigendere Erklärung findet sich in dem alles überdauernden Bedürfnis der Venezianer nach reicher und komplizierter Flächenornamentik und einer einigermaßen blasierten Hinnahme klassischer Altertümer, die in Venedig wesentlich auffälliger war als in Florenz. Alle großen klassizistischen Künstler, die in Venedig wirkten – die Lombardi, Palladio, Sansovino, Sanmicheli –, kamen vom Festland.

Der ideale Ort, an dem man das Heraufkommen des venezianischen Renaissancestils in Baukunst und Malerei verfolgen kann, ist die Kirche *San Zaccaria.* Man erreicht sie von der Piazza San Marco, indem man die Riva degli Schiavoni entlang- und über den Ponte del Vin geht und dann links einbiegt in die zweite Calle, die unter dem Sottoportico San Zaccaria ihren Anfang nimmt.

San Zaccaria ist eine sehr hohe Kirche, nach den Regeln der klassischen Baukunst viel zu hoch für ihre Breite, und ihr gotisches Skelett wird von der Inkrustierung mit Renaissancemotiven nur mit knapper Not verhüllt. Ihr Bau wurde um 1160 von Antonio Gambello begonnen und in den zwei letzten Jahrzehnten des Jahrhunderts von Mauro Codussi vollendet, der die drei Geschosse von Rundbogenfenstern und die muschelüberwölbten Nischen entwarf, die von einem seltsamen, halbkreisförmigen Ziergiebel gekrönt werden. Es ist leicht zu ersehen, warum diese Fassade den Venezianern gefallen haben muß: Während sie in der klassischen Detailarbeit ganz auf der Höhe der Zeit war, behielt sie doch die üppige Vielfalt des flamboyanten gotischen Stils bei. Doch während die Fassade das Ergebnis eines gelungenen Kompromisses ist, läßt das Innere auf widerstrebende Tendenzen schließen. Die Proportionen dieser hohen, luftigen Kirche und ihr Grundriß – mit Schranken rund um den Hochaltar, einem Wandelgang und Apsiden-Kapellen – sind gotisch. Doch der größte Teil der Ausschmückung ist ausgesprochene Renaissance. Hinter der eleganten gotischen Chorschranke, die den Hochaltar umgibt, herrscht unverhüllter Krieg: Achteckige gotische Pfeiler entwickeln sich plötzlich zu korinthischen Halbsäulen.

Der interessanteste Teil der Kirche ist die *Cappella di San Tarasio*, in die man durch den Nonnenchor südlich vom Wandelgang gelangt (am besten fragt man den Sakristan). Sie wurde im 15. Jahrhundert an der Stelle einer Kirche des 12. Jahrhunderts erbaut, von der noch Spuren im Mosaikfußboden rings um den Altar erhalten sind. Eine Inschrift teilt mit, daß die Fresken im gotischen Kreuzgewölbe 1442 von ›Andrea de Florentis et Franciscus de

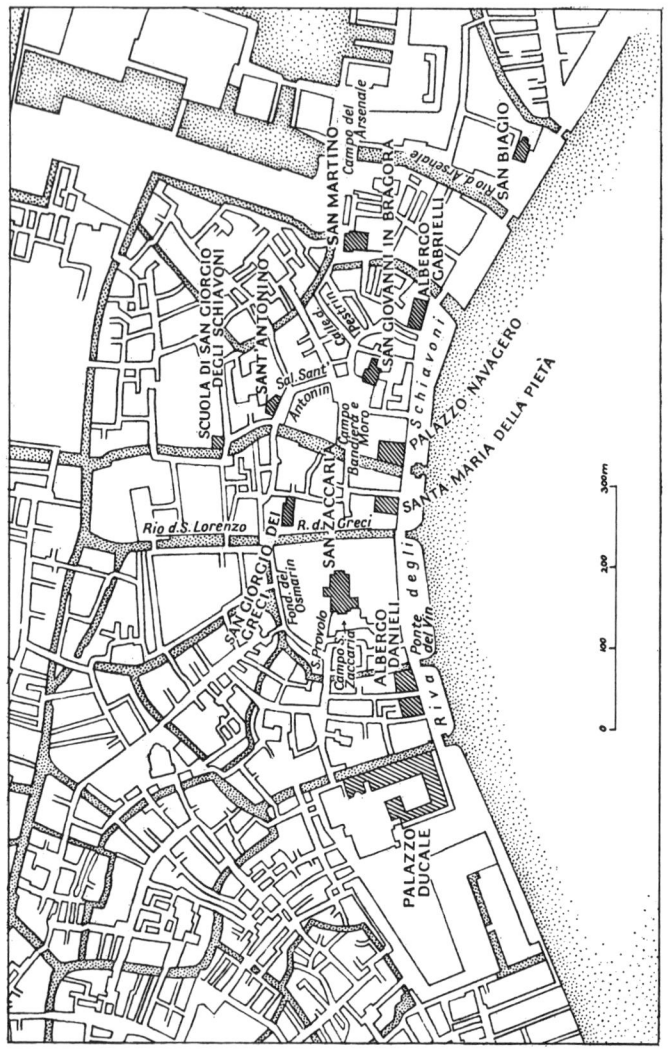

SAN MARTINO

Campo del Arsenale

Rio d. Arsenale

SAN BIAGIO

SAN GIOVANNI IN BRAGORA

ALBERGO GABRIELLI

SCUOLA DI SAN GIORGIO DEGLI SCHIAVONI

SANT'ANTONINO

Salizada Pignater

Sal. Sant' Antonin

Campo Bandiera e Moro

Riva degli Schiavoni

PALAZZO NAVAGERO

SANTA MARIA DELLA PIETÀ

PALAZZO DUCALE

Rio d.S. Lorenzo

R. d. S. Zaccaria

SAN ZACCARIA

R. d. Greci

SAN GIORGIO DEI GRECI

Fond. dei Osmarin

S. Provolo

Campo S. Zaccaria

ALBERGO DANIELI

Ponte degli

Riva degli Schiavoni

del Vin

300m

200

100

0

Faventia‹ gemalt wurden — will sagen, von Andrea Castagno aus Florenz und Francesco da Faenza. Sie sind die
ersten Frühlingsschwalben der Renaissancekunst in Venedig. Der frühverstorbene Andrea Castagno (ca. 1423–1457)
war wohl der begabteste Florentiner Künstler der Generation nach Masaccio, und obwohl diese statuenhaften Figuren seine frühesten bekannten Werke sind, weisen sie doch
bereits die Kennzeichen seines ausgereiften Stils auf. Ein
jeder dieser Heiligen ist eine individuelle, menschliche
Einzelpersönlichkeit — der hl. Johannes Evangelist steht
mit höchst konzentriertem Gesichtsausdruck da, während
er eine Feder zuschneidet, die er anscheinend gerade dem
mißvergnügten Adler zu seinen Füßen ausgerissen hat, und
der hl. Lukas kratzt sich am Ohr wie irgendein Renais-
sanceschriftsteller, der nach dem rechten Wort sucht, um
ein Epigramm abzurunden. Kein gotischer Künstler hätte
Heilige in dieser Intimität darstellen oder den klassisch
inspirierten Fries mit den Putten in der Laibung des
Hauptbogens malen können. Diese Putten, wie sie sich da
tanzend und strampelnd der unbehinderten Freiheit ihrer
Nacktheit erfreuen, sind in mehr als einem Sinn Kinder
der Renaissance.

Am Hauptaltar und den beiden Seitenwänden der
Kapelle befinden sich mehrteilige Flügelaltäre, die gemalt
wurden, nachdem Castagno bereits seine Fresken in der
Apsis ausgeführt hatte, und die dennoch ebenso ausgesprochen gotisch sind, wie seine Arbeiten der Renaissance
angehören. Mit Ausnahme der drei Mitteltafeln des
Hauptaltarretabels wurden sie alle von Giovanni d'Ale-
magna und Antonio Vivarini zwischen 1443 und 1444 ausgeführt. Fröhlich, in hellen, heraldischen Farben gemalt
und noch in ihren ursprünglichen verflochtenen, mit
Kriechblumen und Zinnen und Fialen verzierten Rahmen
(von einem gewissen Lodovico da Forlì geschnitzt und stolz
mit seinem Namen gezeichnet, in einer Weise, wie kein
Rahmenmacher der Renaissance es je zu tun gewagt hätte),

AVE VIRGINEI FLOS INTEMERAT PUDORIS

sind sie gute Beispiele des venezianisch-spätgotischen Stils. Aber im Vergleich mit den dürren, hageren Heiligen, die von der Decke herabblicken, sind ihre Gestalten nicht lediglich ausdruckslos, sondern geradezu schal und abgestanden, nicht mehr als dekorative Symbole und elegante Arabesken, so hübsch und so leblos wie in Seide und Brokat gekleidete Puppen.

Die Renaissance in der Malerei gelangte in Venedig schließlich mit *Giovanni Bellini* zur vollen Reife, der in San Zaccaria mit einem prachtvollen Altargemälde über dem ersten Altar an der Nordseite des Mittelschiffs vertreten ist. Es zeigt die Madonna mit den Heiligen Peter, Katharina, Lucia und Hieronymus, die sie in einer Haltung selbstversunkener Meditation umstehen, während ein Engel auf einer Viola etwas spielt, was nur eine sehr langsame Chaconne sein kann. Dieser Engel ist einer der liebreizendsten der zahlreichen musizierenden Engel, die auf den Gemälden der venezianischen Schule häufiger auftauchen als auf denen irgendeiner anderen. Es ist ein verhältnismäßig spätes Bild, aus dem Jahr 1505, und gleich so vielen Kunstwerken, die in Venedig während des Jahrzehnts vor dem Krieg der Liga von Cambrai geschaffen wurden, strahlt es einen Geist der Harmonie und des Friedens mit der Welt aus — des Friedens der Ruhe vor dem Sturm in der venezianischen Geschichte und in der venezianischen Kunst.

Giovanni Bellini ist eine der entscheidenden und bedeutsamen Persönlichkeiten in der Geschichte der venezianischen Malerei, aber zugleich auch eine der ungreifbarsten. Sein Geburtsjahr ist nicht verzeichnet, aber wir wissen, daß er einer Familie von Malern entstammte. Sein Vater Jacopo arbeitete um 1420 in Florenz und Rom, wo er von der damals im Schwange befindlichen Manie für klassische Altertümer angesteckt wurde, die er an seinen älteren Sohn Gentile weitergab. Giovannis Schwester heiratete den Maler Andrea Mantegna aus Padua, der sich in ähnlicher Weise in das Studium der Antike vertieft hatte. Von diesen drei Künstlern nahm Giovanni den Geist der klassischen Kunst auf, ohne sich ihrem Kult zu verpflichten. Obwohl häufig auf die Antike zurückgreifend, scheint er sich doch mehr dafür interessiert zu haben, die sichtbare Welt rings um sich zu erkunden, als römische Marmorplastiken zu stilisieren. Diese Haltung ermöglichte es ihm, die Ideale der Renaissance in venezianische Ausdrucksweise zu übersetzen, und der Altaraufsatz in San Zaccaria zeigt das triumphale Gelingen dieser Übertragung. Nicht nur, daß gewissen Details ein venezianischer Echtheitsstempel eingeprägt ist – den Mosaiken der Apsis, der Hängelampe aus Murano-Glas und der Skulptur der Pilaster, die von Pietro Lombardo sein könnte –, sondern das ganze Werk ist aus einer Liebe zur satten Farbe geschaffen, mit einer feinen Empfindsamkeit für das helle, durchsichtige Licht einer venezianischen Morgendämmerung und einer Wertschätzung verwickelter, dekorativer Ornamentik, die zu allen Zeiten für die besten Arbeiten der venezianischen Schule charakteristisch waren. Dieses Gemälde erklärt sehr weitgehend, warum Andrea Castagnos strenge Heilige so geringen Einfluß in Venedig ausübten.

Die Kirche enthält noch mehrere andere beachtenswerte Kunstwerke, von denen allerdings keines so ausgezeichnet oder historisch so interessant ist wie die bereits erwähnten. Alessandro Vittoria liegt hier begraben, und sein von ihm selbst entworfenes Grabmal steht am Eingang zur Nordseite des Wandelgangs. Gleichfalls von Vittoria stammen zwei kleine Bronzen des Zacharias und des Täufers auf den Weihwasserbecken und die große Zacharias-Statue über dem Mittelportal an der Hauptfassade.

Das San Zaccaria-Kloster war eines der zügellosesten im Venedig des frühen 16. Jahrhunderts. Die Nonnen hielten sich ganz offen Liebhaber; und sie empfingen die bischöflichen Beamten, die hingeschickt wurden, um ihren Salon zu schließen, mit einem Hagelschauer von Knüppeln und Steinen. Doch wahrscheinlich ging es hier nicht ärger zu

San Zaccaria

als anderwärts. Im Jahr 1509 veranstalteten die Nonnen des Klosters Santa Maria Celeste einen Ball für die jungen Patrizier und tanzten zu Trompeten- und Pfeifenmusik mit ihnen die Nacht durch; im Jahr 1502 entdeckten die Kirchenbehörden, daß die Priorin von Santa Maria Maggiore ein Liebesverhältnis mit einem Priester hatte, und verbannten sie nach Zypern; ein anderer Priester, der zum Beichtvater des Konvertitenklosters auf der Giudecca bestellt worden war, behandelte die vierhundert Nonnen in seiner geistlichen Obhut wie einen sehr ausgedehnten und reichhaltigen Harem, veranstaltete Nacktbadegesellschaften für die Novizinnen, nahm die hübschesten von ihnen mit in sein Bett und folterte in sadistischer Weise jede, die sich nicht unverzüglich seinem Willen fügte. Gerichtsberichte erzählen noch zahlreiche andere Fälle von Verderbtheit in den Klöstern – von Nonnen, die das Haar in Ringellocken trugen, sich in Samt und Seide kleideten, mit jungen Männern (genannt ›moneghini‹) tändelten und sehr ansehnliche Mengen von Kindern zur Welt brachten. Zweifellos gab es auch einige Klöster, wo keine solchen unziemlichen Vorfälle das Leben gottesfürchtiger Andacht störten; aber die Gewohnheit, junge Mädchen gegen ihren Willen ins Kloster zu schicken, um die Mitgiftkosten zu sparen, war dazu angetan, die Reihen der Frommen und Keuschen mit rebellischen und wollüstigen Frauen zu durchsetzen, mit Ergebnissen, die häufig für die gesamte Klostergemeinschaft unheilvoll waren.

Vom Campo San Zaccaria führt die Salizzada San Provolo unter einem Torbogen mit einem aus dem 15. Jahrhundert stammenden Relief der ›Jungfrau mit dem Kind‹ hindurch. Die rechter Hand abgehende Calle windet sich zum Ponte dei Greci durch, von wo man einen guten Blick auf die im 16. Jahrhundert erbaute Kirche *San Giorgio dei Greci* mit ihrem leicht geneigten Campanile hat sowie auf die aus dem 17. Jahrhundert stammende Scuola di San Niccolò – den Sitz der griechischen Bruderschaft – und das einfachere Gebäude, in dem sich die griechische Schule befindet, beide von Longhena erbaut.

Die Kolonie der Griechen, die sämtlich dem orthodoxen Glaubensbekenntnis angehörten, bestand in Venedig bereits seit mehreren hundert Jahren, als sie 1539 aus gemeinsam aufgebrachten Mitteln die San Giorgio-Kirche erbaute, in der noch heute das Credo ohne die Einfügung des römischen ›filioque‹ gesungen wird. Gleich den Juden hielten die Griechen in Venedig sowohl an ihrer eigenen Sprache wie an ihrer eigenen Religion fest. Außerdem unterhielten sie eine Schule, in der ihre Kinder auf die Zulassung zur Universität Padua vorbereitet werden konnten. Das Vorhandensein dieser griechischen Kolonie war ein weiterer Faktor, der die Wirkung der klassischen Renaissance in Venedig auffing und abdämpfte. Denn während in anderen Staaten griechische Gelehrte eine große Seltenheit und äußerst gesucht waren, sah man hier in Venedig Männer, die imstande waren, eine ›Hoti‹-Behauptung zu konstruieren oder die Doktrin des enklitischen ›De‹ zu erläutern, tagtäglich auf der Straße, so wie die klassischen Statuen jedem Künstler vertraut waren. Sogar in dem kaum dreißig Kilometer entfernt gelegenen Padua war die Einwirkung der Renaissance viel durchschlagender; und im 15. Jahrhundert siedelte sich an der dortigen Universität eine bedeutende Schule aristotelischer Gelehrter an.

Die *Scuola di San Niccolò* ist in ein gut angelegtes kleines Museum umgewandelt worden. Es enthält unter anderem etwa achtzig Gemälde im byzantinischen Stil vom 14. bis 18. Jahrhundert. Alle diese Arbeiten führen die im 8. Jahrhundert begründete Tradition der Ikonenmalerei fort – sie sind in satten, dunklen Farben gemalt, mit verschwenderischer Verwendung von Goldgrund, starr und unbewegt in der Komposition, und stellen vornehmlich Figuren in mehr symbolischer als realistischer Bedeutung dar. An einigen wenigen Ikonen aus dem 17. Jahrhundert

sind flüchtige Spuren der umwälzenden Entwicklung zu
entdecken, die sich während der vorausgegangenen vierhundert Jahre in der Malerei des Westens vollzog, aber sie
sind womöglich die künstlerisch am wenigsten befriedi-
genden. Folgende Gemälde gehören zu den besten in
dem Museum: (4) ein schönes Altarantependium aus dem
14. Jahrhundert; (89) ein ›Schlaf der Jungfrau‹, kretisch,
aus dem 16. Jahrhundert; (29) ›Christus in der Glorie‹ aus
Konstantinopel, 14. Jahrhundert; (56) ›Der Stammbaum
Christi‹, ein ziemlich großes Bild aus dem 17. Jahrhundert
von Emanuele Zane, einem Kreter, der hauptsächlich in
Venedig arbeitete. Das Museum zeigt außerdem eine Anzahl reichgestickter liturgischer Gewänder aus dem 17. und
18. Jahrhundert. Ähnliche Gemälde wie die im Museum
sind auch in der Kirche San Giorgio dei Greci zu sehen.

Wir kehren jetzt zum Ponte dei Greci zurück, überqueren den Rio, gehen rechts die Fondamenta entlang, überqueren den Rio nochmals bei der nächsten Brücke und
gehen nunmehr geradeaus: Jetzt sehen wir auf der gegenüberliegenden Seite des nächsten Rio die *Scuola di San
Giorgio degli Schiavoni* stehen, ein einfaches kleines Gebäude, in dem sich einer der größten Schätze Venedigs
befindet. Diese Scuola war der Sitz der Bruderschaft der
Slawen – will sagen, der Dalmatiner –, die zumeist Kaufleute waren, die mit der Levante Handel trieben.

In dem Raum des Erdgeschosses befindet sich ein Fries
von Gemälden von *Vittore Carpaccio* – der einzige erhaltene der fünf Bilderzyklen in der Scuola, für die er gemalt
wurde, und den man noch mehr oder weniger so sieht, wie
der Maler es beabsichtigt hatte (die anderen wurden um
die Mitte des 16. Jahrhunderts aus dem Raum im Obergeschoß nach unten verlegt). Alle außer zweien dieser zwischen 1501 und 1511 gemalten Bilder erzählen Geschichten
von den drei Schutzheiligen Dalmatiens – Georg, Tryphon
und Hieronymus. Sie stellen von links nach rechts dar: ›Der
hl. Georg tötet den Drachen‹, ›Der Triumph des hl. Georg‹,

›Der hl. Georg tauft das heidnische Königspaar‹. Die Folge
wird nun durch den Altar mit einer ›Jungfrau und Kind‹
von Vittore Carpaccios Sohn Benedetto unterbrochen.
Dann folgen weiter: ›Der hl. Tryphon treibt der Tochter
des Kaisers Gordianus den Teufel aus‹, ›Der Todeskampf
Christi im Garten von Gethsemane‹, ›Die Berufung des hl.
Matthäus‹, ›Der hl. Hieronymus führt seinen Löwen in ein
Kloster‹, ›Das Begräbnis des hl. Hieronymus‹ und ›Der hl.
Augustin in seiner Studierstube‹. Carpaccio war ein solcher
Fürst der Geschichtenerzähler, daß keine dieser Szenen
einer Erklärung bedarf, außer der letzten. Sie bezieht sich
auf einen Brief, in welchem der hl. Augustin erzählt, er
habe gerade an den hl. Hieronymus geschrieben, um ihn in
einer theologischen Frage um Rat zu fragen, ohne zu wissen, daß er inzwischen gestorben war, als plötzlich helles
Licht in seine Zelle flutete und eine Stimme vom Himmel
ihm seine Vermessenheit verwies. Eine venezianische Ausgabe dieses apokryphen Briefes war 1485 erschienen.

Carpaccio ist eine noch schwerer greifbare Gestalt als
Giovanni Bellini. Man weiß, daß er zwischen 1490 und
1525 in Venedig arbeitete, aber weder sein Geburtsjahr
noch sein Todesjahr sind urkundlich verzeichnet. Er wird
als Persönlichkeit nur ein einziges Mal lebendig, nämlich
in einem 1511 geschriebenen Brief, in welchem er dem
Markgrafen von Mantua ein Gemälde anbietet und erklärt,
keiner seiner Zeitgenossen vermöge ein Werk zu schaffen,
das sich mit ihm an Größe und Vollkommenheit vergleichen lasse. Als Entschädigung steht seine künstlerische
Persönlichkeit so klar vor uns wie das venezianische Licht,
das seine Bilder erleuchtet. Gleich Giovanni Bellini, dem
er viel verdankte, paßte er den Renaissancestil den Bedürfnissen Venedigs an. Ja, er ist sogar ein noch mehr ausschließlich venezianischer Maler, und man fragt sich, ob er
die Inseln der Lagune überhaupt jemals verließ.

Alle charakteristischen Eigentümlichkeiten, die die
venezianische Schule kennzeichnen, treten in seinem Werk

San Giorgio dei Greci

vergrößert hervor. Jedes seiner Bilder zeigt die Vorliebe, die Farbe in komplizierten Mustern anzuordnen, und das besondere Gefühl für die Oberflächen kostbarer Materialien, ob es nun seltene Marmorarten oder üppige Seiden- und Samtstoffe sind. Die Vorliebe für orientalische Exotik etwa taucht in dem phantastischen Turm hinter dem Drachen auf dem ersten Bild auf (der Tordurchgang zur Linken ist einem Stich mit einer Ansicht von Kairo entnommen) und auch in einer Gruppe türkischer Musikanten auf dem Bild links vom Altar. Ein Anflug von Witz und Humor ist in der Szene zu spüren, in welcher der ungewöhnlich zahme Löwe des hl. Hieronymus eine Gruppe von Dominikanern in einem zartgefügten Muster weißer und schwarzer Kutten erschrocken aufflattern läßt, und ein Hauch des Makabren entströmt den verwesenden Leichen auf dem Bild ›Der hl. Georg tötet den Drachen‹. Zerklüftete Felshöhen und Bergspitzen, noch phantastischer als die der Dolomiten, lassen die Empfänglichkeit des venezianischen Stadtmenschen für die ferne ›malerische‹ Landschaft erkennen. Die Szenen beiderseits des Altars spiegeln die Leidenschaft des Venezianers für offizielle Prachtentfaltung wider, und die Gestalten auf den Logen könnten Zuschauer bei irgendeiner kirchlichen Prozession oder einem Festumzug des Dogen sein – damals wie heute war es Brauch, bei solchen Gelegenheiten Teppiche aus den Fenstern zu hängen. Das Studierzimmer des hl. Augustin ist äußerst einfach und unverkennbar eine Genreszene, eine Ansicht des Gemachs irgendeines venezianischen Priors. Auf einigen Bildern sind Ansichten von Venedig zu sehen. ›Die Berufung des hl. Matthäus‹ vollzieht sich im Getto, und die alte Scuola di San Giorgio taucht links im Hintergrund von ›Der hl. Hieronymus mit dem Löwen‹ auf, während die phantastischen, marmorverkleideten Gebäude das Trachten eines Codussi oder Pietro Lombardo nach weiterer Verschönerung Venedigs darzustellen scheinen. Und schließlich zeigt jedes der Bilder eine andere Art des venezianischen Lichts, vom hellen, klaren morgendlichen Sonnenlicht, das in das Studierzimmer des hl. Augustin hineinflutet, über den Dunst der Mittagshitze, der über dem Begräbnis des hl. Hieronymus lastet, bis zum Abendglühen, in dem der hl. Georg mit dem Drachen kämpft.

Man hat Carpaccio häufig für einen naiven Maler der venezianischen Szene gehalten. Es trifft zu, daß ein Gefühl kindlichen Staunens seine Bilder durchatmet. Aber diese äußerst sorgfältig komponierten Bilder, auf denen jede Linie das Auge durch das komplizierte Oberflächen-Farbmuster zum entscheidenden Punkt des erzählerischen Inhalts hinführt, sind nicht das Werk eines treuherzigschlichten Realisten. Vielmehr schuf er aus der Alltagspracht Venedigs eine Vision einer noch viel reicheren und phantastischeren Welt – einer Welt, in der wir stundenlang umherwandern können und ihre Marmorbauten erforschen, uns unter ihre in helle Farben gekleideten Menschenmengen mischen, ihre Damastärmel streifen, ihre Schoßhündchen streicheln können. Dieses Genie vermochte seine Vision der Nachwelt so vollständig aufzuzwingen, daß wir noch heute Venedig zum Teil mit seinen Augen sehen.

Von der Scuola di San Giorgio führt die Fondamenta dei Forlani zum *Campo Sant'Antonino*, wo eine langweilige Kirche aus dem 17. Jahrhundert steht, die nichts Interessantes enthält, abgesehen von einem phantastischen ›Opfer Noahs‹ von Pietro della Vecchia (rechts vom Hochaltar). Da das Wahrzeichen des hl. Antonius des Abtes das Schwein ist, hielten die Mönche dieser Kirche sich eine berüchtigte Schweineherde, deren Mitglieder herumwandern und herumschnüffeln durften, wo und wie sie wollten, bis sie schließlich zu einem solchen Ärgernis wurden, daß ihre Freiheiten im Jahr 1409 brüsk und unvermittelt durch ein hochtrabendes amtliches Edikt eingeschränkt wurden. Die Salizzada Sant'Antonino (das Wort ›salizzada‹ bezeichnet eine gepflasterte Straße und geht auf die Zeit

zurück, als die meisten Gassen Venedigs noch einfache
Erdpfade waren), voller farbenfreudiger Gemüsehandlun-
gen und erfüllt vom Duft der Bäckereien, öffnet sich auf
den weiten und für gewöhnlich menschenleeren *Campo
Bandiera e Moro.* Hier steht der aus dem 15. Jahrhundert
stammende gotische Palazzo Gritti-Badoer (Nr. 3608) mit
einem schönen Relief aus dem 10. Jahrhundert, das den
Lieblingsvogel der Byzantiner, den Pfau, zeigt. (Die Nume-
rierung der Häuser in Venedig ist nicht nach Straßen, sondern jeweils innerhalb der sechs ›sestieri‹ oder Sprengel der
Stadt geordnet. So trägt beispielsweise im Sestiere di San
Marco der Dogenpalast die Hausnummer 1, und anschließend sind sämtliche Gebäude in erbarmungsloser logischer
Folge numeriert, rund um die Piazza und die Campi, hinein in die Campielli und die Calli hinauf und hinunter, bis
sie schließlich bei der Rialto-Brücke die Nummer 5562
erreichen.)

Auf der anderen Seite steht die Kirche *San Giovanni in
Bragora* mit einer ebenso einfachen wie erfreulichen gotischen Fassade aus dem 15. Jahrhundert.

Das Innere dieser Kirche mit ihren behäbigen Säulen
und niedrigen gotischen Bögen hat etwas überaus Gemüt-
liches. Der gegenwärtige Bau wurde zwischen 1475 und
1490 errichtet, aber die Renaissance ist noch kaum in den
Chor eingedrungen. Die Gemälde veranschaulichen jedoch abermals das Heraufkommen der Frührenaissance. In
der Kapelle links vom Hochaltar befindet sich ein Triptychon, das die hl. Jungfrau zwischen Johannes dem Täufer
und dem hl. Andreas darstellt und 1478 von Bartolomeo
Vivarini gemalt wurde. Die Gestalten stehen in etwas
gezierter Haltung gegen einen Goldgrund, und der Falten-
wurf ihrer scharf gekräuselten Gewänder erscheint als
eine Art gotischen Flechtwerks. An der Wand zwischen
dieser Kapelle und dem Chor hängt eine ›Auferstehung‹,
zwei umwälzende Jahrzehnte später von Bartolomeos Neffen Alvise Vivarini gemalt. Hier ist Christus nahezu nackt

in einer Pose abgebildet, die darum nicht weniger naturalistisch ist, daß sie einer Apollo-Statue entlehnt ist. Sie ist so ausgesprochene Renaissance, wie Bartolomeos Triptychon hartnäckige Gotik ist. Das Gegengewicht zu ihr schafft auf der anderen Seite des Altars das Gemälde ›Kaiser Konstantin und die hl. Helena‹ von *Giovanni Battista Cima*, der in den Hintergrund des Bildes eine Ansicht seiner Geburtsstadt Conegliano eingefügt hat. Um auch ganz aktuell zu sein, zeigt er den Palazzo del Podestà, das Gebäude der Stadtverwaltung, in beschädigtem Zustand nach dem Einsturz eines Turms im Jahr 1501. Ein noch schöneres Werk Cimas, eine große, zwischen 1492 und 1495 gemalte ›Taufe‹, hängt hinter dem Hochaltar: Sie hat die glitzernde Taufrische eines Frühlingsmorgens in den Dolomiten.

Cima war der Carpaccio des Festlandes. Gleich Carpaccio geriet er unter den Einfluß Giovanni Bellinis, dessen Großartigkeit sein feines und zartes Können überschattet hat. Er interessierte sich in ähnlicher Weise für die Eigenart des Lichtes und war ebenso von anmutigen Farbmustern angezogen. Während Carpaccio die Vision eines Ideal-Venedig schuf, stellte Cima die Ideal-Landschaft des nördlichen Venetien dar. Den meditierenden Gestalten auf seiner ›Taufe‹ wohnt große, vergeistigte Schönheit inne, aber das Auge wird dennoch an ihnen vorbei in Cimas idyllische Landschaft geführt, wo die Wasservögel im Fluß planschen, wo der Fährmann übersetzt, wo der Blick dem Reitersmann folgt, der auf die Burg zureitet, während das Ohr angestrengt lauscht, um die klagende Melodie zu erhaschen, die der Schäfer auf seiner Flöte bläst, während er über seine Herde am Hügelhang wacht – eine verzauberte Welt der Stille und der langsam vergehenden Zeit. Denn ebenso wie Carpaccios ideale Stadt ist diese Landschaft durchströmt von einer stillen, elegischen Schwermut – ein Widerhall des tieferen Tons, den Giovanni Bellinis größte Bilder anschlagen.

Wir verlassen den Campo durch die der Kirche zunächst gelegene Calle, gehen dann rechts die Calle del Pestrin entlang, vorbei an der stark restaurierten Fassade von San Martino, und gelangen so zum Haupteingang des ›arsenale‹. Dies ist eines der Worte, die Venedig Europa geschenkt hat, denn sämtliche Arsenale sind nach diesem hier benannt, das seinen Namen vom arabischen ›darsina'a‹ herleitet – ein Haus emsiger Werktätigkeit, eine Industrie-Werkstätte. Vom Jahr 1155 an wurden sämtliche Galeeren der Republik auf dieser riesigen Werft gebaut, und hier herrschte während der großen Epochen venezianischer Geschichte unablässige, wimmelnde Tätigkeit. Dante war höchst beeindruckt und schilderte das Arsenal im einundzwanzigsten Gesang des ›Inferno‹, wo er den Pechsee, in welchen er die Feilscher um öffentliche Ämter versetzt, mit dem Pech im Arsenal vergleicht, das zum Abdichten der beschädigten Hüllen der venezianischen Schiffe verwendet wurde.

Das Portal wurde 1460 erbaut und ist das früheste Stück venezianischer Renaissancebaukunst – ein Triumphbogen mit einem Giebelfeld, das von Doppelsäulen getragen wird und in der Folge mit früheren und späteren Statuen geschmückt wurde, darunter einem martialischen Markuslöwen, der sein Buch zugeschlagen hat, um seinen friedfertigen Text »Pax Tibi Marce« zu verbergen. Davor halten prachtvolle griechische Löwen Wache. Die beiderseits des Eingangs wurden von Francesco Morosini aus Athen mitgebracht, der rechte von der Heiligen Straße, sein Genosse vom Hafen von Piräus. In den Rücken des letzteren sind Runenzeichen eingeschnitten, die sich – einigermaßen überraschend – auf die Taten von Haakon und Ulf, Harald den Hochgewachsenen, Asmund und Orn beziehen, Nordmännern, die im 11. Jahrhundert als Söldner in der Waräger-Garde der Kaiser von Byzanz dienten. Der Löwe ganz rechts, der einen neuen Kopf hat, kam ursprünglich aus Delos und stammt aus dem 6. Jahrhundert v. Chr. In der

Mitte des kleinen Campo befindet sich ein Bronzesockel
für einen Flaggenmast aus dem 17. Jahrhundert. Die Fondamenta dell'Arsenale führt am Wachhaus aus dem frühen
19. Jahrhundert mit dorischem Portikus vorbei zum *Museo
Storico Navale*, einem der umfangreichsten Schiffahrts-
museen überhaupt. Im ersten Raum des Erdgeschosses
findet sich ein Denkmal für den letzten großen Admiral
der Republik, Angelo Emo, geschaffen von dem letzten
großen venezianischen Bildhauer, Antonio Canova. Um das
Mittelmeer für die Handelsflotten sicher zu machen, refor-
mierte Emo die venezianische Flotte und führte Krieg
gegen die nordafrikanischen Mächte, indem er ihre Häfen
von schwimmenden Abschußrampen bombardierte, die
er selbst erfunden hatte (der kniende Engel von Canovas
Denkmal stützt sich auf eine von ihnen). Emo starb 1792,
und Canova beendete das Denkmal drei Jahre später, als
schon die Sturmwolken aus Frankreich auf Venedig zuroll-
ten. In den oberen Stockwerken zeigt das Museum eine riesige Auswahl an Modellen, nicht nur von Gondeln und
Ozeanschiffen, sondern auch von Brücken und den Gebäuden des Arsenals. Artilleriegeschütze und geschnitzte
Figuren, wohl vom Flaggschiff Admiral Morosinis aus
dem späten 17. Jahrhundert, eine Kollektion naiver Ex-
voto-Malereien und auch sechs große chinesische Stickereien taoistischer Kriegsgötter aus dem 18. Jahrhundert
sind zu sehen. Die Eintrittskarte zum Museum gewährt
auch Zutritt zu dessen Erweiterung (nahe dem Eingang
zum Arsenal), wo eine Reihe von Gondeln, Barken und
andere Schiffe aus dem 19. und 20. Jahrhundert gezeigt
werden. Zur Linken führt die Riva zu den öffentlichen
Gärten hinauf, wo jedes zweite Jahr (den ungeraden Jah-
reszahlen) die Biennale, eine umfangreiche Ausstellung
moderner Kunst, stattfindet. In der anderen Richtung brei-
tet sich vor uns ein großes Panorama aus – ein anscheinend
ununterbrochener Halbmond von aneinandergereihten
Gebäuden, der hier und dort von einem Campanile oder

den Kuppeln von Santa Maria della Salute unterbrochen und gleichsam mit Satzzeichen versehen ist und an der Insel San Giorgio Maggiore endet. Aus der Entfernung, aus der wir sie sehen, sind die Gebäude nicht mehr als ein Randstreifen am Himmel, und es gibt keine bessere Stelle, von der aus man die Besonderheit des venezianischen Lichts studieren könnte – »la plus belle des lumières«, wie Henri de Regnier bemerkte, in dem man das Leben »des hombres heureux« führt. Daß sich das Licht Venedigs von dem Licht aller anderen Orte und Gegenden unterscheidet – darüber kann es keinen Zweifel geben; aber herauszufinden, worin es sich unterscheidet – das ist eine Aufgabe, an der sowohl Schriftsteller wie Maler gescheitert sind. (Wozu man nebenbei anmerken kann: Während die Mehrzahl der besten Bilder von Rom von Fremden und Ausländern und nicht von Einheimischen stammen, ist es nur den Venezianern gelungen, die Atmosphäre Venedigs einzufangen; nicht einmal Turner und Monet haben es zuwege gebracht, und sie haben sich wahrhaftig Mühe gegeben.) Es ist, außer an schönen Wintertagen, kein besonders klares Licht und niemals so scharf wie das Licht Griechenlands. Für gewöhnlich ist es leicht pudrig und kann am Abend eine ganz erlesene aprikosenfarbene Tönung annehmen. Eine seiner Eigentümlichkeiten ist, daß seine Intensität ebensosehr vom Horizont wie von der Sonne herrührt – zweifellos das Ergebnis der Spiegelung in stehenden Gewässern. Ich persönlich will es gern damit auf sich beruhen lassen und es als eine geheimnisvolle Verzauberung hinnehmen, denn das Geheimnis ist das Wesen der Poesie.

Während wir jetzt durch die immer dichter werdenden Menschenmengen zur Piazza zurückwandern, kommen wir an mehreren historisch interessanten Gebäuden vorbei. Das Hotel Gabrielli, ein sehr stark restaurierter gotischer Palast aus dem 14. Jahrhundert, war einmal das Wohnhaus des Philosophen Trifone Gabrielli, der zu seiner Zeit als der ›venezianische Sokrates‹ gefeiert wurde und

heute fast völlig vergessen ist. Kurz vor der nächsten
Brücke steht der Palazzo Navagero, und zwar an der Stelle
des Hauses, welches die Republik Petrarca als Entgelt für
seine Bibliothek gab, um die sich dann im materialisti-
schen, bücherfeindlichen Venedig eineinhalb Jahrhunderte lang kein Mensch kümmerte. Petrarca schildert in
einem seiner Briefe, wie er hier an einem Junitag im
Jahr 1361 an seinem Fenster saß und mit dem Erzbischof
von Patras plauderte, als er plötzlich bemerkte, wie eine
Galeere in schneller Fahrt aufs Ufer zukam. »Indes die
schwellenden Segel herannahten, wurde das fröhliche
Gehabe der Seeleute sichtbar, und eine Handvoll junger
Männer, mit grünen Blättern bekränzt und frohen Gesichtern, stand am Bug und schwenkte Fahnen über ihren
Köpfen und grüßte die siegreiche Stadt, die von ihrem Triumph noch nichts wußte.« Venedig hatte Kreta zurückge-
wonnen.

Gleich daneben steht eine der berühmtesten Herbergen
für die Pilger, die in Venedig innehielten, um vor den Reliquien des hl. Markus ihre Andacht zu verrichten, ehe sie
ins Heilige Land weiterzogen. Hinter der nächsten Brücke
steht die Kirche *Santa Maria della Pietà.* Es lohnt sich, die
Calle, die an ihr entlangführt, hinaufzugehen und die
eigentümliche Inschrift zu lesen, die mit den machtvollen
Worten anhebt: »Fulmine il Signore Iddio Maledetione e
scomuniche« und sodann widernatürliche Eltern vor den
himmlischen Strafen warnt, falls sie ihre ehelichen oder
unehelichen Kinder dem Heim übergeben, wenn sie
imstande sind, sie selbst zu erhalten. Dieses Waisenhaus
war sehr berühmt wegen seines Mädchenchors, der unter
der Leitung keines geringeren Meisters als Antonio Vivaldi
von 1703 bis 1745 seine Gesangsdarbietungen gab. Die
Musik spielte seit langem im Leben Venedigs eine sehr
bedeutende Rolle – eine wesentlich größere als die Literatur. Die erhaltenen Schilderungen von Privatkonzerten,
Serenaden und musikalischen Bootsausflügen sind unzäh-

lig, und die venezianischen Bilder, auf denen Musikanten abgebildet sind, sind Legion. Die Republik ermutigte und förderte das Musikleben, indem sie hervorragenden Instrumentenmachern und Druckern Urheberrechtspatente gewährte, die sie vor Nachahmungen und Nachdrucken schützten. Im 17. Jahrhundert wirkten zwei der vorzüglichsten Komponisten jener Zeit, Claudio Monteverdi und Giacomo Carissimi, in Venedig. Im 18. Jahrhundert errang die Stadt mit ihrer Musik europäische Berühmtheit sowohl auf Grund ihrer zahlreichen Opernhäuser als auch wegen der Konservatorien, die den ›Ospedali‹ angegliedert waren – den Incurabili, Mendicanti, dem Ospedaletto und der Pietà. Charles de Brosses erklärte, die Mädchen in diesen Fürsorge-Instituten »chantent comme des anges« und versicherte, ›La Chiaretta‹ in der Pietà sei die beste Violinistin ganz Italiens, ausgenommen vielleicht Anna Maria im Ospedaletto. Rousseau, Goethe und der englische Musikforscher Charles Burney rühmten die Musik Venedigs. Der Chor der Markuskirche ist noch heute einer der besten in Italien. Außerdem finden in Venedig zahlreiche Konzerte und zwei Opernspielzeiten im Jahr statt, die diese Tradition lebendig erhalten. Und Venedig hallt noch immer von alten Klängen wider. »Wenn ich ein anderes Wort für Musik suche«, schrieb Nietzsche, »so finde ich immer nur das Wort Venedig.«

Die Fassade von Santa Maria della Pietà wurde im 18. Jahrhundert von dem Architekten Giorgio Massari entworfen, aber erst 1906 gebaut. Ihr Inneres, das aus der Zeit von 1745 bis 1760 stammt, steht auf einem nahezu ovalen Grundriß, der dazu beiträgt, die Starre und Steifheit der Pilaster und des Gesimses zu mildern. Es ist eines der befriedigendsten Bauwerke dieser Periode in Venedig, wiewohl es viel von seiner Schönheit Tiepolos Deckengemälde, dem ›Triumph des Glaubens‹, verdankt, mit seinem wirbelnden Strudel fröhlich gekleideter Figuren, die sich aus der Lichtquelle in der Mitte herauskräuseln. Ein zweites, kleineres Gemälde von Tiepolo leuchtet von der Decke über dem Hochaltar herab. Neben diesen, von Lebendigkeit und Lebhaftigkeit bebenden Werken machen die Altargemälde von kleineren Meistern des 18. Jahrhunderts freilich einen recht zahmen Eindruck. Eindrucksvoller sind die gut skulptierten Prozessionsstangen beiderseits der Altarschranke, die Arbeit eines hochbegabten, aber vergessenen Bildhauers. Die Kanzel mit ihren gezwirbelten Taubenzehenfüßen ist eine hübsche Rokokoarbeit aus Holz.

Ein Stück weiter die Riva hinunter steht das große Reiterstandbild Viktor Emanuels II. von Ettore Ferrari (1887) – die Mittelfigur besitzt einen gewissen Schwung, aber die Allegorien und Reliefs sind wesentlich weniger gelungen. Nahebei, im Haus Nr. 4161, wohnte Henry James im Jahr 1881 und beendete hier ›The Portrait of a Lady‹. Seine Wohnung lag im vierten Stock und hatte eine unablässig faszinierende Aussicht, die er häufig mit dem Fernglas absuchte, wenn er mit der Arbeit nicht weiterkam, in der Hoffnung, daß »draußen auf dem blauen Kanal vielleicht das Schiff des richtigen Gedankens, des besseren Ausdrucks, der nächsten glücklichen Wendung meines Stoffes, des nächsten echten, richtigen Farbflecks für meine Leinwand in Sicht kommen werde«. Näher zur Piazza steht das Hotel Danieli, früher der Palazzo Dandolo, in dem die erste Oper in Venedig aufgeführt wurde – Monteverdis ›Proserpina rapita‹. Seit 1822 ist der Palazzo ein Hotel und rühmt sich der hervorragendsten Gästeliste in ganz Venedig, auf der unter anderen George Sand, Alfred de Musset, Charles Dickens, Ruskin, Wagner und Proust stehen.

KAPITEL 6

Die Lombardi und die Renaissanceplastik

Selten in der Geschichte der europäischen Kunst haben die Maler, Bildhauer und Architekten in einem solchen Gleichklang zusammengewirkt wie im Venedig der Frührenaissance. Sie waren sowohl durch ungewöhnliche Einheit des Vorhabens als auch durch ein vielfältiges Netz persönlicher Freundschaften miteinander verbunden. In diesem Gewebe nimmt die Familie der Lombardi eine Stellung von überragender Bedeutung ein, denn sie schuf den Stil der Architektur und Plastik, der auf so vielen Gemälden Giovanni Bellinis und seiner Zeitgenossen abgebildet ist. Pietro Solaro, genannt Lombardo, wurde um 1435 in der Lombardei geboren und in der Toskana ausgebildet. Eine Zeitlang arbeitete er in Padua, wo er mit den humanistischen Gelehrten der Universität in Berührung kam und für einen von ihnen auch ein Denkmal im florentinischen Stil schuf. »O Padua«, rief 1475 ein Schriftsteller aus, »du glänzest durch deine Bauwerke und deine Bürger und auch durch das Werk des berühmten Bildhauers Pietro Lombardo.« Um diese Zeit hatte er jedoch bereits Padua den Rücken gekehrt, sich nach Venedig gewandt und als Architekt zu arbeiten begonnen. Seine erste Arbeit war der Chor von San Giobbe, der noch so ausgeprägt florentinisch ist, daß er wie ein unglücklicher Verbannter wirkt. Doch Pietro Lombardo erwarb bald den venezianischen Akzent, und seine späteren Bauten mit ihrem Reichtum an Marmorinkrustation und scharf profilierter Ornamentik sind glänzend gelungene Angleichungen des Renaissancestils an die Bedürfnisse und Verhältnisse der Lagunenstadt. Was Giovanni Bellini für die Malerei getan hatte, das tat er für die Architektur, und seine Söhne Tullio und Antonio, die eng mit ihm zusammenwirkten, leisteten das gleiche für die Plastik.

Das große Meisterwerk der Lombardi ist die Kirche *Santa Maria dei Miracoli* – eines der schönsten kleinen Bauwerke der Welt. Man gelangt am besten vom Campo San Bartolomeo (auf der San Marco-Seite der Rialto-Brücke) hin, indem man die Salizzada San Giovanni Crisostomo entlanggeht, sodann über die gleichnamige Brücke, rechts die Salizzada San Canciano hinauf und abermals rechts über den Campo Santa Maria Nuova, wo man endlich dem Gedränge und Stimmengewirr der Einkaufsgegend entkommt. Von hier hat man den ersten, hinreißenden Blick auf das Ostende der Kirche. Von oben bis unten in weißen, grauen und sattgelben Marmor gekleidet und gekrönt von einer heiteren Kuppel, die den viereckigen, schatullenartigen Bau ergänzt und abschließt, wirkt sie auf den ersten Blick beinahe zu schön, um wahr zu sein – keine wirkliche Kirche, sondern Teil des Hintergrundes eines Gemäldes von Bellini oder Carpaccio.

Santa Maria dei Miracoli wurde zwischen 1481 und 1489 gleichsam als Schrein für ein wundertätiges Muttergottesbild erbaut. Auf der Außenseite ruft ein sehr sorgfältig ausgewogenes Gleichgewicht von Geraden und Kurven eine Wirkung von Harmonie und Gelassenheit hervor, die sich nur mit dem Klang eines Klosterchores vergleichen läßt, welcher die langsamen und präzisen Phrasen der gregorianischen Liturgie singt. Bei genauerem Hinsehen tritt die ungeheuer einfallsreiche Kompliziertheit des Entwurfs hervor. Um die Kirche größer wirken zu lassen, als sie tatsächlich ist, nahm Pietro Lombardo verschiedene Mittel der optischen Illusion zu Hilfe. Anstatt die Fenster in die Mitte der Arkaden zu setzen, schob er sie an die Seiten, um den Eindruck zu erwecken, sie seien hinter den Bögen eingeschnitten, wodurch sie der glatten Fläche den Anschein der Tiefe verleihen. In ähnlicher Weise schuf er, indem er eine größere Anzahl von Pilastern verwendete, als bei

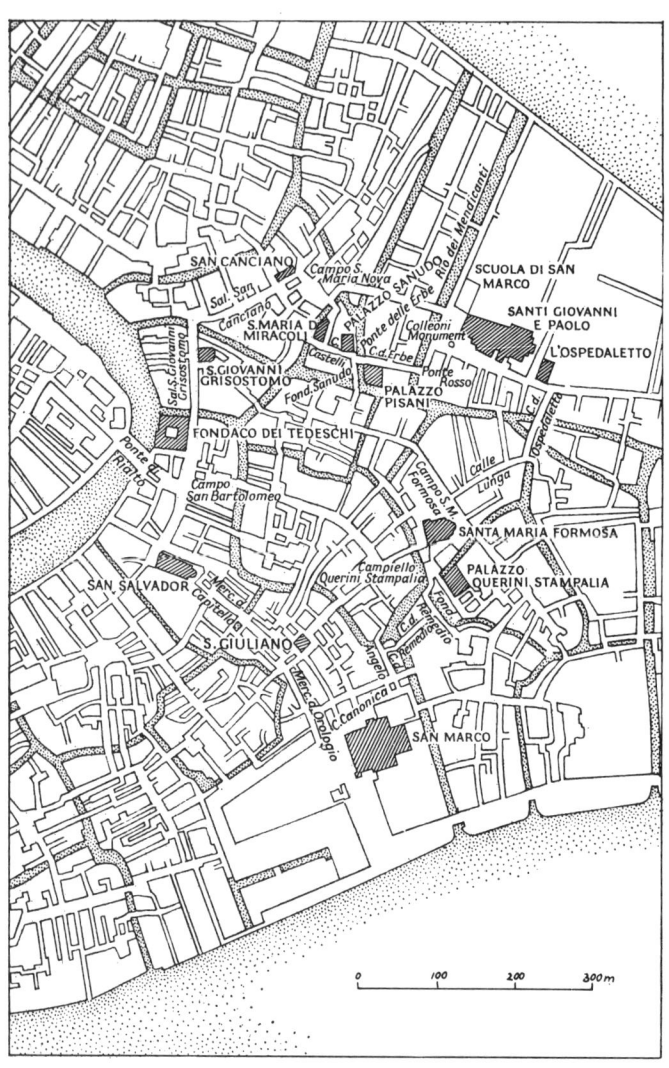

SAN CANCIANO

Campo S.
Maria Nova

SCUOLA DI SAN
MARCO

Sal. San.
Canciano

PALAZZO SANUDO

Ponte delle Erbe

SANTI GIOVANNI
E PAOLO

S.MARIA D.
MIRACOLI

Colleoni
Monument

L'OSPEDALETTO

Castelli

C.d. Erbe

S.GIOVANNI
GRISOSTOMO

Ponte
Rosso

Cal.S.Giovanni
Grisostomo

Fond. Sanudo

PALAZZO
PISANI

FONDACO DEI TEDESCHI

Ponte
di Rialto

Campo
San Bartolomeo

Campo S.M.
Formosa

Calle
Lunga

SANTA MARIA FORMOSA

SAN SALVADOR

Merceria

Cappello

Campiello
Querini Stampalia

PALAZZO
QUERINI STAMPALIA

Fond.
Preti

S. GIULIANO

Merc. d.l'Orologio

C.d. Mezo

C.d. Angelo

C. Canonica

Ramo Fuseri

SAN MARCO

0   100   200   300 m

einem Gebäude dieser Größe gebräuchlich gewesen wäre, eine perspektivische Wirkung, die das Bauwerk entlang der Kanalseite beträchtlich zu verlängern scheint. Außerdem belebte er das Äußere auf behutsame Weise durch die Verwendung leicht verschiedener Farbzusammenstellungen: Das Ostende ist in blaugrauen und weißen Tönen gehalten, während Nord- und Südseite durch rötlichgelbe Marmorplatten eine rosige Tönung erhalten. An der Hauptfassade ist der Schmuck gehörigerweise mit Verkleidungen aus Porphyr und grüngeädertem Marmor um einiges reicher gestaltet. Natürlich verdankt der Bau seine Wirkung zum guten Teil der Schönheit der Baustoffe, die Lombardo klug für sich selbst sprechen läßt. Er hat nur sehr wenig Skulpturenschmuck angebracht, aber dieses wenige ist exquisit gearbeitet – so die Halbfigur des Heiligen in der Mitte des Ostendes, das frisch und lebhaft geschnittene Blattwerk, das die Türen umrahmt, und die kleinen Medaillons über den Pfosten.

Im Innern sind die Wände der Kirche mit grauen und korallenroten Marmorplatten bedeckt, die ihm ein kühles Aussehen verleihen, fast als befinde es sich unter Wasser. Indes das Auge sich an das verschwommene Licht gewöhnt, treten die ruhigen, leidenschaftslosen Gesichter der Heiligen und Propheten hervor und blicken von der reichvergoldeten Decke herab. Am Ostende führt eine steil ansteigende Flucht von Stufen zum Altarraum hinauf, der vom Hauptschiff durch eine elegante Balustrade, beiderseits mit einem Ambo, abgetrennt ist. Auf der Balustrade stehen Halbfiguren des hl. Franz, des Erzengels Gabriel, der Muttergottes und der hl. Klara. Die Sockel der Pilaster beiderseits des Triumphbogens haben komplizierte Steinmetzarbeiten – Meeresungeheuer, Putten und Gesichter, die aus Blattwerk hervorspähen. Ähnliche Motive, die jenen so überaus ähnlich sind, die sich in der Architektur auf Giovanni Bellinis späteren Altargemälden finden, tauchen an den Pilastern und Wänden auf. Der Altar ist von

Santi Giovanni e Paolo

einer niedrigen Marmorschranke umgeben, deren spitzenartig durchbrochene Arbeit an byzantinische Elfenbein-
schnitzereien erinnert. Auf dem Altar selbst steht das wun-
dertätige Muttergottesbild, für das die Kirche erbaut wurde.
Darüber, in den Stützbogen der kleinen Kuppel, befinden
sich Flachreliefs der Evangelisten. Nur ein Stück fehlt
in dieser vollkommenen Synthese der Frührenaissance-
Kunst – das Gemälde der ›Verkündigung‹, die sich in einem,
ebenso wie die Kirche, mit Marmor ausgekleideten Raum
vollzieht; Giovanni Bellini führte es für die Türen der
Orgel aus, aber es wurde barbarischerweise 1807 von dort
entfernt und befindet sich jetzt in der Accademia.

Von dem kleinen Campo dei Miracoli führt die Calle
Castelli zur Fondamenta Sanudo mit einer hübschen, aus
dem 18. Jahrhundert stammenden Muttergottes-Statue in
der Wand an der Ecke. Links steht der Palazzo Sanudo
(Palazzo Soranzo-van Axel-Barozzi, um ihm seinen heutigen Namen zu geben, aus dem die Folge seiner Besitzer
hervorgeht), um 1470 erbaut, aber noch streng gotisch. Die
schweren geschnitzten Holztüren sind die einzigen dieser
Art aus dem 15. Jahrhundert, die sich in Venedig erhalten
haben. Wir gehen bei einem weiteren gotischen Bau aus
dem 15. Jahrhundert, dem Palazzo Pisani, über die Brücke,
und von hier führt uns die Calle delle Erbe zum Ponte
Rosso. Hier erblicken wir in der Ferne die Zypressen von
San Michele entlang dem Rio dei Mendicanti, von dem ein
berüchtigter und besonderer Geruch ausgeht. Rechts von
uns steht die *Scuola di San Marco*, heute das städtische
Krankenhaus.

Man muß sich der Scuola von dieser Seite nähern, um
den ›trompe-l'œil‹-Effekt der Fassade dieses in seiner pit-
toresken Großartigkeit und Raffiniertheit bemerkenswerten Gebäudes zu erwischen. Der Unterteil der Fassade
wurde von Pietro Lombardo entworfen und errichtet,
während seine Söhne die großen Reliefs schufen, die den
hl. Markus zeigen, wie er den hl. Annianus, den Schuh-

Denkmal des Bartolomeo Colleoni

macher aus Alexandria, heilt und tauft. Der Oberteil des
Gebäudes mit seinen spitz zulaufenden Fenstern und auf
und ab hüpfenden halbkreisförmigen Giebeln wurde von
Lombardos Nebenbuhler Mauro Codussi entworfen.

Auf dem Campo steht eine der schönsten Statuen Venedigs – das *Reiterstandbild des Bartolomeo Colleoni.* Seine
Geschichte ist ein wenig verwickelt. Der ›condottiere‹ oder
General des Söldnerheeres Bartolomeo Colleoni, der die
Landstreitkräfte der Republik befehligt hatte, starb 1475
und hinterließ der Stadt Venedig den größten Teil seines
Vermögens unter der Bedingung, daß zu seinem Andenken
ein Reiterstandbild auf der Piazza San Marco errichtet
werde. Die Tradition verbot die Aufstellung von Standbil-
dern von Einzelpersonen an einem so hervorragenden
Platz, aber der Senat wollte sich die Erbschaft nicht gern
entgehen lassen und befand folglich, die Bestimmungen
des Testaments gestatteten es, das Standbild bei der Scuola
di San Marco aufzustellen. Der florentinische Bildhauer
Andrea Verrocchio wurde 1479 mit der Schaffung des
Denkmals beauftragt und hatte 1483 das Gußmodell vollendet, starb jedoch, ehe es in Bronze gegossen werden
konnte. Der Guß wurde Alessandro Leopardi anvertraut,
der an sehr sichtbarer Stelle auf den Sattelgurt des Pferdes
seine Signatur setzte und auch den Sockel für das Denkmal
entwarf, das schließlich 1496 enthüllt wurde. Wahrscheinlich wäre die Bronze noch schöner fertiggearbeitet worden,
wenn Verrocchio das Denkmal selbst hätte vollenden können.

»Ich glaube nicht«, schrieb Ruskin über das Denkmal,
»daß es auf der ganzen Welt eine herrlichere Bildhauerarbeit gibt.« Dem Pferd wohnt in der Tat ein Gefühl lebhafter, machtvoller Bewegung inne, das in der Kunst des
Westens kaum seinesgleichen hat. Colleoni selbst blickt
stirnrunzelnd, mit einem grimmigen Stolz herab, der uns
über die Jahrhunderte hinweg seinen Charakter zu vermitteln scheint und manchen Schriftsteller dazu verleitet hat,

aus dem Standbild Hinweise auf sein Leben abzulesen. In Wahrheit war er ein ziemlich unbedeutender Mensch, der sich weder als Heerführer noch als Persönlichkeit irgendwie auszeichnete, ein Condottiere wie viele andere auch und wesentlich weniger interessant als Carmagnola, den der Senat foltern und hinrichten ließ, weil er die Banner im Stich zu lassen drohte, um sich von einem anderen Staat besser bezahlen zu lassen. Colleoni zeichnete sich einzig dadurch aus, daß er sich streng an den Buchstaben seines Auftrags hielt, nämlich für ein ansehnliches Gehalt die venezianischen Heere zu führen. Es ist nahezu sicher, daß Verrocchio ihn zu seinen Lebzeiten nie sah – der Senat selbst interessierte sich wesentlich mehr für die Wiedergabe des Pferdes als für den Reiter –, und das Porträt ist ein Werk der Phantasie, die Beschwörung eines Idealbildes des Condottiere des 15. Jahrhunderts. Es ist weniger ein Denkmal für einen Einzelmenschen als für eine ganze Klasse von Männern, nämlich die käuflichsten Heerführer aller Zeiten – stolz, hinterhältig, geldgierig, raffsüchtig und ritterlich nur jenen gegenüber, die Ritterlichkeit mit klingender Münze zu belohnen wußten, oder jenen aus den eigenen Reihen gegenüber, von denen man nach dem Ehrenkodex der Diebe ähnliche Behandlung erwartete. Daher seine Faszination. Dieses Standbild läßt die versunkene Welt Italiens im 15. Jahrhundert in ihrem ganzen Glanz und ihrer ganzen Brutalität wieder lebendig werden und liefert im rechten Augenblick ein Gegenmittel zu dem Eindruck der Lieblichkeit und des Lichtes, den uns die Kirche Santa Maria dei Miracoli vermittelt.

Die Tatsache, daß Colleoni sich mit einem Reiterstandbild verewigt zu sehen wünschte, ist das einzig Interessante, was wir von ihm wissen, denn er wollte im Gewand eines römischen Helden unsterblich gemacht werden. Verrocchio ergriff die Gelegenheit nicht nur, um mit Donatello zu wetteifern, dessen Gattamelata-Standbild fünfundzwanzig Jahre zuvor in Padua aufgestellt worden

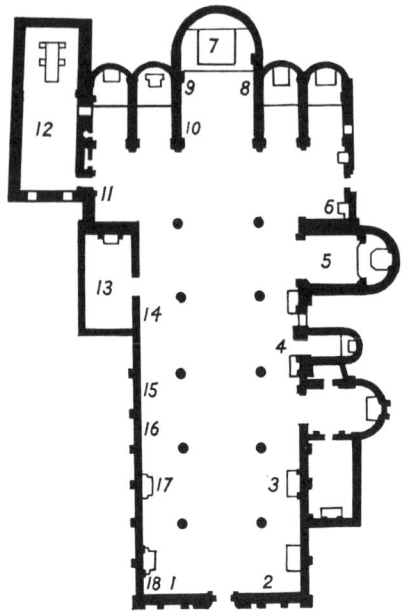

SS. Giovanni e Paolo

(1) Grabmal des Dogen Giovanni Mocenigo von Tullio Lombardo (1500 bis 1510) – **(2)** Grabmal des Dogen Pietro Mocenigo von Pietro Lombardo (1476–1481) – **(3)** Polyptychon von Giovanni Bellini (ca. 1460) **(4)** Grabdenkmal der Familie Valier nach Andrea Tirali (1705–1708) **(5)** San Domenico-Kapelle – **(6)** Almosen spendender hl. Antonius von Lorenzo Lotto (1542) – **(7)** Hochaltar – 17.Jahrhundert – **(8)** Grabmal des Dogen Leonardo Loredan von Girolamo Grapiglia und Danese Cattaneo (1572) – **(9)** Grabmal des Dogen Andrea Vendramin von Tullio Lombardo (1492–1495) – **(10)** Grabmal des Dogen Marco Cornaro von Nino Pisano (ca. 1360) – **(11)** Grabmal des Dogen Antonio Venier von Pierpaolo dalle Masegne (ca. 1400) – **(12)** Cappella del Rosario (Rosenkranz-Kapelle) – **(13)** Sakristei – **(14)** Grabmal des Dogen Pasquale Malipiero von Pietro Lombardo (ca. 1460) – **(15)** Grabmal des Dogen Tommaso Mocenigo von Pietro di Niccolò Lamberti und Giovanni di Martino (ca. 1425) – **(16)** Grabmal des Dogen Niccolò Marcello von Pietro Lombardo (ca. 1474) – **(17)** Der hl. Petrus, der Märtyrer, eine Kopie aus dem 17.Jahrhundert von Tizians Bild – **(18)** Grabmal des Marchese Chastler von Luigi Zandomeneghi (1825) war, sondern auch mit dem unbekannten Schöpfer der berühmten antiken Bronze des Marcus Aurelius in Rom. Und der Senat von Venedig war erfreut, die Stadt mit einer des Römischen Reiches würdigen Statue verschönen zu können, womit er freilich den Verweis eines Dominikaners heraufbeschwor, der vermerkte, der Senat »ahme den Brauch heidnischer Völker nach«. Die Statue ist eine der reinsten Verkörperungen des Renaissancebedürfnisses nach Neuerschaffung des Glanzes der klassischen Welt.

Die Kirche der *Santi Giovanni e Paolo* – von den Venezianern San Zanipolo genannt – ist eine der größten der Stadt. Dieser riesige Backsteinbau im Stil der venezianischen Gotik wurde im späten 13. Jahrhundert begonnen, aber erst 1430 vollendet und geweiht. Das Äußere ist pittoresk, der Innenraum grandios mit einem eindrucksvoll hohen Mittelschiff und einer Apsis, die durch schlanke, doppelte Spitzbogenfenster ihr Licht empfängt. Es ist jedoch nicht so sehr ihre Architektur als vielmehr die Vielzahl ihrer Skulpturen und Gemälde, die Aufmerksamkeit erheischt.

Unter den zahlreichen Grabdenkmälern ist das früheste von Bedeutung das des Dogen Marco Cornaro (10): eine Gruppe von Figuren aus einer viel größeren Komposition, von Nino Pisano in Pisa um 1360 geschaffen, die um eine steife, rückwärts gelehnte Grabfigur angeordnet sind, welche offensichtlich venezianische Arbeit ist. Die Madonna in der Mitte, zart und anmutig in ihrer sanft schwankenden Bewegung, ist wohl die schönste gotische Statue in Venedig. Das Grabmal des Dogen Antonio Venier (gest. 1400) von Pierpaolo dalle Masegne zeigt die nicht sehr hervorragende Qualität der venezianischen gotischen Plastik vierzig Jahre später (11). Wie denn dieses Denkmal überhaupt vor allem interessant ist wegen seiner ausgesprochen venezianischen Formgebung, die mit leichten Abwandlungen von den toskanischen Bildhauern Pietro di Niccolò Lamberti und Giovanni di Martino für ihr Denkmal des Dogen

Tommaso Mocenigo von etwa 1425 (15) verwendet wurde.
Ein kurioses Gemisch aus toskanischen und venezianischen, renaissancehaften und gotischen Motiven, darunter
einer Figur des hl. Georg, die von Donatellos berühmter
Statue in Florenz beeinflußt ist, legte dieser erste Versuch
in einer alles andere als stilreinen Renaissance das Muster
für die venezianische Denkmalskulptur bis zum Heraufkommen der Lombardi fest.

Die *Lombardi* sind durch fünf Grabdenkmäler vertreten, die zeitlich von etwa 1460 bis 1510 reichen. Das früheste ist das Denkmal für den Dogen Pasquale Malipiero von
Pietro Lombardo (14), das, abgesehen von einem gotischen
Baldachin mit seinem zart und fein geschnittenen Blattwerk und einer bezaubernden Lünette des toten Christus,
der von Engeln getragen wird, reine Renaissance ist. Bei
dem nahebei stehenden Grabmal des Dogen Niccolò Marcello (16) von etwa 1474 verzichtete Pietro Lombardo auf
den gotischen Baldachin und schuf ein Werk, das kompro-
mißloser klassisch ist, allerdings durch das unglückliche
Verhältnis der übergroßen Figuren zu dem architektonischen Rahmen verdorben wird. Doch im Grabmal des
Dogen Pietro Mocenigo (2), zwischen 1476 und 1481 geschaffen, gelangt der venezianische Renaissancestil in der
Plastik und Architektur schließlich zu seiner vollen, selbst-
sicheren Reife. Alle aus der Toskana übernommenen Elemente sind verschwunden, das Verhältnis der Statuen zum
Gesamtaufbau ist sorgfältig ausgewogen, und die stämmi-
gen Krieger, die den Sarkophag tragen, und der auferstan-
dene Christus auf dem Sarkophag strömen eine heroische
und doch individuelle Lebenskraft aus. Am Sockel befinden sich zwei Reliefs, welche die Arbeiten des Herkules
schildern – charakteristische Beispiele für das Bedürfnis,
die heidnische Mythologie für christliche Zwecke zu verwenden –, an denen man die Hand Tullio und Antonio
Lombardos erkannt hat. Die beiden letzten Lombardi-
Denkmäler in der Kirche sind hauptsächlich das Werk

Tullios, nämlich das des Dogen Andrea Vendramin (9) von etwa 1492–95 und das des Dogen Giovanni Mocenigo (1) von 1500–10. Beide zeigen das Bestreben, einer Vision der antiken Welt durch Arbeit in klassischer Manier Ausdruck zu verleihen, ohne dabei zu serviler Nachahmung antiker Vorbilder Zuflucht nehmen zu müssen. Die gleiche Haltung spricht aus der Prosa des Pietro Bembo, der sich bemühte, in ciceronischem Toskanisch und nicht in ciceronischem Latein zu schreiben und zusammen mit seinen Humanistenfreunden die Volkssprache auf die Höhe einer klassischen Ausdrucksform erhob. Tullio Lombardo besaß zumindest eine antike Statue und holte sich Anregung von zahlreichen anderen. Aber die feierlichen Allegorien des Mocenigo-Grabdenkmals, wenngleich offenkundig von griechisch-römischen Marmorskulpturen hergeleitet, gründen sich nicht auf irgendwelche bestimmten Statuen. An dem gleichen Grabdenkmal befinden sich in dem Relief ›Der hl. Markus tauft den Annianus‹ zwei sehr schöne nackte Figuren. Auf dem Vendramin-Grabmal befanden sich ursprünglich unbekleidete Statuen, Adam und Eva darstellend, die im 19. Jahrhundert aus Prüderie entfernt wurden, und Statuen von Lorenzo Bregno stehen jetzt an ihrer Stelle (der nackte Adam befindet sich heute im Metropolitan Museum in New York).

Im Vergleich mit der frühlingshaften Frische der Werke der Lombardi entfaltet ein Grabdenkmal wie das des Dogen Leonardo Loredan (8), das 1572 vollendet wurde, eine hochsommerliche Üppigkeit. Es wurde von dem Architekten Girolamo Grapiglia entworfen, und die Bildhauerarbeit stammt von Danese Cattaneo, der die schönen Bronzereliefs schuf, und von Girolamo Campagna, von dem die Mittelfigur des Dogen ist. Der Sommer rückt in den Herbst vor, und der feierliche Ernst macht dem hohlen Pomp Platz wie bei dem riesigen Valier-Grabdenkmal (4), das zwischen 1705 und 1708 von einer Gruppe führender venezianischer Bildhauer geschaffen wurde (allerdings besitzen einige der Reliefs und Einzelfiguren wie die Figur der Demut, die ein Lamm auf dem Arm hält, großen Charme). Die Eleganz des 18. Jahrhunderts wird in der Folge verfeinerter Bronzereliefs von Giuseppe Mazza in der San Domenico-Kapelle (5) sichtbar, die etwa aus dem Jahr 1720 stammen, sowie in der Folge von Hochreliefs von Giovanni und Antonio Bonazza, G. M. Morlaiter und anderen in der Cappella del Rosario (12). Einen anmutigen Epilog zur Geschichte der venezianischen Bildhauerei, wie sie diese Kirche veranschaulicht, liefert Luigi Zandomeneghis kleines romantisches Grabdenkmal für den Marchese Chastler (18).

Die Kirche ist zwar an Gemälden nicht so reich wie an Plastiken, aber sie enthält doch einiges Vorzügliche. Auf einem der Mittelschiffaltäre (3) auf der rechten Seite steht ein Polyptychon von Giovanni Bellini, eine sehr frühe Arbeit, wahrscheinlich von etwa 1460. Ein Vergleich mit dem eckigen, knochigen, halbnackten hl. Sebastian und den Herkules-Skulpturen am Mocenigo-Grabdenkmal nahebei (2) läßt vermuten, daß Bellini in dieser Phase seiner künstlerischen Entwicklung den nackten menschlichen Körper eher als eine einigermaßen peinliche ikonographische Notwendigkeit denn als eine Freude an sich empfand. Späterhin sollte er sich von den Lombardi anregen lassen. Wohl das schönste Gemälde in der Kirche ist Lorenzo Lottos ›Almosenspendender hl. Antonius‹ (6), auf dem die warme Farbzusammenstellung sich von den weichen, türkischen Teppichen herzuleiten scheint, die in der Komposition eine hervorragende Rolle spielen. Das Werk stammt aus dem Jahr 1542. In der Cappella del Rosario (12) befinden sich an einer modernen Decke einige leuchtende Gemälde von Paolo Veronese. Eine aus dem 17. Jahrhundert stammende Kopie von Tizians ›Heiliger Petrus, der Märtyrer‹ (17) ist eine traurige Erinnerung an eines der gefeiertsten Bilder in Venedig, das 1867 verbrannte. Die San Domenico-Kapelle (5) hat eine mit leichter Hand gestaltete und zart kolorierte Decke von Giovanni Battista Piazzetta.

Wenn wir jetzt die Kirche durch die Südtür verlassen und uns nach links wenden, kommen wir in eine Calle, die von der Fassade der *Ospedaletto-Kirche* (S. Maria dei Derelitti) beherrscht wird – gewaltige, muskelgeschwellte Gebälkträger, Löwenmasken und Köpfe von Riesen, von denen einer frech aus dem Mundwinkel die Zunge hervorstreckt. Diese Fassade, nach dem Entwurf von Baldassare Longhena zwischen 1669 und 1674 erbaut, ist eine ›tour de force‹ der Grotesk-Architektur, ein Meisterwerk barocker Extravaganz und Übertreibung, auf dem alle plastischen Einzelstücke viel zu groß sind – und zwar mit Absicht. Hier bekundet sich der ausgesprochene Wunsch, den Beschauer zu schockieren, ihm Angst und Schrecken einzujagen, so daß es ihm kalt den Rücken hinunterläuft; und das Ganze hat eine seltsame, surrealistische Eigenart mit mehreren anderen Werken der Plastik und Architektur gemeinsam, die das Venedig des 17. Jahrhunderts hervorgebracht hat. Viele der dekorativen Elemente sind antiken Quellen entnommen, aber nichts könnte weiter vom heiter-gelassenen und sanften Klassizismus der Lombardi entfernt sein. Die Fassade ist typisch nicht nur für die venezianische Neigung zum Bizarren, sondern auch für das Aufbegehren des 17. Jahrhunderts gegen die klassischen Vorschriften. Ein ähnlicher Geist beseelte einen guten Teil der damaligen Literatur – burleske Gedichte und Versepen wie Francesco Loredanos ›Iliade giocosa‹, zahlreiche Sonette, in denen die herkömmlichen, von Petrarca und Tasso dekretierten Elemente der weiblichen Schönheit (blondes Haar, blaue Augen, weiße Haut) in ihr Gegenteil verkehrt werden, ein geradezu belustigtes Wissen um den Totenschädel unter der Haut, ein regelrechter Kult der ›orrida bellezza‹, der schaudervollen Schönheit.

Ein kurzes Stück jenseits der Kirche führt die Calle dell'Ospedaletto über die Calle Lunga zum Campo Santa

Maria Formosa, wo man am Sockel des Campanile noch einen der Groteskköpfe sehen kann, die ein so auffallender Zug der Straßenarchitektur Venedigs sind. Dieser hier forderte Ruskin zu der folgenden prächtigen Schmährede heraus: »Ein Kopf — riesig, unmenschlich und ungeheuerlich —, der einen in bestialischer Erniedrigung lüstern und tückisch anschielt, zu widerwärtig, als daß man ihn abbilden oder schildern oder auch nur länger als einen Augenblick betrachten könnte; denn dieser Kopf verkörpert jenen Geist des Bösen, dem Venedig in der vierten Zeitspanne seines Niedergangs ausgeliefert wurde, und es ist nur recht, daß wir an dieser Stelle seinen ganzen grauenvollen Schrecken sehen und spüren und erkennen, welche Pestilenz das war, die da herbeikam und Venedigs Schönheit mit ihrem üblen Atem anhauchte, bis sie dahinschmolz wie die weiße Wolke vom Feld der *Santa Maria Formosa*.«

Ruskins abschließendes Donnergrollen bezieht sich auf die Legendenüberlieferung von der Stiftung der Kirche durch einen Bischof, dem die Muttergottes in einer Vision als eine ›formosa‹ Matrone erschien und ihm befahl, eine Kirche dort zu erbauen, wo sich eine weiße Wolke niederlasse. Das Wort ›formosa‹ ist schwer zu übersetzen, da es sowohl schön als auch üppig und füllig bedeutet. Die beste Definition liefert vielleicht Palma Vecchios Gemälde der hl. Barbara über dem Altar im südlichen Querschiff der Kirche — die leibhaftige Verkörperung der robusten venezianischen weiblichen Schönheit. Die hl. Barbara war die Schutzheilige der Kanoniere, die die Kapelle ihrer Scuola in dieser Kirche hatten, und man kann sich schwer eine Figur vorstellen, die für militärische Andacht geeigneter gewesen wäre.

Noch ein sehr interessantes Gemälde befindet sich in dieser Kirche, nämlich der Flügelaltar der ›Madonna der Barmherzigkeit‹ von Bartolomeo Vivarini, signiert und datiert 1473. Aus erhaltenen Urkunden geht hervor, daß die Gemeinde eine Geldsammlung veranstaltete, um dieses Altargemälde zu bezahlen, und die Gestalten, die um die Muttergottes kauern, scheinen Porträts des Sprengelpfarrers in seinem besten Vespermantel, des Hilfspfarrers und ihrer kleinen Herde zu sein. Die venezianischen Menschentypen haben sich in den inzwischen vergangenen Jahrhunderten wenig verändert. Es kann einem tagtäglich passieren, daß man der alten Dame mit dem weißen Kopfputz begegnet, wie sie durch einen venezianischen Markt schlurft, oder daß man den Sakristan im weißen Chorrock bittet, die Lichter anzuknipsen.

Architektonisch ist dieser Innenraum einzigartig: von Mauro Codussi 1492 auf einem früheren, wahrscheinlich aus dem 11. Jahrhundert stammenden Grundriß erbaut und eine ganz besonders anziehende Kreuzung aus venetobyzantinischer und venezianischer Renaissance, die einen daran erinnert, was die letztere der ersteren verdankt. Mit seinen Altarschranken aus schlanken Säulen, die kleine Kuppeln und Tonnengewölbe tragen, vereinigt dieser Innenraum die Eleganz der frühen Renaissance-Ornamentik mit den Raumwirkungen einer byzantinischen Kirche.

Eine Kapelle in dieser Kirche war ursprünglich der Andachtsraum der Scuola dei Casselleri − der Hersteller von Mitgifttruhen −, die in einer der hübschesten venezianischen Legenden eine hervorragende Rolle spielen. Eines Tages im Jahr 944 begab sich eine Anzahl junger Mädchen zur Kathedrale, um dort getraut zu werden, als unversehens eine Schar Slawen auf der Bildfläche erschien und sie entführte, um sie nach Dalmatien zu verschiffen. Aber die Casselleri setzten ihnen nach und retteten die Mädchen. Als Belohnung hierfür ersuchten sie den Dogen, er solle sie an jedem Jahrestag dieses Ereignisses in ihrer Scuola besuchen. »Aber was tue ich, wenn es regnet?« fragte der Doge. »Wir werden Euch einen Hut geben.« − »Und was tue ich, wenn ich durstig bin?« − »Wir werden Euch Wein geben.« So kam es, daß alljährlich am Lichtmeßtag bis zum Jahr 1797 der Doge, begleitet von den Würdenträgern des Staates, sich in einer Prozession zur Kirche der Santa Maria Formosa begab, wo man ihm feierlich einen Strohhut und ein Glas Wein überreichte. Einer der Hüte ist im Museo Correr und ein Gemälde der Zeremonie in der Galleria Querini-Stampalia zu sehen.

Der *Campo Santa Maria Formosa* ist ein sehr hübscher Platz, allmorgendlich voller Obst- und Gemüsestände und stets voller Leben. Obwohl nur einige Minuten zu Fuß von der Piazza entfernt, hat er doch die Atmosphäre eines der entlegeneren Viertel der Stadt, wohin die Touristen selten vordringen. Ringsherum stehen einige beachtenswerte Paläste. Nr. 5246, der Palazzo Vitturi, ist mit einigen sehr schönen Bruchstücken byzantinischer Steinmetzarbeit inkrustiert, darunter einem von Ruskin hochgerühmten Kreuz. Nr. 5250, der Palazzo Malipiero-Trevisan, mit eingelegten runden Marmorscheiben in den Wänden, ist ein schöner Bau aus dem 16. Jahrhundert, der möglicherweise von Sante Lombardo, dem Sohn Tullios, stammt.

An der Südseite der Kirche führt ein Durchgang auf den Campiello Querini-Stampalia, genannt nach der *Pinacoteca und Biblioteca Querini-Stampalia*, die auf der gegenüberliegenden Seite des kleinen Rio in dem aus dem frühen 16. Jahrhundert stammenden Palazzo Querini untergebracht ist. Die Bibliothek, die reich an venezianischen Büchern und Stichen ist, befindet sich im ersten Stock und die Galerie in den beiden Stockwerken darüber. Dieser Palast und der Großteil der Bestände wurden 1868 der Stadt Venedig vermacht. Das Erdgeschoß wurde in den späten sechziger Jahren des 20. Jahrhunderts von Paolo Scarpa, führender venezianischer Architekt und Spezialist für Museums- und Ausstellungsarchitektur seiner Zeit, restauriert und umgestaltet. Die großen Wohnräume auf dem Piano Nobile bewahren jedoch noch immer das Aussehen eines Patrizierhauses des frühen 19. Jahrhunderts. Es ist eines der am wenigsten überlaufenen Museen Venedigs und eines der freundlichsten und hübschesten für den

Bummler auf der Suche nach der Atmosphäre des alten
Venedig. Die meisten Bilder und anderen Kunstwerke sind
beschriftet, und ich mache im nachfolgenden nur auf
einige der besten aufmerksam.

Das Museum befindet sich gerade in einer erneuten
Umgestaltungsphase, und ein neuer Zugang ist bereits
eröffnet worden. Die Hängung der Gemälde und die Prä-
sentation der Galerie kann nur als vorläufig beschrieben
werden.

Einer der Zugänge führt in den fröhlich ausgemalten
und stuckverzierten Portego (venezianischer Name für
eine typische Eingangshalle, die von der Vorder- bis zur
Rückseite eines Palastes reichte). Die lebendigen Büsten
hat im frühen 18. Jahrhundert Orazio Marinali geschnitzt.
Auf der anderen Seite der Eingangshalle liegen achtzehn
Räume, von denen ein jeder irgend etwas Interessantes
enthält, sei es ein Gemälde oder ein schönes venezianisches
Möbelstück. Ein nahegelegener Raum vereinigt die besten
Renaissancegemälde. Hier hängt eine ›Darbringung Chri-
sti im Tempel‹ von Giovanni Bellini, eine sehr getreue
Kopie eines Mantegna, der noch zwei Köpfe hinzugefügt
sind. Vincenzo Catenas brillante, wenn auch unattraktive
›Judith‹ gehört in die Nachfolge Giorgiones, wenn hier
auch der Maler die warmen Farbtöne und den Dunsthauch
seines Meisters um einer harten Farbzusammenstellung
willen aufgegeben hat, die dem Bild geradezu eine Klinik-
Atmosphäre verleiht. Die fesselndsten Gemälde sind die
Porträts von Francesco Querini und seiner Frau Paola Priuli
von Palma Vecchio, die zum Andenken an ihre Hochzeit
kurz vor Palmas Tod im Jahr 1528 in Auftrag gegeben wurden. Das Porträt der Paola Priuli strahlt eine eigentümliche Faszination aus nicht nur wegen seiner wundervollen
Farbzusammenstellung von weichem Gelb und Braun,
sondern auch, und nicht weniger, durch den sinnenden Gesichtsausdruck der Porträtierten, die einen über die Jahrhunderte hinweg mit scheuer Neugier anblickt. Ein ande-

res Werk Palmas zeigt eine idyllische ›sacra conversazione‹, das mit seiner gewohnten weichen, herbstlichen Palette gemalt ist, allerdings nach seinem Tod von einem Schüler vollendet wurde. Ein Tondo der ›Madonna mit Kind‹ des Florentiners Lorenzo di Credi enthüllt sehr anschaulich die Unterschiede zwischen toskanischer und venezianischer Malschule.

Die nächsten Säle enthalten einige charakteristische Beispiele venezianischer Möbel des 18. Jahrhunderts – grobe Handwerkerarbeit, aber mit starkem Sinn für das Phantastische entworfen und mit zarten kleinen Malereien verziert. Zu den beachtenswerten Gemälden des 17. Jahrhunderts gehören die ›Madonna mit Kind‹ von Bernardo Strozzi, einem in Venedig arbeitenden Genuesen, und ein ›Milon von Kroton‹ von Francesco Maffei aus Vicenza in einer sprühenden Leichtigkeit, die man gemeinhin mit der Kunst des 18. Jahrhunderts assoziiert. Zur Sammlung gehören auch die Werke Sebastiano Bombellis, des besten venezianischen Porträtmalers jener Zeit, darunter ein Porträt des jungen Girolamo Querini in voller Größe, der in seiner roten Toga einherstolziert.

Einzigartig ist die große Sammlung von Bildern des täglichen venezianischen Lebens im 18. Jahrhundert. Pietro Longhi wurde von seinen Zeitgenossen als Meister dieser Genremalerei angesehen und gerühmt, seine Umwelt ›mit eigenen Augen‹ zu malen, statt früheren Künstlern mit ihren biblischen, mythologischen oder allegorischen Themen zu folgen. Und es scheint einen aufnahmebereiten Bildermarkt in der Stadt gegeben zu haben, so daß er selbst und seine Gehilfen von jeder Komposition eine Reihe von Versionen anfertigten. Sie zeigen uns einen Geographieunterricht, bei dem der Lehrer mehr an seiner hübschen jungen Schülerin als an seinem Globus interessiert ist; ein Ridotto, die Spielhölle, wo Karten gespielt und Flirtverabredungen getroffen werden; ein sehr müder Löwe und Tanzmäuse werden ausgestellt, und maskierte Personen besuchen ein Guckkastentheater unter den Arkaden des Dogenpalastes; umwerfend sieht die Sagredo-Familie in ihren Festkleidern aus. Ein ernsteres Thema sind die Venezianer, die die sieben Sakramente empfangen, von der Taufe zur Letzten Ölung. Auf einer anderen Leinwand sind die Angehörigen der verschiedenen Mönchsorden versammelt. Longhi nimmt uns auch mit in die Lagune zur Entenjagd und auf die ›terra ferma‹ zum Bauerntanz und zum unterwürfigen Gruß der Lohnabhängigen an ihren adligen Herrn.

Eine andere große Serie von Genreszenen aus der Mitte des 18. Jahrhunderts stammt von Gabriele Bella, einem eher unbekannten Maler. Eines zeigt eine Menschenmenge zur Karnevalszeit auf der Piazzetta mit Maskierten, Akrobaten und Marktschreiern, ein anderes eine Ansicht der Piazza am Himmelfahrtstag, in der Mitte die Stände für den alljährlichen Markt. Weitere Szenen zeigen den Prunk der Staatsfeierlichkeiten: die Wahl des Dogen, seinen Besuch in Begleitung des Senats in Santa Maria Formosa usw. Sie sind alle ausgesprochen naiv, eher Dokumente als Kunstwerke, aber für den Venedig-Liebhaber nicht weniger faszinierend als Longhis eher verfeinerte Bilder, die ja auch auf ähnliche Weise vor allem wegen der dargestellten Sujets ansprechen. Keiner der beiden Maler gibt irgendeinen sozialen Kommentar ab. Erst in der historischen Rückschau hat man diesen Szenen ein gewisses Pathos als Zeugnisse einer todgeweihten Gesellschaft zugeschrieben.

Die Brücke an der Ecke des Campiello Querini-Stampalia führt zu den Fondamenta Remedio. Von hier aus ist es nicht weit zurück zur Piazza San Marco oder auch zum *Museo Diocesano*. Man erreicht den Eingang durch einen schönen Kreuzgang, erbaut im 13. Jahrhundert im romanischen Stil der Benediktinerklöster Nordeuropas, der älteste in Venedig erhaltene. Zahlreiche Fragmente byzantinischer und venezianischer Steinmetzarbeiten sind an den Wänden angebracht. Im oberen Stockwerk des Museums finden sich Gemälde aus aufgelösten Kirchen, darunter Luca Giordanos ›Kindermord zu Bethlehem‹ und ›Christus vertreibt die Händler aus dem Tempel‹. Zu den Objekten aus Kirchenschätzen gehören ein feiner gotischer Kelch von 1410, viele andere Beispiele von liturgischen Silbergefäßen und ein erlesener Tabernakel aus dem 16. Jahrhundert mit eingelassenen Bergkristalltafeln in Lackarbeit und verziert mit vergoldeten Arabesken, ein typisches Beispiel venezianischen Kunsthandwerks.

KAPITEL 7

Bücher, Marmorbildwerke, Gemälde und Kostüme

Gegenüber dem Dogenpalast an der Piazzetta steht die *Libreria Vecchia di San Marco,* die nach Palladios Ansicht der reichste und prunkvollste Bau ist, der seit antiken Zeiten geschaffen wurde. Sie wurde von Jacopo Tatti, genannt *Sansovino,* entworfen, 1537 begonnen und nach seinem Tod von Vincenzo Scamozzi vollendet. Da Sansovino Florentiner und für eine Lebensbeschreibung von Vasari wie geschaffen war, tritt er als eine viel deutlicher umrissene Persönlichkeit vor uns hin als seine venezianischen Zeitgenossen. Er machte sich im Rom Julius' II. und Michelangelos als Bildhauer und Restaurator antiker Statuen einen Namen, floh aber 1527, zur Zeit der Plünderung, aus Rom, mit der Absicht, sich nach Frankreich zu begeben. Er wurde unverzüglich aufgefordert, die Hauptkuppel der Markuskirche wieder instand zu setzen, und führte diese Arbeit so gut aus, daß er zum Hauptarchitekten und Baumeister der Republik ernannt wurde. Außer der Bibliothek und der ›Loggetta‹ vor dem Campanile erbaute er noch mehrere Paläste und die Kirchen San Giuliano und San Francesco della Vigna, welch letztere von Palladio vollendet wurde. Doch als die Bibliothek 1545 nahezu fertiggestellt war, traf ihn unversehens ein Mißgeschick. Das Gewölbe stürzte ein, und Sansovino wurde ins Gefängnis geworfen, gleich einem Condottiere, der eine Schlacht verloren hatte – es bedurfte der ganzen Beredsamkeit Tizians und Aretinos, um seine Freilassung zu erwirken. Vasari zufolge war er als junger Mann eine ausgesprochen schöne und schmucke Erscheinung, mit blondem Haar und einem rotbraunen Bart, und »manche Dame von Rang und Stand verliebte sich in ihn«. Sogar im Alter war er noch ein

Dandy. Er besaß ein hitziges, leicht aufwallendes Temperament, und Benvenuto Cellini – ausgerechnet er – nannte ihn einen ruhmredigen Prahlhans. Mit einer erstaunlich gesunden Konstitution gesegnet, überstand er vier Schlaganfälle und starb vierundachtzigjährig im Jahr 1570. Vasari berichtet, im Sommer habe seine Nahrung hauptsächlich aus Obst und Gemüsen bestanden, und er habe oftmals »drei Gurken auf einen Sitz mit einer halben Zitrone dazu« gegessen. Man sucht vergeblich, von einem in Venedig geborenen Künstler ähnlich intime Einblicke zu erhaschen.

Die Libreria wurde als Teil einer Kampagne zur Stadterneuerung erbaut, die man Sansovino anvertraut hatte. Dieser begann 1536 an der Wasserseite mit der schmucklosen Zecca, der Münze, in der die goldenen ›zecchini‹ oder Zechinen geprägt wurden – auch dies wieder ein Wort, ebenso wie ›Arsenal‹, das Venedig zum europäischen Sprachschatz beigesteuert hat. Die Münze war als zweigeschossiges Gebäude mit rustiziertem Erdgeschoß und toskanischen Halbsäulen zwischen den Fenstern des Obergeschosses entworfen worden (das dritte Stockwerk wurde nach 1559 hinzugefügt). Die 1537 begonnene Bibliothek ist architektonisch wesentlich reicher. Mit der Überfülle an Säulen, Reliefs und der weißen Steinstatuen auf der Balustrade ist hier eine Vision antiker römischer Prachtentfaltung verwirklicht. Und hierdurch sollte sie spätere venezianische Baumeister, vor allem im 17. Jahrhundert, stark beeinflussen. Während Sansovino die rustizierte ›männliche‹ toskanische Ordnung klassischer Architektur für die Zecca verwendete, nutzte er für die Bibliothek die dorische und ionische Ordnung – letztere assoziierte man zu jener Zeit mit Männern und Frauen der Gelehrsamkeit. Für die *Loggetta* am Campanile hielt er hingegen die reichere Kompositordnung für angemessener. Das kleine, 1538 begonnene Gebäude war ein Treffpunkt für die Patrizier. Aus weißem, dunkelgrünem und rotem Marmor be

Libreria Vecchia

sitzt es Voll- statt Halbsäulen, Bronzestatuen und Reliefs von Sansovino selbst und seinen Mitarbeitern. Diese sollen allesamt die Serenissima verherrlichen, wenngleich das nicht immer auf den ersten Blick erkennbar ist. So kann man im mittleren Relief Venedig mit den Attributen der Iustitia und zwei Flußgötter zwar klar repräsentiert sehen, die Bedeutung der Statuen wird jedoch erst durch die von Sansovinos Sohn überlieferte Erklärung deutlich: »Apollon steht für die Sonne, und diese ist wahrlich einmalig, so wie diese Republik einmalig ist in der Welt durch ihre Verfassung, ihre Einheit und ihre vollständige Freiheit, regiert mit Gerechtigkeit und Weisheit. Und der Apollon wurde geschaffen wegen der seltenen Harmonie, die diese bewundernswerte Regierung sichert und die herrührt von der durch unaussprechliche Eintracht zusammengefügten Beamtenschaft.« Die Balustrade der Loggetta wurde im 17. Jahrhundert hinzugefügt, die ansehnlichen Bronzetüren von Antonio Gai 1735. Obwohl der Bau und seine Skulpturen beim Einsturz des Campanile schwer beschädigt wurden, hat man ihn wieder aufgebaut und kürzlich erneut restauriert (mit Hilfe der britischen ›Venedig in Not‹-Organisation).

Unter den Arkaden, im Zentrum der Libreria, flankieren Karyatiden den prächtigen Eingang zur Treppe, die zum Piano Nobile hinaufführt, das von den führenden Malern der Mitte des 16. Jahrhunderts geschmückt wurde, der Öffentlichkeit jedoch selten zugänglich ist.

Eine Tür nahe der Wasserseite, Nr. 7, markiert den Eingang zu den Leseräumen der *Biblioteca Marciana*, wie die Einrichtung heute heißt. Sie ist die größte öffentliche Bibliothek Venedigs, besonders reich an byzantinischen und mittelalterlichen Handschriften, und besitzt ungeahnte, staubbedeckte und nie berührte Schätze von wundervoll gedruckten Inkunabeln. Wie bei den meisten italienischen Bibliotheken ist der Katalog handschriftlich angelegt, und zwar in einem überaus blumigen Stil, der

nicht gerade zur Lesbarkeit beiträgt. Im großen, kuppel-
überwölbten Lesesaal steigt die Temperatur im Sommer
auf Fieberhitze, während er im Winter einer der kältesten
Orte südlich des schottischen Hochlandes ist, obwohl die
aufmerksame Bibliotheksverwaltung dem Leser kleine
Fußschemel zur Verfügung stellt, um seine Zehen vor der
vollen Gewalt des eisigen Luftzugs zu bewahren, der dem
Fußboden entströmt.

Wiewohl die Arbeitstische der Bibliothek für gewöhn-
lich voll besetzt sind – und ausnahmsweise kann man die
Benutzer nicht bezichtigen, sie suchten hier lediglich vor
Hitze oder Kälte Zuflucht –, war Venedig doch nie eine
große Bücher- und Literaturstadt. Es hat zahlreiche
Schriftsteller anderer Völker gastfrei bei sich aufgenom-
men, aber außer den Dichtern Gaspara Stampa (der Ver-
fasserin eines Zyklus glühender Liebessonette), Fra Paolo
Sarpi, Goldoni und Gozzi kaum Schriftsteller von mehr als
Lokalberühmtheit hervorgebracht. Man könnte noch den
Namen Pietro Bembo hinzufügen, dem alle italienischen
Literarhistoriker geheuchelte Verehrung zollen, wenn
auch nur wenige so unfreundlich sind, ausführlich aus seinen Werken zu zitieren. Er war ein Schriftsteller von glän-
zenden Gaben: Seine lateinische Grabschrift für Raffael ist
ein kleines Meisterwerk gedrängter Knappheit. Doch sein
berühmtestes Werk ›Gli Asolani‹, eine verwickelte und
langweilige Erörterung der Liebe, obwohl in exquisiter
Prosa geschrieben und mit gelegentlichen Stücken metrisch
perfekter Verse durchsetzt, wird weit weniger gelesen als
erwähnt. (Das Werk ist Lucrezia Borgia gewidmet.) Bem-
bos Einfluß war verderblich, denn er war der erste Venezianer, der auf toskanisch schrieb und das Toskanische zur
›Literatursprache‹ Venedigs machte. Da der Rhythmus der
toskanischen und der venezianischen Mundart sehr ver-
schieden ist – man braucht nur von Venedig nach Florenz
zu fahren, um es sofort zu bemerken –, fiel es den Venezianern begreiflicherweise schwer, Verse in einer Sprache zu

schreiben, die ihnen nicht weniger fremd war als das Lateinische. Folglich sind die angeblich ›großen‹ Dichtungen leblose Versmaß-Kunststücke, während die echte poetische Gabe der Venezianer auch weiterhin in vergänglichen Mundart-Liedern Ausdruck fand. Dies ist, glaube ich, einer der Gründe, warum Venedig seinen großen Leistungen auf den Gebieten der bildenden Künste und der Musik in der Literatur nichts Ebenbürtiges zur Seite zu stellen hat.

Ein anderer Grund dürfte sein, daß der Venezianer ganz allgemein mehr zur Sinneswahrnehmung als zur Gedankenübung, mehr zur Praxis als zur Theorie neigt. Wenige Venezianer sind große Leser oder Bücherkenner und Büchersammler gewesen. Petrarca vermachte 1366 der Republik seine Bibliothek, aber die kostbaren Bände wurden achtlos weggestellt und blieben 150 Jahre lang völlig vergessen; als man sich ihrer wieder erinnerte, waren die meisten von ihnen zerfallen. Kardinal Bessarione (der byzantinische Gelehrte Johannes Bessarion) schenkte der Stadt 1468 eine unschätzbar wertvolle Sammlung von Handschriften, aber es verging ein halbes Jahrhundert, bis der Senat daranging, zu ihrer Unterbringung ein Bibliotheksgebäude zu errichten. Dennoch nimmt Venedig in der Geschichte der Buchdruckerei einen Platz von überragender Bedeutung ein. Schon 1441 wurden hier Meßbücher, Spielkarten und anderes von festen Holzstöcken gedruckt, und bereits zu Gutenbergs Lebzeiten druckte man in Venedig mit den von ihm erfundenen beweglichen Lettern. 1467 errichteten die deutschen Gebrüder Johann und Wendelin aus Speyer in Venedig die erste Druckerpresse, und dreizehn Jahre später folgte ihnen der große französische Drucker Nicolas Jenson. Und einer der größten Drucker und Verleger aller Zeiten, Aldus Manutius, brachte seit 1492 in Venedig auf seiner Presse die vielbewunderten und oft nachgeahmten Klassikerausgaben heraus. Noch vor dem Ende des Jahrhunderts hatte seine Offizin das erste große illustrierte Buch gedruckt – jene absonderliche phantas-

magorische, obskurantistisch-erotische Mystagogie, die man
weder ein Traktat noch einen Roman nennen kann, die
berühmte ›Hypnerotomachia Poliphili‹. Im 16. Jahrhundert wurde die Stadt geradezu zu einem Bienenkorb emsiger Schriftsetzer. Während der ersten zwei Jahrzehnte des
Jahrhunderts waren nicht weniger als fünfundsechzig
Druckereien tätig – dreimal so viele wie in Rom und sechsmal so viele wie in Florenz.

Natürlich war es nicht der Bedarf des venezianischen
Leserpublikums, der die Drucker veranlaßte, sich in der
Stadt niederzulassen. In jener Zeit der politischen und religiösen Kontroversen, der Flut von Traktaten und Streit-
schriften nützten sie ganz einfach die freiheitlichere Haltung der Republik in Fragen der Zensur und ihre
traditionelle Feindseligkeit gegenüber dem Vatikan aus.
Der Staat begann aus dem lebhaften Bücherexport Gewinn
zu ziehen, und der Senat förderte charakteristischerweise
dieses Geschäft nicht nur, indem er die Herstellung um-
strittener Werke gestattete, sondern auch dadurch, daß er
hervorragenden Druckern Urheberrechtsschutz gewährte
und dafür sorgte, daß keine schlechten Klassikerausgaben
den Ruf der Stadt schädigten.

In den oberen Räumen der Biblioteca ist eine schöne
Sammlung venezianischer Bücher von den Klassikerausgaben des Johann von Speyer bis zu den besten Erzeug-
nissen der Offizin des Aldus Manutius ausgestellt. Andere
Schaukästen enthalten illuminierte Handschriften – byzantinische Kodizes des 10. Jahrhunderts, gotische venezianische Evangeliare, die in strahlenden Farben erglühen, das
berühmte, aus dem 15. Jahrhundert stammende Grimani-
Brevier mit seinen flämischen Miniaturen, züchtig verzierte
und elegant geschriebene humanistische Manuskripte. Die
beiden reichgeschmückten Räume geben für alle diese
Schätze den passenden Rahmen ab. Die Decke des ersten
Saals, um 1550 mit einer Architektur vortäuschenden
›trompe-l'œil‹-Technik gemalt (ein frühes Beispiel dieser

Kunstübung), hat in der Mitte eine Allegorie der Weisheit
von Tizian. Im Hauptraum blicken zwölf Philosophen, von
Tintoretto, Andrea Schiavone, Paolo Veronese und anderen
gemalt, aus vorgetäuschten Wandnischen auf uns herab.
Die reichvergoldete Decke ist mit Allegorien von Veronese,
Schiavone und anderen ausgemalt.

Mit der Eintrittskarte zum Dogenpalast hat man gleichzeitig ein Sammelticket für die Biblioteca, das Museo Correr und das *Museo Archeologico Nazionale* erstanden. Letzteres kann man neuerdings sowohl von den benachbarten
Museen als auch von einem Durchgang am Ende der Loggia der Libreria nahe beim Campanile betreten. Es enthält
griechische und griechisch-römische und römische Skulpturen, die nicht nur wegen des Einflusses interessant sind,
den sie auf die venezianischen Künstler ausübten, sondern
auch um ihrer selbst willen. Der bedeutendste Teil der
Sammlung wurde im 16. Jahrhundert von zwei Mitgliedern der Familie Grimani zusammengetragen und enthält
unter anderem Werke, die ohne Umweg von den griechischen Inseln herbeigeschafft wurden, sowie Statuen, die
sich vermutlich seit dem 15. Jahrhundert in Venedig befanden. Im Hof begrüßt uns eine kolossale römische Statue,
von der man früher annahm, sie stelle Marcus Agrippa dar;
sie war im Grimani-Palast verblieben, nachdem die übrigen Marmorbildwerke längst in den Besitz der Republik
übergegangen waren. Im 18. Jahrhundert kaufte irgendein
Ausländer − wahrscheinlich ein Engländer auf ›Großer
Bildungsreise‹ − die Statue von den Grimani. Doch gerade,
als die Statue zur Verschiffung verladen werden sollte, erschien ein Häscher auf der Bildfläche, zog vor dem Standbild den Hut und sagte: »Der Oberste Rat der Inquisition,
der vernommen hat, daß Ihr, Sior Marco, im Begriffe seid,
unsere Stadt zu verlassen, hat mich entsandt, um Euch *und*
Seiner Exzellenz Grimani eine angenehme Reise zu wünschen.« Grimani, der es vorzog, in Venedig zu bleiben,
machte den Verkauf rückgängig.

Ein Treppenaufgang führt zu den Museumsräumen im
Piano Nobile hinauf. Die bei weitem schönsten Werke,
sowohl vom ästhetischen wie vom archäologischen Standpunkt aus, sind hier die elf in Chitone gewandeten
Mädchenstatuen, die gemessenen Schrittes von den Wänden des Saals IV auf uns zukommen. Diese Koren wurden
gegen Ende des 5. Jahrhunderts v. Chr. geschaffen und
gehörten zu den sehr wenigen griechischen Originalen dieser Periode, die bis ins späte 18. Jahrhundert hinein in
Westeuropa zu sehen waren. Aber obwohl diese wundervoll
gearbeiteten Statuen, der Inbegriff klassischer Haltung
und Ausgewogenheit, schon im 16. Jahrhundert nach Venedig kamen, übten sie bis zur Zeit Canovas keinerlei Einfluß
aus. Die Renaissancekünstler Venedigs bezogen ebenso wie
die Künstler in anderen italienischen Städten ihre Anregungen von hellenistischen und römischen Plastiken wie
ebenjenen, die in den anderen Räumen dieses Museums zu
sehen sind.

Ein Gang durch diese Säle gleicht einem Besuch der
Modellklasse der venezianischen Schule. Eine Figur nach
der anderen enthüllt die Ursprünge der Haltungen und
Posen, deren sich die Maler und Bildhauer der Renaissance
bedienten. Im Saal V beispielsweise steht ein Apoll mit vor-
geschwungener rechter Hüfte und leicht vorgesetztem linken Bein, einer Haltung, die von Antonio Vivarini für das
Gemälde des Christus in San Giovanni in Bragora entlehnt
und von anderen für Darstellungen des hl. Sebastian abge-
wandelt wurde. Eine leidenschaftliche Liebesszene zwischen einem Satyr und einer Nymphe auf einem Altar im
Saal VI kehrt häufig in der venezianischen Kunst von
Tizian bis Canova wieder. Im Saal VIII sehen wir Statuen
eines stürzenden Kriegers und eines laufenden Odysseus
(eine vorzügliche hellenistische Arbeit), die den venezianischen Künstlern halfen, das Problem der Darstellung des
nackten menschlichen Körpers in der Bewegung zu lösen
und die in den Arbeiten von Bellini, Tullio Lombardo,

Tizian und Tintoretto leicht verändert wieder auftauchen.
Nahebei steht eine wenig ansprechende Statue der ›Leda
mit dem Schwan‹, die höchst überraschenderweise ohne
Schwan als eine Allegorie des Glaubens auf Tintorettos
›Einsetzung des Abendmahls‹ in der Kirche San Marcuola
wieder erscheint. Dieser Fall ist ein besonders gutes Beispiel für die Art, wie die Venezianer antike Statuen verwendeten. Während die florentinischen Künstler in ihrer
leidenschaftlichen Hingabe an die Idee und Welt der
Antike nach Art eines Schriftstellers, der aus den Klassi-
kern zitiert, ausdrücklich und unmißverständlich deutlich
machten, was sie den antiken Statuen verdankten, plün-
derten die Venezianer die Alten lediglich aus, um sich
einen Vorrat von Posen und Stellungen zu verschaffen –
ohne jeden Gedanken an gelehrte Quellenangabe.

Dennoch wäre es falsch, diese Sammlung in erster Linie
als interessantes Quellenmaterial für die Renaissance zu
betrachten. Viele dieser Plastiken sind künstlerisch ebenso
befriedigend wie die Skulpturen des 15. und 16. Jahrhunderts, die heutzutage so viel mehr Aufmerksamkeit und
Beifall finden. (Übrigens besitzt das Museum auch einige
Renaissancearbeiten, so im Saal XII einen Kandelaber-
sockel, der von jenem im Saal III kopiert ist, und zwei Zen-
taurenreliefs von Tiziano Aspetti.) Die Säle VIII, IX und X
enthalten einige lebensvolle römische Büsten aus der
Republik- und Kaiserzeit. Im Raum VII befindet sich ein
Schaukasten mit geschnittenen Kameen-Gemmen und
Intaglien, die bis ins winzigste Detail mit unglaublicher
Perfektion gearbeitet sind – wie sie von Künstlern und
Kunstkennern der Renaissance mit Recht so bewundert
wurden. Eine ganz anders geartete Welt, in der jedoch verfeinerte Handwerkskunst nicht minder hoch geschätzt
wurde, bietet sich mit zwei byzantinischen Elfenbein-
schnitzereien in einer Vitrine im Raum XI dar. Die eine
stellt den hl. Johannes Evangelist und den hl. Paulus in langen stilisierten Gewändern dar – in Konstantinopel in der

Regierungszeit des Kaisers Konstantin VII. Porphyrogenne-
tos (912−59) gefertigt; die andere, die den hl. Theodor und
den hl. Georg in militärischer Uniform zeigt, stammt aus
etwas späterer Zeit und ist eine provinzielle Arbeit. Beide
gemahnen uns an klassische Elemente, die im byzantinischen Stil fortlebten und folglich in der venezianischen
Kunst bereits lange vor der Renaissance des 15. Jahrhunderts gegenwärtig waren. Unter den zahlreichen anderen
Gegenständen, die in diesem Museum von Interesse sind,
müssen wir noch eine kleine Sammlung assyrischer Reliefs
aus dem 8. und 7. Jahrhundert v. Chr. im Saal XX erwähnen;
sie wurden in Nimrud von Austen Layard gefunden, der
jahrelang in Venedig lebte und sie dem Museum vermachte.

Die Räume des Museo Archeologico gehen direkt in die des
Museo Correr über, das den größten Teil der Procuratie
Nuove umfaßt. Der Haupteingang zum Museo befindet
sich unter der Arkade des napoleonischen Flügels am
Westende des Platzes. Dieses faszinierende Stadtmuseum
ist zum Teil der Kunst Venedigs, zum Teil der Geschichte
der Dogen und des venezianischen Lebens im allgemeinen
gewidmet. Es empfiehlt sich, nach einem Blick auf die
Sammlung von Landkarten im ersten Saal (darunter
Jacopo de' Barbaris Plan von 1497−1500 und der Original-
Holzstock, von dem er gedruckt wurde) durch die Räume
des Piano Nobile durchzugehen und mit einem Besuch der
Quadreria oder Gemäldegalerie im Stockwerk darüber zu
beginnen. Da alle Werke hier gut beschriftet sind, be-
schränke ich meine Anmerkungen auf einige der wichtigsten von ihnen.

Die beiden ersten Räume sind der Malerei des 14. Jahrhunderts gewidmet: kleine Ikonen mit Heiligen in Gewändern von edelsteinhaften Farben, die unbewegt und lei-
denschaftslos aus ihrem Goldgrund hervorblicken. Ein
Beispiel der gotischen venezianischen Malerei bietet

Giambonos aus der Mitte des 15. Jahrhunderts stammende
›Madonna mit Kind‹ (1083) in Saal VI und im nächsten
Raum eine erlesene kleine Pietà (9), um 1460 von Cosmè
Tura von Ferrara gemalt, wo damals unter der Schirm-
herrschaft der Este eine lebensvolle Schule der Renais-
sancemalerei blühte. Die ferraresische Schule ist auch in
Saal VIII durch Baldassare Estenses Porträt eines Mannes
am Fenster, der auf eine Werft hinausblickt, vertreten (53).

Die Säle X und XI sind in der Hauptsache der flämischen
Malerei vorbehalten, was an die Handelsverbindungen
und künstlerischen Beziehungen erinnert, die im 15. Jahrhundert zwischen Venedig und den Niederlanden bestanden. Die flämischen Maler führten in der Geschichte der
Maltechnik mit der Verwendung von Ölfarbe eine bedeutsame Neuerung ein, die bereits vor dem Ende des 15. Jahrhunderts die Temperafarbe als beliebtestes Malmittel verdrängt hatte. Einer der ersten italienischen Künstler, die
Ölfarbe verwendeten, war *Antonello da Messina*, der in
Saal XI mit einem ›Toten Christus, von Engeln getragen‹
vertreten ist (42). Antonello stammte aus Sizilien und
erhielt seine Ausbildung in Neapel, wo er anscheinend die
Werke Jan van Eycks und Rogier van der Weydens stu-
dierte, sich ihre Maltechnik aneignete und viel von ihrem
Stil lernte. 1475 kam er nach Venedig und malte hier einen
Altaraufsatz (die erhaltenen Tafeln befinden sich jetzt in
Wien), der eine Sensation hervorrief und möglicherweise
das Vorspiel zu den großen architektonischen Altarbildern
Giovanni Bellinis und anderer war. Trotz seines schlecht
erhaltenen Zustandes weist der ›Tote Christus‹ – das einzige Werk Antonellos, das sich jetzt noch in Venedig befindet – einige jener charakteristischen Eigentümlichkeiten
auf, die den venezianischen Malern um 1470 großen Eindruck gemacht haben dürften: die Öltechnik, die eine
große Subtilität des Farbtons gestattet, die mühelose Handhabung der perspektivischen Verkürzung, die solide Greif-
barkeit der dreidimensionalen Figuren und die exquisit

gemalte Landschaft, die sich bis zum fernen Horizont erstreckt. Es ist durchaus möglich, daß Giovanni Bellini in Venedig unmittelbaren Zugang zu flämischen Bildern hatte, aber es kann dennoch kein Zweifel bestehen, daß er und alle venezianischen Maler bis zu Lotto durch Antonellos kurzen Aufenthalt in ihrer Stadt stark beeinflußt wurden.

Werke der Familie Bellini und ihrer Gefolgschaft sind in Saal XIII zu sehen. Jacopo, der Vater, ist mit einer kleinen ›Kreuzigung‹ (29) von etwa 1450 vertreten, an der Giovanni möglicherweise mitwirkte, ehe er begann, unter dem Einfluß Mantegnas und sodann Antonellos seinen eigenen, gereifteren Stil zu entwickeln. Die machtvolle Einwirkung Mantegnas ist offenkundig in den statuengleichen Figuren auf Giovanni Bellinis ›Verklärung‹ (27), und der mit sicherer Hand modellierte kleine Kopf eines Heiligen (10) von einem Künstler des Bellini-Kreises läßt den Einfluß Antonellos erkennen. Ein anderes reizvolles anonymes Bild (71) zeigt den Dogen Pietro Orseolo und seine Dogaressa kniend in einem Hof, der nach der damaligen Mode mit antiken Marmorplastiken ausgeschmückt ist.

Im Saal XV befindet sich wieder einer der großen Schätze des Museums – *Carpaccios* faszinierendes Genrebild, das Ruskin aus einer Vielzahl von Gründen »das beste Bild der Welt« nannte. Es ist anscheinend ein Bruchstück, das aus einer größeren Komposition herausgeschnitten wurde, und seine Bedeutung ist nicht klar. Man hat es ›Die beiden Kurtisanen‹ genannt, hauptsächlich wegen der gewagt ausgeschnittenen Kleider. Tatsächlich waren diese tiefen Dekolletés bei Bürgerfrauen um 1490 durchaus an der Tagesordnung, und die ungewöhnlich hohen Schuhe wurden nur von ehrbar Verheirateten getragen – »diese Pantinen dürften aber Ihrer Frau das Gehen sehr schwer machen«, bemerkte ein Reisender zu einem Venezianer; »um so besser«, erwiderte dieser. Blondes Haar war in Venedig sehr in Mode; die Frauen pflegten stundenlang auf

ihren Hausdächern zu sitzen, um sich das Haar in der
Sonne zu bleichen, wobei sie Gesicht und Schultern durch
die breiten Krempen kopfloser Strohhüte schützten. Im
nächsten Raum befindet sich ein einnehmendes kleines
›Porträt eines Mannes mit rotem Hut‹, das man sowohl
Carpaccio als auch Lorenzo Lotto zugeschrieben hat.

Der Saal XIX enthält eine hervorragende Sammlung von
Majoliken. Diese Art der Töpferei, technisch genauge-
nommen ein zinnglasiertes, irdenes Geschirr, hat seinen
Namen von der Insel Mallorca, von wo diese Töpferwaren
im 15. Jahrhundert importiert wurden. Die italienische
Majolika-Erzeugung begann kurz vor 1450, und während
des folgenden Jahrhunderts stellten die Töpfereien in
Faenza (daher die französische Bezeichnung ›Fayence‹), in
verschiedenen Städten in Umbrien und in Venedig selbst
Töpferwaren her, die sowohl an Festigkeit des Materials
wie Zartheit des Schmuckwerks in ganz Europa nicht
ihresgleichen hatten. Sie waren mit religiösen oder mythologischen Szenen bemalt, in einer Farbskala, die durch die
zur Verfügung stehenden Oxyde begrenzt war – Kobalt-
blau, Antimongelb, Eisenrot, Kupfergrün und Mangan-
violett –, und einige dieser Teller und Schüsseln gehören
zu den kleinen Meisterwerken der Renaissance und des
Manierismus. Die Correr-Sammlung enthält Stücke aus
Faenza, Casteldurante, Urbino und Venedig, vor allem ein
siebzehnteiliges Service, in kühlen Farben von Niccolò
Pellipario, einem der großen Majolika-Künstler, bemalt.
Wir gehen nun durch die schöne, aus dem 18. Jahrhundert stammende Bibliothek – die sich ursprünglich im
Palazzo Manin befand – und zurück zur Treppe, die zum
Hauptstock hinabführt. Von dieser Treppe aus gelangt man
auch zum *Museo del Risorgimento*, wo man die Geschichte
Venedigs nach dem Sturz der Republik verfolgen kann.
Hier ist eine Folge von Räumen mit Gemälden, Zeichnun-
gen, Stichen und Andenken gefüllt, welche die kurze Zeit-

spanne demokratischer Freiheit von 1797/98 veranschaulichen (eine Zeichnung von Giacomo Guardi zeigt den Freiheitsbaum auf der Piazza), sodann die folgenden acht Jahre österreichischer Herrschaft, die Zeitspanne 1806–14, in der Venedig Teil des napoleonischen Königreichs war, und die lange österreichische Herrschaft von 1814 bis 1866. Mehrere Räume sind der Erinnerung an Daniele Manin gewidmet, der 1848/49 den heldenhaften, aber vergeblichen Aufstand gegen die Österreicher führte. Der letzte Saal enthält Erinnerungsstücke an Venedig im Ersten Weltkrieg, als die österreichischen Truppen auf Schußweite an die Stadt herangerückt waren.

In den ersten Stock zurückgekehrt, gelangt man in einen Raum, welcher der *Geschichte der venezianischen Flotte* gewidmet ist: in der Mitte ein reizendes, aus dem 18. Jahrhundert stammendes Modell einer Galeere. Die nächsten sechs Räume enthalten Gegenstände aus dem Palazzo Morosini, die sich zumeist auf den Dogen Francesco Morosini, den letzten venezianischen Helden, beziehen, so ein kunstvoll bemaltes und vergoldetes Betpult, seine zwei Standarten – eine zeigt die Kreuzigung – und die dreifache Laterne, welche sämtlich sein Flaggschiff zierten. Auch sind einige türkische Banner zu sehen, die Morosini erbeutete, sein Dogenhut – ›corno dogale‹ – ist in einer Vitrine ausgestellt. Eine Folge von recht primitiven Gemälden hält Hauptereignisse seiner Laufbahn fest.

Zwei Räume sind mit Hellebarden und anderen Waffen angefüllt, höchst dekorativ, aber darum nicht weniger tödlich. Anschließend ein Saal, der Venedigs Beziehungen zum Fernen Osten veranschaulicht. Der nächste befaßt sich hauptsächlich mit dem *Bucintoro*, dem kunstvoll geschmückten und verzierten Schiff, auf dem der Doge zum Lido hinauszufahren pflegte, um am Himmelfahrtstag die Vermählung Venedigs mit dem Meer zu zelebrieren. Das rote und goldene Banner, das vom Mast des Schiffes flatterte, hängt über dem Türrahmen. Aber alles, was von dem

Schiff selbst übriggeblieben ist − es wurde 1724 gebaut und beim Fall der Republik vernichtet − ist eine Gruppe von Schnitzereien von Antonio Corradini. Das kleine Relief mit dem hl. Markus zierte die Tür, durch welche der Doge den Ring ins Meer warf und dabei sprach: »Wir vermählen uns dir, o Meer, zum Zeichen ewigwährender Souveränität.« Allerdings bemerkte bereits im 16. Jahrhundert hierzu ein französischer Schriftsteller, der Türke habe Venedig zum Hahnrei gemacht.

Nach einem Saal, der Venedigs Anteil am Sieg von Lepanto festhält und in dem Vittorias Terrakotta-Büste des Admirals Francesco Duodo steht, kommt ein Zimmer voller *Münzen*. Hier sind die von sämtlichen Dogen, von Sebastiano Ziani (1172−78) bis zu Ludovico Manin, ausgegebenen Geldstücke zu sehen. Ein Schaukasten enthält die eigentümlichen, ›oselle‹ genannten Medaillen, die es nur in Venedig gab. Mit ihnen verhält es sich folgendermaßen. Bis zum 16. Jahrhundert waren die Dogen durch ihren Krönungseid verpflichtet, alljährlich zu Neujahr einem jeden Patrizier fünf Enten zum Geschenk zu machen. Mit dem Anwachsen der Patrizierfamilien wurde es jedoch immer schwieriger, eine genügende Anzahl dieser Vögel zu beschaffen. 1521 wurden nicht weniger als 9000 Enten benötigt. Der Doge erlangte nunmehr vom Senat Erlaubnis, an ihrer Statt Silbermedaillen zu verteilen, und diese Medaillen wurden ›oselle‹ (venezianisch für Vögel) genannt. Ganz besondere Findigkeit und Kunstfertigkeit wurde auf die Gestaltung ihrer Rückseiten verwendet, die alljährlich geändert wurden und sich für gewöhnlich auf bedeutsame Ereignisse bezogen.

Der nächste Saal enthält Dogenporträts, die hauptsächlich um der abgebildeten Kostüme und Trachten willen interessant sind. Das Porträt Paolo Reniers von Ludovico Gallina hängt in einem besonders eleganten Rokokorahmen. Zwei Räume sind heute den Trachten und Uniformen der Staatsbeamten der Serenissima gewidmet. Die

Togen erinnern uns daran, daß Venedig mit seinen offiziellen Staatsgewändern einen Überrest des antiken Rom bewahrte. Die Roben aus roter Seide mit den Samtstolen wurden von den Prokuratoren von San Marco getragen, die ohne Stolen von den Senatoren. Die dunkelblauen Roben gehörten den Savi – den Chefs der verschiedenen Ministerien. Im gleichen Raum befindet sich auch eine Dogenrobe – scharlachroter Wollstoff, mit roter Seide gefüttert –, die der Doge nur zu den Karfreitagszeremonien in San Marco anlegte. Auf den Gemälden sind noch andere Amtsgewänder zu sehen, wie zum Beispiel die Uniform aus rotem und goldenem Brokat des Großadmirals der Flotte.

In der Bibliothek sind die Wände mit den Bücherregalen bedeckt, die im 17. Jahrhundert ursprünglich für das Theatiner-Kloster angefertigt wurden. Die Vitrinen enthalten eine Reihe sehr schön gebundener Beglaubigungsurkunden, die den Botschaftern, Admirälen und anderen Würdenträgern beim Amtsantritt von den Dogen überreicht wurden. Die beiden folgenden Räume befassen sich mit den Dogen selbst und sind mit Gemälden behängt, auf denen sie bei ihren wichtigsten zeremoniellen Amtshandlungen zu sehen sind. Im Glaskasten kann man einen aus dem späten 15. Jahrhundert stammenden Dogenhut sehen, eine Wahlurne aus dem 18. Jahrhundert, die bei Abstimmungen im Dogenpalast verwendet wurde, einen der Strohkörbe, die den Dogen bei ihrem alljährlichen Besuch in San Zaccaria überreicht wurden, und einen der Strohhüte, die man ihnen beim Besuch von Santa Maria Formosa gab. Im nächsten Raum befinden sich einige Reste von Plastiken, darunter verschiedene frühe Markuslöwen.

Die beiden letzten Räume, im klassizistischen Stil mit zarten kleinen Malereien von Giuseppe Borsato ausgeschmückt, führen uns in den napoleonischen Flügel. Sie sind auf bezaubernde Weise mit Stühlen und Tischen aus dem frühen 19. Jahrhundert möbliert. Und sie enthalten

drei von *Antonio Canovas* frühesten Plastiken. Er schuf die
Statuen des Orpheus und der Eurydike für seinen ersten
Gönner, den Senator Fallier, zwischen 1773 und 1776, und
in letzterem Jahr wurden sie am Himmelfahrtstag auf der
Piazza öffentlich ausgestellt. Diese Werke zeigen, daß der
neunzehnjährige Canova handwerklich bereits der überragende Könner unter den Bildhauern Venedigs war. Drei
Jahre später stellte er die anmutig naturalistische Gruppe
des Dädalus und Ikarus aus, die bei weitem hervorragendste Bildhauerarbeit, die seit dem 16. Jahrhundert in Venedig geschaffen worden war. Lobeshymnen und Aufträge
regneten auf ihn herab. Doch er kehrte schon sehr bald seinen frühen Erfolgen den Rücken, verließ Venedig und
begab sich nach Rom, wo er seinen frühen Stil zugunsten
der Neuklassizistik aufgab. Binnen zehn Jahren hatte er
sich als der führende Bildhauer Italiens durchgesetzt, und
noch ehe das Jahrhundert zu Ende war, galt er weit und
breit als der größte, den Europa seit Michelangelo hervorgebracht hatte. Päpste, Kaiser und Könige überboten einander um seine Dienste und behandelten ihn mit einer
Zuvorkommenheit, die seit Tizian keinem venezianischen
Künstler mehr gewährt worden war. In seinem ausgereiften Stil ist jedoch kaum mehr als eine schwache Andeutung seiner venezianischen Schulung verblieben. Denn er
war nicht nur der letzte der großen Venezianer, sondern
zugleich auch der erste der internationalen Künstler des
19. Jahrhunderts.

Im ersten der beiden Räume befinden sich einige der
wundervoll ausdrucksstarken *Bozzetti* oder Modelle aus
Ton, aus dem der Künstler mit offensichtlicher Sponta-
neität seine ersten Ideen für Skulpturen schuf, ehe er sie
dann langsam in Marmor haute. Die Gruppe ›Cupido und
Psyche‹ wurde 1787 von einem jungen Schotten (später
Baron Cawdor) auf seiner Grand Tour in Auftrag gegeben,
aber erst nach Beginn der französischen Revolutionskriege
fertiggestellt und dann von General Murat erworben (be-

findet sich heute im Louvre). Ein anderes Modell zeigt ein
Monument für Tizian, ein Projekt, das wegen fehlender
Finanzen nach dem Fall der Republik aufgegeben und von
Canova in ein Monument für die österreichische Erzher-
zogin Marie-Christine umgearbeitet wurde, errichtet in
der Augustinerkirche in Wien. Dieses wiederum gab die
Vorlage ab für das Denkmal für Canova selbst in der Frari-
Kirche. Im Korridor ein Gipsabguß seines Modells für die
Statue des Paris. Es war Canovas Praxis, aus Ton original-
große Modelle seiner Statuen zu fertigen, dann von diesen
haltbarere Abgüsse nehmen zu lassen und diese mit kleinen Nägeln zu markieren, um seinen Assistenten damit bei
den mechanischen Arbeiten des Vorbehauens der Marmor-
blöcke Anleitungen zu geben. In der eigenen Arbeit gab
Canova dann der gesamten Oberfläche jene verfeinerte
Eleganz, die man z. B. in seinen Denkmalen für Admiral
Emo oder Giovanni Falier klar erkennen kann. Canova war
auch Maler, und das unvollendete Porträt des Amadeo
Svajer ist ihm zugeschrieben worden – ob zu Recht oder
nicht, ist umstritten.

KAPITEL 8

Palladianischer Morgen

Von wo immer man sie sieht, ob von der Dogana, wo der Canal Grande in die Lagune mündet, oder von den Säulen der Piazzetta oder von irgendeiner Stelle entlang der Riva, vervollständigt die *Insel San Giorgio Maggiore* die schimmernden Elemente des venezianischen Bildes und hält sie in fein ausgewogenem Gleichgewicht. Sie ist, wie Henry James sagte, »in einer Weise gelungen, die sich mit der Vernunft nicht erklären läßt«. Die Insel liegt in genau richtiger Entfernung von der Piazzetta und von der Kirche Santa Maria della Salute, und das Verhältnis der Bauwerke und ihrer Baustoffe – roter Backstein und weißer Marmor – zueinander und zu dem Flecken Grün dahinter ist so vollkommen, daß es zuweilen schwerfällt zu glauben, diese so überaus malerische Gruppe sei nicht von einem genialen Architekten oder Städteplaner entworfen und hingesetzt worden. Wie Marco Boschini im 17. Jahrhundert schrieb:

> St'isola veramente è un zogelo,
> ligà da sto cristal che la circonda;
> dove flusso e reflusso bate l'onda.
> No' par che la sia fata co'l penelo?

(Diese Insel ist wahrhaft ein Juwel, in dieses Kristall gefaßt, das sie mit Ebbe und Flut des Wellenschlags umgibt. Sieht sie nicht aus, als habe ein Malerpinsel sie geschaffen?)

Gleich nahezu allem Schönen in Venedig verdankt die Insel viel dem glücklichen Zufall ihrer Lage – und außerdem natürlich dem guten Geschmack von Generationen venezianischer Baumeister, die ihre einzigartigen Möglichkeiten erfaßten und vollauf nützten.

Die erste Kirche auf der Insel wurde um 790 erbaut, und etwa zwei Jahrhunderte später entstand neben ihr ein Benediktiner-Kloster; alle diese Gebäude wurden jedoch 1223 durch ein Erdbeben zerstört. Das Kloster wurde wieder aufgebaut, und 1443 nahmen die Mönche den verbannten Cosimo de' Medici bei sich auf, der angeblich den berühmten florentinischen Baumeister Michelozzo mitbrachte. Michelozzo entwarf eine neue Bibliothek für das Kloster, und obwohl dieser Bau schon seit langem verschwunden ist, läßt sich sein Einfluß noch deutlich an dem Dormitorium ablesen, das er möglicherweise ebenfalls begann und das erst viel später, zwischen 1494 und 1513, von dem lombardischen Baumeister Giovanni Buora vollendet wurde.

Buoras Fassade des Dormitoriums, mit Marmor verkleidet und von drei Rundgiebeln gekrönt, ist auf der äußersten Linken der Gruppe von Gebäuden auf der Insel zu sehen. Das hervorstechendste Bauwerk der Gruppe ist natürlich die Kirche, die das Werk Andrea Palladios ist. Rechts von ihr sieht man eine Reihe roter, aus dem 17. Jahrhundert stammender Bauten von Baldassare Longhena. Der Campanile, der die ganze Komposition zusammenhält und sie in der Lagune fest verankert − wie eine Stecknadel im Rücken eines exotischen Schmetterlings −, stammt, wie seine klassizistischen Urnen und Säulen bezeugen, aus viel späterer Zeit. Er steht an der Stelle eines früheren Glockenturms, der kurz vor 1792 einstürzte. Und der bezaubernde kleine Spielzeughafen mit seinen Zwillingsleuchttürmen, der der ganzen Gruppe den Schlußakzent hinzufügt, wurde zwischen 1808 und 1828 angelegt.

Man gelangt nach *San Giorgio Maggiore* entweder mit einer Gondel oder aber mit dem Vaporetto, der auf der Fahrtstrecke vom Monument an der Riva degli Schiavoni nach der Giudecca und der Piazzale Roma hier hält. Doch ehe wir auf dem Landesteg vor der Kirche aussteigen, gilt es, einige Worte über das große Genie zu sagen, dem San

Giorgio Maggiore so viel von seiner Schönheit verdankt: *Andrea Palladio.*

Er wurde 1508 in oder bei Padua geboren und 1524 bei einem Steinmetzen in Vicenza in die Lehre gegeben. Es heißt, er habe eine anmutige Art gehabt, mit den Arbeitern umzugehen, was sie bei Laune hielt, und Geist und Witz im Gespräch, was ihn bei seinen Auftraggebern beliebt machte. Palladio war nicht sein Familienname, sondern ein Spitzname (hergeleitet von Pallas, der Göttin der Weisheit), den ihm sein erster Gönner und Mentor Gian Giorgio Trissino verlieh, der seine Begabung entdeckte und ihn bewog, Architekt zu werden. Trissino war ein Humanist, Poet und Amateurbaumeister, und er führte den jungen Andrea in die Welt des klassischen Denkens und der Ideale klassischer Baukunst ein. Ein Zeitgenosse hat aufgezeichnet: »Als Trissino bemerkte, daß Palladio ein lebhafter und geistvoller junger Mann mit einer Neigung zur Mathematik war, beschloß er, um seine Gaben zu entwickeln, ihm den Vitruvius zu erläutern und ihn nach Rom mitzunehmen ...« (Der Aufenthalt in Rom datierte von 1545 bis 1547.) Diese Bemerkung verweist uns auf die drei Hauptquellen von Palladios Stil: auf Vitruv, den römischen Architekturtheoretiker des 1. Jahrhunderts v. Chr., auf Rom, den Ort der größten Ansammlung klassischer Baudenkmäler, und auf die Mathematik, die nicht nur die Grundregeln solider Konstruktion, sondern auch die äußerst wichtige Frage der Proportionen bestimmte.

Wie für die byzantinischen Baumeister des 9. Jahrhunderts besaß auch für Palladio und seine Zeitgenossen die Zahlenmystik eine Faszination, die wir heute nur noch schwer zu begreifen vermögen. Sie waren überzeugt, daß Mathematik und Musik eng miteinander verwandt seien, und meinten, das Studium dieser Beziehungen müsse die Gesetzmäßigkeiten enthüllen, welche die Proportionen in den bildenden Künsten bestimmen. Die Alten hatten entdeckt, daß bei zwei Saiten, die unter den gleichen Bedin-

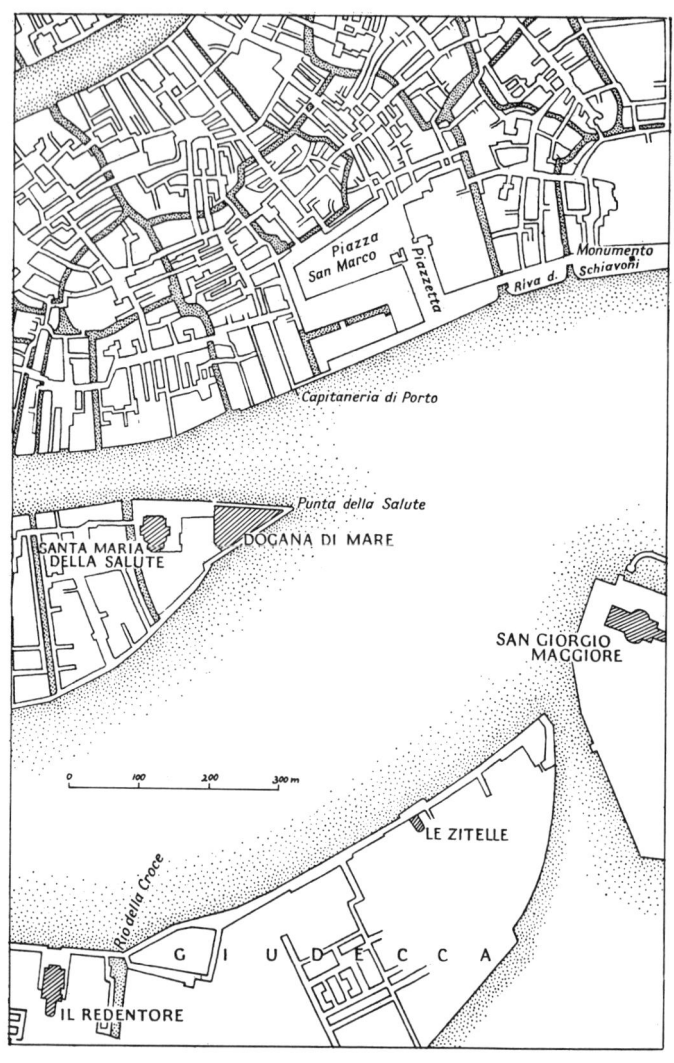

gungen gezupft werden, der Unterschied der Tonhöhe eine Oktave beträgt, wenn die kürzere Saite halb so lang ist wie die längere, eine Quinte, wenn die kürzere zwei Drittel der längeren mißt, und eine Quarte, wenn das Verhältnis 3:4 ist. Man nahm folglich an, daß ein Raum, dessen kürzere Wand die Hälfte, zwei Drittel oder drei Viertel der längeren maß, ähnlich harmonische Proportionen besitzen werde. Palladio und seine Zeitgenossen entwickelten diesen Grundgedanken weiter und arbeiteten eine noch wesentlich kompliziertere Folge von Verhältnissen aus, die sich auf die große und kleine Terz (4:5 und 5:6), die große und kleine Sext (3:5 und 5:8) und so fort gründeten. Aus dem Studium dieser Konsonanzen leitete er auch Verhältniszahlen ab, welche die Höhe von Räumen bestimmten und sich auf das arithmetische und harmonische Mittel gründeten, sowie das Verhältnis der einzelnen Teile eines Bauwerks zueinander und zum Ganzen. Es ist folglich keine blumige Redensart, wenn man von der ›Harmonie‹ von Palladios Kirchen und Villen spricht. Sie sind so mathematisch kompliziert und so harmonisch befriedigend wie Bachs Fugen.

Eine seiner Absichten bei diesem Studium von Mathematik und Musik war, dem Strukturgeheimnis der antiken römischen Bauten auf die Spur zu kommen, die als die vollkommensten galten, welche der Mensch je errichtet hatte. Die Abhandlung des Vitruv lieferte ihm weitere Gesetze (und die Ruinen Roms veranschaulichten sie), nach denen sich die Baumeister zu richten hatten, die im Italien des 16. Jahrhunderts die Größe des alten Rom neu erstehen lassen wollten. Aber der Anwendung dieser Gesetze auf moderne Bauwerke, insbesondere auf Kirchen, standen zahlreiche Schwierigkeiten entgegen, die überwunden werden mußten. Denn obwohl die Kirche in gerader Linie vom heidnischen Tempel abstammte, hatte sie doch anderen Erfordernissen zu genügen. Während der Tempel nur eine ›cella‹ hatte, brauchte die Kirche für gewöhnlich Sei-

tenschiffe mit Altären darin, und dies bedeutete, daß die
Fassade breiter zu sein hatte, als die klassische Giebelfeld-
Fassade eines Tempels es gestattete. Seit dem 15. Jahrhun-
dert hatten die Baumeister sich unablässig mit diesem
Problem herumgeschlagen. Palladio fand eine perfekte
Lösung, die er bei seinen drei großen Kirchenfassaden in
Venedig verwendete und die späteren Baumeistern als Vor-
bild diente. Gestützt auf eine unklare Bemerkung bei
Vitruv über die »Doppelanordnung von Giebeln« an der
Basilika in Fano, setzte er zwei Tempelfassaden übereinan-
der, von denen die eine der Höhe des Mittelschiffs, die
andere der Höhe der Seitenschiffe entsprach.

Blickt man auf die Fassade von San Giorgio, so sieht
man, daß die beiden Abschnitte des Giebelfeldes beiderseits des Hauptblocks die beiden Enden eines Giebelfeldes
sind, dessen Basis das umlaufende Sims zwischen den mittleren Halbsäulen ist und dessen Spitze in der Mitte des
Hauptfrieses liegen würde. Diese Anordnung bereitet den
Besucher auf den Grundriß der mehrschiffigen Kirche vor,
der ihm im Innern deutlich wird. In der Tat stehen Äuße-
res und Inneres in engem Zusammenhang, und die ein
wenig unbeholfen anmutenden hochgestellten Halbsäulen
in der Mitte sind ein Widerhall der griechischen Säulen,
die Palladio auf der Innenseite der Fassade verwendete.

Das *Innere* von San Giorgio überrascht vorerst durch
seine Helle, Luftigkeit und Geräumigkeit. Wie bei allen
wahrhaft großen Bauwerken ist man weit mehr von der
Weite des Raums beeindruckt, den das Gebäude umschließt, als von der Ausschmückung der umschließenden
Hülle. Hier drinnen ist nichts beengt und verkrampft,
nichts umständlich und aufgeregt. Jede Einzelheit des
Schmuckwerks ist unerläßlicher Teil eines einzigen
Gesamtplans von folgerichtiger Klarheit. Es mutet einen
wie ein Wunder an, daß eine so gelehrte, geistesscharfe
Kirche zugleich so tief vom Bewußtsein des Numinosen
durchdrungen ist.

Die Kirche enthält zahlreiche bedeutende Gemälde und Skulpturen. Über dem Haupttor stehen Stuckstatuen der Evangelisten von Alessandro Vittoria, deren leicht manierierte Gebärden einen durchaus nicht unangenehmen Kontrast zur klassischen Strenge der Architektur bilden. Über dem zweiten Altar rechts befindet sich ein schönes, ergreifendes holzgeschnitztes Kruzifix aus der ersten Hälfte des 15. Jahrhunderts. Der pompöse Hochaltar wird beherrscht von Girolamo Campagnas riesiger Bronzegruppe der die Welt tragenden Evangelisten, Gottvater darüber (1591–93). Vom gleichen Künstler stammt die eher schwere Statue der ›Madonna mit Kind‹ über dem ersten Altar links. Verschiedene Bronzearbeiten verdienen Beachtung: ein Paar romanischer Leuchter, denen etwas fast Orientalisches anhaftet, vor dem Altar im linken Querschiff; zwei weitere, prachtvolle, von Putten wimmelnde Leuchter von einem Meister des Bronzegusses, Niccolò Roccatagliata, knapp innerhalb der Hochaltarschranken, und auf dem Hochaltar selbst sechs von Francesco Riglietti in Rom gefertigte klassizistische Altarleuchter, die der Kirche von Pius VII. geschenkt wurden.

Das einzige bedeutende Gemälde im Mittelschiff ist die dunkle ›Anbetung der Hirten‹ über dem ersten Altar auf der rechten Seite, eine späte Arbeit Jacopo Bassanos, in seinem gewohnten ländlichen Realismus gemalt. Die beiden großen Gemälde in den Querschiffen, die ›Krönung der Heiligen Jungfrau‹ und das ›Martyrium des hl. Stephan‹, sind charakteristische Erzeugnisse der Tintoretto-Werkstatt, sehr schön in der Komposition (wahrscheinlich vom Meister selbst in groben Umrissen skizziert), aber eintönig in der Ausführung. Ihre Schwächen treten noch besonders deutlich zutage, wenn man sie mit den beiden Gemälden beiderseits des Altarraums vergleicht, die hauptsächlich von Tintorettos eigener Hand stammen, obwohl er sogar hier einiges seinen Gehilfen überlassen haben dürfte. Sie wurden zwischen 1592 und 1594, in seinen beiden letzten

Lebensjahren, gemalt und stellen das ›Abendmahl‹ und die ›Manna-Lese‹ dar. Das tägliche Geschenk der Manna an die Israeliten in der Wüste lieferte die alttestamentarische Parallele zur Eucharistie, und der Kommunizierende sollte die beiden aufeinander bezogenen Bilder gleichzeitig von der Altarschranke her vor Augen haben. Von hier gesehen, erhält man den besten Eindruck von den kühnen Rhythmen ihrer Komposition. Beim näheren Hinsehen fallen zahlreiche reizende realistische Details ins Auge – auf der ›Manna-Lese‹ die Figur des Mannes, der in den Bach hinabgreift, oder die beiden Frauen, die ihre Wäsche auf die Steine schlagen, so wie sie auch heute noch in Venedig ihre Wäsche waschen; oder auf dem ›Abendmahl‹ die Katze, die neugierig in einen Korb späht, die venezianischen Glasflaschen auf dem Tisch und das wundervoll gemalte Stilleben von Birnen und Pfirsichen. Einzelheiten wie diese setzen das kosmische Mysterium der beiden Szenen in Beziehung zur Welt des täglichen Lebens.

Hinter dem Hochaltar befindet sich der Mönchschor, der nach Palladios Tod vollendet wurde. Auf der Balustrade, die ihn vom Altarraum trennt, stehen zwei erlesen schöne Statuetten des hl. Georg und des hl. Stephan, von Niccolò Roccatagliata 1593 mit einer eleganten Zartheit geschaffen, die bereits das 18. Jahrhundert vorwegnimmt. In auffallendem Kontrast hierzu das Chorgestühl, das von Alberto van der Brulle und Gasparo Gatti zwischen 1594 und 1598 geschnitzt wurde und mit seiner betulichen Überladenheit geradezu viktorianisch wirkt, als sei es aus der Londoner Weltausstellung von 1851 hierher entwischt. Auf der Rückwand eines jeden Stuhls ist eine Szene aus dem Leben des hl. Benedikt dargestellt, während auf den Lehnen um einiges anziehendere Puttenfiguren auf Delphinen daherreiten.

Manchmal ist es möglich, die *Cappella Superiore* zu besuchen, den Raum, in dem das Kardinalskollegium zum Konklave zusammentrat, um einen Nachfolger für Pius VI.

zu wählen, der 1799 als Gefangener Napoleons gestorben war. Hier grübelten sie bis zum März 1800 nach, lediglich gestört durch den Besuch eines englischen Abgesandten, der die willkommene Botschaft überbrachte, daß König Georg III. von England sich bereit gefunden habe, seinem entfernten Vetter Kardinal York (alias Heinrich IX.) ein Jahresgeld auszusetzen. Ihre Wahl fiel jedoch nicht auf diesen sogenannten König von England, sondern auf Barnaba Chiaramonti, der den Namen Pius VII. annahm und an den in der Kapelle ein Porträt und verschiedene Andenken, darunter sein Kardinalshut, erinnern. Das Altarbild, den hl. Georg mit dem Drachen darstellend, von Vittore Carpaccio signiert und 1516 datiert, ist eine hauptsächlich seiner Werkstatt entstammende Abwandlung seines Gemäldes in der Scuola di San Giorgio und vor allem bemerkenswert durch die freie Behandlung der Tafeln der Predella. Es lohnt sich, ehe wir die Kirche verlassen, den Campanile hinaufzufahren, von wo man einen der schönsten Rundblicke über Venedig und die Lagune hat.

Draußen vor der Kirche führt die Tür in der Ecke des kleinen Campo zu den vormaligen *Klostergebäuden*, in denen sich jetzt die Fondazione Giorgio Cini befindet. (Zur Besichtigung dieser Gebäude muß man sich vorher beim Sekretär der Stiftung anmelden.)

Das Kloster machte bald nach seinem kurzen päpstlichen Ruhmesaugenblick, als Pius VII. sich hier aufhielt, schlechte Zeiten durch. Die Österreicher machten eine Kaserne daraus, und dabei blieb es bis 1951, als Graf Vittorio Cini es vor dem Verfall rettete. Die Gebäude befanden sich in erbarmungswürdigem Zustand; die Fundamente waren wacklig, große Räume waren senkrecht und waagerecht aufgeteilt, Fenster zugemauert worden, und das Ganze war umwuchert von jenem Ausschlag abscheulich häßlicher Wellblechhütten, den Armeen bei ihrem Abzug stets und überall zurücklassen. Das Kloster wurde in bemerkenswert kurzer Zeit restauriert und sodann zu neuem Leben erweckt durch die Unterbringung einer Gruppe von Instituten, die ihren Namen zum Gedenken an Graf Cinis Sohn Giorgio tragen und sich dem Studium der venezianischen Kultur widmen. Außerdem wurden hier Schulen für Waisen und die Kinder von Seeleuten eingerichtet, und in den Gartenanlagen wurde unter Zypressen ein Freilichttheater mit marmornen Sitzen erbaut, wo im Sommer Schauspiel- und Opernaufführungen stattfinden.

Der erste Kreuzgang, genannt der ›chiostro dei cipressi‹ (sein einziger Baum ist heute allerdings eine große ›magnolia grandiflora‹), wurde von Palladio entworfen, 1579 begonnen und 1614 vollendet. Das Teppichbeet in der Mitte, das auf den ersten Blick wie ein Anachronismus wirkt, ist sorgfältig und genau von einem Stich des 18. Jahrhunderts kopiert. Der zweite Kreuzgang ist etwa fünfzig Jahre älter und wahrscheinlich das Werk des Giovanni di Antonio Buora, des Baumeisters des Dormitoriums, das an der Ostseite entlangläuft. Wenngleich einfacher als Palladios Kreuzgang, ist er doch in seiner heiteren Gelassenheit nicht weniger eindrucksvoll. An der Nordseite steht das Kapitelhaus mit einem eleganten Renaissanceportal, das während der Sommermonate vom Kunsthistorischen Institut für Ausstellungen von Zeichnungen alter Meister verwendet wird. Von der anderen Seite des Kreuzgangs führen Torbogen in das 1560 erbaute Refektorium – Palladios früheste Arbeit in Venedig und einer der eindrucksvollsten Innenräume Europas.

Man gelangt ins *Refektorium* durch zwei Vorräume, von denen der erste schmal und hoch ist, mit einer monumentalen Öffnung und den Ausmaßen eines ptolemäischen Tempels; dieser führt in den zweiten, der ebenso breit, aber dreimal so lang ist. Rechts und links befinden sich zwei gigantische Nischen, die Waschbecken aus rotem Marmor bergen. Zwei Stufen führen durch ein zweites riesiges Portal hinauf ins Refektorium selbst. Die dramatische Wirkung der räumlichen Kontraste zwischen den aufeinanderfolgenden Sälen, die ein jeder zu dem anderen in einem konstanten Verhältnis der Proportionen stehen, läßt sich mit Worten nicht wiedergeben – es fällt schwer, irgendeine Parallele anderwärts zu nennen, außer vielleicht im klassischen Griechenland.

In der Tat wird man in dieser großen Halle, obwohl sie keinem anderen Bauwerk auch nur ähnlich ist, unverzüglich weit eher an Griechenland denn an Rom erinnert. Sie ist von äußerster Einfachheit: Ihre Wirkung liegt einzig in der exquisiten Abstimmung der Proportionen und, durch einen Glückszufall, in den Unterbrechungen des gargantuanischen Gesimses – hervorgerufen durch die Vermauerung zweier Fenster –, welches das himmelwärts stürmende Gewölbe in kraftvoller und doch zärtlicher Umarmung umschließt. Nur eines fehlt: die riesige ›Hochzeit zu Kana‹, die Paolo Veronese 1563 für die Wand am Ende des Saals malte. Sie wurde von Napoleons Heer entführt und befindet sich jetzt im Louvre. An ihrer Stelle hängt eine ›Hochzeit der Jungfrau‹ aus der Tintoretto-Schule.

Vom ersten Kreuzgang führt ein doppelter Treppenaufgang von Baldassare Longhena hinauf zum ersten Stock. Sein barocker Bewegungsschwung ergänzt die klassische Solidität der Arbeit Palladios und bereitet den Besucher auf die üppige Großartigkeit der Bibliothek vor, die sich im oberen Teil des Traktes, welcher die beiden Kreuzgänge voneinander trennt, befindet. Die Bibliothek, 1641 von Longhena entworfen, ist mit schön geschnitzten Bücherschränken ausgestattet und mit einem allegorischen Deckengemälde von Giovanni Coli und Filippo Gherardi geschmückt. Sie enthält neben anderen Schätzen heute auch eine der besten Büchersammlungen zur Geschichte der venezianischen Kunst und wird von Gelehrten der ganzen Welt viel benutzt.

Von San Giorgio Maggiore fahren Vaporetti alle Viertelstunde zur *Giudecca* hinüber. Diese Insel, oder vielmehr diese Folge von acht kleinen, durch Brücken verbundenen

Inseln, war früher einmal ein Ort von ländlicher Stille im
Grünen, Erholungsort aller jener, die dem Trubel und Wir-
bel Venedigs zu entfliehen suchten. Michelangelo, aus
Florenz verbannt, begab sich 1529 hierher, um in einsied-
lerischer Zurückgezogenheit zu leben. Dreihundert Jahre
später schrieb Alfred de Musset, er wolle den Rest seines
Lebens auf dieser Insel verbringen (die er bei ihrem Dia-
lektnamen nannte):

> À Saint-Blaise, à la Zuecca,
> Dans les prés fleuris cueillir la verveine;
> À Saint-Blaise, à la Zuecca,
> Vivre et mourir là.

Heute befinden sich bei den Fondamenta San Biagio keine
Wiesen mehr, und es würde einem schwerfallen, auch nur
ein Zweiglein Eisenkraut zu finden, es wäre denn in einem
der wenigen mauerumschlossenen Gärten, die noch auf
dieser geschäftigen Insel verblieben sind.

Die erste Haltestelle des Motorbootes ist draußen vor der
Kirche Santa Maria della Presentazione, für gewöhnlich *Le
Zitelle* (Die Jungfrauen) genannt, einer sehr einfachen,
aber überzeugenden Kirche, von Palladio entworfen, doch
erst nach seinem Tode erbaut. An ihre Fassade schließen
beiderseits die nüchtern strengen Gebäude eines Klosters
an, wo die Nonnen sehr schöne Spitzen herstellen, darunter auch die hauchdünnste und spinnwebenähnlichste, die
in Venedig gemacht wird, die ›punto in aria‹-Spitze. Einige
Türen weiter steht ein phantastisches Haus (Nr. 43) mit
riesigen gotischen Fenstern, das von Marius Pictor erbaut
wurde, einem Landschaftsmaler, der sich zu Beginn unseres Jahrhunderts eines gewissen Ansehens erfreute. Ein
Stückchen weiter die Insel hinunter führt eine Straße an
einem schmalen Kanal entlang zu dem größten Privatgar-
ten Venedigs; er wurde von einem Engländer namens Eden
angelegt und ist folglich als der Garten Eden bekannt –
und wie es sich gehört, der Öffentlichkeit nicht zugänglich.

Das Hauptbaudenkmal auf der Giudecca ist Palladios
Erlöserkirche – *Il Redentore*. Beim Herankommen erhascht
man einen Blick auf ihre minarettähnlichen Glocken-
türme, die an den venetobyzantinischen Hintergrund zu
Palladios Klassizismus gemahnen. Die Kirche wurde als
Dankopfer zur Erinnerung an das Ende einer Pestepidemie
gebaut, die die Stadt heimgesucht hatte. Seit ihrer Stiftung
statteten Doge und Signoria ihr alljährlich einen pom-
pösen Staatsbesuch ab, wobei die Prozession sich über eine
Schiffsbrücke von den Zattere zur Giudecca hinüberbegab.
Dieser Brauch hat sich bis heute erhalten als einer der ganz
wenigen, die aus der Republik überkommen sind. Alljährlich am dritten Sonntag im Juli begehen die Venezianer
den Festtag des Redentore. Am Morgen und Nachmittag
besuchen sie die Kirche. Am Abend findet ein Feuerwerk
statt, und jedermann in Venedig, der ein Boot besitzt – eine
Gondel, einen Sandolo, eine Barke oder ein Motorboot –,
verbringt die Nacht auf dem Wasser, tut sich an Maulbee-
ren gütlich (genannt ›mori del Redentore‹) und rudert
dann für gewöhnlich zum Lido hinüber, um dort den Son-
nenaufgang abzuwarten.

Die Kirche, 1577 begonnen und 1592 geweiht, ist eines
von Palladios größten Meisterwerken. Ihre Fassade ist eine
Weiterentwicklung der Fassade, die er 1568 für San Francesco della Vigna entwarf: eine komplizierte Anordnung
übereinandergestellter Tempelfassaden – zum Teil vom
Pantheon abgeleitet, das er mit eigenen Augen gesehen
hatte, zum Teil von der Basilika in Fano, von der er bei
Vitruv gelesen hatte – mit Giebelfeldern über dem Portal
und dem Mittelteil und den Endstücken zweier verdeckter
Giebelfelder beiderseits des Hauptblocks. Wie bei San
Francesco della Vigna beruht das Ganze auf einem komplizierten, errechneten System von Proportionen.

Die Pilaster an den Ecken und die Halbsäulen beiderseits der Tür sind zwei Drittel so hoch wie die Hauptsäulen-
ordnung, und die Breite des Mittelteils der Fassade beträgt

zwei Drittel der Gesamtbreite, was das Verhältnis 2:3, also eine harmonische Quinte, darstellt. Dieses Größenverhältnis nun läßt sich auch als 4:6 und unterteilt als 4:5 und 5:6 darstellen, was in der Harmonielehre eine Dur- und eine Moll-Terz ergibt. Man ist folglich nicht überrascht zu erfahren, daß die Höhe der Fassade vier Fünftel ihrer Gesamtbreite beträgt und die Breite des Mittelteils fünf Sechstel seiner Höhe ausmacht. Im Innern sind die Proportionen nach einem noch komplizierteren Schlüssel errechnet, der sich ohne zahlreiche Diagramme nicht erläutern läßt. Es muß genügen zu sagen, daß die Länge des Hauptschiffs das Doppelte seiner Breite beträgt und eine jede der Seitenkapellen ein Drittel der Länge des Mittelschiffs ausmacht.

Wer in romantischen Vorstellungen von künstlerischer Inspiration aufgewachsen ist, wird eine solche mathematische Analyse vielleicht betrüblich und widerwärtig finden. Wenn ein System mathematisch errechneter Größenverhältnisse ein großes Kunstwerk hervorbringen kann, warum haben sich dann nicht alle Baumeister daran gehalten? So könnte man fragen; und die Antwort würde lauten, daß zahlreiche Architekten, vor allem in jüngster Zeit, den Regeln der Harmonielehre gefolgt sind, aber, da es ihnen an Palladios Genie ermangelte, keine künstlerisch überzeugenden Bauwerke hervorzubringen vermochten. (Le Corbusier, der nach ähnlichen Regeln arbeitete, gelang es noch am besten.) Außerdem war Palladio natürlich kein Sklave seiner Regeln – er betrachtete sie weit mehr als eine Art Leitfaden denn als unumstößliche Gesetze. In der Tat ist vieles von der Schönheit der Redentore-Kirche von ihnen durchaus unabhängig – die heiter-gelassene Feierlichkeit der Fassade, die Präzision gewisser Verzierungen wie etwa des wellenförmigen Simsfrieses, der sich rings um den in seiner Einfachheit so kühnen Innenraum herumkräuselt. Um solche Schönheiten würdigen zu können, bedarf man keiner Kenntnis der verborgenen Gesetze har-

Il Redentore

monischer Größenverhältnisse. Palladio selbst war vermutlich einer Meinung mit Francesco Giorgi, der schrieb: »So wie die Proportionen der Stimmen Harmonien für das Ohr sind, so sind die Maße Harmonien für das Auge. Solche Harmonien erfreuen aufs höchste, ohne daß jemand wüßte, warum, außer jenen, die über die ursächlichen Zusammenhänge aller Dinge Bescheid wissen.« Doch ist eine gewisse Ahnung von den Regeln der Harmonielehre unerläßlich, wenn man die für die Spätrenaissance charakteristische, mathematisch-mystische Geisteshaltung verstehen will, aus welcher die Redentore-Kirche geschaffen wurde. Gleich manch anderem Mann seiner Zeit war Palladio überzeugt, daß die von ihm verwendeten idealen Größenverhältnisse nicht nur die Musik von Flöte und Viole im Stein einfingen, sondern auch jene himmlische Harmonie, von der Shakespeare im ›Kaufmann von Venedig‹ spricht:

> Auch nicht der kleinste Kreis, den du da siehst,
> Der nicht im Schwunge wie ein Engel singt,
> Zum Chor der hellgeäugten Cherubim.
> So voller Harmonie sind ew'ge Geister:
> Nur wir, weil dies hinfäll'ge Kleid von Staub
> Sie grob umhüllt, wir können sie nicht hören.

Ich habe mich oft gefragt, ob es gänzlich ein Zufall ist, daß diese Verszeilen in Belmont, einer Villa bei Venedig, gesprochen werden.

Das *Innere* der Kirche ist im Vergleich mit San Giorgio Maggiore ein weiterer Fortschritt. Das Verhältnis von Kuppel und Mittelschiff, Querschiffen und Chor ist glücklicher gestaltet, und die halbkreisförmige Kolonnade hinter dem Hochaltar erzeugt eine wesentlich bessere Steigerung. Auch scheint Palladio größere Aufmerksamkeit auf die optische Wirkung des Innenraums verwendet zu haben. Von der Tür her gesehen erscheint die Kirche wie eine einfache rechteckige Basilika mit einer Apsis. Aber während man auf den Hochaltar zuschreitet, treten die majestätischen Schwünge von Kuppel und Querschiffen allmählich hervor und vermitteln ein entsprechendes Bewußtsein befreiten Hochgefühls und ausgreifender Weite, wie es mit so einfachen und rein architektonischen Mitteln nur selten erzielt worden ist.

In dieser volltönenden Symphonie aus Stein schlägt der Hochaltar einen Mißklang an, und man fragt sich, was für eine Altarform Palladio wohl beabsichtigte – wahrscheinlich etwas überaus Einfaches. Doch dessenungeachtet ist der gegenwärtige Altar an und für sich eine sehr schöne Arbeit. Er wurde 1679 ausgeführt; die Marmorreliefs des ›Unter der Kreuzeslast stürzenden Christus‹ auf der Vorderseite und ›Die Kreuzabnahme‹ auf der Rückseite stammen von dem tirolischen Bildhauer Tommaso Ruer, die Bronzeheiligen von Giuseppe Mazza, einem Bolognesen. Zwei weitere Bronzeskulpturen sind erwähnenswert: Francesco Terillis elegante Statuetten des Christus und des hl. Johannes auf den Weihwasserbecken beiderseits der Tür (1610). Abgesehen von einer ›Madonna‹ von Alvise Vivarini und einer ›Taufe‹ von Veronese, beide in der Sakristei, befinden sich in der Kirche keine Gemälde von sonderlicher Bedeutung.

Vom Landesteg vor dem Redentore blickt man über den Kanal hinweg zu den Zattere. Ein häufig verkehrendes Motorboot verbindet die Giudecca mit San Marco, den Zattere und dem Piazzale Roma.

KAPITEL 9

Die Accademia: Giorgione, Veronese und andere

Den Inhalt einer großen Kunstsammlung sollte man in kleinen Schlucken genießen und nicht auf einen Sitz hinunterschütten. Eine so reichhaltige Sammlung wie die Accademia läßt sich nicht mit einem einzigen Besuch aufnehmen, ohne daß man geistige Verdauungsbeschwerden bekommt. Kurze, aber häufige Besuche sind notwendig, will man ihre besonderen Eigenarten kosten. Das nachstehende Kapitel ist jedoch für alle jene angelegt, die nur Zeit für einen einzigen Besuch erübrigen können. Es bietet daher keine vollständige Übersicht über diese wundervolle Sammlung, sondern lediglich einige Anmerkungen zu jenen in der Hauptsache weltlichen Bildern, die man in der Accademia besser studieren kann als irgendwo sonst in Venedig. Alle Gemälde sind gut beschriftet, und Besuchern, die etwas mehr Zeit zur Verfügung haben, wird es nicht schwerfallen, sich in der übrigen Sammlung zurechtzufinden.

Von der Eingangstür führt eine Doppeltreppe hinauf zur eindrucksvollen *Sala del Capitolo* der alten Scuola di Santa Maria della Carità, die zusammen mit der anstoßenden Kirche und dem Kloster zu Beginn des 19. Jahrhunderts in die gegenwärtige Galerie umgewandelt wurde. Die reiche Decke dieses Raums mit ihrem Geflatter flügelschlagender goldener Cherubim wurde 1484 von Marco Cozzi geschaffen. Der Saal ist den Meistern der venezianischen gotischen Malerei wie Paolo da Venezia, Lorenzo Veneziano, Michele Giambono und Antonio Vivarini gewidmet. Das größte Kunstwerk in diesem Raum jedoch ist kein Gemälde, sondern ein schweres Kreuzreliquiar aus Silber und Bergkristall, das im 15. Jahrhundert für die Scuola di San

Teodoro geschaffen wurde. In ihm vereinigen sich Liebe zu verschwenderischem Reichtum und Verfeinerung und tiefempfundene Religiosität zu einem vollkommenen Inbegriff gotischer Kunst.

Der zweite Raum enthält acht große Altargemälde von Giovanni Bellini, Cima, Carpaccio und Basaiti. Dies sind Werke von so hoher, überragender Qualität, daß sie nahezu ihre gesamte Schönheit behalten haben, obwohl man sie der eigens für sie geschaffenen architektonischen Rahmen entkleidet und sie aus den Kirchen, für die sie gemalt wurden, herausgerissen hat. Alle, mit Ausnahme von dreien, stammen aus Kirchen, die inzwischen abgerissen worden sind, und was mich angeht, so sähe ich es gern, wenn man jene drei wieder an die ihnen zugehörigen Plätze in der Kirche San Giobbe zurücktun würde – nämlich Bellinis ›Madonna mit Heiligen‹ (Modell und Vorbild des großen venezianischen Altargemäldes), Basaitis ›Garten Gethsemane‹ und Carpaccios ›Darstellung Christi‹.

Eine Treppenflucht führt hinauf in einen niedrigen, dunklen Saal, von dem aus man in zwei kleine Räume (IV und V) gelangt, die einige der größten Gemälde der ganzen Sammlung enthalten. Sie sind klein – aber nur dem Format nach. Mantegnas ›Hl. Georg‹ (588) hat eine statuenhafte Monumentalität, die sein winziges Format Lügen straft. Es ist eines der nur zwei Bilder, die sich von diesem Künstler in Venedig befinden, der einen so vitalen Einfluß auf den jungen Giovanni Bellini und folglich auf die gesamte Entwicklung der venezianischen Schule hatte. Hier hängt auch eine ›Madonna‹ von Cosmè Tura (47), hart und sehnig wie der knorrige Stamm eines Olivenbaums – ein schönes Beispiel der Schule von Ferrara, die in so dichter Nähe lag und doch in ihrem ganzen Empfinden von Venedig so weit entfernt war. Von weiter südlich kommt von Piero della Francesca der exquisite kleine ›Hl. Hieronymus mit einem Stifter‹ (47), dargestellt vor dem Hintergrund der sonnengedörrten Landschaft Umbriens.

Im nächsten Raum (V) hängen Bilder von *Giovanni Bellini* und *Giorgione*. Hier komponiert Bellini auf fünf Andachtsbildern eine Reihe von Adagio-Variationen über das Thema ›Madonna und Kind‹ – indem er von Bild zu Bild Kleider und Gewänder verändert, den Hintergrund in einer Folge von Gebirgsausblicken abwandelt, die Figuren allein oder begleitet von Heiligen ins Bild stellt und auf einem, leider stark beschädigten Gemälde in ergreifender Weise das Kind durch den toten Christus ersetzt. Andere venezianische Künstler malten nicht weniger schöne Landschaftshintergründe als Bellini, aber keiner hat die Stimmung des Magnifikats in der Schönheit der Madonna, in ihrer Demut und Zärtlichkeit, in ihrem von leiser Angst überwölkten freudvollen Ausdruck so vollkommen lebendig zu machen vermocht wie er. Ganz anders geartet sind Bellinis fünf allegorische Tafeln mit Darstellungen der Klugheit (die nackte Frau mit der Schüssel), der ›Summa Virtus‹ (die Harpyie mit den verbundenen Augen), des unbeständigen Glücks (die Frati im Boot), der Beharrlichkeit oder vielleicht auch der Sinnlichkeit und Züchtigkeit (die beiden männlichen Figuren), der Verleumdung oder (nach anderer Auslegung) der Last der Sünde (die Männer mit der ungeheuerlichen Muschel). Diese Tafeln wurden als Dekor irgendeines Möbelstücks gemalt, möglicherweise als Umrahmung eines Spiegels, ähnlich dem im Besitz Catenas befindlichen. den er in seinem Testament als Arbeit Bellinis erwähnt. Nach Gegenstand und Thematik gehören sie zu Bellinis kompromißlosesten Renaissancebildern; sie scheinen die geheime, philosophische Gedankenwelt irgendeines Humanisten zu veranschaulichen. Dennoch ist ihre Gesamtwirkung eigentümlich gotisch. Denn gleich der Mehrzahl der venezianischen Maler und anders als die Ferraresen und Florentiner (die venezianische Kunst des 15. Jahrhunderts besitzt kein Gegenstück zur ›Primavera‹) scheint Bellini sich aus der intellektuellen Ideenwelt der Humanisten nicht viel gemacht zu haben.

Santa Maria della Carità
(heute Accademia)

Als er gegen Ende seines Lebens für Isabella d'Este ein mythologisches Bild malte, beklagte er sich, daß ihm die Arbeit langsam von der Hand gehe, weil ihm der heidnische Vorwurf so zuwider sei. Sein Vorhaben war enger umschrieben und konservativer – nämlich die Schönheit der Welt ringsum zu entdecken und abzubilden, den uralten Vorstellungen der Kirche Ausdruck zu verleihen und nicht weiter forschend vorzudringen.

Mit Giorgiones ›Tempesta‹ (915) rücken wir in eine spätere Jahreszeit vor, in der die Himmel sich bereits mit der Vorahnung eines Sommergewitters bewölken. Die Zeit der Erkundung der sichtbaren Welt ist zu Ende: Die Welt der Einbildungskraft, der Phantasie liegt vor uns. Dem thematischen Vorwurf nach gibt die ›Tempesta‹ noch mehr Rätsel auf als Bellinis Allegorien, aber die Erklärung ist weit weniger wichtig. Denn wir akzeptieren dieses seltsame, gespenstische Bild eines Soldaten und einer stillenden Frau unter einem unheilkündenden Himmel ganz einfach als sichtbare ›Poesie‹. Erklärungen seiner literarischen Bedeutung – und es gibt ihrer eine Menge – sind ebenso belanglos und öde wie die Nachforschungen nach dem Urbild von Shakespeares ›Dunkler Dame‹. Giorgiones anderes Bild in diesem Raum, das beinahe schmerzhaft lebenswahre Porträt einer runzligen alten Frau (272), erklärt sich selbst wesentlich deutlicher. Die Frau hält eine gerollte Urkunde mit der Inschrift ›Col Tempo‹ in der Hand, eine Warnung an die Jungen und Schönen vor den Verwüstungen der Zeit – eine Mahnung, die auf manchen ernüchternder wirkt als ein ›memento mori‹. Es ist eine bekannte und vertraute malerische Idee, die um einiges weniger subtil in dem alten venezianischen Volkslied zum Ausdruck kommt:

> Maridìte maridìte, donzela,
> Che dona maridada è sempre bela:
> Maridìte finché la foglia è verde,
> Perché la zoventù presto se perde.

(Heirate, Mädchen, verheirate dich, die verheiratete Frau ist immer schön: heirate, solange das Blatt noch grünt, denn die Jugend ist bald dahin.) Aber sie ist wohl selten mit solcher Kraft, man möchte fast sagen mit solcher Grausamkeit ausgedrückt worden, und kein Künstler vor Giorgione hätte sie mit der Palette so auszudrücken vermocht.

Diese beiden Werke enthüllen die Modernität von Giorgiones Genie und die Rolle, die er in der Entwicklung der venezianischen Schule spielte. Seine Bilder sind die Brücke zwischen Frührenaissance und Hochrenaissance, zwischen den Hymnen Bellinis und Cimas und der feierlich getragenen Rhetorik Tizians, der eleganten Komödie Veroneses und der leidenschaftlichen Dramatik Tintorettos. Das wenige, was wir von ihm wissen – daß er 1506 in Venedig tätig war und 1510 an der Pest starb –, hat der romantischen Spekulation reichlich Raum gelassen. Seinen Werken entströmt eine Zauberkraft, die das Urteilsvermögen der Klügsten und Vorsichtigsten verwirrt. Trotz langer Bände von Kommentaren, Erklärungen und Hypothesen bleibt die Persönlichkeit Giorgiones wie in eine schwere, trübe Ausdünstung der Lagune eingehüllt. Nur ein einziges einwandfrei belegtes und bestätigtes Werk von ihm hat sich erhalten – ein unentzifferbares Bruchstück eines Freskos aus dem Fondaco dei Tedeschi. Unter den ihm zugeschriebenen Bildern sind nur vier nie ernstlich in Zweifel gezogen worden (das ›Col Tempo‹ gehört nicht zu ihnen), weitere acht sind mehr oder weniger allgemein anerkannt. Und doch kann kein Zweifel bestehen, daß er zu seinen Lebzeiten überaus bewundert wurde und auf die venezianischen Künstler des 16. Jahrhunderts einen grundlegenden Einfluß ausübte.

Wir kehren zu Saal III zurück, überqueren die Ecke von Saal VI und gelangen in Saal VII. Hier hängen zwei besonders interessante Gemälde, beide von Malern, die stark von Giorgione beeinflußt wurden. Das eine, das die heiligen Eremiten ›Antonius und Paulus‹ (328) darstellt, in einer düsteren, dabei seltsam sinnlichen Palette von grauen und braunen Farbtönen gehalten, ist eine Arbeit des Girolamo Savoldo aus Brescia. Das andere ist das fesselnde Porträt eines blassen jungen Mannes in seinem Studierzimmer (912) von *Lorenzo Lotto*, etwa aus dem Jahr 1524. Die Hände des Jünglings sind lang, weiß und zartgliedrig, sein feingebildetes Antlitz empfindsam und beinahe ›fin de race‹. Er sieht von seinem Buch auf und blickt uns mit einem Ausdruck an, in dem alle Hoffnungen, Zweifel und Ängste der Jugend zu beben scheinen. Ein Porträt von ähnlich enthüllender Intimität wäre ein halbes Jahrhundert zuvor ebenso unmöglich gewesen wie eine ›Tempesta‹. Denn Lotto darf zu Recht als der erste wahrhaft psychologische Porträtmaler in der Geschichte der europäischen Kunst gelten. Wie Bernard Berenson von ihm gesagt hat: »Seine Geisteshaltung ist der unseren ähnlicher als der irgendeines anderen italienischen Malers seiner Zeit«; in den Gesichtern der Menschen, die er mit einem so außerordentlichen Einfühlungsvermögen porträtierte, vermögen wir über die Jahrhunderte hinweg uns verwandte Seelen wiederzuerkennen.

Saal X (von Saal VI die Treppe hinauf), der großartigste in der ganzen Accademia, wird von *Paolo Veroneses* riesigem Gemälde beherrscht, das die rückwärtige Wand ausfüllt. Dieses Werk war Gegenstand einer ›cause célèbre‹, die nicht nur die Persönlichkeit des Künstlers selbst erhellt, sondern nicht minder die Einstellung der Kirche zu den Künsten während der Gegenreformation beleuchtet. Veronese vollendete das Bild, das ursprünglich ›Das Abendmahl‹ hieß, im Jahr 1573 für das Refektorium von Santi Giovanni e Paolo und wurde unverzüglich vor ein Tribunal der Inquisition befohlen. Hier wurde er wegen gewisser Figuren, die er ohne Beleg in der Heiligen Schrift in das Bild eingefügt hatte, ins Kreuzverhör genommen. »Was bedeutet die Gestalt des Mannes mit der blutenden Nase?« fragte der Inquisitor. »Er ist ein Bediensteter, der von irgendeinem Unfall Nasenbluten bekommen hat«, antwortete Veronese. »Was bedeuten die bewaffneten Männer, die nach deutscher Mode gekleidet sind und Hellebarden in den Händen halten?« – »Wir Maler«, erwiderte Veronese, »bedienen uns der gleichen Freiheiten wie Poeten und Verrückte, und ich habe diese Hellebardiere dargestellt, den einen trinkend, den anderen essend am Fuß der Treppe, aber beide bereit, jederzeit ihre Pflicht zu tun, weil mir dies passend erschien und weil es mir möglich vorkam, daß der Herr des Hauses, der reich und prachtliebend war, wie man mir sagte, solche Bedienstete haben würde.« – »Und der Mann, der als Spaßmacher gekleidet ist und einen Papagei auf dem Handgelenk sitzen hat, warum hast du den in das Bild getan?« wollte der Inquisitor weiter wissen. »Er dient zur Verzierung, weil es üblich ist, solche Figuren einzufügen.« Nach weiteren Fragen gelangte man zum Kern des Problems. Der Inquisitor fragte: »Weißt du, daß es in Deutschland und anderen von der Ketzerei angesteckten Ländern üblich ist, mittels Bildern voller absurden Widersinns die Heilige Katholische Kirche zu verunglimpfen und lächerlich zu machen, um den Unwissenden solcherart eine falsche Lehre beizubringen?« Worauf der Maler antwortete: »Ich pflichte bei, daß es unrecht ist, aber ich wiederhole, was ich bereits gesagt habe, nämlich, daß es meine Pflicht ist, den Beispielen zu folgen, welche mir meine Lehrmeister gegeben haben.« Inzwischen hatte sich klar erwiesen, daß Veronese kein Ketzer war, und die Inquisitoren ließen ihn frei unter der Bedingung, daß er das Bild abändere. Dies tat er auch, aber nicht, indem er seine wundervoll gemalten Figuren von Hellebardieren und Deutschen und Hansnarren verdarb, sondern indem er das Bild in ›Das Abendmahl im Hause des Levi‹ umbenannte. Das Begebnis enthüllt scharf und deutlich den Konflikt zwischen den neuen, feierlich-ernsten und dogmatischen Kirchenmännern der Gegenreformation und einem in der Tradition der Renaissance groß gewordenen Künstler, der weniger an historische Treue als an sinnentrunkene Schönheit dachte und dem es nicht darauf ankam, eine biblische Szene zu illustrieren, sondern vielmehr ein festliches Prachtgemälde zu schaffen.

Man kann sich kaum ein prunkvolleres oder weniger spirituelles Bild vorstellen. Und doch war Veronese kein unreligiöser Mann, und seine Darstellung des Abendmahls ist dem tatsächlichen Vorgang nicht weniger ähnlich als ein päpstliches Hochamt. Hätte die Inquisition nicht eingegriffen, so würde man sich schwerlich mit dem thematischen Vorwurf dieses so unintellektuellen Werkes überhaupt beschäftigen. Es ist ein Vergnügen, das Auge darüber wandern zu lassen, sich an dem Luxus von Samt und Seide, Gold und Murano-Glas zu erfreuen, den phantastischen Architekturhintergrund zu erforschen, über die wundervoll komponierten kühlen Farbzusammenstellungen zu staunen und sich an der Schärfe von Veroneses Beobachtungsgabe zu entzücken, wie er eine Figur nach der anderen wiedergibt – den jungen Burschen, der sich über die Balustrade beugt, den gestikulierenden Mann mit dem Negerpagen, den behäbigen Haushofmeister, und nicht zu vergessen den Hund und die Katze unter dem Tisch.

Mit Ausnahme von Veroneses ›Mystischer Vermählung der hl. Katharina‹ (883) sind alle anderen Bilder in diesem Saal von *Tizian* und *Tintoretto*. Und alle sind sie Meisterwerke, die eingehende Betrachtung verdienen. Die Tintorettos enthüllen neue Seiten der mystischen Persönlichkeit dieses Künstlers, neue Übungen in der Kunst der perspektivischen Verkürzung und der Darstellung von Figuren in der Bewegung. Seine ›Überführung des Leichnams des hl. Marcus‹ (831) ist wohl die gelungenste Beschwörung des Geheimnisses eines übernatürlichen Begebnisses, die je gemalt wurde. Aber er ist anderwärts in Venedig, vor allem in der Scuola di San Rocco, noch besser vertreten.

Obwohl der Gegensatz zwischen Tintorettos Mystik und Tizians Weltoffenheit im allgemeinen durchaus gültig ist,

zeigt Tizians ›Pietà‹ (400), daß er sehr wohl an die Saiten
tiefster Vergeistigung zu rühren wußte. Dieses Bild ist ein
sehr spätes Werk, in geradezu ›impressionistischer‹ Technik ausgeführt, zu einer Zeit, als er, wie Palma Giovane
versichert, »mehr mit den Fingern als mit dem Pinsel
malte«. Es war bei seinem Tod noch unvollendet, und
Palma Giovane malte es fertig. Die Werke der meisten
Künstler im hohen Greisenalter haben etwas von ruhiger,
stiller Resignation an sich; hier jedoch wird die Ruhe und
Stille der Mittelgruppe vom Aufschrei der auf uns zustür-
zenden Magdalena gesprengt – und es ist bezeichnend, daß
Tizian diese Gestalt nachträglich einfügte, als behage ihm
die herkömmliche Vorstellung vom Frieden des Todes
nicht.

Im nächsten Saal (XI) reichen die Bilder in zeitlicher
Folge vom 16. bis zum 18. Jahrhundert. Hier hängen wei-
tere Werke von Veronese, darunter eine ›Verkündigung‹
(260), so kühl und frisch in der Farbgebung wie eine
Alpenwiese im Frühling, und Pordenones dichtgedrängter
›Hl. Lorenzo Giustiniani mit sechs Heiligen‹ (316). Luca
Giordanos melodramatische ›Kreuzabnahme‹ (643), Strozzis
›Gastmahl im Haus des Levi‹ (777), dessen erdiger Realismus einen seltsamen Kontrast zu Veroneses Behandlung
des gleichen Vorwurfs bildet, und Solimenas gewittriges
›Rebekka und Jakob‹ (871) führen uns in die Welt des
Barock ein, während Tiepolos ›Auffindung des Kreuzes‹
(642) die Eleganz des 18. Jahrhunderts enthüllt und deutlich werden läßt, was ihr Schöpfer Paolo Veronese verdankt.

Ein Korridor (XII) mit Landschaften des 18. Jahrhunderts führt zu einer Anzahl kleinerer Räume, von denen
ein jeder einige interessante Bilder enthält. Der erste (XIII)
zeigt eine Gruppe von Porträts venezianischer Würdenträger von Tintoretto, die einen stärkeren Eindruck von rotem
Damast als von menschlicher Persönlichkeit hinterlassen.
Interessanter sind die drei Bilder von *Jacopo Bassano:* ›Der

hl. Eleutherius segnet die Gläubigen‹ (401), ›Der hl.
Hieronymus‹ (652) und ›Die Anbetung der Hirten‹ (1360),
letzteres mit einer Landschaftsansicht der Umgebung von
Bassano del Grappa, der Geburtsstadt des Malers. Jacopo da
Ponte – genannt Bassano – war ein Venezianer des Festlandes, nicht der Lagune, und übernahm viel von seinen drei
großen Zeitgenossen Tizian, Tintoretto und Veronese. Er
übertrug ihren Stil in eine bäuerlich ländliche Sprache und
ersetzte ihre Seidenstoffe und Geschmeide durch nicht
weniger gut gemalte hausgewebte Stoffe und Gebirgsblu-
men. Im Lauf der Zeit entwickelte er einen durchaus per-
sönlichen Stil, reich in der Farbgebung, frei in der Handhabung der Farbe und von einem bäuerlichen Realismus,
der das 17. Jahrhundert vorahnen läßt. Mehrere seiner Bilder sind dem jungen El Greco zugeschrieben worden, dessen Genie sich an der Berührung mit seiner Persönlichkeit
entzündete.

Saal XIV ist in der Hauptsache den beiden bedeutendsten
Malern gewidmet, die im Venedig des 17. Jahrhunderts
wirkten – beide Ausländer: *Jan Liss* aus Holstein und
Domenico Fetti aus Rom. Die große Blüte des 16. Jahrhunderts scheint die Kunst der Malerei in Venedig erschöpft zu
haben. Die Stadt wurde zu einem Museum, das von Kunstkennern und Malern sämtlicher Völker aufgesucht wurde
– Poussin, Rubens und van Dyck gehörten zu ihnen –,
brachte jedoch selbst nur noch emsige Nachahmer hervor.
Ausländische Künstler, die sich in Venedig niederließen,
wußten von den Meistern zu lernen, während die Venezianer selbst sich damit begnügten, sie zu kopieren. Diese zart-
getönten und sinnentrunkenen Werke von Fetti und Liss
hätten ohne die Vorbilder der großen Venezianer des
16. Jahrhunderts nicht geschaffen werden können und sind
bei alledem doch originale Schöpfungen des Barockzeit-
alters, das Tizian und Tintoretto so viel verdankt.

Vier große mythologische Gemälde von *Giovanni Battista Tiepolo* schmücken Saal XVI. Sie sind leider in schlech-

tem Zustand, und man gewinnt einen besseren Eindruck
von den Fähigkeiten dieses Künstlers aus einigen kleinen
›bozzetti‹ im Saal XVII. Eines ist ein Entwurf zu einer ›Verklärung des hl. Dominikus‹ (810), das andere eine ›Wunderbare Versetzung des heiligen Hauses nach Loreto‹ (911)
für ein Deckengemälde in der Scalzi-Kirche (1915 zerstört).
Sie geben einen lebendigen Einblick in den schöpferischen
Vorgang und besitzen die Frische und spontane Unmittel-
barkeit eines Briefes aus der Feder eines großen Schriftstellers.

Dieser Saal enthält außerdem Gemälde von *Canaletto*
und *Francesco Guardi.* Die meisten Menschen empfangen
ihren ersten Eindruck von Venedig von Canaletto, dessen
Ansichten der Stadt sich in den Museen und Privatsammlungen der ganzen Welt finden. Sie werden zu ihrer Überraschung feststellen, daß in Venedig selbst nur zwei seiner
Bilder anzutreffen sind. Er arbeitete hauptsächlich für den
Export; seine heiter-schönen Architektur-Veduten waren
für die durchreisenden Fremden bestimmt. Guardi hingegen arbeitete hauptsächlich für die Venezianer, und zwar –
soweit sich feststellen läßt – für die Venezianer des Bürger-
standes. Diese beiden Maler zeigen wieder einmal die kontrastierenden Strähnen im venezianischen Charakter auf,
die in einer früheren Zeitspanne und auf viel höherer
Ebene in Tizian und Tintoretto zum Ausdruck kommen.
Canaletto interessierte sich hauptsächlich für die stati-
schen, monumentalen Eigentümlichkeiten der Stadt, für
reiche, satte Farben und reines, klares Licht. Stets und
unweigerlich der größere Könner von beiden, schwang er
sich nur bei seltenen Gelegenheiten zu den Höhen der Poesie auf. Guardi dagegen ist ein Maler der Bewegung, dem
es darum geht, das Flimmern des Sonnenlichts auf Wasser
und Marmor einzufangen, das Schaukeln einer Gondel, das
Rascheln eines Domino, das plätschernde Wellenspiel der
Lagune. Er kümmert sich wenig um topographische
Genauigkeit und bemüht sich mehr, eine bestimmte Stim-

mung, das Wesentliche an der Atmosphäre Venedigs einzufangen. Die Bauwerke, die er malt, sind nie monumental, sondern zergehen in funkelndem Licht. In diesem Saal sehen wir eine seiner zahlreichen Ansichten von San Giorgio Maggiore, die wie eine Fata Morgana wirkt. Der Canaletto ist ein ›capriccio‹; die Ansicht eines Phantasie-Hofes ist mit solch solider Festigkeit gemalt und mit so flüssigem Licht angefüllt, daß man kaum zu glauben vermag, er habe außerhalb der Einbildungskraft des Künstlers gar nicht existiert.

Am Ende des Saales hängt eine Gruppe von Genrebildern von Pietro Longhi, ähnlich denen in der Galleria Querini-Stampalia. Auch sehen wir hier einige zartgetönte Pastellporträts von *Rosalba Carriera*, wohl der berühmtesten Malerin der Geschichte. Alle ihre Frauen sind entweder schön oder bedeutend, alle ihre Männer sehen gut aus. Nur ganz selten späht eine Andeutung von Persönlichkeit aus diesen seelenlosen Gesichtern hervor, die ohne weiteres auch Karnevalsmasken sein könnten. Vielleicht war dies der Grund, warum Rosalba bei den Besuchern Venedigs im 18. Jahrhundert, die sie konterfeite, so beliebt war.

Saal XVIa, auf der anderen Seite des Korridors, enthält weitere Bilder des 18. Jahrhunderts. So ein faszinierendes Genrebild des Neapolitaners Gaspare Traversi, das eine Szene nach einem Duell darstellt. Mit harter, genauer Beachtung des Details gemalt, könnte es geradezu eine Illustration zu einem galanten Roman sein. Der Vorgang ist so klar und unmißverständlich wie bei einem akademischen Maler des 19. Jahrhunderts. Einen schlagenden Kontrast hierzu bietet *Giovanni Battista Piazzettas* meisterhafte ›Wahrsagerin‹ (483), auf welcher der Vorwurf nicht mehr Bedeutung hat als auf einem späten Rembrandt. Hier geht die gesamte Wirkung von der glänzend bewerkstelligten Wiedergabe der menschlichen Gestalt aus, von der flüssigen Handhabung der Farbe und der satten Skala roter, brauner, türkisgrüner und weißer Töne.

Der Korridor endet an einer kleinen Tribüne, auf der eine Vitrine mit Modellen von *Antonio Canova* steht. Zwei dieser Terrakotta-Figuren sind frühe Arbeiten: eine verkleinerte Kopie der antiken Ringkämpfer-Gruppe in Florenz und eine kleine Statue des Apollo, die er der Akademie bei seiner Wahl im Jahr 1779 schenkte. Die dritte ist ein ›bozzetto‹ für die Pietà, welche er 1819 für die neue Kirche, die er in Possagno baute, zu modellieren begann; aber er starb vor ihrer Vollendung.

Diese Gruppe von Werken Canovas schließt die Geschichte der venezianischen Schule ab. Doch die Schätze der Accademia sind damit noch nicht erschöpft. Zur Rechten führt eine Tür in einen großen gotischen Raum, die vormalige Kirche Santa Maria della Carità. Im übrigen enthält der Raum Altargemälde aus dem 15. Jahrhundert, von denen viele Werke von großer Schönheit sind. Auf der anderen Seite der kleinen Tribüne führt ein Korridor zu zwei Räumen, die Gemäldezyklen aus den Scuole enthalten.

Die Bilder in Saal xx stammen aus der Scuola di San Giovanni Evangelista und sind Arbeiten verschiedener Künstler: Carpaccio (566), Gentile Bellini (563, 567, 568), Giovanni Mansueti (562, 564), Lazzaro Bastiani (561) und Benedetto Diana (565). Sie stellen Szenen aus der Geschichte einer Reliquie des Wahren Kreuzes dar, die noch heute in der Scuola di San Giovanni Evangelista bewahrt wird, und verzeichnen die Wunder, die in ihrer Gegenwart gewirkt wurden: wie ein Besessener geheilt wurde, als der Patriarch von Grado die Reliquie in sein Zimmer brachte (566), wie ein Opfer des Viertagefiebers wieder genas, als es eine Kerze berührte, die neben der Reliquie gestanden hatte (563), und ganz besonders bezaubernd, wie die Reliquie in einen Kanal fiel und den Mann, der mutig zu ihrer Rettung hineinsprang, über Wasser hielt (568). Der wahre Gegenstand aller dieser Bilder ist jedoch Venedig – das Venedig des späten 15. Jahrhunderts in all seinem Stolz, seinem Aufwand, seiner Üppigkeit. Sie halten die Schönheit von Gebäuden fest, von denen viele kaum verändert noch heute stehen, und die reichen und schweren Kleider der Patrizier − die dickliche gekrönte Dame, die links auf dem Bild Nr. 568 kniet, stellt sehr wahrscheinlich Caterina Cornaro, die ehemalige Königin von Zypern, dar. Gentile Bellinis ›Prozession auf dem Markusplatz‹ stimmt genau mit der Schilderung überein, die der zeitgenössische englische Reisende Richard Guylforde vom Fronleichnamstag 1505 gab. Der Hintergrund ist sofort zu erkennen, aber viel hat sich seit 1496 geändert, als dieses Bild gemalt wurde − alle Mosaiken auf der Fassade von San Marco sind ersetzt worden, mit Ausnahme des einen über der Tür zur Linken, während links der Uhrturm und rechts die Procuratie Nuove hinzugekommen sind. Ein anderes Bild dieser Folge (Nr. 566) zeigt, wie die Rialto-Brücke aussah, ehe die heutige Steinbrücke errichtet wurde: mit einer Zugbrücke in der Mitte, um hochmastige Schiffe durchzulassen oder den Übergang für Fußgänger zu sperren.

Jedesmal, wenn man diese Bilder betrachtet, wird die Aufmerksamkeit gefesselt, das Auge entzückt von irgendeinem Detail, das man zuvor nicht bemerkt hatte − ein Neger, der sich anschickt, in den Kanal zu springen, zwei Frauen, die irgendeinen Unglücksfall erörtern, wie die Venezianerinnen es mit solcher Vorliebe tun, eine Reihe von Schornsteinen über den Procuratie Vecchie, ein kleiner Hund, der im Bug einer Gondel sitzt, oder Wäsche, die auf Stangen aus Palastfenstern hängt. Es ist die Gesamtsumme all solcher irdischer Einzelheiten, die diesen Bildern ihre besondere Faszination verleiht. Denn nichts könnte weniger mystisch sein als diese Bilder. Jegliche übernatürliche Bedeutung wird durch irgendein schlichtes Detail aus dem wirklichen Leben kurz und bündig hinausgedrängt. Man muß sie nur mit den Wunder darstellenden Bildern vergleichen, die fünfzig Jahre zuvor in Siena oder von Tintoretto fünfzig Jahre später gemalt wurden, um zu begreifen, wie geradezu besessen die venezianischen Künstler des späten 15. Jahrhunderts von der Erkundung der wirklichen Welt waren, in der sie lebten.

Der Zyklus von Gemälden im Saal XXI ist das Werk *Vittore Carpaccios* und wurde zwischen 1491 und 1498 für die Scuola di Sant'Orsola geschaffen. Er schildert Szenen aus dem Leben der hl. Ursula, und zwar von links nach rechts wie folgt: die Verherrlichung der Heiligen (576); die Botschafter des Königs von England ersuchen den König der Bretagne um die Hand seiner Tochter für den Sohn ihres Herrn, während sie in einem anstoßenden Gemach die Bedingungen der Eheschließung niederlegt, daß nämlich der Prinz die Taufe nehme und sie auf einer Pilgerfahrt begleite (572); die Botschafter verabschieden sich (573); sie überbringen dem König von England die Bedingungen der Eheschließung (574); Ursula und der englische Prinz machen sich auf die Reise (575); das verlobte Paar wird vom Papst in Rom begrüßt (577); Ursula träumt, sie müsse eine Pilgerfahrt zum Schrein der Märtyrer unternehmen (578); sie trifft mit dem Papst und ihren tausend Jungfrauen in Köln ein, das von den Hunnen belagert wird (579); das Martyrium und das Begräbnis der hl. Ursula draußen vor der Stadt Köln (580). Wieder einmal wird der Blick von den zahlreichen Details des festlichen Schaugepränges oder des täglichen Lebens gefangengenommen. Die eleganten Bogenschützen in der Szene des Martyriums dürften ihre Vorbilder in den jungen Venezianern gehabt haben, die sich auf dem Lido im Bogenschießen zu üben hatten. Manch venezianisches Schlafzimmer dürfte so ausgesehen haben wie das der Heiligen, wenn auch ohne die Krone am Fußende des Bettes. Aber hier spüren wir noch etwas mehr als nur realistische Naturtreue. Dies ist weniger das Bild eines Zimmers als vielmehr ein Bild von Licht und Luft, die in ein Zimmer fluten. Carpaccio war fasziniert vom Problem der malerischen Wiedergabe von Licht und Farbtönung. Und in der Wiedergabe der besonderen Eigentümlichkeit des venezianischen Lichtes hat er nur einen Rivalen – Canaletto.

Wir kehren den Korridor entlang zurück zu der klassizistischen Tribüne, wenden uns nach links und gehen eine Treppenflucht hinunter zum letzten Saal der Accademia, dem vormaligen Albergo der Scuola della Carità. Die Wand uns gegenüber bedeckt Tizians ›Tempelgang Mariens‹, der für diesen Raum um 1530 gemalt wurde. Das Bild spricht deutlich vom Interesse des späten 15. Jahrhunderts für das Anekdotische in der Genremalerei, besonders hervorstechend in der Gestalt der alten Frau mit dem Korb. Aber die Szene ist nicht mehr nur episodisch erzählerisch. Jede Linie der Komposition lenkt den Blick unweigerlich auf die Hauptgestalt – die winzige Kind-Jungfrau, die die Treppe hinaufsteigt. Der Raum enthält außerdem einen interessanten Reliquienschrein für ein Bruchstück des Wahren Kreuzes, teils byzantinisch, teils venezianisches 15. Jahrhundert.

Ein Teil des Galeriekomplexes wird noch immer von der Venezianischen Akademie für Malerei und Bildhauerei belegt. Diese wurde 1756 gegründet – G. B. Tiepolo war ihr erster Präsident –, um junge Künstler hier praktisch und eingehend auszubilden, während das zuvor nur in den Werkstätten ihrer Meister geschah; vor allem zu ihrem Nutzen wurden die Gemälde aus säkularisierten Kirchen und Scuolen im Jahr 1807 in der Galerie zusammengefaßt.

Von der Accademia erreicht man in wenigen Minuten (entlang dem Rio Terrà Antonio Foscarini, der Calle Nuova Sant'Agnese und Piscina del Forner) die *Galleria di Palazzo Cini.* Hier wird eine Sammlung von Kunstwerken gezeigt, die der Industrielle Graf Vittorio Cini seit dem Krieg zusammengetragen hat. Die Gemälde sind vor allem toskanischen Ursprungs, von der Mitte des 13. Jahrhunderts bis ins 15. Jahrhundert; dazu gehören Predellentafeln von Taddeo Gaddi, eine ›Jungfrau mit Kind‹, Piero della

Francesca zugeschrieben (ungesichert), ein ›Urteil des Paris‹ wohl von Botticelli und seiner Schule mit einer Rom-Ansicht als Hintergrund; eine ›Jungfrau mit Kind und Engeln‹ von Piero di Cosimo und – die fesselndste Darstellung – Pontormos Porträt zweier Freunde, von denen einer ein Blatt Papier mit einem Zitat aus Ciceros ›De Amicitia‹ hält. Des weiteren finden sich sehr schöne kunsthandwerkliche Beispiele: eine Hochzeitstruhe einer sienesischen Braut aus dem 14. Jahrhundert, eine kleine Altartafel und einige mit Figuren aus Bein im Stil der venezianischen Familie Embriachi verzierte Kästchen aus dem 15. Jahrhundert. Zudem – für mich am reizvollsten – einige getriebene Kupferplatten, mit dunklem Email und Verzierungen in Gold und Weiß bemalt. Üblicherweise als venezianische Arbeit bezeichnet, wurden derartige Stücke wohl auch in anderen norditalienischen Städten gefertigt.

KAPITEL 10

Die Mercerie und der Manierismus

Die Mercerie, die vom Uhrturm an der Piazza zum Rialto führt, ist die geschäftigste Straße Venedigs. ›Merceria‹ ist das italienische Wort für Kurzwaren – daher der Name dieser Straße, die sich in drei Abschnitte teilt: Merceria dell'Orologio, Merceria di San Giuliano und Merceria di San Salvatore. Hier schlängelt und drängelt sich der eilige venezianische Geschäftsmann mit vielen ›permesso‹ und ›scusi‹ und einem gelegentlichen ›buon giorno, Commendatore‹ oder einem ›ciao‹ durch eine dichte Menschenmenge internationaler Schaufenstergaffer zwischen den beiden Hauptgeschäftsvierteln der Stadt hindurch. Die Mercerie war von jeher eine emsige Geschäfts- und Hauptverkehrsstraße. Schon 1645 schilderte der Engländer John Evelyn sie als »eine der köstlichsten Straßen der Welt, so hinreißend ist dort alles ... die ganze Länge auf beiden Seiten ist mit golddurchwirkten Stoffen, Damast und anderen Seidenstoffen ausstaffiert, welche die Läden zur Schau stellen und aus dem ersten Stockwerk ihrer Häuser herabhängen. Dazu noch die Düfte der Parfümerien, die Apothekerläden und die unzähligen Vogelbauer mit Nachtigallen darin, die einen von einem Laden zum nächsten mit ihren Melodien ergötzen.« Heutzutage bieten die Geschäfte Lederwaren, Kleider, Schmuck und Glas feil. Die Nachtigallen sind verschwunden, aber dafür kann man Maria Callas hören, wie sie aus den offenen Ladentüren der Schallplattengeschäfte ›Casta Diva!‹ auf die Straße hinausschmettert.

So fröhlich und vergnügt sind diese Schaufensterauslagen der Mercerie, daß nur wenige Besucher den Blick heben und ein seltsames, kleines Relief betrachten, das sich über dem ersten Torbogen links nach dem Uhrturm befindet. Auf den ersten Blick scheint es eine Frau darzustellen, die einen Nachttopf aus ihrem Fenster auf die Straße ausschüttet. In Wahrheit bezieht das Relief sich auf ein wesentlich ernsteres und romantischeres Begebnis. Im Jahr 1310 führte Bajamonte Tiepolo einen Aufstand gegen die Regierung Venedigs an, mit der Absicht, eine andere Art der Oligarchie, wenn nicht gar eine Tyrannis aufzurichten. Beim Morgengrauen des 15. Juni rückten seine Streitkräfte in zwei Kolonnen gegen die Anhänger des Dogen auf der Piazza vor. Die kleinere Kolonne drang von Westen her ein, während die andere, geführt von Bajamonte, entlang der Mercerie vorrückte. Das Ganze war zeitlich genau abgestimmt, und Bajamonte hätte, indem er das Heer des Dogen im Rücken angriff, während es gegen die andere Kolonne kämpfte, durchaus die Oberhand gewinnen können. Doch im entscheidenden Augenblick, als Bajamonte gerade die Piazza erreichte, guckte eine alte Frau aus ihrem Fenster, um zu sehen, was los sei, und stieß dabei einen Mörser vom Fenstersims, der dem Standartenträger der Rebellen auf den Kopf fiel und ihn umlegte. Verwirrung ergriff Bajamonte und seine Truppen, sie machten kehrt und flohen zurück auf die andere Seite des Rialto. Der letzte Aufstand gegen die Serrata del Maggior Consiglio war niedergeschlagen. Als der Doge der Frau, die an diesem Tag eine so entscheidende Rolle gespielt hatte, eine Belohnung anbot, verlangte sie lediglich das Versprechen, daß ihr Mietzins niemals erhöht werde, und das Vorrecht, am Jahrestag des Ereignisses die Fahne des hl. Markus aus ihrem Fenster hängen zu dürfen. Bis zum Sturz der Republik wurde alljährlich am 15. Juni ein Banner aus dem Fenster gehängt, und als das ursprüngliche Haus im 19. Jahrhundert abgerissen wurde, brachte man zur Erinnerung das heutige Relief an.

Das wäre die Geschichte der ›vecchia del morter‹. Der erste Abschnitt der Mercerie – die Merceria dell'Orologio

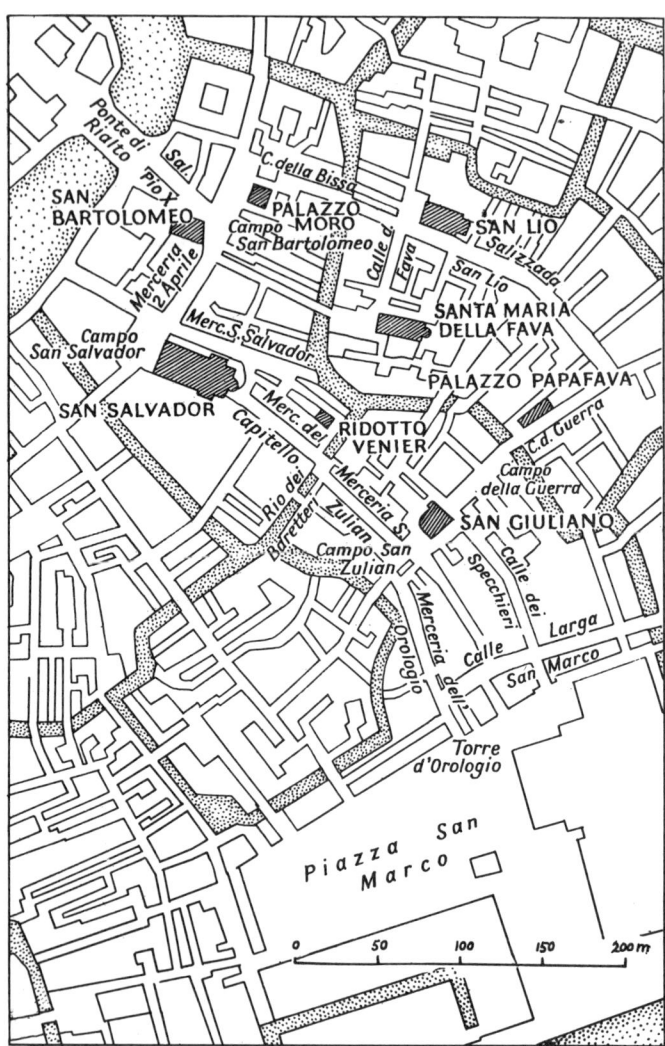

– führt zur Kirche *San Zulian* (venezianisch für *Giuliano*), die architektonisch und um mehrerer Kunstwerke willen bemerkenswert ist. Ihre von Jacopo Sansovino zwischen 1553 und 1555 entworfene Fassade hat eine einfache, klassische Form, die mit allegorischen Reliefs und Inschriften in griechischer und hebräischer Sprache bereichert ist. Das Geld für den Bau der Kirche wurde von Tommaso Rangone gestiftet, einem Arzt, der einen etwas zweifelhaften Kurs zwischen Wissenschaft und Scharlatanerie steuerte und sich in Venedig beträchtlichen Ruhm erwarb. Er muß ein überaus eitler Mann gewesen sein, denn er begann den Bau dieses Denkmals für sich selbst im Alter von sechzig Jahren, wählte selbst die Inschriften aus und beauftragte Sansovino mit der Schaffung der erstaunlichen Statue, die über dem Hauptportal aufgestellt ist und den Doktor in seinem Studierzimmer sitzend inmitten seiner Bücher und Erd- und Himmelskugeln zeigt. Er muß sich auch ganz ungewöhnlich angelegentlich mit dem Tod beschäftigt haben. Er setzte mit größter Sorgfalt den genauen Weg seines Leichenzuges nach San Giuliano fest, wo nicht weniger als drei Grabreden zu seinen Ehren gehalten werden sollten – und man wäre nicht überrascht, wenn er sie selbst verfaßt hätte. Sein berühmtestes Buch war ein Traktat darüber, wie man hundertzwanzig Jahre alt wird. Er selbst brachte es nur auf achtzig.

Das *Innere* der Kirche ist in angenehmer Weise reich ausgestattet, mit viel Gold, das von einem geschnitzten Gesims und der Decke herabglitzert, und sammetwarmen Gemälden aus dem späten 16. und frühen 17. Jahrhundert. Das Mittelstück des Deckengemäldes, die ›Verklärung des hl. Julian‹, wurde um 1585 von Jacopo Negretti, einem Neffen Palma Vecchios, genannt *Palma Giovane*, gemalt. Obwohl in Rom ausgebildet, wo er sich viele Kunstkniffe des Manierismus aneignete – der sich teils als Reaktion auf die klassische Perfektion Raffaels, teils als Ausdruck der spirituellen Wirren der Gegenreformation herausgebildet hatte –, suchte Palma Giovane doch vor allem den Spuren Tizians und Tintorettos zu folgen. Er war ein erstaunlich fruchtbarer Maler und hinterließ Werke von überaus unterschiedlicher Qualität in nahezu jeder Kirche Venedigs. Das Deckengemälde in San Giuliano ist eine seiner besten Arbeiten – Tintoretto nachempfunden, wenngleich in der Komposition ein wenig wirr. Tizian nachempfunden hingegen zeigt sich seine ›Auferstehung‹ (zweiter Altar auf der rechten Seite), in der die Dramatik des großen Frari-Altargemäldes zur reinen Theatralik entartet. Beiderseits dieses Gemäldes langgliedrige Statuen des hl. Daniel und der hl. Katharina, und an der Frontale des Altars ein Relief, die ›Geburt der Jungfrau‹ darstellend, mit lebhaften, tanzenden Figuren – allesamt von Alessandro Vittoria. Ein weiteres interessantes Bild des 16. Jahrhunderts ist Veroneses betrüblich beschädigte ›Pietà mit drei Heiligen‹ über dem ersten Altar links (nur der obere Teil stammt vom Meister selbst). In der Sakramentskapelle links vom Altarraum steht ein überaus kunstvoll gearbeiteter Marmoraltar von Giovanni Antonio Rusconi, mit bemalten, Bronze vortäuschenden Terrakotta-Statuen und einem Relief von Girolamo Campagna.

Die beiden riesigen Bilder zu beiden Seiten des Hochaltars – ein ›Wunder des hl. Giuliano‹ und ›Das Martyrium des hl. Giuliano‹, von *Antonio Zanchi* – repräsentieren die venezianische Barockmalerei in ihrer (nicht gerade hervorragenden) besten Form. Obwohl vorsätzlich realistisch, mit einer Fülle solider Figuren in heftiger Bewegung, haben diese beiden Gemälde doch einen eigentümlichen Anflug venezianischer Phantastik; die beiden Soldaten auf dem linken Bild wirken geradezu gespensterhaft, in der rechten, oberen Ecke des anderen Bildes ein Porträt des Stifters, der die schaudervolle Szene mit wohlgefällig selbstzufriedener Miene betrachtet, als habe er nicht nur die bildliche Darstellung des Martyriums, sondern auch das Martyrium selbst in Auftrag gegeben.

Verläßt man die Stille von San Zulian und kehrt ins geschäftige Treiben der Mercerie zurück, so hat man das Gefühl, aus dem Gebirge in die Ebene hinabzusteigen. Dieser Teil der Straße heißt Merceria San Zulian. Wir überqueren den Ponte dei Baretteri und sehen direkt vor uns die aus Backstein erbaute Apsis von San Salvatore mit einem kleinen Tabernakel, das der Überlieferung zufolge die Stelle bezeichnet, wo Papst Alexander III. in der ersten Nacht seines Inkognito-Besuches in Venedig im Jahr 1177 im Freien schlief. Am äußersten Ende der Straße, wo die Merceria San Salvatore sich auf den gleichnamigen Campo öffnet, ist ein hübsches Stück venezianischer Phantastik des 20. Jahrhunderts zu sehen – ein monströser, eiserner Vogel, der einen Lampenschirm in Form von drei gläsernen Regenschirmen im Schnabel hält. Doch müssen wir uns ernsteren Dingen zuwenden.

Die weiße Fassade von *San Salvatore*, ein solides und vergleichsweise einfaches Beispiel venezianischer Barockarchitektur, wurde im späten 17. Jahrhundert nach einem Entwurf von Giuseppe Sardi erbaut. Das Innere, 1506 von Giorgio Spavento begonnen, von Tullio Lombardo fortgeführt und 1534 von Sansovino vollendet, ist ein sehr schönes Beispiel venezianischer Renaissancearchitektur: Es bezeichnet einen deutlichen Abschnitt der Entwicklung zwischen Pietro Lombardo und Palladio, zwischen Frührenaissance und Hochrenaissance.

In der Frühzeit der Renaissance formulierten toskanische Architekten die auf dem Grundriß des griechischen Kreuzes stehende Zentralbaukirche, in der die Wände einander in vollkommener Harmonie entsprachen und die Kombination von quadratischem Sockel mit kreisrunder Kuppel das Verhältnis des Menschen zum Weltall versinnbildlichte. In Venedig war eine solche Kirche, nämlich San Giovanni Crisostomo, gebaut worden. Der Zentralgrundriß warf jedoch zahlreiche Probleme auf: Es war häufig schwierig, ihn in einen vorhandenen Bauplatz einzupassen,

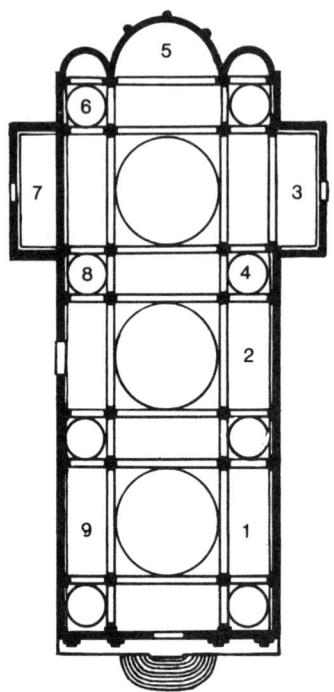

S. Salvatore

(1) Christusstatue von Giulio Moro – **(2)** Grabmal für den Dogen
Francesco Venier von Jacopo Sansovino und Vittoria (um 1556) –
(3) Grabmal für Catarina Cornaro von Bernardino Contino
(1580–84) – **(4)** *Verkündigung* von Tizian (1560–66) – **(5)** *Verklä-rung* von Tizian (um 1560) – **(6)** *Das letzte Abendmal* aus der Nach-folge G. Bellinis – **(7)** Grabmal für die Kardinäle Marco, Francesco
und Andrea Cornaro von Bernardino Contino (1570) – **(8)** Statuen
der hll. Rochus und Sebastian von Allessandro Vittoria (um 1600) –
(9) Grabmal für die Dogen Girolamo und Lorenzo Priuli von Cesare
Franco (1578–82)

und der Zentralbau war für die Liturgie weniger gut geeignet als die Basilika. Bei San Salvatore fand der damals noch
kaum bekannte Spavento eine Kompromißlösung, indem
er drei griechische Kreuz-Grundrisse aneinanderfügte. Um
der konservativen Einstellung der Kirchenbehörden entge-
genzukommen, für die seit langem das kurzarmige lateinische Kreuz der ideale symbolische Grundriß einer Kirche
war, setzte er ein wenig ungeschickt wirkende Querschiffe
an. Die Ausschmückung erzielt ihre Wirkung mittels kräftiger, scharf hervortretender grauer Steinsimse und Leisten, die sich wie in Palladios Kirchen von den weißen
Wänden abheben. Das Verhältnis von Säulen und Bögen ist
so vollkommen, daß es ein Gefühl statischer, klassischer
Feierlichkeit, Solidität und ruhiger Gelassenheit vermittelt.

Die gleichen klassischen Qualitäten zeichnen Sansovinos edles Grabdenkmal des Dogen Francesco Venier von
1556 bis 1561 aus. Hier übernahm Sansovino den Triumph-
bogen-Typ des Grabdenkmals – wie ihn die Lombardi verwendet hatten –, reduzierte jedoch seine plastischen Verzierungen auf das Mindestmaß einer Grabfigur und zweier
anmutiger, aber unberedter allegorischer Statuen. Dieses
Bewußtsein unbedingter, von keinerlei Zweifel heimge-
suchter innerer Sicherheit, das in Denkmälern wie diesem
zum Ausdruck kam, löste bei gewissen Baumeistern und
Bildhauern um die Mitte des 16. Jahrhunderts jene Gegen-
bewegung aus, die wir in Ermangelung eines besseren
Namens als Manierismus bezeichnen.

Es befinden sich mehrere manieristische Denkmäler in
dieser Kirche. Die Außenwände der beiden Querschiffe
zum Beispiel sind mit riesigen Grabmälern für die Familie
der Cornaro bedeckt, die von Bernardo Contino entworfen
und um 1570 errichtet wurden. Das zur Rechten gehört
der Caterina Cornaro, Königin von Zypern, die auf einem
Flachrelief gezeigt ist, wie sie dem Dogen ihr Königreich
übergibt; das zur Linken gedenkt dreier Kardinäle. Ihr

architektonisches Rahmenwerk verleiht ihnen ein eigentümliches Gefühl innerer Unsicherheit, um nicht zu sagen der Angst. Anstatt die einfache ionische Kolonnade mit einem dreieckigen Giebelfeld zu krönen, verwendete Contino beidseitig Bögen gesprengter Giebel und setzte darauf ein dreieckiges Giebelfeld, das unschön die Linienführung unterbricht. Bei dem Grabmal für die Dogen Lorenzo und Girolamo Priuli im Hauptschiff, das von Cesare Franco entworfen und zwischen 1578 und 1582 errichtet wurde, ist die Wirkung womöglich noch unbehaglicher. Anstatt ein einziges, in sich geschlossenes Grabmal zu schaffen, stellte der Architekt zwei doppelgeschossige Ädikulen so nebeneinander, daß sich dazwischen eine Häufung von Säulen ergibt. Analysiert man dieses Denkmal nach den klassischen Grundregeln, so stellt sich heraus, daß die Verhältnisse zwischen den einzelnen Teilen disharmonische Mißklänge ergeben, und zwar mit Absicht. Die vorsätzliche, mutwillige Verletzung der klassischen Regeln ist ein Wesenselement der manieristischen Architektur. Denn ihr Stil ist höchst raffiniert und anspruchsvoll und setzt stillschweigend voraus, daß jedermann weiß, welches diese Regeln sind.

Das Priuli-Grabmal ist mit den liegenden, in prächtigen Goldstoff gekleideten Grabfiguren der Dogen verziert. Darüber befinden sich Statuen der Heiligen Lorenz und Hieronymus von Giulio Moro, an denen man die Neigung der manieristischen Künstler erkennt, den menschlichen Körper zu verkrümmen und verzerren, um so die Wirkung körperlicher Eleganz oder geistiger Versenkung zu erzielen. Der athletische hl. Lorenz ist ganz einfach unglaubhaft elegant. Mit seiner Wespentaille, seinem wohlentwickelten Bizeps und seinen Waden ist er geradezu eine Idealgestalt manieristischer Gesundheit und kräftiger Leistungsfähigkeit. Auf der anderen Seite der Kirche befindet sich eine Statue des Erlösers vom gleichen Bildhauer. Hier jedoch wollte er der Figur den Anschein asketischer Vergeistigung

verleihen und erzielte diese Wirkung, indem er Glied-
maßen und Gesicht unnatürlich in die Länge zog.

Ähnliches kann man bei zwei Statuen eines viel größeren Bildhauers bemerken, nämlich den Heiligen Rochus
und Sebastian von *Alessandro Vittoria*, die beiderseits eines
Altargemäldes von Palma Giovane stehen. Diese Figuren
scheinen sich krampfhaft anzustrengen, sich aus dem
architektonischen Rahmen zu befreien. Der sich krüm-
mende hl. Sebastian ist einem der berühmten Sklaven
Michelangelos entlehnt, der sich als erster Bildhauer der
Renaissance über die Regeln klassischer Zurückhaltung
hinwegsetzte und dessen Werk nicht nur den Manierismus,
sondern auch das Barock vorwegnimmt. Diese beiden, um
1600 geschaffenen Statuen zeigen Vittorias Stil in seiner
reifsten Form.

Alessandro Vittoria war der fruchtbarste und bei weitem
fähigste Bildhauer im Venedig des 16. Jahrhunderts. Er
arbeitete viele Jahre lang unter Jacopo Sansovino und trug
das Relief der Lünette zu des Meisters Venier-Grabmal in
dieser Kirche bei. Aber er trennte sich von Sansovinos Klassizismus unter dem Einfluß Michelangelos, dessen Arbeiten ihm, wie auch Tintoretto, aus Terrakotta-Modellen
bekannt waren. Gleich Tintoretto beschäftigte ihn vor
allem das Problem der Wiedergabe des menschlichen Körpers in der Bewegung; auch haben seine Heiligenstatuen
einen ähnlich mystischen Zug wie bei Tintoretto. Von seinen Lebensumständen und seiner Persönlichkeit weiß man
kaum etwas, außer daß er eine Art Einzelgänger und Ein-
siedler war, der sich vornehmlich seinem Blumengarten in
der Nähe von San Giovanni in Bragora widmete.

Die Kirche enthält drei hervorragende Gemälde. In der
Kapelle links vom Hochaltar hängt ein ›Emmausmahl‹, in
klaren, reinen und hellen Farben gemalt und von venezianischem Licht durchflutet, jedoch stark restauriert. Man
hat es Giovanni Bellini zugeschrieben, aber die meisten
Fachleute halten es heute für eine Arbeit eines seiner

Schüler. Von größerem Interesse sind zwei Meisterwerke
Tizians, eine ›Verkündigung‹ in der Kapelle rechts vor der
Vierung und eine ›Verklärung‹, die auch zum Schutz des
silber-vergoldeten Hintergrundes des Hochaltars dient.
Beides sind ziemlich späte Arbeiten, nach 1560 gemalt, als
Tizians Pinselführung breiter und ›impressionistischer‹
wurde und er begann, religiöse Vorwürfe mit stärkerer Vergeistigung zu malen. Die tiefen, satten Farbtöne der ›Verkündigung‹ stehen in lebhaftem Kontrast zu den leuchtend
hellen Farben der ›Verklärung‹. Auf der ›Verklärung‹
scheinen die übertrieben verkürzten, durcheinander pur-
zelnden Figuren auf den Einfluß Tintorettos hinzuweisen.

Neben San Salvatore steht der Kreuzgang des alten Klosters, in dem sich heute das Telefonzentralamt befindet,
ein freundlicher klassischer Bau Sansovinos. Auf der anderen Seite des Campo steht die Scuola di San Teodoro, die
ebenso wie die Kirche eine Barockfassade von Sardi mit
Statuen von Bernardo Falcone hat. Dieses Haus, das heute
als Ausstellungsgebäude verwendet wird, hat innen eine
schöne Doppeltreppe, die hinauf in den Oberstock führt.

Vom Campo San Salvatore führt die Merceria Due
Aprile – so genannt nach dem letzten verzweifelten Aufruf
der Venezianer vom 2. April 1849, den Österreichern um
jeden Preis Widerstand zu leisten – zum *Campo San Bartolomeo*. Tagsüber, während der Arbeitsstunden, wimmelt es
auf diesem Platz stets von Geschäftsleuten in untadeligen
schwarzen Anzügen und strahlend weißen Hemden mit
Aktentaschen aus Saffianleder unter dem Arm. Sie scheinen vernünftigerweise den größten Teil ihrer Geschäfte
über Espresso und Aperitif in den umliegenden Bars zu
erledigen, die aus allen Ecken von den Worten ›centinaia‹,
›millioni‹, ›milliardi‹ widerhallen. Die Oberaufsicht über
diese ganze, lebhaft bewegte Szene führt Carlo Goldoni,
der wahrscheinlich, wenn er heute nach Venedig zurückkehrte, feststellen würde, daß das Leben auf dem Rialto
sich wenig geändert hat, außer daß heute von Lire anstatt

Zechinen geredet wird. Die Statue, die Goldonis humor-
volle und humane, wenn auch einigermaßen spöttische
Persönlichkeit sehr lebendig wiedergibt, stammt von Antonio del Zotto (1883) und ist eine der besten italienischen
Plastiken des späten 19. Jahrhunderts, die irgendwo anzutreffen ist.

In der Salizzada Pio X, die zur Rialto-Brücke führt, steht
die Kirche *San Bartolomeo*, die einst zum deutschen Han-
delshaus gehörte und bis 1797 Pfarrkirche der Deutschen
war. Sie beherbergte daher auch Dürers großes, 1506 in
Venedig entstandenes ›Rosenkranzfest‹, bis Kaiser Rudolf II.
im Jahr 1610 das Bild für seine Prager Galerie erwarb.
Heute sind hier zwei herrliche Bilder der Heiligen Alvise
und Sinnibaldo zu sehen, die von Sebastiano del Piombo als
Orgeltüren ausgeführt wurden. Ansonsten enthält die Kirche nicht viel Interessantes. Aber neben ihr im Sockel des
Campanile befindet sich einer der besten Groteskköpfe
Venedigs. Verläßt man den Campo auf der anderen Seite
und geht die Calle della Bissa hinunter, die neben dem aus
dem 14. Jahrhundert stammenden gotischen Palazzo Moro
abzweigt, so gelangt man zum Ponte Sant'Antonio, von wo
aus man (nach rechts) einen guten Blick auf einen kleinen
Palast mit schlanken Rundbogenfenstern werfen kann,
einem kleinen Meisterwerk der Architektur der Frührenaissance.

Die Calle della Bissa – so genannt nach einer Art Sei-
denstoff, der früher hier verkauft wurde – führt auf den
Campo *San Lio*. Die auffallend niedrige Decke der Kirche
ist mit einer fesselnden ›Verklärung des hl. Leo‹ von
Domenico Tiepolo, dem Sohn des berühmteren Giovanni
Battista, ausgemalt. Die Frührenaissance-Kapelle rechts
vom Hochaltar wurde von den Lombardi entworfen. Ihre
Pilaster zeigen exquisite Steinmetzarbeiten aus Blattwerk
und lebhaft sich tummelnden Vögeln. Über dem Altar das
Relief einer ›Pietà‹, möglicherweise von Tullio Lombardo,
an dem noch Spuren seiner ursprünglichen Vergoldung

erhalten sind. Links vom Hochaltar das Gemälde einer
großen ›Kreuzigung‹ von Pietro Muttoni, der den Spitznamen ›della Vecchia‹ trug, wegen des mühelosen Geschicks,
mit dem er ältere Meister kopierte. Es ist von 1633 und vereinigt die beiden Zwillingssträhnen bizarrer Phantastik
und erdnahen Realismus, die für die venezianische Barockmalerei so charakteristisch sind. Die sehr auffallend her-
ausgestellten, würfelnden Soldaten ganz vorne tragen die
Tracht der deutschen Landsknechte, die zu Beginn des
17. Jahrhunderts bei jedem Ausschlagen des politischen
Pendels über die Alpen einbrachen und Norditalien plün-
derten und verwüsteten. Die Porträts dreier starr blicken-
der Stifter am unteren Rand des Bildes tragen etwas absurd
Surrealistisches in das Bild. Es ist ein erregendes, beunru-
higendes Werk, möglicherweise das beste, das Muttoni je
gemalt hat, aber nicht sonderlich ansprechend. Über dem
ersten Altar links ein ›Hl. Jakob‹ von Tizian, aber so stark
beschädigt, daß er kaum als eine Arbeit Tizians zu erkennen ist.

Vom Campo San Lio führt die Calle della Fava zur Kirche *Santa Maria della Fava* – so genannt nach einer Süßig-
keit in Form von ›fave‹ (Bohnen), die früher hier in einer
Pasticceria hergestellt wurde. Sie stammt aus dem 18. Jahrhundert und ist von geringem architektonischem Wert.
Statuen und Reliefs von Giuseppe Bernardi – vor allem
bemerkenswert, weil er der Lehrer Antonio Canovas war –
säumen das Mittelschiff. Die Kirche lohnt jedoch den Besuch wegen zweier hervorragender Gemälde des 18. Jahrhunderts. Das eine, frühere, ist *Giovanni Battista Piazzettas*
›Madonna mit dem heiligen Filippo Neri‹ (zweiter Altar
links), zwischen 1725 und 1727 entstanden. Mit seiner Farbskala von satten Braun- und stumpfen Rottönen, gegen die
sich ein Streifen dunkel türkisgrünen Himmels absetzt,
mutet es eher wie eine Herbststimmung als wie ein reli-
giöses Bild an. Wie auch auf Piazzettas profanen Bildern
scheint der thematische Vorwurf im Vergleich zur Bravour

der Gestaltung von geringfügiger Bedeutung. Eine wesentlich bedeutendere Rolle spielt er auf dem anderen großen
Altarbild des 18. Jahrhunderts: *Giovanni Battista Tiepolos*
bezaubernder ›Erziehung der Jungfrau‹ von 1732 über dem
ersten Altar rechts. Der Einfluß Piazzettas, der Tiepolos
jugendlichen Stil kennzeichnete, ist noch deutlich spürbar,
aber Tiepolo hat sich hier bereits eine viel hellere, lichtere
Palette zu eigen gemacht. Die Wirkung des Altarbildes
geht weit mehr von dem zart ausgewogenen Verhältnis
zwischen der hl. Anna und der kindlichen Jungfrau Maria
als von rein maltechnischen Elementen aus. Jacopo Ami-
gonis ›Heimsuchung‹ über dem zweiten Altar auf der rechten Seite ist ein anziehendes kleineres Werk, bemerkenswert wegen seiner blassen Pastellfarben, von einer Tönung,
wie sie Tiepolo auf seinen reifen Bildern, allerdings viel
subtiler und mit größerer Sensitivität, verwendete.

Wir biegen beim Verlassen von Santa Maria della Fava
nach rechts ein, gehen die Calle hinunter, die an der Kirche
entlangführt, biegen sodann in die erste Seitenstraße links
ein und gelangen so zur Salizzada San Lio, ziemlich genau
gegenüber einem reizvollen venetobyzantinischen Haus
aus dem 13. Jahrhundert. Die Salizzada ist gleichfalls eine
belebte Geschäftsstraße, aber ihre Atmosphäre ist von den
nur einige hundert Meter entfernten Mercerie grundverschieden. Denn hier befinden wir uns im Sestiere di
Castello, wo die Geschäfte vor allem Waren des täglichen
Bedarfs zum Kauf bieten.

Biegen wir beim Betreten der Salizzada San Lio rechts
ein und am Ende der Straße nochmals rechts, so führt uns
die enge Calle della Guerra vorbei am Palazzo Papafava
mit seinem schönen Toreingang aus dem frühen 16. Jahrhundert zum Ponte della Guerra. Dies ist eine von mehreren Brücken, auf denen in früheren Zeiten offene Feldschlachten zwischen den Angehörigen der zwei Gruppen
des venezianischen Popolo, den Castellani und den Nicolotti, ausgefochten wurden. Markierungslinien sind durch

weiße, ins Pflaster eingelassene Marmorsohlen bezeichnet. Geradeaus weiter führt die Calle zurück zu San Giuliano. Von hier kann man durch die Calle dei Specchieri – wo früher, wie der Name besagt, die Spiegelmacher ansässig waren – zum Markusplatz zurückkehren.

Doch lohnt es sich, zuvor in der *Calle Larga San Marco*, gleichfalls einer belebten Geschäftsstraße, kurz innezuhalten. Einige Häuser weiter, links hinunter, steht die Farmacia G. Mantovani al Redentore, eine der hübschesten unter den verschiedenen, aus dem 18. Jahrhundert stammenden Apotheken, die in Venedig noch in Betrieb sind, mit einem schönen geschnitzten Rokoko-Ladentisch und geheimnisvollen Elixierflaschen auf den Regalen. Die italienische ›farmacia‹ – man kann sie schwerlich mit einem weniger würdevollen Namen bezeichnen – ist häufig sehr elegant. Im 18. Jahrhundert war sie, ähnlich wie die Kaffeehäuser, eine Art zwangloser Klub. Die Farmacia Mantovani war besonders berühmt als Treffpunkt gelehrter Patrizier, Priester, Akademiker und Rechtsanwälte, die sich hier trafen, um mit dem Apotheker gebildete Gespräche zu führen, während seine Gehilfen und Lehrlinge in Bronzemörsern Pülverchen mischten oder aus großen Retorten Flüssigkeiten destillierten.

13 *Spitzenmuster aus Stein –*
    Fassadendetail der Ca' d'Oro (1420–34)

14 *Voluminöse Kuppeln und Voluten –*
    Baldassare Longhenas grandiose Barockkirche Santa
    Maria della Salute (1631–87), gesehen von der
    Piazzetta mit der Libreria Vecchia (1537–88)

15 *Im Angesicht der kugelgekrönten Dogana da Mar –*
    Regata Storica auf dem Canal Grande

KAPITEL 11

Dorsoduro: Venezianischer Barock

Kommt man vom Meer her nach Venedig – und jeder andere Zugang ist, als betrete man einen Palast durch die Hintertür –, dann fällt unter der Fülle von Wunderbauten, die einen begrüßen, die Kirche *Santa Maria della Salute* am stärksten ins Auge. Gleich als sei es vor der Einfahrt zum Canal Grande – leicht auf den Wellen reitend – vor Anker gelegt, die ballonähnliche Kuppel schwer unter der Last ihrer großen barocken Voluten, beherrscht dieses märchenhafte Bauwerk die Szene womöglich noch stärker als der Dogenpalast oder San Giorgio Maggiore. Diese Kirche ist das überragende Meisterwerk des venezianischen Barock – und ihres Schöpfers *Baldassare Longhena*, einem der wenigen venezianischen Baumeister, deren Persönlichkeit stark genug ist, um durch die Dunstschleier der Geschichte hindurch zu leuchten. Seine Zeitgenossen berichten uns, er sei ein adretter kleiner Mann gewesen, stets schwarzgekleidet, mit ruhigen, sanften Umgangsformen, der nur die peinliche Gewohnheit hatte, jedermann, dem er begegnete, nach seiner Meinung über das Werk zu befragen, an dem er gerade arbeitete. Doch von einem solchen Mangel an Selbstsicherheit ist bei den prachtvoll extrovertierten und überströmend ungehemmten Bauwerken, die er entwarf, ganz und gar nichts zu spüren, und am allerwenigsten bei Santa Maria della Salute.

Die Kirche gedenkt der schrecklichen Pestepidemie, die Venedig 1630 heimsuchte. Einige Monate nach Beginn der Seuche beschloß der Senat, eine der Santa Maria della Salute (das Wort ›salute‹ bedeutet sowohl Gesundheit als auch Seelenheil) geweihte Votivkirche zu erbauen. Ein Bauplatz wurde ausgewählt, die auf ihm stehenden Gebäude abge-

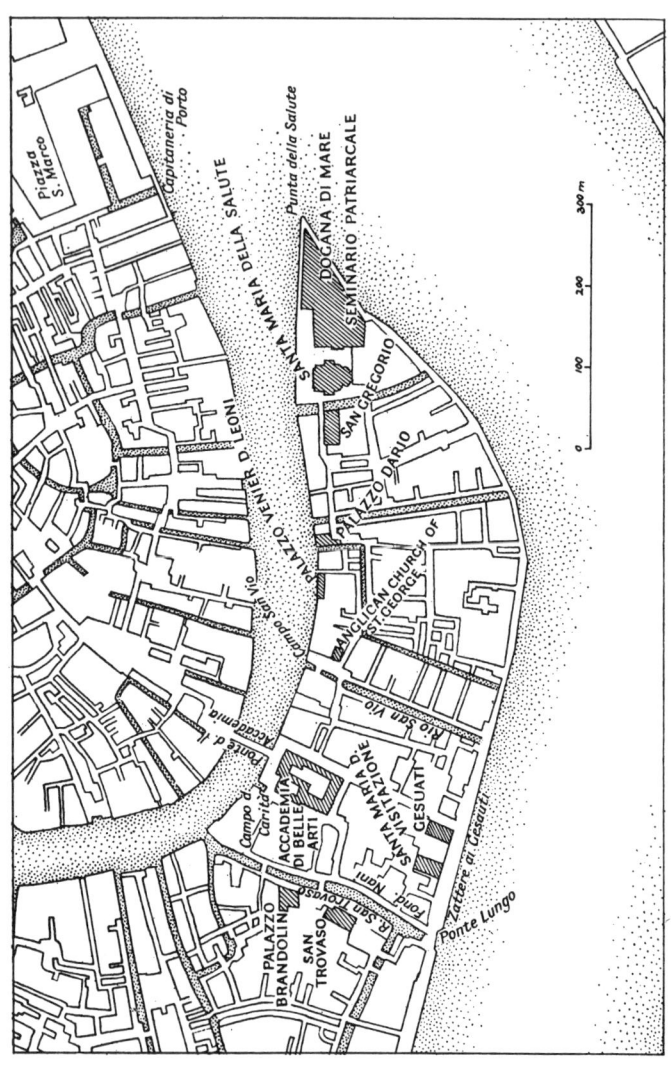

Piazza S. Marco

Capitaneria di Porto

SANTA MARIA DELLA SALUTE

PALAZZO VENIER D. LEONI

Punta della Salute

DOGANA DI MARE

SEMINARIO PATRIARCALE

SAN GREGORIO

PALAZZO DARIO

ANGLICAN CHURCH OF ST GEORGE

Ponte dell' Accademia

Campo della Carità

Campo S. Vio

RIO SAN VIO

PALAZZO BRANDOLINI

SAN TROVASO

ACCADEMIA DI BELLE ARTI

SANTA MARIA DELLA VISITAZIONE

GESUATI

Fond. S. Trovaso

Fond. NANI

Fondamenta della Cesauti

Pontte di Cesauti

Ponte Lungo

0   100   200   300 m

rissen, nicht weniger als 1156 627 Holzpfähle in den Schlamm getrieben, um ein festes Fundament zu schaffen, und Architekten zu einem Wettbewerb um den Bauauftrag aufgefordert. In einer Denkschrift waren die Erfordernisse wie folgt zusammengefaßt: die Kirche müsse so gestaltet sein, daß ihre gesamte weite und geräumige Struktur sofort beim Betreten als Ganzes visuell erfaßt und begriffen werde – helles Licht müsse in ihr gleichmäßig verteilt sein –, der Hochaltar müsse die Sicht vom Hauptportal her beherrschen, und die übrigen Altäre dürften erst mit dem Herantreten des Besuchers an den Altarraum ins Blickfeld kommen. Überdies wurde vom Baumeister verlangt, er möge ein Bauwerk schaffen, das mit seiner Umgebung einen harmonischen Einklang bilde und – eine charakteristisch venezianische Nuance – einen großartigen Eindruck, eine ›bella figura‹, mache, ohne allzuviel zu kosten. Von den elf vorgelegten Entwürfen fand der Senat nur zwei der ernstlichen Erwägung wert, und der Entwurf Longhenas wurde angenommen. Der Bau wurde unverzüglich begonnen, aber die Kirche wurde erst 1687, über ein halbes Jahrhundert später und fünf Jahre nach dem Tod des achtzigjährigen Longhena, vollendet.

Man gelangt zu der Kirche am besten mit dem Vaporetto der Linie 1, die von Harry's Bar, am Ende der Calle Vallaresso, direkt neben der Motorboot-Haltestelle San Marco, abgeht und nach Punta della Salute fährt – dem Punkt des Sestiere di Dorsoduro, auf dem das lange, niedrige Gebäude der Dogana, das Zollhaus, steht. (Der Name ›dorsoduro‹, harter Rücken, bezieht sich auf die harte Lehmboden-Unterschicht in diesem Teil von Venedig.) Vom Wasser her gewinnt man den besten Eindruck von der malerischen Gruppierung der Kuppeln und erkennt, wie aus ihnen, in eine Dur-Tonart transponiert, die Kuppeln von San Marco zurücktönen. Wir gelangen so zu dem großzügigen ebenen Platz, von dem die großartige Freitreppe zur Kirche aufsteigt. Das Zentralthema der komplizierten

Giebelseite ist ein Triumphbogen, der von zwei zurückweichenden Kirchenfassaden flankiert ist, die von Palladios kleiner Kirche Le Zitelle auf der Giudecca hergeleitet sind. Es ist eine erstaunlich machtvolle Komposition, aber sie kommt zu voller Wirkung nur bei den seltenen Gelegenheiten, an denen die Hauptportale geöffnet sind und dem Blick die Perspektive der zum Hochaltar führenden Bögen freigeben. Longhena scheint sich stark auf die Elemente des Theaterbaus gestützt zu haben, vor allem auf Palladios Teatro Olimpico in Vicenza mit seinem triumphbogenartigen Proszenium, das zwischen säulen- und statuengeschmückten Häusern einen mittleren Durchblick öffnet. Die großen Mitteltüren werden natürlich an der Festa della Salute, dem 21. November, geöffnet, und an diesem Festtag begeben sich die meisten Venezianer zu Fuß über eine Schiffsbrücke zur Kirche.

Longhena blieb nicht nur unablässig der Auftragsbedingungen eingedenk, sondern auch des besonderen Zweckes und der Bedeutung der Kirche als einer Votiv- und Weihegabe. »Das Mysterium, das in ihrer Weihe an die Jungfrau beschlossen liegt«, schrieb er, »brachte mich, mit dem geringen Talent, welches Gott mir gegeben, auf den Gedanken, sie in kreisrunder Form zu erbauen, das heißt in Form einer Krone, die der Jungfrau geweiht ist.« Zweifellos dachte er hierbei an die Anrufungen der Himmelskönigin in der venezianischen Litanei, die in Zeiten der Pest aufgesagt wurde, und wohl auch an den Hinweis in der Offenbarung auf »ein Weib, mit der Sonne bekleidet, und der Mond unter ihren Füßen, und auf ihrem Haupt eine Krone von zwölf Sternen«. Eine Statue der Jungfrau mit diesen Attributen steht auf der Laterne über der Kuppel. Niedriger, auf den großen Voluten, stehen Statuen der Apostel – als die zwölf Sterne in ihrer Krone. Die Symbolik ist im Innern der Kirche fortgeführt mit einer Inschrift in der Mitte des Fußbodens – ›unde origo inde salus‹ (woher der Ursprung, daher Gesundheit und Seelenheil), was sich auf

Inneres von Santa Maria della Salute

den Ursprung Venedigs unter dem Schutz der Heiligen Jungfrau bezieht: Eine der zahlreichen Schilderungen der Gründung der Stadt erzählt, die Jungfrau habe das Volk von Altinum zu den Inseln der Lagune geführt.

Beim Betreten der Kirche wird man abermals an die Bedingungen des Bauauftrags gemahnt. Steht man mit dem Rücken zur Haupttür, so blickt man durch die Bögen auf den grandiosen Hochaltar, der die Statue der Madonna trägt, während links Venedig anbetet und rechts ein Engel die Pest verjagt. Er ist der einzige Altar, der zu sehen ist, bis man zu dem großen achteckigen Raum unter der Kuppel vortritt. Dennoch ist man sich vom ersten Augenblick an der Ausmaße der ganzen Kirche bewußt. In der Mitte des Fußbodens steht man umgeben von acht gleich hohen Arkaden, von denen sechs durch den Umgang zu den kleineren Altären führen. Die sinnreiche Anlage des Grundrisses läßt eine weitere Anlehnung an die Grundelemente des Theaterbaus erkennen: Dem Auge ist nirgends gestattet, frei umherzuschweifen; vielmehr wird es stets und überall an einem der sorgfältig angelegten Durchblicke, durch die Gruppen von Pilastern und die Halbsäulen, welche die Kuppel tragen, entlanggeführt.

Jenseits des Hauptachtecks errichtete Longhena einen Altarraum mit Apsiden-Enden auf einer Querachse und dahinter einen rechteckigen Chor. Auf dem Grundriß wirken diese beiden Räume einigermaßen unbeholfen, wie an das Achteck angeklebte Anhängsel. Aber wiewohl ein jeder als separate Einheit komponiert ist, wird der Besucher, während er vom einen zum anderen durchgeht, sich nur einer ganz geringfügigen Änderung des Maßstabes bewußt. Um diese Wirkung zu erzielen, griff Longhena auf Palladio zurück, besonders auf dessen Redentore-Kirche. Man stellt folglich ohne viel Überraschung fest, daß diese drei Teile nach den Regeln Palladios von den harmonischen Proportionen angelegt sind. Der Einfluß Palladios ist einer der Faktoren, welche Longhenas barocken Stil von dem zur gleichen Zeit in Rom gepflegten unterscheiden. Mit ihren komplizierten szenischen und räumlichen Effekten hätte Santa Maria della Salute von einem gleichzeitig entstandenen römischen Bauwerk, wie etwa Sant'Ignazio, in ihrer ganzen Art nicht weiter entfernt sein können. Aber Palladio allein erklärt den Unterschied nicht völlig. Longhena griff ebenso wie Palladio auf die venetobyzantinische Tradition zurück, die in der Kuppel über dem Altarraum nicht weniger spürbar ist als in dem achteckigen Grundriß, der möglicherweise einiges San Vitale in Ravenna verdankt. Aus diesen Quellen leitete er einen bühnenhaften, malerischen und dynamischen Stil her, der ebenso kompromißlos barock wie wesentlich venezianisch ist. Ja, man kann sagen, er habe eine Alternative zum römischen Barock entwickelt, die spätere Baumeister bis nach Neapel und Spanien hin beeinflussen sollte.

In der Dekoration folgte Longhena dem Vorbild Palladios, grauen Stein gegen weißen Verputz zu setzen, was dem Innern der Kirche ein angenehm kühles Aussehen verleiht. Aber er gestattet sich ein wenig Farbe auf dem kompliziert gemusterten Fußboden, wo er ein Spiralornament verwendet, das die Dynamik des ganzen Baus betont, und er scheint auch eine reiche Ausmalung des Kuppelinnern beabsichtigt zu haben. Die hervorstechendste der zahlreichen Plastiken ist die Hochaltargruppe von Giusto Le Corte, der gemeinsam mit seinen Schülern und Gehilfen die meisten Statuen innerhalb und außerhalb der Kirche schuf. Obwohl als Ganzes etwas schwerfällig, ist sie doch gut und frisch gemeißelt – und die Gestalt der alten Vettel, die die Pest verkörpert, ist eine der besten Barockstatuen in Venedig.

Die Malerei, die bei der Ausschmückung einer römischen Kirche eine viel größere Rolle gespielt hätte, beschränkt sich hier auf die sechs kleineren Altargemälde. Die drei zur Rechten stammen sämtlich von dem überaus fruchtbaren neapolitanischen Barockmaler Luca Giordano.

Über dem dritten Altar zur Linken befindet sich ein
›Pfingstwunder‹ von Tizian. Dieses Werk wurde um 1550
für Sansovinos Santo Spirito-Kirche ausgeführt, die 1656
abgerissen wurde, und es ist folglich ein reiner Zufall, daß
das Fenster, durch welches sich die Taube herabsenkt, sein
Gegenstück in dem Fenster in der Wand darüber hat (es sei
denn, daß das Bild Longhenas Entwurf beeinflußte).

Andere Gemälde Tizians aus Santo Spirito schmücken
die Decke der Sakristei (Tür links vom Hochaltar). Sie stellen ›Kain und Abel‹, ›Das Opfer Abrahams‹, ›David und
Goliath‹ und Büsten der Evangelisten und der Kirchenväter dar und stammen aus den vierziger Jahren des 16. Jahrhunderts. Gleich Tintorettos meisterlicher ›Hochzeit zu
Kana‹ (1561) an der Wand darunter lassen sie eine vordringliche Beschäftigung mit der Wiedergabe der Bewegung und der dramatischen Darstellung erkennen, die den
Barock vorwegnimmt. Der sanftere, empfindsamere und
zartfühlendere Tizian von dreißig Jahren früher ist mit
dem farbenreichen Altargemälde des hl. Markus inthroni-
siert zwischen den Heiligen Cosmas, Damian, Rochus und
Sebastian vertreten, das zur Erinnerung an die Pest von
1510 gemalt wurde.

Das Tabernakel auf dem Sakristei-Altar enthält eine
schöne Ikone aus dem 12. Jahrhundert, die sich ursprünglich in der Hagia Sophia in Konstantinopel befand. Darunter eine exquisit gestickte venezianische Altardecke aus
dem 15. Jahrhundert, die nach einem von Mantegna ange-
regten Muster gearbeitet ist. In der anstoßenden Vorsakri-
stei zwei Bozzetti von Luca Giordano für seine Altarbilder
in der Kirche – brillante Skizzen, die in mancher Hinsicht
überzeugender wirken als die ausgeführten Gemälde.

Das große Gebäude zwischen der Santa Maria della
Salute und der Dogana ist das *Seminario*, in dem sich die
Pinacoteca Manfrediana befindet mit ihrem eigentümlichen Sammelsurium von Meisterwerken und ›croste‹ – will
sagen, lediglich ›Krusten‹ aufgetragener Farbe von eini-

gem Alter, aber zweifelhaftem künstlerischem Wert. In diese Sammlung gelangt man durch einen Kreuzgang, der zum Bersten mit Skulpturen aller Perioden angefüllt ist, und von dort einen monumentalen Treppenaufgang von Longhena hinauf. Der größte Schatz der Sammlung ist das Gemälde ›Apollo und Daphne‹ (Saal ɪɪ), das im ersten Jahrzehnt des 16. Jahrhunderts, wahrscheinlich für die Vorderseite eines Cassone, ausgeführt wurde. Es ist eines jener problematischen Werke, über die die Fachgelehrten sich seit Jahren streiten — einige schreiben es Giorgione zu, andere dem jungen Tizian. Berenson erklärte, nachdem er seine Ansicht wiederholt geändert hatte, es sei teilweise eine Arbeit Giorgiones. Gewiß kann es keinen Zweifel geben an der von Giorgione inspirierten elegischen Ansicht der venezianischen Landschaft in jenem goldenen Augenblick, da der Frühling in den Sommer übergeht. Es ist eine bezaubernd venezianische Interpretation des Ovid, auf der ein stämmiger kleiner Dorfbub, der den Apoll vorstellt, der Daphne durch die ›foresta‹ eines kleinen Marktfleckens im Hügelland oberhalb der Ebene nachsetzt. Die Sammlung enthält außerdem ein Profilbild des hl. Lorenzo Giustiniani von einem Schüler Gentile Bellinis, eine Lünette mit Gottvater von Cima und das Bruchstück eines Freskos von Veronese, das früher Palladios Villa Soranza schmückte. Unter den verschiedenen nichtvenezianischen Gemälden sind die vorzüglichsten die ›Penelope‹ von Domenico Beccafumi (heiße, rauchige Farbschwaden, als wolle sich die glosende Gestalt augenblicks in Flammen auflösen), eine ›Kreuzabnahme‹ von Domenico Puligo, ein Diptychon von Filippino Lippi, das ›Christus und die Samariterin‹ auf der einen Tafel und das ›Noli me tangere‹ auf der anderen zeigt, und aus einer viel späteren Periode das Porträt des Abtes Zaghis von Sebastiano Ceccarini (1739), eine scharf profilierte Charakterstudie des 18. Jahrhunderts. Unter den Skulpturen ein anziehendes kleines Relief, ›Christi Geburt‹ darstellend, von einem Schüler Lombardos, und mehrere

Büsten von Vittoria, vor allem eine Terrakotta des traurig dreinblickenden Prokurators Pietro Zen und eine Marmorbüste des Dogen Niccolò da Ponte gleichsam in der Glorie eines schweren Brokatmantels. Eine sehr lebendige Terrakotta-Büste des Gian Matteo Amadei ist Canova zugeschrieben worden, stammt jedoch höchstwahrscheinlich von einem anderen Bildhauer, der in den siebziger Jahren des 18. Jahrhunderts arbeitete. Die Zuschreibungen auf den Schildern in dieser Sammlung sind in den seltensten Fällen zuverlässig. Ehe man das Seminario verläßt, lohnt es sich, einen Augenblick im Oratorio della SS. Trinità bei der Haupttür innezuhalten und Gian Lorenzo Berninis Büsten des Agostino und Pietro Valier zu betrachten, obwohl sie noch ziemlich frühe Werke sind und wenig oder gar nichts von seiner späteren Brillanz erkennen lassen.

Auf der anderen Seite der Santa Maria della Salute-Fassade führen eine Brücke und ein Sottoportico in eine enge Calle, in der auf der linken Seite der nicht mehr benutzte rote Backsteinbau der gotischen San Gregorio-Kirche und auf der rechten die dazugehörigen vormaligen Klostergebäude stehen. Sollte die Tür (Nr. 172) offen sein, so werfe man einen Blick in »den liebreizendsten Cortile, den ich in Venedig kenne«, wie Ruskin meinte.

Die Calle, oder vielmehr die Folge von mehreren, führt nach Nr. 701, zum *Palazzo Venier dei Leoni*, Sitz der Peggy Guggenheim-Sammlung. Der Palast wurde 1749 nach großartigen Plänen Lorenzo Boschettis begonnen, doch aus obskuren Gründen errichtete man nur das Sockelgeschoß. Seit 1909 war er berüchtigt als venezianische Residenz der Marchesa Luisa Casati, deren Feste Stadtgespräch waren: eingekleidet vom russischen Ballett-Designer Bakst und mit einem Leopardenpärchen an der Leine, soll sie durch die Schar ihrer Gäste geschwebt sein, Tango tanzend zum Spiel eines mit Gold bemalten nackten Pianisten. 1949 wurde der Palast von der amerikanischen Kunst- und Künstlerfreundin Peggy Guggenheim gekauft. Sie zog ein mit ihren zeitgenössischen Gemälden und Skulpturen, die sie im Laufe der dreißiger Jahre während des Höhepunkts des Surrealismus in Europa zu sammeln begonnen hatte. Und während sie in New York von 1942 bis 1947 die ›Art of This Century‹-Galerie betrieb, betätigte sie sich als Geburtshelferin für den Abstrakten Expressionismus. Nachdem sie sich in Venedig niedergelassen hatte, kaufte sie auch weiterhin Kunstwerke, die schon bald die Errichtung einer Ausstellungsgalerie im Garten notwendig machten. Als sie 1979 starb, hinterließ sie alles – Palast samt Inhalt – der Solomon R. Guggenheim-Stiftung, die auch das Guggenheim-Museum in New York verwaltet. Obwohl sie Rat von bedeutenden Künstlern und Kritikern erhielt – mit einigen war sie innigst vertraut –, war ihr Geschmack intuitiv und persönlich, so treffend und individuell wie ihr Konversationstalent. Obwohl sie nicht die Absicht hatte, eine repräsentative Sammlung der Kunst des 20. Jahrhunderts aufzubauen, stellen die Gemälde und Skulpturen, die sie liebte, erstand und mit denen sie lebte, doch die zwei Haupttendenzen der Kunst der ersten Hälfte unseres Jahrhunderts dar. Eine ganze Reihe sind Meisterwerke. Es gibt zwei erlesene kubistische Gemälde: ›Der Dichter‹ von Picasso und ›Die Klarinette‹ von Braque. Auch exzellente abstrakte Werke von Kandinsky, Mondrian und den Russen Malewitsch und El Lissitzky. Ein aufregender Gegensatz ist die reiche Sammlung surrealistischer Gemälde von Max Ernst (mit dem Peggy Guggenheim eine Zeitlang verheiratet war), Magritte und Dalí. Es gibt Skulpturen von Raymond Duchamp-Villon, Brancusi und Alberto Giacometti. Aus Amerika stammen Mobiles und ein silberner Bettkopf von Calder, Gemälde von Gorky, de Kooning, Pollock, Rothko, Still und Tobey. Zu den englischen Gemälden gehört der ›Schimpanse‹ von Francis Bacon. Nirgends sonst in Italien existiert ein derartiger Überblick über die Kunst dieses Jahrhunderts. Für Italienbesucher jedoch ist die Sammlung vielleicht von besonderem Interesse, weil sie auch Werke italienischer Künstler umfaßt; nicht nur de Chirico und die Futuristen, Balla und Boccioni, dessen Werke zu den wichtigsten Manifestationen des Futurismus zählen, sondern auch einige zeitgenössische venezianische Maler wie Tancredi, Vedova und Santomaso. ›Der Engel der Stadt‹, ein Bronzepferd mit Reiter von Marino Marini, steht am Eingang von der Wasserseite zum Palast, ein ekstatischer Genius des Ortes. Alle Werke sind gut gekennzeichnet, es gibt einen gründlichen Katalog und ein ausgezeichnetes, illustriertes Handbuch. Neuerdings verfügt die Sammlung auch über Erweiterungsräume für Sonderausstellungen und ein angenehmes Café-Restaurant. In den nächsten Jahren soll in den nahegelegenen Gebäuden der Dogana neuer Raum für die aktuelle Kunst entstehen.

Die Calle schlängelt sich weiter zum *Campo San Vio*, der sich zum Canal Grande hin öffnet und einen prachtvollen Blick auf die Paläste auf der anderen Seite freigibt, vor allem auf Sansovinos imposanten Palazzo Corner. Auf dem Campo steht die ordentliche, kleine anglikanische St.-Georgs-Kirche, eine Kirche, die 1892 für reisende und in der Fremde lebende Amerikaner und Engländer gebaut wurde. In der Blütezeit der englischen Kolonie Venedigs war diese Kirche allsonntäglich von eleganten Damen und Herren, die sich in Gondeln zum Frühgottesdienst herüberrudern ließen, das ganze Jahr hindurch gut besucht, und dieser ganze Teil des Dorsoduro war eine ausgesprochen vornehme Gegend. Er hat noch immer das angenehme Gehaben eines Wohnviertels, und zwar eines ausgesprochen bürgerlichen im Vergleich mit den verschiedenen Sestieri auf der anderen Seite des Canal Grande. Man spürt noch etwas von seiner Atmosphäre, wenn man den Rio San Vio entlang zu den Zattere geht und über die langen Fondamenta, die zur Giudecca hinüberblicken und ihren Namen von den ›zattere‹ herleiten, den Leichtern, die früher hier Holz ausluden. Der Rio trifft mit den Zattere beim Ponte degli Incurabili zusammen. Hier, im Spital für unheilbare Krankheiten, wirkten der hl. Ignatius von Loyola und der hl. Franz Xaver während ihres kurzen Aufenthaltes in Venedig. Der vom hl. Ignatius gegründete Jesuitenorden fand in Venedig nie viel Anklang.

Ein Stück weiter die Zattere entlang, vorbei an der Pension Calcina, in der Ruskin 1877 wohnte, steht auf der rechten Seite die Kirche Santa Maria del Rosario, allgemein die *Gesuati* genannt, und zwar nach dem Orden der Poveri Gesuati, der 1668 mit den Dominikanern zusammengelegt wurde. Sie wurde 1726–36 errichtet und vereinigt in harmonischem Zusammenklang hervorragende Beispiele der venezianischen Baukunst, Malerei und Bildhauerei des 18. Jahrhunderts. Ihr Architekt war Giorgio Massari, der, gleich Longhena vor ihm, sich von Palladio anregen ließ. Doch während Longhena sein Vorbild dramatisierte, verniedlichte und verkünstelte Massari es. Die Fassade wird von gestikulierenden Statuen der Klugheit, Gerechtigkeit, Stärke und Mäßigung belebt. Das Innere ist ebenfalls reich an Skulpturen – Evangelisten und Propheten (der turbangeschmückte Aaron, der zweite von rechts, ist wohl der beste) – und Reliefs mit Szenen aus dem Neuen Testament von Giovanni Maria Morlaiter, einem der fähigsten Bildhauer Venedigs im frühen 18. Jahrhundert. Er stammte von jenseits der Alpen, und seine Arbeiten haben einen Anflug des eleganten Überschwangs der bayrischen Rokokoplastik.

Die Decke ist mit Gemälden von Giovanni Battista Tiepolo geschmückt (1737–39). Grisaillen, die bei trübem Licht wie Stuckreliefs aussehen, fassen die drei großen Teile des Gemäldes ein – die ›Verklärung des hl. Dominikus‹, ›Die Einführung des Rosenkranzes‹ und ›Der hl. Dominikus segnet einen Dominikaner-Mönch‹. Das Mittelstück ist besonders anziehend: die Madonna schwebend über dem hl. Dominikus, der soeben den Rosenkranz aus ihren Händen aufgefangen hat und ihn einer Gruppe fröhlich gekleideter Bittsteller vorweist. Ein Wunderwerk glit-

zernden Lichtes und zarter Farben und eines von Tiepolos
gelungensten Deckengemälden.

Tiepolos mühelose Meisterung heller, reiner Farben läßt
sich besser an dem ersten Altargemälde auf der rechten
Seite erkennen, einer ›Vision der Madonna mit den Heiligen Katharina von Siena, Rosa und Agnes‹. Es ist durchatmet von der fröhlichen, unmystischen, fraglos-unbeding-
ten Frömmigkeit des Italien des 18. Jahrhunderts – wobei
die ernste, feierliche Haltung der Gestalten durch verschiedene kleine ›scherzi‹ aufgelockert wird, wie dem
Buchfink, der auf der Querleiste der Arkade sitzt, und der
Kutte der hl. Rosa, die aus dem Rahmen herauspurzelt. Das
dritte Altargemälde auf der rechten Seite ist von Giovanni
Battista Piazzetta und stellt drei Heilige des Dominikaner-
Ordens dar – Vincent Ferraris, Hyazinth und Lorenzo Ber-
trando –, mit einer gedämpften Palette schwärzlicher und
weißlicher Töne gemalt, die vom türkisfarbenen Himmel
und einigen Flecken Kastanienbraun belebt wird. Gegenüber von Tiepolos Altarbild noch ein weiteres Gemälde des
18. Jahrhunderts, nämlich Pius V. mit dem hl. Thomas und
dem hl. Peter, dem Märtyrer, von Sebastiano Ricci – eine
Arbeit, die allen Charme und alle Anmut des frühen
18. Jahrhunderts besitzt, aber wenige seiner soliden künstlerischen Meriten. Ricci war ein großer Plagiator, und auf
diesem Bild sieht man geradezu seine Schere an der Arbeit,
wie sie sich Stücke aus Veronese und Tiepolo heraus-
schnipselt.

Wenn man die Kirche durch das Haupttor verläßt, sich
nach rechts wendet und dann an den Fondamenta Nani
noch einmal rechts einbiegt, kann man auf der anderen
Seite eine der malerischsten Szenen in ganz Venedig sehen.
Dies ist ein ›squero‹, eine der wenigen noch existierenden
Bootswerften, wo Gondeln, Sandoli und andere Fahrzeuge
gebaut und repariert werden, und zwar nach den althergebrachten Methoden, die sich im Verlauf all dieser Jahrhunderte kaum verändert haben dürften. Irgendwo auf

dem Werkstattgelände steigt stets schwarzer Rauch auf –
die alte Farbe wird von den Bootshüllen heruntergebrannt,
indem man ganz einfach neben dem Boot ein Unkraut-
feuer anzündet. Ein antiseptischer Pechgeruch mischt sich
mit den weniger angenehmen Gerüchen des Kanals. Henri
de Regnier bemerkt in seiner Schilderung einer solchen
Bootswerft, die Gondeln seien »rapiécées mortes, noires, le
ventre à l'air, ressemblant à la fois à des poissons morts ou
à des sombres tranches de melon«. Der Squero ist ein
erstaunlich geschäftiger Ort, denn obwohl sich nur wenige
Venezianer eigene Gondeln leisten können (ein Motorboot
ist heutzutage billiger und praktischer), hat sich die Zahl
der Mietgondeln von Jahr zu Jahr nicht verringert. Und die
in Benutzung befindlichen Gondeln bedürfen ständiger
Wartung, da ihre Hüllen etwa alle drei Wochen abgekratzt
und neu geteert werden müssen. Auch werden noch immer
nette Gondeln gebaut – für den Export nach Amerika. Der
Besitzer einer solchen Werft hat mir erzählt, er stehe in
gutem Exportgeschäft mit den Erdölmagnaten in Texas –
allerdings konnte er mir nicht sagen, wozu seine Gondeln
auf der anderen Seite des Atlantik verwendet werden.

   Ein Stück weiter den Rio hinunter steht die Kirche *San
Trovaso*. Sie ist in Wahrheit den Heiligen Gervasius und
Protasius geweiht, deren Namen mittels eines geheimnisvollen Verfahrens sich zu dem mythischen Trovaso zusammengeschoben haben. Ein reizvolles, wenn auch nicht sonderlich hervorragendes Bauwerk, mit zwei gleichwertigen
Fassaden, die unter Hinzufügung einiger Schnörkel von
der Fassade der Zitelle entlehnt sind. Die Überlieferung
erklärt, die Kirche habe zwei Fassaden, weil sie auf neutra-
lem Boden zwischen den Gebieten der beiden sich befeh-
denden Parteien des Popolo, der Castellani und der Nicolotti, stehe. Noch bis ins 19. Jahrhundert hinein herrschte
grimmige Rivalität zwischen den beiden Gruppen, die
allerdings inzwischen im Wettkampf um Regattapreise
zum Ausdruck kam und nicht mehr in offenen Schlachten

auf den Brücken, wie ihre Vorfahren sie liebten. San Trovaso war die einzige Kirche, die ihnen beiden gemeinsam war. Bei Hochzeiten von Angehörigen verschiedener Parteien betraten und verließen die Castellani die Kirche durch das Südportal, während die Nicolotti das der Westfassade benutzten.

Im *Innern* der Kirche hängen mehrere schöne Gemälde. Zwei sind von Tintoretto: ein ›Abendmahl‹ an der rechten Wand der Sakramentskapelle und eine sehr lebhafte ›Versuchung des hl. Antonius‹ (1577) in der Kapelle links vom Hauptaltar. In der Kapelle auf der anderen Seite des Altarraums hängt eines der schönsten gotischen Gemälde Venedigs, nämlich Michele Giambonos ›Hl. Crisogono‹, der die modische Tracht eines Ritters des frühen 15. Jahrhunderts trägt und ein reich aufgeputztes Pferd reitet. Das hervorragendste Kunstwerk in der Kirche ist jedoch eine Gruppe von drei Marmorreliefs auf der Vorderseite des Altars in der Clary-Kapelle (Westseite des südlichen Querschiffs). Die äußeren Tafeln stellen Figuren musizierender Engel dar, während auf der Mitteltafel eine Anzahl ähnlicher Engel die Passionswerkzeuge in Händen hält. Sie haben die scharfe Aprilmorgen-Taufrische der besten Quattrocento-Bildhauerei und erinnern in der Behandlung des wirbelnden Faltenwurfs der Gewänder, der deutlich die kindlichen Körperformen erkennen läßt, an die Reliefs im Tempio Malatestiano in Rimini. Sie wurden höchstwahrscheinlich um 1470 geschaffen, aber wer ihr Schöpfer war, ist ein Geheimnis geblieben, und sie werden für gewöhnlich dem ›Meister von San Trovaso‹ zugeschrieben.

Beiderseits des Rio di San Trovaso stehen einige schöne Paläste. Das Haus neben der Kirche hat einige in die Außenmauern eingelassene byzantinische Reliefs. Auf der gegenüberliegenden Seite des Rio steht der aus dem 15. Jahrhundert stammende Palazzo Nani mit gotischen, steilen Kielbogenfenstern und flamboyanten Wappenschilden. Nahebei ein hübscher kleiner Apothekerladen mit

einer eisernen Galerie, die oben um den Hauptraum her-
umläuft. Weiter unten auf der anderen Seite (Nr. 1075) der
eher düster-grimmige Palazzo Brandolin aus dem 16. Jahrhundert, der einstmals Fresken von Tintoretto auf seiner
Fassade trug. Wir folgen dem Rio weiter und wenden uns
an seinem Ende nach rechts, von wo die Calle Contarini
Corfù uns zur Vaporetto-Haltestelle vor der Accademia
führt.

KAPITEL 12

Das achtzehnte Jahrhundert:
Tiepolo und Guardi

Von allen prachtvollen Palästen am Canal Grande ist der riesige *Palazzo Rezzonico* einer der reichsten, sowohl außen wie innen. Er wurde in den sechziger Jahren des 17. Jahrhunderts im Auftrag der alteingesessenen Familie Bon nach einem Entwurf von Baldassare Longhena begonnen. Aber der Architekt starb, als der Bau noch nicht über das erste Stockwerk hinaus war, und zu Beginn des 18. Jahrhunderts geriet die Familie Bon in finanzielle Schwierigkeiten und verkaufte das noch unvollendete Gebäude an die Rezzonico, eine neureiche Familie, die sich diesen Größenwahnsinn besser leisten konnte. Die Rezzonico waren Bankiers genuesischer Herkunft, die sich 1687 in die venezianische Aristokratie eingekauft hatten, und zwar zu dem sehr ansehnlichen Preis von 100000 Dukaten (etwa zwei Prozent der gesamten jährlichen Staatseinkünfte der Republik!) und der zusätzlichen Stiftung von 60000 Dukaten für wohltätige Zwecke. Sie beauftragten Giorgio Massari, den Bau fertigzustellen, und zogen die besten verfügbaren Künstler zur Ausgestaltung der Innenräume heran.

Man kann den Palazzo Rezzonico mit dem Vaporetto oder zu Fuß von der Accademia her erreichen (man braucht nur den Wegweisern zu folgen). Der hübscheste Zugang ist jedoch mit dem Traghetto von der Haltestelle der Diretto-Wasserbusse im kleinen Campo San Samuele neben Massaris Palazzo Grassi (ein mustergültig restaurierter, prächtiger Palast, in dem regelmäßig bedeutende Ausstellungen stattfinden). Vom Wasser her kommen die architektonischen Vorzüge des Palazzo Rezzonico mit seinem stark rustizierten Erdgeschoß, das den aus Säulen und figürlichem Schmuck komponierten Oberbau trägt, am eindringlichsten zur Geltung. Er ist ein Triumph der Monumentalität, der die tief eingeschnittenen Aussparungen der Mauerfläche und ihre Auflösung in ein vielfältiges Muster aus flackerndem Licht und Schatten die charakteristisch venezianische, tänzerische Schwerelosigkeit verleihen. Die Fähre bringt uns zur Calle del Traghetto; sie führt zum Campo San Barnaba in der Nähe des Haupteingangs des Palastes, in dem sich heute das städtische Museum für Kunst des 18. Jahrhunderts befindet.

Dies ist eines der entzückendsten Museen, die ich kenne. Es ist mit solchem Geschick angelegt, daß es geradezu die echte, unverfälschte Atmosphäre eines großen Hauses des 18. Jahrhunderts zu atmen scheint, und man wird sich nur ganz selten bewußt, daß viele seiner Möbelstücke und Gemälde, darunter ganze Decken, aus einer Anzahl verschiedener Paläste hier zusammengetragen worden sind. Wandelt man durch seine vielen Räume, so fühlt man sich in die Karnevalswelt des Venedig des 18. Jahrhunderts versetzt.

Eine große Steintreppe führt hinauf zum Ballsaal und anderen Repräsentationsgemächern im Hauptgeschoß, dem Piano Nobile. Räume wie diese wurden natürlich nicht für die tagtägliche Benutzung geschaffen, sondern waren dazu da, ›bella figura‹ zu machen, die Besucher bei großen festlichen Gelegenheiten zu beeindrucken. Selbst die großartigsten der großen venezianischen Familien wohnten hauptsächlich im Mezzanin, dem Stockwerk über oder unter dem Piano Nobile, in Räumen, die wesentlich einfacher dekoriert und möbliert waren.

Die Sessel und Vasenständer im *Ballsaal* des Palazzo Rezzonico und in einem anschließenden Raum gehören zu den reichst verzierten, die wohl jemals geschaffen wurden. Die Armlehnen der Stühle, in Form knorriger Baumstämme, ruhen auf kleinen Negerbuben mit Köpfen, Händen und Füßen aus Ebenholz – Flecken ihrer Ebenholzhaut lugen aus den Schlitzen ihrer Hosen aus Buchsbaumholz

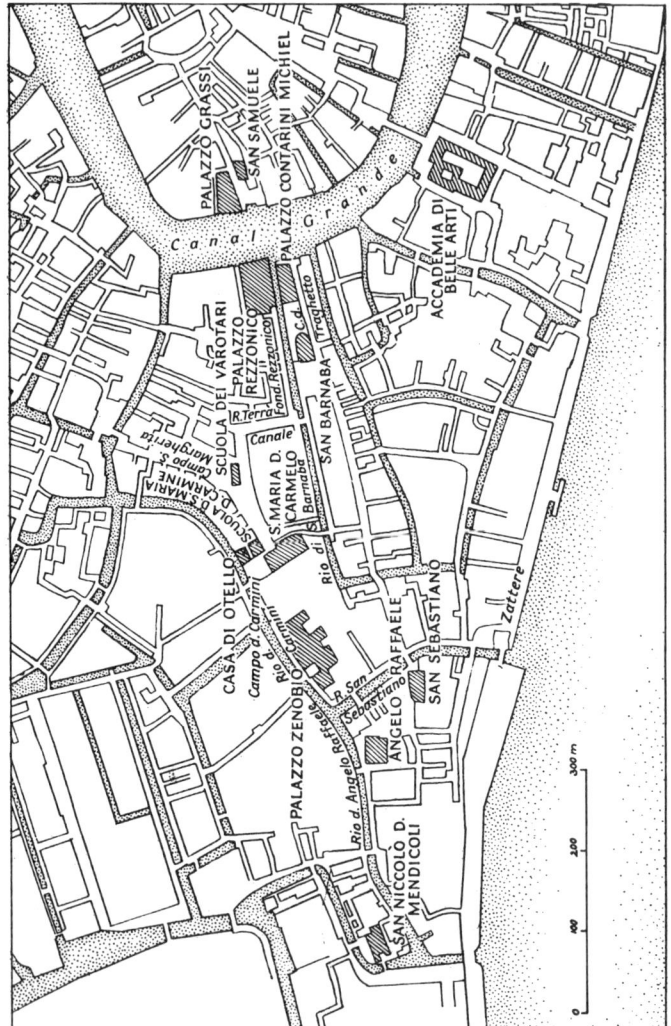

hervor. Einige der Vasenständer oder ›guéridons‹ werden von schlanken Negern mit Ketten um die Nacken gehalten, andere von übereinanderkletternden und krabbelnden Putten, und der größte setzt sich aus antiken Gottheiten zusammen, die sich an zerbrechlichen ›famille verte‹-Vasen festklammern. Doch es ist ein wenig irreführend, solche Gegenstände als Möbelstücke zu bezeichnen, denn sie sind in Wahrheit Skulpturen, die zufällig auch einen praktischen Verwendungszweck haben. Es überrascht nicht, daß sie nicht die Arbeit eines Kunsttischlers, sondern eines Bildhauers sind: *Andrea Brustolon* aus Belluno. Im Thronsaal stehen einige geschnitzte und vergoldete Tische und Stühle, die im Vergleich mit Brustolons Garnitur wie Trauerklöße aussehen, aber mit ihren krabbelnden Putten und kichernden Seejungfrauen noch immer unerhört kunstvoll und kompliziert gearbeitet sind. Sie sind Arbeiten eines Bildhauers – Antonio Corradini.

Außerdem hatte das Venedig des 18. Jahrhunderts eine modische Vorliebe für Lackmöbel, wovon sich in diesem Palast mehrere schöne Stücke finden – Stühle, Tische, Türen, Betten, hochbusige Kommoden. Die meisten dieser Stücke sind mit Chinoiserien verziert – venezianische Auffassungen, wie das ferne und blumige Großreich von Cathay von Rechts wegen aussehen sollte. Aber die venezianischen Handwerker, die diese Möbelstücke herstellten, nahmen sich kaum die Mühe, den harten, glatten, strahlenden Glanz des echten orientalischen Lacks nachzuahmen. Die Oberflächen sind sogar ausgesprochen grobkörnig und die Möbelstücke selbst häufig schlechte, zuweilen geradezu schlampige Handwerksarbeit. Dem Auge, das an die Solidität eines Chippendale oder die peinlich genaue Perfektion eines Riesener gewöhnt ist, erscheinen die meisten venezianischen Möbelstücke wie schundige Kinkerlitzchen. Aber sie machen durch Lebendigkeit der Form und der Verzierung wett, was ihnen an handwerklicher Qualität fehlt. Mit einer überschwenglichen Vitalität, die einen darum nicht weniger anspricht, weil sie des konventionellen guten Geschmacks ermangelt, vermitteln sie ein Gefühl der atemlosen Fröhlichkeit des Karnevals zu einer Zeit, da man sagte, »die Venezianer nippen nicht an ihren Vergnügen, sie schlucken sie auf einen Sitz hinunter«.

Der Vorwurf mangelnden Könnens wäre der letzte, den man gegen die Ausstattungsmaler der Stadt vorbringen könnte. Sie waren so hervorragende Könner, daß sie es zuwege brachten, nur mit Farbe und nichts anderem einen scheunenartigen Raum in den prunkvollsten aller Ballsäle zu verwandeln, mit Marmortäfelung und Marmorreliefs, Pilastern und Kolonnaden, schweren Wandbehängen und stolzen, heraldischen Großtaten und einem ganzen Parnaß von Unsterblichen, die sich an der Decke ihren athletischen Liebeständeleien hingeben. Sogar heute braucht der Besucher des Ballsaals des Palazzo Rezzonico noch einige Augenblicke, bis ihm aufgeht, daß mit Ausnahme des Säulenvorbaus des Haupteingangs das gesamte architektonische Schmuckwerk lediglich flächige Malerei ist. Die Wirkung dürfte noch täuschender gewesen sein, als die Farbe noch frisch war. Die Künstler, die diesen Triumph der augentäuschenden Scheinarchitektur vollbrachten, waren Giovanni Battista Crosato, der die leuchtende Decke malte, und seine Gehilfen, die die einfacheren Arbeiten ausführten.

Die meisten Räume des Piano Nobile besitzen *Deckengemälde*. Die frühesten sind die in der Sala del Brustolon und in der Bibliothek daneben; sie stammen von Francesco Maffei, einem Künstler des 17. Jahrhunderts, und wurden aus einem anderen Palast hierher gebracht. Der erste der Räume, in die man auf der anderen Seite des Ballsaals gelangt, hat ein Deckengemälde von Giovanni Battista Tiepolo. Es wurde 1758 gemalt zur Feier des größten Ereignisses in den Annalen der Familie Rezzonico − nämlich überraschenderweise nicht etwa der Wahl Carlo Rezzonicos zum Papst (Clemens XIII.), sondern der Vermählung seines Neffen Lodovico mit Faustina Savorgnan, der Tochter einer der ältesten venezianischen Adelsfamilien. Die allegorische Figur des Ruhms trompetet den Triumph dieses gesellschaftlich Arrivierten in alle Welt, während Apoll das junge Paar in einem Sonnenwagen quer über den Himmel auf eine Gruppe von Figuren zufährt, von denen eine die Wappen der Rezzonico und Savorgnan auf einem Schild vereinigt schwingt. Auf einem anderen Deckengemälde (Raum VI) zeigt Tiepolo die Allegorie des Verdienstes – einen lorbeergekrönten Alten – zwischen Adel und Tugend. Auf wieder einem anderen (Raum VII), 1744/45 für den Palazzo Barbarigo gemalt, bildet er Kraft und Weisheit ab. Wir sind heutzutage geneigt, die allegorische Bedeutung dieser Werke mit einer Handbewegung abzutun und in ihren komplizierten Vorgängen lediglich einen Vorwand für Tiepolos wollüstige Kompositionen zu erblicken, seine Visionen eines Olymp des 18. Jahrhunderts, der die kostbarsten Seidenstoffe verwendet, um die nackten jungen Leiber spöttischer Gottheiten und angenehm aufrührerischer Tugenden nicht etwa zu verhüllen, sondern besonders hervorzuheben. Doch diese Deckengemälde hatten mehr als nur dekorative Bedeutung. Sie sollten im buchstäblichen Sinn die hohen Gönner und Auftraggeber rühmen, ihre Abkunft preisen, ihre Verdienste verkünden und vielleicht auch die Herrscher eines entmachteten Venedig für die erniedrigenden Kränkungen entschädigen, die sie von anderen, mächtigeren Ländern einstecken mußten.

Eine große Zahl von Gemälden des 18. Jahrhunderts ist im zweiten Stock des Palastes zusammengetragen. Im mittleren Portego hängt ein dunkel dramatischer ›Tod des Darius‹ von Giovanni Battista Piazzetta, auf dem die theatralische Gebärde Alexanders den Heroismus der Szene ins Lachhafte zu kehren scheint, und vielleicht mit Absicht. Auf der anderen Seite hängt der glanzvolle Mucius Scaevola von Giovanni Antonio Pellegrini. Raum XIX ist mit grünen Lackmöbeln von ungewöhnlich guter Qualität ein-

gerichtet und hat ein den ›Triumph der Diana‹ darstel-
lendes Deckengemälde, eine von flackernden, tanzenden
Lichtblitzen schimmernde Arbeit von Gian Antonio oder
vielleicht auch Francesco Guardi. Die Brüder Guardi sind
außerdem mit drei recht beschädigten Fresken (in Raum
XX) vertreten sowie mit zwei Szenen aus dem Gesell-
schaftsleben, den maskierten Gestalten im Ridotto und
einer eleganten Versammlung im Sprechzimmer eines
Nonnenklosters (Raum XVII). Raum XVIII mit Tiepolos
Deckengemälde ist hauptsächlich den kleinen Szenen aus
dem Alltagsleben von Pietro Longhi mit ihren puppenhaf-
ten Gestalten gewidmet.

Die Säle XXIII bis XXIX enthalten eine Folge von Fresken
aus dem Haus der Familie Tiepolo in Zianigo bei Mestre.
Domenico Tiepolo hatte bereits die Kapelle dieser hübschen, jedoch bescheidenen Villa ausgemalt, ehe sein Vater
das Haus um 1750 kaufte. Die übrigen Fresken malte er zu
seiner eigenen Belustigung in den drei letzten Jahrzehnten
des Jahrhunderts. In der Eingangshalle ist ein Fresko
›Rinaldo und Armida‹ zu sehen, das eine Szene aus Tasso
illustriert, aber schon beinahe eine Parodie eines großen
Historiengemäldes ist, auf dem der Held vor der leicht
komischen Statue seiner Geliebten in Ohnmacht sinkt. Ein
Raum ist den Pulcinellen, den Kasperlefiguren, gewidmet,
die Domenico mit besonderer Vorliebe zeichnete. Hier voll-
führen sie alle ihre üblichen Narrenstreiche. schlagen Pur-
zelbäume, schwätzen, klatschen, machen einander den
Hof, während sich über ihnen einer auf der Schaukel
schwingt. In den Grisaillen tummeln sich noch mehr Pulcinellen, und hier wird jetzt klar und deutlich, daß der
Künstler sich über die damalige Mode grandioser Aus-
schmückungen lustig machte. Denn zu dieser Zeit war es
üblich, die Grisaillen als Imitationen klassischer Reliefs
mit griechischen Göttern und römischen Senatoren zu
malen. Ein weiterer Raum ist den Zentauren, Satyrn und
Faunen gewidmet – anmutig, lebendig und lüstern.

Im größten, um 1790 ausgemalten Raum wandte Domenico seine Aufmerksamkeit den Albernheiten und Übertreibungen der Mode zu. Mit Ausnahme eines grotesk elegant aufgeputzten Stutzers und seiner Schönen, die über die Szene trippeln, wenden uns alle diese Figuren den Rücken zu. Eine Gruppe von Leuten im Sonntagsstaat schaut gaffend in einen Guckkasten, der ›Il Mondo Nuovo‹ vorstellt. In einer anderen Szene macht ein modisch gekleidetes Trio, begleitet von einem Bediensteten und einem Hund, einen ländlichen Spaziergang. Sie scheinen von uns weg in Richtung auf die neue Welt der Menschenrechte, der Freiheit, Gleichheit, Brüderlichkeit zu gehen, wiewohl der Mann mit dem altmodischen Dreispitz den Kopf zurückwendet, als wolle er einen letzten Blick von den erlöschenden Feuern des 18. Jahrhunderts erhaschen. Man wird unausweichlich an Goya erinnert, dessen frühe Werke in Madrid zu sehen waren, als Domenico sich mit seinem Vater dort aufhielt (er erwarb später eine Folge der ›Caprichos‹). Aber Tiepolos Witz verrät keinerlei grausam bissige Ironie. Gleich seinem Zeitgenossen Carlo Gozzi belustigten ihn die Absurditäten der Menschen, ebenso wie Satyrn, Zentauren und Pulcinellen ihn amüsierten, und er lieh den Zeichnungen und Gemälden, auf denen er sie abbildete, einen Hauch Poesie, der ebenfalls an Gozzis Märchendramen erinnert.

Im obersten Stockwerk wird der Palazzo Rezzonico offenkundiger zu einem Museum. Mehrere Räume enthalten eine Sammlung von Keramiken, darunter grobe, wenngleich charakteristische Stücke der venezianischen Porzellanfabrik Cozzi und der Fayence-Werkstätten von Bassano und Este. In einem besonderen Raum befinden sich Terrakotta-Entwürfe für Skulpturen, ein Marionettentheater, ein Apothekerladen und eine Kostümsammlung. Indes wir wieder die riesige Treppe ins Erdgeschoß hinabsteigen, können wir uns daran erinnern lassen, daß der Palazzo Rezzonico eine Weile auch das Heim des Dichters Robert

Browning war, der ihn als »ein stilles Eckchen für meine alten Tage« bezeichnete und hier 1889 starb.

Direkt hinter dem Palast steht die Kirche *San Barnaba*. In diesem Pfarrsprengel erhielten die verarmten Adligen Venedigs von der Republik Wohnungen zugewiesen. Zu stolz, um zu arbeiten – und dadurch ihre Adelspatente einzubüßen –, und zu dumm, um an der Regierung mitzuwirken, führten sie hier ein Leben schäbiger Hochgeborenheit und lagen dem Staat zur Last, der ihnen Unterkunft und eine kleine Unterstützung gewährte. Und doch behielt jeder von ihnen seinen erblichen Sitz im Großen Rat, in den Angehörige neuerer Familien wie die der Rezzonico und Grassi nur durch Zahlung gewaltiger Geldsummen Eingang finden konnten.

Im Rio San Barnaba trifft man für gewöhnlich einen exotischen Frachtkahn – einen wie ihn die Gemüsehändler haben, mit einer riesigen orangefarbenen Sonnenplache –, der einen an Théophile Gautiers Schilderung erinnert: »Ces barques, encrustées de légumes verts, de raisins, de pêches, laissent derrière elles une suave odeur de végétation qui contraste avec le senteur âcre des embarcations chargées de thon, de rougets, de poulpes, d'huîtres, de pidocchi, de crabes, de coquillages.« Wir biegen vom Rio rechts ab, gehen den Rio Terrà Canale entlang und gelangen zu dem weitläufig verstreuten *Campo Santa Margherita*. Hier spielt sich ein malerischer offener Markt ab, auf dem in den frühen Morgenstunden ein lebhafter Handel mit Fischen und Gemüsen im Gang ist. Am äußersten Ende, auf der rechten Seite, steht ein verstümmelter Campanile neben der alten Kirche Santa Margherita, die längst profanen Zwecken dient. Das kleine, in der Mitte für sich allein stehende Gebäude war früher die Scuola dei Varotari, der Gerber. Am anderen Ende des Campo steht die *Scuola di Santa Maria del Carmine* – ein hübscher Bau des 17. Jahrhunderts aus weißem Stein mit kunstvollen Schmiedeeisengittern vor den Fenstern.

Die Scuola ist sehr reich an Gemälden des 18. Jahrhunderts, von denen Giovanni Battista Tiepolos Deckengemälde im Salone im Oberstock bei weitem das beste ist. Tiepolo malte die Decke 1744 für das bescheidene Honorar von 400 Zechinen (etwa 2500 Mark heutiger Währung), und sie gefiel der Bruderschaft so ausnehmend, daß sie den Maler zum Ehrenmitglied ernannte. Sie stellt den heiligen Simon Stock dar, wie er von der Jungfrau das Skapulier des Karmeliterordens empfängt – zwei mit Bindfaden zusammengehaltene Stücke weißen Stoffs. Eine päpstliche Bulle, die möglicherweise eine Fälschung ist, versprach allen jenen, die dieses Skapulier im Leben trügen, sie würden am ersten Sonntag nach ihrem Tode oder jedenfalls »so bald wie möglich« von den Qualen des Fegefeuers befreit werden. Der heilige Simon Stock, ein Engländer, hatte seine Vision in Cambridge, aber Tiepolo verlegte sie ins Venedig des 16. Jahrhunderts, wo für ihn überhaupt alle historischen Begebenheiten stattgefunden hatten.

In dieser luftigen Vision der Gnadenreichen Muttergottes in ihren schimmernden Seidengewändern legt Tiepolo für seinen Glauben Zeugnis ab. Denn trotz der leichtherzigen Unbeschwertheit, ja sogar der Frivolität mancher seiner religiösen Gemälde kann es keinen Zweifel geben, daß er ein Mann von stiller, unbedingter Frömmigkeit war. Mehrere in seinen letzten traurigen und enttäuschungsreichen Lebensjahren gemalte Bilder bezeugen die Tiefe und Aufrichtigkeit seines religiösen Empfindens. Es ist charakteristisch, daß wir dies überhaupt nur wissen, weil wir es aus seinen Bildern schließen können. Im übrigen ist seine Persönlichkeit ebenso undeutlich zu erkennen wie die irgendeines anderen großen venezianischen Künstlers. Die wenigen Briefe, die von ihm erhalten sind, lassen nur seine Hingabe an die Malerei und seine gesunde Skepsis gegenüber allen Kunsttheorien erkennen.

Als Sohn wohlhabender Eltern 1696 geboren, begann er in dem finsteren Stil, der im Barock Mode war. Doch schon bald blickte er über die Kluft des 17. Jahrhunderts hinweg und zurück auf Paolo Veronese, der ihn anregte, mit leichterem Strich und einer helleren, klareren Palette zu arbeiten. Um die Zeit, als er begann, die Carmine-Decke zu malen, war er allgemein als der führende Künstler Venedigs anerkannt. Bald nach ihrer Beendigung wurde er an die Fürstenhöfe gerufen. Im Jahr 1762 begab er sich auf Befehl des Senats, der ihn als Faustpfand in seinen diplomatischen Intrigen verwendete, widerwillig nach Madrid. Die Republik sah sich genötigt, den Erbfeind Spanien zu besänftigen, und der neue König von Spanien wünschte sich die Dienste Tiepolos mehr als die irgendeines anderen Malers. Die ganze Angelegenheit wurde auf Botschafterebene ausgehandelt. Man hat ihn den größten Maler des 18. Jahrhunderts genannt, und gewiß war er der größte unter den Italienern. Wenn auch seinem Werk die elegische Ergriffenheit Watteaus und die Gefühlstiefe Goyas fehlen mag, so ist es doch vielleicht ein getreulicherer Spiegel des Geistes jenes Zeitalters – seiner eleganten Verfeinerung, seines kultivierten Witzes, seines Optimismus und festen Glaubens an die menschliche Vernunft.

Die Kirche *Santa Maria del Carmelo* steht neben der Scuola, mit einem hohen, aus dem 17. Jahrhundert stammenden, von einer Statue der Jungfrau gekrönten Campanile, der ein auffallendes Wahrzeichen Venedigs ist. Sie ist ein großer Backsteinbau, hauptsächlich aus dem 14. Jahrhundert, aber mit zahlreichen späteren Hinzufügungen. Das Innere ist außerordentlich reich ausgestattet mit vergoldeten holzgeschnitzten Statuen, die die Arkaden des Mittelschiffs krönen und eine Folge von Barockgemälden tragen. Diese Bilder stellen Episoden aus der Geschichte des Karmeliter-Ordens dar und stammen von Künstlern wie Gregorio Lazzarini (Tiepolos erstem Lehrmeister), Gaspare Diziani und Giovanni Antonio Fumiani. Nur eines von ihnen ist von überragendem künstlerischem Wert, nämlich das fünfte links auf einem Seitenaltar, ›Die Heilige Jungfrau erscheint Papst Honorius III.‹, ein seltsames Phantasiegebilde mit schillernden Figuren, die wie exotische Fische in einem Aquarium hin und her schwimmen. Es stammt von dem florentinischen Maler und Dichter Sebastiano Mazzoni, der sich um die Mitte des 17. Jahrhunderts in Venedig niederließ.

Über dem zweiten Seitenaltar rechts hängt eine friedvoll ruhige ›Geburt Christi‹ von Giovanni Battista Cima, kurz vor 1510 gemalt, die den Einfluß Giorgiones erkennen läßt. Auf der anderen Seite hängt ein noch stärker an Giorgione gemahnendes Bild, das zwei Jahrzehnte später entstand, nämlich Lottos ›Hl. Nikolaus von Bari‹ mit dem Landschaftshintergrund eines verschlafenen Hafens, der in dunstiger Mittagshitze schimmert. Auf den beiden Choremporen oberhalb des Hochaltars Gemälde von Andrea Schiavone, ›Die Verkündigung‹, ›Die Anbetung der Hirten‹ und ›Die Epiphanie‹, von einer zarten, hellen Leichtigkeit, die schon das 18. Jahrhundert vorahnen läßt. Das Bronzerelief der ›Beweinung Christi‹ in der Kapelle rechts vom Hochaltar stammt von dem sienesischen Bildhauer und Architekten Francesco di Giorgio (etwa 1475). Eine anmutige Statue der ›Jungfräulichkeit‹ von Antonio Corradini (1721), von der gleichen stolzen Schönheit wie Tiepolos Madonnen, steht links vom dritten Altar im rechten Seitenschiff.

Die Westtür der Kirche führt auf den *Campo dei Carmini*. Die Legende bringt das Haus Nr. 2615 mit Othello in Verbindung. Aber obgleich bekannt ist, daß Shakespeare seine Handlung einer venezianischen Geschichte von Cinthio entnahm und die Archivare nachgewiesen haben, daß mehr als ein venezianischer Ehemann seine Gattin »nicht klug, doch zu sehr« liebte und sie umbrachte, »sonst betrügt sie andere« – man weiß von keinem, daß er hier gewohnt hat. Auch spielt Cinthios Geschichte betrüblicherweise gar nicht in diesem Viertel von Venedig. Vom Campo dei Carmini führen die *Fondamenta Foscarini* zur

Kirche des Angelo Raffaele. Auf dem Weg dorthin kommt
man am Palazzo Zenobio (Nr. 2597) vorbei, heute ein von
den Mönchen von San Lazzaro geleitetes armenisches
Internat mit internationaler Schülerschaft, ein einfaches
Gebäude aus dem späten 17. Jahrhundert mit kleinen Groteskköpfen, die aus der Fassade hervorgucken. Hier wohnte
Luca Carlevaris, der Städtemaler, der Canaletto und
Guardi den Weg bereitete, eine Zeitlang als Hausmaler bei
der Familie Zenobio. Das Gebäude ist zwar offiziell der
Öffentlichkeit nicht zugänglich, aber der Portier ist häufig
bereit, Besucher in den Oberstock zu führen und ihnen den
verschwenderisch ausgestatteten Ballsaal mit den leuchtenden allegorischen Fresken zu zeigen, die der französische Maler Louis Dorigny kurz vor 1700 hier malte. Das
Haus Nr. 2590 steht auf der Stelle eines vormaligen Heims
für gefallene Mädchen, das von der Ex-Kurtisane Veronica
Franca gegründet wurde, der Montaigne begegnete, nachdem sie sich in den Ruhestand zurückgezogen, ihren
Lebenswandel geändert und sich einen gewissen Ruf als
Dichterin erworben hatte. Im berühmten Katalog der Kurtisanen erschien sie als »204, Veronica Franca … 2 scudi«.
Außerdem kommt man hier am Centro Marinario Cini vorbei, wo eine kopflose antike Statue im Garten steht, und am
Haus Nr. 2376, dem Palazzo Ariani, mit seinen zarten, aus
dem 14. Jahrhundert stammenden gotischen Fenstern, die
zu den frühesten ihrer Art in Venedig zählen.

Ehe wir die Kirche des Angelo Raffaele aufsuchen,
gehen wir noch rasch zum Ende der Fondamenta hinunter
und wenden uns dort nach rechts, um uns die kleine Kirche
San Niccolò dei Mendicoli anzusehen, eine der ansprechendsten in ganz Venedig. Ihr Bau wurde im 7. Jahrhundert begonnen, und während der nächsten tausend Jahre
wurde von Zeit zu Zeit immer wieder etwas Neues hinzugefügt. Der gedrungene Campanile stammt aus dem
12. Jahrhundert, die Loggia am Westende − früher eine
Wohnung armer, frommer Frauen − aus dem 15., das

Hauptportal aus dem 17. Jahrhundert. Im Innern herrscht
die stille, gemütliche Atmosphäre einer abgelegenen Dorf-
kirche. Über den gedrungenen Säulen des Mittelschiffs,
deren Kapitelle zu groß für ihre Sockel sind, befinden sich
hölzerne Statuen ähnlich denen in der Carmine. Die Apsis
stammt aus dem 12. Jahrhundert und hat einen umlaufen-
den Gesimsfries im byzantinischen Stil, aber die ›Glorie
der Engel‹ darüber wurde im 18. Jahrhundert gemalt. Das
Durcheinander von Werken so vieler verschiedener Stilperioden verleiht der Kirche eigenen Charme.

Die Kirche des *Angelo Raffaele* enthält ein bedeutendes
Kunstwerk – eine Folge von Szenen aus der Tobias-
Geschichte auf der Orgelempore über dem Hauptportal.
Diese von tauglitzerndem Licht sprühenden Bilder stam-
men offenkundig von einem Mitglied der Familie *Guardi*.
Die Gelehrten haben lange und vernehmlich darüber
gestritten, ob sie von Gian Antonio Guardi sind, der nur als
Maler religiöser Bilder bekannt ist, oder von seinem jüngeren Bruder Francesco, den man hauptsächlich aus seinen
Veduten Venedigs kennt. Der Meinungsstreit hat der Fehde
zwischen den Castellani und den Nicolotti im Mittelalter
an Heftigkeit in nichts nachgestanden, und wenn die
Anhänger der beiden Schulen auch bisher nicht zu Tät-
lichkeiten geschritten sind, so ist doch nicht unbekannt,
daß sie einander in den engen Calli mit eiskalter Miene
den Gruß verweigern. Aber da die Lebensgeschichte der
beiden Brüder Guardi noch immer von einem dichten
Schleier verhüllt ist – die interessanteste Einzelheit, die
man über sie weiß, ist die Tatsache, daß ihre Schwester
Giovanni Battista Tiepolo heiratete –, ist der ganze Streit
rein akademisch und sollte die Aufmerksamkeit nicht von
der Schönheit dieser Bilder ablenken dürfen. Ihre Farben
sind sogar für venezianische Begriffe von ungewöhnlich
strahlender Helle, das Licht schimmert und glitzert auf
den eleganten Figuren – eine Technik, die schon fast die
französischen Impressionisten vorwegnimmt. (Es ist be-

zeichnend, daß man Guardi zur Zeit der Impressionisten-Vergötterung wiederentdeckte.) Die Gemälde scheinen wie von der letzten flackernden Flammenglut der venezianischen Schule erleuchtet und gemahnen uns zugleich an den nahezu ununterbrochenen Einfluß, den Venedig seit dem 16. Jahrhundert auf die Kunst ausgeübt hat.

Vom Campo an der Nordseite der Kirche führt eine kurze Calle zum Rio und den *Fondamenta San Sebastiano*. An der Ecke, direkt an der Brücke, steht ein sehr hübsches kleines rotes, gotisches Haus, in dem viele Jahre lang Filippo de Pisis wohnte, einer der wenigen neuzeitlichen Maler, denen es gelungen ist, das Flimmern des venezianischen Lichtes einzufangen.

Ein kurzes Stück den Rio entlang steht die aus dem frühen 16. Jahrhundert stammende Kirche *San Sebastiano*, deren Inneres, in den üppigen Farben der Gemälde *Paolo Veroneses* erglühend, eines der schönsten von ganz Venedig ist. Die frühesten dieser Bilder sind die ›Krönung Mariä‹ und die vier Tafeln der Evangelisten an der Decke der Sakristei. Sie wurden um 1555 gemalt und sind noch recht

16 *Giovanni Battista Tiepolos ›Einschiffung der Kleopatra nach Rom‹ (um 1750) im Palazzo Labia – die raffinierte Illusionsmalerei greift die reale Architektur des Ballsaals auf*

17 *Die Form scheint sich aufzulösen – nahezu impressionistisch wirkt Francesco Guardis ›Hochzeit des Tobias‹ (1750–52) in San Raffaele*

18 *Skurrile Karnevalsimpression im Palazzo Rezzonico – ›Die Schaubude der Gaukler‹ (Ausschnitt, um 1730) von Giandomenico Tiepolo*

unausgereift. Seine nächsten Werke, obwohl nur ein Jahr
später entstanden, sind schon wesentlich sicherer. Sie stellen dar: ›Esther vor Ahasver‹, ›Esther von Ahasver zur
Königin gekrönt‹ und ›Der Triumph des Mordecai‹.
(Esther galt als Urbild einer heiligen Jungfrau – ihre Fürbitte für die Juden lieferte die Parallele zur Fürbitte der
Jungfrau Maria für die Menschheit.) Nach Vollendung dieser Decke, die uns in seine verschwenderisch üppige Welt
seidiger Tändelei einführt, schuf Veronese den Fresken-
fries mit den zwischen weißen Zuckergußsäulen sitzenden
Sibyllen, wobei er sich hier freilich zum guten Teil auf die
Mitwirkung seiner Werkstatt verließ, die mit seinem
wachsenden Ruhm stetig größer zu werden begann. 1558
malte er den ›Hl. Sebastian vor Diokletian‹ und ›Das Martyrium des hl. Sebastian‹ im Mönchschor. Das strahlend
leuchtende Hochaltarbild der ›Madonna in der Glorie
mit den Heiligen Sebastian, Peter, Katharina und Franz‹
wurde einige Jahre später vollendet. Um die gleiche Zeit
bemalte er die Orgeltüren mit der ›Läuterung der Jungfrau‹ (außen) und dem ›See von Bethesda‹ (innen) und
schmückte die Orgelfront mit einer Darstellung von ›Christi Geburt‹. 1565 schließlich begann er die beiden riesigen
›Szenen aus dem Leben des hl. Sebastian‹ beiderseits des
Altarraums.

Vasari hat Veroneses Bilder »freudevoll, schön und wohl-
erdacht« genannt. Freudevoll ist wohl das beste Wort, um
diese Bilder zu bezeichnen, die ein ungehemmtes sinn-
liches Entzücken an der Schönheit der Welt bekunden, an
kräftigen, handfesten Männern und fülligen, vollbusigen
Frauen, an kraftvoll gemusterten Seidenstoffen, Gold- und
Silbergeschirr und klarem Murano-Glas und an leuchtend-
weißen Marmorpalästen mit einer Vielfalt von Säulen,
Türmen und Statuen. Er liebte die reiche Fülle des Fest-
gepränges und neigte dazu, jeden Vorwurf, den er malte, in
einen Festzug zu verwandeln. Der hl. Sebastian schreitet in
sein Martyrium so federnden, munteren Schrittes wie ein

junger Patrizier, der in der Fronleichnamsprozession geht.
Es ist vielleicht bezeichnend, daß Veronese an einer fiebri-
gen Überhitzung starb, nachdem er einer Osterprozession
gefolgt war. Er soll von freimütiger, fröhlicher und groß-
herziger Gemütsart gewesen sein, wenngleich eine Spur
cholerisch und leicht aufbrausend. Er wurde in Verona
geboren, wählte sich Venedig zur Heimat und gewann die
Stadt so lieb, daß er eine Einladung an den spanischen Hof
ablehnte. Er muß materiell sehr erfolgreich gewesen sein,
denn er kaufte sich ein ansehnliches Haus in Venedig und
ein Landgut bei Treviso. Aber er blieb ein bescheidener
Mann und schickte seinen Sohn zu Jacopo Bassano in die
Lehre mit den Worten: »Carletto wird ein besserer Maler
werden als ich.« Im Dreigespann der großen venezianischen Maler des 16. Jahrhunderts spricht er uns am unmit-
telbarsten an, auch wenn er nie die Gefühlsintensität oder
die Tiefe der Empfindung Tizians oder Tintorettos erreichte.

Durchaus passenderweise wurde Veronese in San Seba-
stiano begraben. Sein Grab neben der Orgel ist durch ein
mittelmäßiges Porträt aus dem 17. Jahrhundert bezeichnet.
Die Kirche besitzt noch einige andere bemerkenswerte
Kunstwerke. Das eindrucksvolle Grabdenkmal für Livio
Podocattaro, den Bischof von Zypern, in der dritten
Kapelle rechts ist von Sansovino, eine reizvolle Gruppe,
›Madonna mit Kind und den hl. Johannes‹ darstellend,
über dem zweiten Altar rechts, von Sansovinos Schüler
Tommaso Lombardo. In der ersten Kapelle links eine Porträtbüste des Marcantonio Grimani und eine sehr anmu-
tige kleine Statue des hl. Antonius des Abtes, beide von Vit-
toria. Der blau-weiße Majolika-Kachelfußboden in der
Kapelle links vom Hochaltar ist ebenfalls bedeutsam, er ist
von etwa 1510.

Überquert man draußen vor der Kirche die Brücke und
wendet sich dann nach rechts, so gelangt man rasch zur
Vaporetto-Haltestelle an den Zattere.

KAPITEL 13

Goldhaus und Damastkirche

Als in den letzten Jahren des 15. Jahrhunderts der weltkundige Diplomat Philippe de Commynes aus dem noch ganz mittelalterlichen Paris nach Venedig kam, war er völlig überwältigt vom Anblick der »plus triumphante cité que j'aye jamais veue«. Er übertrieb nicht. Im 15. Jahrhundert stand Venedig auf der Höhe seines Reichtums und blühenden Wohlstandes, und seine Bürger konnten sich in vollem Ausmaß ihrer Liebe zu prahlerisch prunkender Pracht hingeben. Die offenkundigste Zurschaustellung des Reichtums kann man in der reichverzierten Fassade der *Ca' d'Oro* am Canal Grande sehen. Ursprünglich war jede Kriechblume auf ihrem Dach vergoldet, ebenso sämtliche Kapitelle und die zahlreichen Reliefs. Das Geglitzer all dieser Vergoldungen hob sich gegen eine verschwenderische Verwendung von Farbe ab, besonders Zinnoberrot und Ultramarinblau, was dem Haus ein ausgesprochenes Rummelplatz-Aussehen verliehen haben muß. Heute fällt es ebenso schwer, sich diese Wirkung vorzustellen, wie die griechischen Tempel in ihrem ursprünglich grell bemalten Zustand.

Die Ca' d'Oro, zu der man in etwa zwanzig Minuten von San Marco auf dem langsamen Vaporetto des Canal Grande gelangt, ist das beste und schönste Beispiel gotischer venezianischer Wohnhausarchitektur, das erhalten ist. Und doch zögert man mit dem Begriff ›gotisch‹ bei einem Bauwerk, das, abgesehen von seinen Spitzbögen, mit gotischen Bauten außerhalb Venedigs so wenig gemeinsam hat. Ihr filigranartig durchbrochenes Mauerwerk, ihre hohen Kielbogenfenster und deren Einfassungen, die das Muster muselmanischer Gebetsteppiche nachzuahmen scheinen, ihre gleicherweise morgenländisch anmutenden

CASINO DEGLI SPIRITI

Sacca
della
Misericordia

SCUOLA VECCHIA
D. MISERICORDIA

Fondamenta Nuove

GESUITI

PALAZZO
ZEN

Campo
dei
Gesuiti

PALAZZO SERIMAN

Calle della Racchetta

Calle Larga

Rio di San Felice

Rio Santa Sofia

Strada Nova

Rio Terrà S. Apostoli

CA'
D'ORO

Ss. APOSTOLI

Campo
Ss. Apostoli

Rio Terrà

Canal Grande

PALAZZO FALIER

Sal. S. Giovanni Grisostomo

SAN GIOVANNI CRISOSTOMO

TEATRO
MALIBRAN

Ponte di Rialto

FONDACO D. TEDESCHI

0   100   200   300 m

Fialen und Spitztürme auf Brüstung und Geländer – das alles ist in der Tat weltenweit entfernt von dem gotischen Dekor von Chartres, Canterbury oder Köln. Die Ca' d'Oro paßt in keine internationale Stilkategorie. Sie ist nicht gotisch, sondern venezianisch – so venezianisch wie die Wasser des Canal Grande, die sich in ihrem wellengekräuselten Maßwerk widerspiegeln. Sobald die Sonne auf den Kanal fällt und glitzerndes Spiegellicht in die Höhe wirft, das über den Stein hinspielt und die dunklen Vertiefungen der Loggien aufbricht, erscheint der ganze Bau wie eine feuerglühende Vision. Alle Elemente, welche die venezianische Schule auszeichnen, finden sich hier vereinigt – Farbe, Licht, Üppigkeit und exotische Phantasie.

Ursprünglich für die Familie Contarini zwischen 1420 und 1434 erbaut, hat die Ca' d'Oro manchen Schicksalswandel erlebt – häufigen Besitzwechsel, bauliche Veränderungen, um sie den Bedürfnissen der großen Ballerina Taglioni anzupassen, und Aufteilung in getrennte Wohnungen. Schließlich wurde sie vom Baron Franchetti gerettet, der sie restaurierte, mit einer großen Sammlung von Gemälden, Skulpturen und Möbelstücken füllte und 1922 dem italienischen Staat vermachte. Seitdem sind viele Kunstwerke hinzugefügt worden und es ist eines der interessantesten Museen in Venedig entstanden.

Der Eingang befindet sich in der Calle della Ca' d'Oro. Zu ebener Erde ein malerischer Hof mit einer marmornen Zisterne von Bartolomeo Bon (1427/28) in 203 Tagen geschaffen, wie Dokumente belegen) und eine Steintreppe aus den Überresten der ursprünglichen, im 19. Jahrhundert abgebauten Treppe. Besucher müssen allerdings eine moderne Treppe ins Hauptstockwerk benutzen, wo man zunächst einigen erstaunlich ausdrucksstarken Skulpturen des 14. Jahrhunderts gegenübersteht, die die Reste einer Gruppe des ›Kindermords zu Bethlehem‹ sind. Man wird sodann gefangen von Andrea Mantegnas ›Hl. Sebastian‹, ein Bild, das der Maler bei seinem Tod 1506 unvollendet zurückließ und das hier in einer von Baron Franchetti eigens entworfenen kleinen Kapelle ausgestellt ist. Der hl. Sebastian war der Schutzpatron der Kranken, und seine Hilfe wurde vor allem zu Zeiten der Pest angerufen, worauf seine Vorrangstellung in der venezianischen Kunst der Frührenaissance beruht (bevor sich der Kult des hl. Rochus ausbreitete). Er wurde traditionellerweise nackt und von Pfeilen durchbohrt dargestellt. Der zunehmenden Nachfrage nach seinem Bildnis während der pestgeplagten letzten Jahrzehnte des 15. Jahrhunderts entsprach ein ebenso wachsender Kult des nackten männlichen Körpers als Teil der Wiederbelebung der klassischen Kunst. Zwei Strömungen, die christliche und die humanistische, flossen hier zusammen. In seinen früheren Gemälden des Heiligen orientierte sich Mantegna offensichtlich an antiken Marmorstatuen; in seinem Spätwerk ist die gemarterte Figur so recht aus Fleisch und Blut und doch mit einer physischen Schönheit ausgestattet, die das Leiden um so schmerzlicher erfahrbar macht.

Die Sammlung der Ca' d'Oro zeichnet sich im übrigen vor allem durch die kleinformatigen Skulpturen aus, die hier besser als irgendwo sonst in Venedig studiert werden können. Einige sind im *Portego* ausgestellt, dem langen Salon, der – typisch für venezianische Paläste – von der Vorderseite zur Rückseite des Hauses verläuft. An der rechten Wand ein marmornes Hochrelief eines jungen Paares von Tullio Lombardo, das unmittelbar römische Grabskulpturen nachahmt. Es folgt eine Serie von Bronzereliefs von Andrea Briosco, genannt *Il Riccio*: Vier erzählen die Geschichte des Heiligen Kreuzes und waren Tabernakeltüren am Altar der Servitenkirche in Venedig; ein anderes zeigt den hl. Martin, der seinen Mantel mit dem Bettler teilt. Il Riccio begann seine Karriere als Goldschmied, was die ausgesprochen feine Ausführung seiner Werke erklären mag. Er war mit einigen Humanisten der Universität Padua befreundet und teilte deren Leidenschaft für die

Antike. Unter der Anleitung von einem von ihnen schmückte er 1507 die Osterleuchter der Antonius-Basilika in Padua mit einer ganzen Mythologie von durch und durch heidnischen Sphingen, Satyrn und Zentauren.

Im Relief des hl. Martin mit den eleganten Girlanden und Widderköpfen, dem muskulösen Bettler und dem stattlichen jungen Reiter, läßt nichts darauf schließen, daß die Geschichte der christlichen Hagiographie und nicht den Schriften eines Tacitus oder Livius entnommen wurde. Es war für Riccio selbstverständlich, den Heiligen auf diese Weise darzustellen, wie für Marcantonio Sabellico, einen Venezianer aus dem Paduaner Humanistenkreis, eine Geschichte Venedigs im guten Latein Ciceros zu verfassen. Nebenan hängen drei Reliefs unbekannter Herkunft, die ursprünglich ein Monument für die Dogen Marco und Agostino Barbaro schmückten (letzterer starb im Jahr 1501). Erstaunlicher sind zwei klassische Schlachtenszenen − heidnische Glorifizierungen der Manneskraft −, die Vittore Camelio, Riccios bedeutendster venezianischer Schüler, für sein eigenes Grabmal entworfen hat. Das Marmorrelief der ›Portia‹ stammt von Giovanni Maria Mosca, ein Schüler Antonio Lombardos. Nahe beim Fenster eine erstaunlich naturalistische Porträtbüste eines Priesters, die man einem begabten, fast unbekannten Bildhauer − Cristofero del Legname − zuschreibt. Die Räume I bis III auf der rechten Seite des Portego sind kleineren Bronzen gewidmet. Im ersten ein teilweise vergoldeter Apollon von Pier Giovanni Alari Bonacolsi (genannt L'Antico), der gleichzeitig Restaurator und Nachahmer antiker Statuen war. Dieses kleine Meisterwerk wurde in den letzten Jahren des 15. Jahrhunderts ausgeführt nach dem Apollo von Belvedere, der gerade erst entdeckt worden war. Zu der feinen Auswahl an Medaillen gehören einige Werke von Pisanello, dem eigentlichen Schöpfer dieser Kunstform, die − abgeleitet von antiken römischen Münzen − in der Renaissance ungemein beliebt wurden; mit lebendigen Porträts

Scuola Vecchia della Misericordia

auf der Vorder- und Emblemen oder narrativen Szenen auf der Rückseite. Unter den Kleinbronzen des nächsten Raums ein Relief mit der ›Erziehung des Cupido in der Schmiede Vulkans‹, dem Florentiner Bertoldo di Giovanni zugeschrieben, ein Schüler Donatellos und für kurze Zeit Lehrer Michelangelos. Ein anderes kleines Relief, wohl von Riccios Lehrer Bartolomeo Bellano, begeistert sofort, zeigt es doch neben vielerlei Anklängen an die klassische Antike ganz einfach die Rückseite einer Kuh oder Färse – ein virtuoser Versuch perspektivischer Verkürzung, vielleicht inspiriert durch die vielen klassischen griechischen Epigramme auf eine bronzene Kuh des Myron von Eleutheria, Bildhauer des 5. Jahrhunderts v. Chr. Die Bronzen des dritten Raums stammen von venezianischen Künstlern des 17. Jahrhunderts. Die Wände der drei Räume schmücken einige Gemälde: ›Mariä Verkündigung‹ und ›Tod der Jungfrau Maria‹ von Vittore Carpaccio, Teil einer Serie für die Scuola degli Albanesi; eine ›Thronende Jungfrau mit Kind‹ von Benedetto Diana. Andere Gemälde, vor allem toskanischen Ursprungs, finden sich in den Räumen auf der anderen Seite des Portego: im Originalrahmen eine ›Jungfrau, das Kind anbetend‹, im Arnotal dargestellt, von Francesco Botticini, und ein Tondo zum gleichen Thema von Jacopo del Sellaio. Hier sieht man auch einige der vielen Renaissancewerke, die für Hochzeiten gefertigt wurden. Ein Gemälde auf einer Hochzeitstruhe von Biagio d'Antonio da Firenze erzählt die Geschichte der Lucretia, ein anderes von Girolamo di Benvenuto auf einer Schale für Hochzeitsgeschenke zeigt ›Herkules am Scheidewege‹ zwischen strenger Tugend und verführerischem Laster und soll die freie Wahl des Ehemanns verdeutlichen.

Eine hölzerne Treppe aus einem venezianischen Haus des 15. Jahrhunderts führt in das obere Stockwerk, wo vier flämische Tapisserien des 16. Jahrhunderts gezeigt werden (Raum VII); sie waren der modischste Wandschmuck der damaligen Zeit und wesentlich teurer als Gemälde. Porträts von Tintoretto und van Dyck (ein Genueser Adliger) befinden sich im gleichen Raum, ebenso einige Büsten Alessandro Vittorias, darunter die eines alternden Priesters mit Krähenfüßen unter den Augen − viel naturalistischer in der Darstellung als die stolzen Prokuratoren. Hier finden wir auch, in einem schönen Renaissancerahmen, Tizians ›Venus vor dem Spiegel‹, eine Komposition, von der mehrere Versionen bekannt sind. Dieses Stockwerk interessiert jedoch vor allem wegen der Freskenfragmente, die man vor den Wettereinflüssen hierher gerettet hat. Eine Serie von Pordenone mit der ungestümen ›Vertreibung aus dem Paradies‹ wurde noch gerade rechtzeitig aus dem Kreuzgang von Santo Stefano entfernt. Es war fast zu spät, als man Giorgiones ›Nackte Frauenfigur‹ (sein einziges dokumentiertes Werk) und Tizians ›Iustitia‹ von der Fassade des Fondaco dei Tedeschi entfernte. Von der Loggia des Palastes aus kann man dieses Gebäude, ganz zur Linken den Canal Grande hinuntergeschaut, gerade noch sehen und sich vorstellen, wie es im 16. Jahrhundert ausgesehen haben mag.

Stufen verbinden die Loggia mit zwei Räumen eines Palastes nebenan, in denen sich eine Sammlung von Keramiken aus dem Veneto, Umbrien und dem östlichen Mittelmeerraum befindet; das meiste besteht aus Fragmenten und ist nur für Spezialisten von Interesse. Holländische und flämische Gemälde des 15. bis 17. Jahrhunderts werden in den Räumen XI bis XIII gezeigt. Nahe dem Ausgang präsentieren zwei Vitrinen Bildhauer-Bozzetti, am bedeutendsten jene von G. L. Bernini für Figuren seines Brunnens auf der Piazza Navona in Rom. Und hier finden sich auch zwei flimmernd leuchtende Venedig-Ansichten von Francesco Guardi aus den Jahren um 1770.

Die Calle della Ca' d'Oro führt zur breiten und geschäftigen Strada Nuova mit ihren zahlreichen Marktständen und Buden, die Fisch, Gemüse und Obst feilbieten. Wir biegen

links ein, nehmen sodann die erste Seitenstraße rechts –
durch den Campiello Testori – und gehen die Calle della
Racchetta hinunter, deren Name sich von einem Tennis-
platz (Racket) herleitet, der im 15. und 16. Jahrhundert bei
den jungen Venezianern sehr beliebt war, darunter auch
den Mitgliedern der Compagnia della Calza, die Strumpfhosen mit verschiedenfarbigen Hosenbeinen trugen und
sich so elegant auf den Gemälden Carpaccios und Gentile
Bellinis tummeln. Von hier weiter die Calle Lunga entlang,
bis wir schließlich zu den Fondamenta Nuove gelangen.
Unterwegs überqueren wir zwei Brücken, die beide reizvolle Ausblicke auf Paläste und kleine Häuser bieten.
Neben der zweiten Brücke, dem Ponte Molin, steht die aus
dem 15. Jahrhundert stammende Scuola Vecchia della
Misericordia. Die Fassade war ursprünglich wesentlich reicher und besaß über dem Hauptportal ein prachtvolles
Relief der ›Madonna della Misericordia‹, das sich heute im
Victoria and Albert Museum in London befindet.

Von den *Fondamenta Nuove* – die im Jahr 1589 ›neu‹
waren – sieht man links, auf der gegenüberliegenden Seite
des Sacca della Misericordia genannten Wasserstreifens,
ein kleines rosa Haus, das in einem Garten mit Zypressen
steht. Es wurde im 16. Jahrhundert gebaut und erwarb sich
den Namen Casino degli Spiriti nach den literarischen
Leuchten und bedeutenden Geistern, die sich an Sommer-
nachmittagen hier zu treffen und in der stillen Abgeschie-
denheit dieses bezaubernden Ortes zu plaudern pflegten.
Da das Häuschen jedoch ganz in der Nähe der Friedhofsinsel San Michele liegt, wurde später eine Geister- und
Gespenstergeschichte erfunden, um seinen Namen zu erklären. Blicken wir von hier auf die Lagune hinaus, so liegt
die Insel Murano direkt vor uns und San Michele etwas
näher, zur Rechten. Nahezu allmorgendlich kommt unter
der Brücke ein Begräbniszug von Gondeln, an der Spitze
die mit schwarzem Samt ausgekleidete und kunstvoll
geschnitzte und vergoldete Leichengondel mit dem Sarg,

hervor und fährt zum Friedhof hinüber – ein unheimliches und sehr ergreifendes Schauspiel.

Wir wenden uns nach rechts und gehen die Fondamenta etwa hundert Meter entlang, bis wir zu einer Calle gelangen, die zur Kirche Santa Maria Assunta, allgemein die *Gesuiti* genannt, führt, mit ihrer wild überschwenglichen Barockfassade und ihren vom Meer gebleichten Statuen, die geradezu aus dem Giebelfeld herauszuspringen scheinen. Diese Kirche wurde zwischen 1714 und 1728 für die Jesuiten erbaut. Die Gesellschaft Jesu war infolge ihrer Unterwürfigkeit unter das Papsttum in Venedig nie sonderlich beliebt gewesen, und im 17. Jahrhundert verbot der Senat etwa fünfzig Jahre lang ihren Mitgliedern, überhaupt den Fuß in die Stadt zu setzen. Als sie schließlich soweit waren, ihre Kirche zu bauen – das Geld hierfür stiftete die Familie Manin –, sorgten die Jesuiten dafür, daß sie dem venezianischen Geschmack für Prachtentfaltung entgegenkam und so möglichst vertuschte, wem sie gehörte.

Das *Innere* der Kirche ist erstaunlich. Auf den ersten Blick macht es den Eindruck, als sei es vom Fußboden bis zur Decke mit dunkelgrünem und weißem Damast ausgekleidet, der in quastenbesetzten Volants und Falbeln über der Kanzel gerafft ist. In Wirklichkeit besteht das Ganze jedoch aus grünem und weißem Marmor. Es gibt in Italien viele andere mit Marmorintarsien ausgeschmückte Kirchen, aber in keiner ist das Muster so kühn oder die allgemeine Wirkung so verblüffend reich. Der Entwurf stammt von Domenico Rossi. An der Decke, in einer kunstvollen Einfassung aus weißem und vergoldetem Stuck, Gemälde von Francesco Fontebasso. Der Hochaltar von Giuseppe Pozzo umschließt ein Tabernakel aus strahlendem Lapislazuli und eine Marmorgruppe, die Gottvater und Christus auf der Weltkugel thronend darstellt (wahrscheinlich von Giuseppe Terretto). Der gleiche Bildhauer schuf die eleganten Statuen der Erzengel, die an den Ecken der Vierung ihren Platz haben. Auf dem Altar im rechten Querschiff eine schöne Statue des hl. Ignatius von Pietro Baratta, der auch die Reliefs auf der Altarfrontale schuf. Über dem Hauptportal ein riesiges Denkmal für die drei Prokuratoren der Familie da Lezze von Sansovino, ein gewichtiges Überbleibsel aus einer früheren Kirche, die an dieser Stelle stand.

Ein noch bedeutsameres Relikt aus der früheren Kirche ist Tizians ›Martyrium des hl. Lorenz‹ in der ersten Kapelle links (der Lichtschalter befindet sich auf der rechten Seite hinter der Säule) – um 1540 gemalt und eines von Tizians großartigsten Werken. Auf diesem virtuosen Nachtstück erleuchten der Lichtstrahl vom Himmel, die Fackeln und die Feuersglut unter dem Rost des hl. Lorenz das heidnische Götzenbild, flackern über den Marmortempel hin und blitzen auf den Helmen der Soldaten auf. Man ist fast geneigt zu vermuten, das Gemälde sei weit mehr ein Vorwand für diese Feuerwerkseffekte und die Verwendung dunkler, satter Farben als ein Versuch, die Todesqualen des Heiligen wiederzugeben. Abgesehen von einem Fresko Raffaels im Vatikan und dem ›Traum des Konstantin‹ von Piero della Francesca in Arezzo ist dies das erste wirklich gelungene Notturno in der Geschichte der Kunst. Gleich der ›Himmelfahrt‹ in der Frari-Kirche nimmt es bereits den Barockstil vorweg. Es war folglich von beträchtlichem Einfluß, als Nachtstücke im 17. Jahrhundert in ganz Europa so beliebt wurden.

Tizian wohnte von 1531 bis 1576 in diesem Viertel Venedigs, und zwar in einem Haus knapp jenseits des Ostendes der Gesuiti. Die Fondamenta gab es damals noch nicht, und so besaß er einen Garten, der sich bis zum Wasserrand erstreckte. Der florentinische Grammatiker Priscianese schildert einen Augustabend, den er hier 1540 zusammen mit Tizian, Aretino und Sansovino verbrachte. »Sobald die Sonne sank«, schrieb er, »wimmelte es auf der Lagune von Gondeln, prangend mit schönen Frauen, und vom Wasser her ertönte die vielfältige, wohllautende Musik von Stim-

men und Instrumenten, die bis zur Mitternacht unser
ergötzliches Abendessen begleitete.«

An dem von den Fondamenta Nuove am weitesten entfernt liegenden Ende des Campo dei Gesuiti steht der
Palazzo Zen – ein absonderliches Bauwerk aus dem Jahr
1538, an dem inmitten der Renaissanceornamentik in
kaum verhüllter Form das gotische Kielbogenfenster verwendet ist. Auf der anderen Seite der Brücke stehen einige
Häuser, die früher der Scuola della Carità zugehörten und
noch mit ihrem Wappen geschmückt sind – einem Relief
der Schutzmantelmadonna. Geht man von hier die Salizzada Seriman entlang – die nach dem hübschen gotischen
Palast Nr. 4851 benannt ist – und biegt an ihrem Ende
rechts ein, so gelangt man zum Campo dei Santi Apostoli.

Das Äußere der Kirche *Santi Apostoli* ist nicht bemerkenswert. Im Innern befindet sich jedoch ein kleines
Schmuckstück der Renaissancearchitektur, die Kapelle der
Familie Corner rechts vom Mittelschiff, deren Säulen sich
von Sockeln mit schöner Steinmetzarbeit erheben, um eine
kleine Kuppel von äußerster Zierlichkeit zu tragen. Sie
stammt aus dem späten 15. Jahrhundert und wurde wahrscheinlich von Mauro Codussi entworfen. Auf dem Altar
ein Gemälde von Giovanni Battista Tiepolo, die ›Kom-
munion der hl. Lucia‹ darstellend (1746–48), das ein
Bewußtsein echter Frömmigkeit mit einer Vorliebe für
pastellfarbene Seidenstoffe und leichtherzigen Witz und
Humor verbindet, der in Details wie dem Negerpagen und
der Figur, die neugierig vom Balkon herabspäht, zum Ausdruck kommt. Das einzige andere bemerkenswerte Gemälde in dieser Kirche ist der ›Schutzengel‹ von Francesco
Maffei in der Kapelle links vom Hochaltar, eine Votivgabe
eines geretteten Schiffbrüchigen. Obwohl um die Mitte des
17. Jahrhunderts gemalt, schimmert es in einem Perlmut-
terlicht, das Francesco Guardi vorwegzunehmen scheint.
Knapp außerhalb der Kapelle eine schöne Prozessionsfahne
des Rokoko mit geschnitzten Figuren, Seelen im Fegefeuer

darstellend, vergoldet und eingelegt mit Fischschuppen aus Perlmutt.

Vom Campo dei Santi Apostoli schlängelt sich eine Folge von Calli und Campielli zur Rialto-Brücke hin. Vom Ponte dei Santi Apostoli führt der Weg vorbei am Palazzo Falier, einem Bau aus dem 13. Jahrhundert mit Fenstern im byzantinischen Stil und eingefügten Reliefs. Folgt man den Wegweisern zum Rialto – oder den Linien aus weißem Marmor im Pflaster, die seit Jahrhunderten dem gleichen Zweck dienen –, so gelangt man zur schmucken und adretten rot-weißen Kirche *San Giovanni Crisostomo*.

Diese Kirche wurde von Mauro Codussi entworfen und zwischen 1497 und 1504 erbaut. Ihr Grundriß, ein griechisches Kreuz mit einer Vierungskuppel, wurde von den Baumeistern der Renaissance besonders geschätzt, sowohl wegen seiner schönen Einfachheit als auch um seines Symbolgehalts willen – die Kombination aus Quadrat und Kreis stellt das Verhältnis zwischen dem Menschen und dem Weltall dar, während das Kreuz die Erlösung versinnbildlicht. Die Kirche enthält zwei Gemälde von überragender Bedeutung. Über dem ersten Altar rechts befindet sich Giovanni Bellinis ›Hl. Hieronymus mit den Heiligen Christoph und Augustin‹, 1513 gemalt, in Bellinis dreiundachtzigstem Lebensjahr. Die Behandlung des seelenvollen hl. Christoph und die sanfte Hügellandschaft lassen erkennen, wie stark der alte Künstler sich im Bann Giorgiones befand, der drei Jahre zuvor gestorben war, während der elegante Marmorpilaster in der Mitte, der wie der Seitenpfosten eines Kaminmantels aussieht, der Arbeit eines anderen jüngeren Zeitgenossen, nämlich Tullio Lombardos, entnommen zu sein scheint. Der Einfluß Giorgiones kommt noch wesentlich stärker in Sebastiano del Piombos ›Hl. Johannes Chrysostomos mit sechs anderen Heiligen‹ (1508–10) zum Ausdruck. Der etwas dickliche Johannes der Täufer und der hinter ihm stehende hl. Liberale wurden sogar wahrscheinlich von Giorgione selbst kurz vor seinem Tod angelegt. Das dritte große Kunstwerk in dieser Kirche ist das Relief ›Die Krönung der Jungfrau‹ über dem zweiten Altar links, zwischen 1500 und 1502 von Tullio Lombardo geschaffen, der auch die Pilaster in der Kapelle schmückte. Dieses stark klassizistische Relief mit seinem sorgfältig modulierten Rhythmus der Gewänder und seinen ernsten und gelassenen Figuren sollte auf die venezianischen Maler, vornehmlich auf Bellini und Cima, einen großen Einfluß ausüben.

An der Südseite der Kirche führt ein Torbogen zu der Corte Prima del Milion und der Corte Seconda del Milion. Hier in der Nähe wohnte die Familie Polo – eine Plakette bezeichnet die Stelle auf den Fondamenta jenseits des zweiten Hofes –, und die beiden Höfe heißen ›del Milion‹ nach Marco Polos Buch, das bei den Italienern wegen der Million Wunder – oder Lügen –, die es enthält, ›Il Milione‹ heißt. Marco Polo, der Sohn eines venezianischen Kaufmanns, kehrte hierher zurück, nachdem er fünfundzwanzig Jahre in den Diensten des großen Tataren-Kaisers Kublai-Khan in China verbracht hatte. Hier erzählte er den staunenden Venezianern seine Geschichten von den Wundern und Reichtümern des Fernen Ostens. Der venetobyzantinische Torbogen in der Corte Seconda dürfte ihm ein vertrauter Anblick gewesen sein, und man fragt sich, ob er wohl den fernöstlichen Ursprung der Vögel und Ungeheuer, die ihn zieren, erkannt hat. Wahrscheinlich nicht, denn diese Motive haben sich auf ihrem Weg quer durch Asien sehr stark verwandelt und atmen nur noch einen schwachen Hauch der orientalischen Exotik ihrer Vorfahren in Persien und China. Überdies ist Marco Polos Buch zu entnehmen, daß er sich für Kunst kaum interessierte.

Die Salizzada San Giovanni Crisostomo führt zu dem großen viereckigen Gebäude des *Fondaco dei Tedeschi*, der deutschen Faktorei, in der sich heute das Hauptpostamt befindet. Dieser große, grimmige Steinklotz, 1505 als Ersatz für einen abgebrannten Vorgänger erbaut, war

ursprünglich an zweien seiner Fassaden durch Fresken von
Giorgione und Tizian belebt. Das einzige Bruchstück, das
von Giorgiones Arbeit noch übrig ist, befindet sich jetzt in
der Ca' d'Oro. Aber auf der anderen Seite des Gebäudes, die
auf die Rialto-Brücke blickt, kann man noch hoch oben an
der Wand über dem löwengekrönten Mittelportal den letzten blassen Schimmer von Tizians ›Judith und Holofernes‹,
seinem frühesten nachgewiesenen Werk, erkennen.

Im 15. und 16. Jahrhundert unterhielten die Venezianer
einen beträchtlichen Handelsverkehr mit Deutschland –
was Shakespeare nicht unbekannt gewesen zu sein scheint,
denn er läßt Shylock von einem Diamanten sprechen, den
er für zweitausend Dukaten in Frankfurt kaufte. Der Fondaco dei Tedeschi wurde von den Venezianern den deutschen Kaufleuten als Wohnblock, Bürohaus und Waren-
speicher zur Verfügung gestellt, in dem sie zu wohnen und
ihre Geschäfte abzuwickeln hatten. Alles war ihnen genau
vorgeschrieben oder wurde für sie angeordnet. Alle Bediensteten und höheren Funktionäre wurden vom Staat
ernannt. Die Kaufleute durften nur mit gebürtigen Venezianern Geschäfte machen und auch das nur durch Makler,
die ihnen zugewiesen wurden und die von jedem Geschäftsabschluß ihre Prozente einbehielten. Ursprünglich
hatte der Makler bei jedem Geschäftsabschluß persönlich
zugegen zu sein, aber mit der Zeit wurde es üblich, daß er
sich hierfür einen Angestellten hielt, auf den er seine Voll-
macht übertrug. Gegen Ende des 15. Jahrhunderts war das
Makleramt eine Sinekure, die vom Senat vergeben, aber
mit typisch venezianischer Durchtriebenheit aus den
Taschen der Ausländer finanziert wurde. Giovanni Bellini
und Tizian wurden beide mit Maklerstellen im Fondaco
dei Tedeschi belohnt, und zwar anscheinend als Bezahlung
für Arbeiten im Dogenpalast, die somit den Senat nichts
kosteten.

Der Fondaco dei Tedeschi wurde zu Beginn unseres
Jahrhunderts ziemlich heftig und durchgreifend restau-

riert. Der große Innenhof, der ursprünglich nicht überdacht war und zum Himmel offenstand, ist von drei
Geschossen kräftiger Arkaden umgeben, die so einfach und
geradeheraus gestaltet sind, wie es sich der nüchternste
und sachlichste Geschäftsmann nur wünschen kann. Zu
allen Tageszeiten von einer geschäftigen, eiligen, drängenden Menschenmenge gefüllt, die Briefe aufgibt, sich Briefe
von der ›poste restante‹ abholt oder vergeblich mit den
Zollbeamten über die Zollgebühr verhandelt, die auf
Pakete aus dem Ausland erhoben wird, hat das Gebäude
auch heute noch etwas vom brüsken, kurz angebundenen
Betrieb eines großen Geschäftshauses. Und die zahlreichen
deutschen Stimmen, die man hier vernimmt, sind durchaus am richtigen Ort.

KAPITEL 14

Kirchen und Theater: Musik und Phantastik

Die geschäftige *Salizzada San Moisè* führt vom napoleonischen Ende der Piazza zum Campo und zur Kirche San
Moisè. Fast am Anfang findet sich einer der besten Zeit-
schriftenkioske der Stadt mit einer Auswahl internationaler Zeitungen und Magazine. Die Zahl seriöser und klatsch-
freier Magazine, die in Italien publiziert werden, mag den
ausländischen Besucher überraschen. Einige sind die Or-
gane politischer Parteien, ›Il Popolo‹ für die Christdemo-
kraten, ›Avanti‹ für die Sozialisten, ›Unità‹ für die Kommu-
nisten. ›Manifesto‹ spricht eine Linksaußen- (manchmal
radikalschicke) Leserschaft an, ›L'Osservatore Romano‹
drückt unnachgiebig die Ansichten des Vatikans aus. ›La
Stampa‹ aus Turin und ›Corriere della Sera‹ aus Mailand
sind – trotz regionaler Basis – auf der ganzen italienischen
Halbinsel erhältlich. Beide sind politisch unabhängig,
wenn auch etwas rechtslastig, während die relativ junge
›La Repubblica‹ eher linkslastig ist und das beste Feuil-
leton aufweist. Eingefleischte italienische Zeitungsleser
(und es gibt viele davon) kaufen in der Regel ein über-
regionales und ein lokales Blatt; letzteres ist in Venedig und
im Veneto ›Il Gazzettino‹, unerläßlich für jeden, der wissen
will, was in der Region geschieht. In der Salizzada befindet
sich eine Anzahl der elegantesten und teuersten Geschäfte
Venedigs – Modesalons, Glaswaren, ein Antiquitäten-
geschäft und ein Fotograf, in dessen Laden man Fotografien und Farbreproduktionen der berühmten Kunstwerke
Venedigs und seiner Umgebung kaufen kann. Links führt
die Calle Vallaresso zum Canal Grande hinunter, und hier
kommt man am Palazzo Dandolo (Nr. 1362) vorbei, der in
den Jahren 1768 bis 1774 als der Ridotto oder Spielkasino

berüchtigt war, bis er von den Behörden geschlossen wurde, um zu verhindern, daß der venezianische Adel sein ganzes Geld an Ausländer verlor – wahrhaftig ein untrügliches Zeichen der Dekadenz! Es gab daneben noch andere Spielhöllen in Venedig, aber diese war die berühmteste. Die absonderlichen Hausregeln ließen zu den Spieltischen nur Personen von adliger Geburt oder maskierte Gäste zu, und da man Masken für billiges Geld kaufen konnte, versammelten sich hier Leute sämtlicher Gesellschaftsschichten und aus aller Herren Länder. Eine ähnliche Gesellschaft trifft man heute ganz in der Nähe in Harry's Bar an, nur spielt sie nicht, sondern trinkt mexikanisches Bier oder Campari.

Niemand hat je ein gutes Wort für die Fassade von *San Moisè* übrig gehabt. Ruskin nannte sie eines der »minderwertigsten Beispiele der minderwertigsten Schule der Renaissance«. Selbst der glühendste Verehrer des Barock muß zugeben, daß sie zu schwer ist, zu schmucküberladen und zu grobschlächtig im Detail. Sie wurde um 1660 nach einem Entwurf von Alessandro Tremignon errichtet und zwei Jahrzehnte später mit Statuen des österreichischen Bildhauers Heinrich Meyring geschmückt – in Venedig als Arrigo Merengo bekannt –, von denen inzwischen einige wieder entfernt worden sind. Und doch ist sie durchaus nicht gänzlich zu verachten. Wenn man sie vom Taubenmist säuberte – die Tauben sind in Venedig leider geheiligte Vögel, da sie angeblich von jenen abstammen, die alljährlich zu Pfingsten freigesetzt werden –, würde sie vermutlich einen schäumenden, funkelnden, bewegten Effekt von Licht und Schatten darbieten. Der ungewöhnliche Umstand, daß sie Moses geweiht ist, leitet sich aus Byzanz her, wo Kirchen häufig den Propheten geweiht wurden.

Haben sich die Augen erst einmal an die Düsterkeit im Innern der Kirche gewöhnt, so entdecken sie zu ihrem Erstaunen an der Stelle, wo man normalerweise den Hoch-

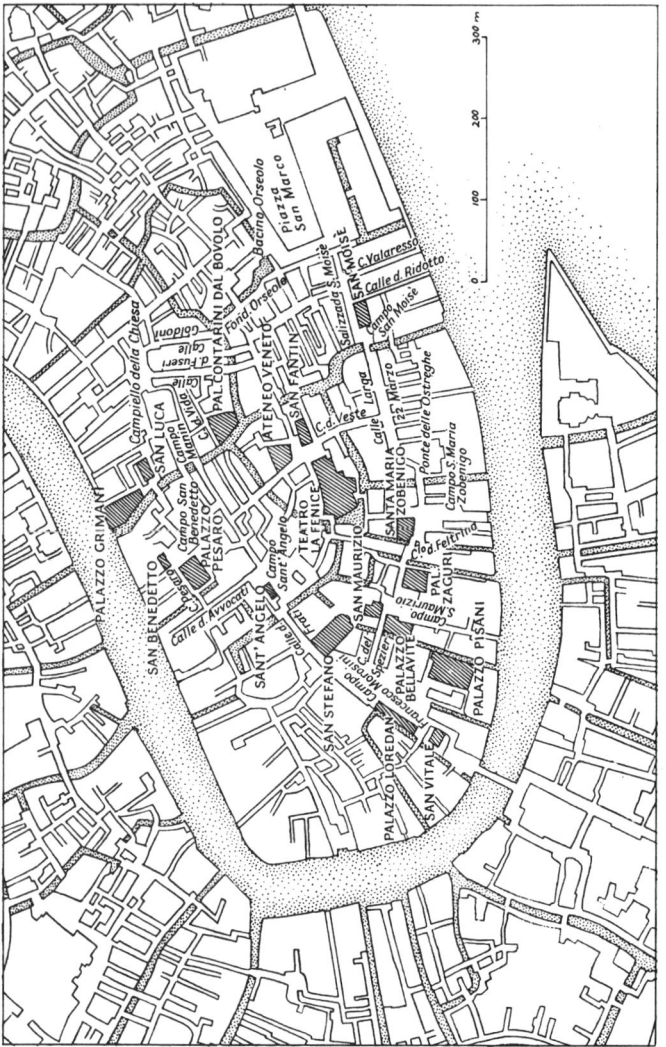

altar vermuten würde, etwas, das wie ein Steingarten aussieht. Tatsächlich ist es jedoch eine gargantuanische Skulptur von Meyring, die Moses darstellt, wie er auf dem Berg Sinai die Gesetzestafeln in Empfang nimmt. Eine ähnlich phantastische Ausschweifung, nur hier eher morbid, spricht aus dem skelettverzierten Grabdenkmal des Kanonikus Ivanovich von Marco Beltrame über der Nordtür. Gegenüber eine schöne Pietà von Antonio Corradini mit einer sehr anmutigen Figur der Jungfrau Maria. Die hervorragendste Skulptur in der Kirche ist jedoch das exquisit gegossene und bearbeitete Bronze-Antependium von Niccolò und Sebastiano Roccatagliata (1633) am Altar der Sakristei. Es zeigt Engel, die den toten Leib Christi hinwegtragen, und ist stark vom Einfluß Tintorettos gekennzeichnet, der sich im Venedig des 17. Jahrhunderts selten so wohltätig ausgewirkt hat wie hier.

An der rechten Wand des Altarraums befindet sich ein riesiges Gemälde, die ›Schlangenplage‹ darstellend, von Giovanni Antonio Pellegrini, dem besten der venezianischen Wandermaler des 18. Jahrhunderts, der in ganz Europa umherzog und Wände und Decken mit südlichen Farben belebte. Dies ist eines der wenigen Werke, die sich von ihm in Venedig befinden. Die Orgelempore über dem Hauptportal ist mit einer Folge von glitzernden Rokokogemälden von Francesco Migliori und Francesco Pittoni geschmückt. Ein einfacher Grabstein im Fußboden des Mittelschiffs gedenkt des Finanzmannes und Abenteurers John Law. Er war ein Schotte, der 1694 in London einen Mann im Duell tötete und zum Tod verurteilt wurde, aber über den Kanal entwich, in Frankreich die erste Bank gründete und schließlich das ganze französische Wirtschaftsleben beherrschte, bis er 1720 in Ungnade fiel und genötigt war, fluchtartig das Land zu verlassen. Er verbrachte die restlichen Jahre seines Lebens in Venedig.

Wenn wir die Kirche durch das Hauptportal verlassen, so sehen wir uns auf der linken Seite der aus neuerer Zeit

San Moisè

stammenden Fassade des Hotels Bauer-Grünwald gegen-
über, die heute von Architekturkennern ebenso mit
Schmähungen überhäuft wird wie San Moisè zu Ruskins
Zeiten. Das Hotel ist jedoch sehr gut, teuer und angenehm.

Der Ponte San Moisè führt in eine der breitesten Straßen
Venedigs, die 1880 angelegte *Calle Larga XXII Marzo*. Ihr
Name gedenkt des Tages, an dem die Venezianer unter
Daniele Manin (keinem Verwandten des letzten Dogen)
sich 1848 erhoben und die österreichische Garnison ver-
jagten. Siebzehn Monate lang stand Manin an der Spitze
einer neuen Republik Venedig. Aber im August 1849 zwan-
gen Blockade und Beschießung die Aufständischen, sich zu
ergeben.

In dieser Straße befinden sich beiderseits Banken, Reise-
büros und Antiquitätengeschäfte, die für gewöhnlich ihre
Schaufenster mit Porzellan und Möbeln des 18. Jahrhunderts und anderem eleganten Schnickschnack füllen. Eines
der Geschäfte, das Haus Nr. 2251, war die Verkaufsstelle der
Fortuny-Seidenstoffe, die Proust so rühmend erwähnt. Sie
werden in einer Fabrik auf der Giudecca hergestellt und
reproduzieren häufig die Stoffmuster, die man auf den
Gemälden Veroneses und Tiepolos sehen kann. Mehrere
enge Calli, in denen es von umherschleichenden Katzen
wimmelt, führen hinunter zu den Hotels am Canal
Grande. Eine von ihnen, die Calle del Teatro San Moisè,
erinnert an das längst verschwundene Theater, in dem
Claudio Monteverdis Oper ›Arianna‹ – von der man heute
nur noch das ergreifend schöne Klagelied kennt – 1640
uraufgeführt wurde.

Die Calle della Veste führt zum *Campo San Fantin*, an
dem sich drei bedeutende Gebäude befinden: eine Kirche,
eine Scuola und ein Theater. Die Kirche San Fantin ist vor
allem von Interesse wegen ihres edlen Altarraums, der
1562–64 nach einem Entwurf von Sansovino erbaut
wurde. Die Scuola di San Girolamo, in der sich heute die
Ateneo-Veneto-Gesellschaft für Kunst und Literatur befin-

Scuola di San Girolamo

det, stammt aus dem späten 16. Jahrhundert, mit einigen Verschönerungen aus dem 17., wie den sonderbaren gekräuselten Giebelfeldern über den Fenstern. Im Innern Deckengemälde von Palma Giovane und Antonio Zanchi und eine der schönsten von Vittorias Bronzebüsten, die Tommaso Rangone darstellt. Die Mitglieder dieser Scuola hatten die traurige Pflicht auf sich genommen, verurteilte Verbrecher zum Schafott zu geleiten und ihre Leichen anständig zu begraben.

Das *Teatro La Fenice* war das älteste und größte Opernhaus Venedigs, bis es in der Nacht des 29. Januar 1996 tragischerweise fast völlig ausbrannte; stehen blieben nur die Fassade und einige der Außenwände. Der Schock in Italien und bei den Opernfreunden in aller Welt war groß, und nationale und internationale Spendenkampagnen wurden sofort ins Leben gerufen, um La Fenice möglichst bald in alter Pracht – wie Phönix aus der Asche – wieder erstehen zu lassen. Im Oktober 2001 soll es wiedereröffnet werden. Das erste Haus an dieser Stelle wurde von Giovanni Antonio Selva 1790 entworfen, brannte schon einmal 1836 ab und wurde mit nur geringfügigen Abänderungen in seiner ursprünglichen Gestalt wieder aufgebaut. Unfreundliche Kritiker des Architekten machten aus dem Wort ›Societas‹ auf der Fassade ein Akrostichon: Sine ordine cum irregularitate erexit theatrum Antonius Selva. Der Zuschauerraum, ein einziger Rausch aus Vergoldungen, hellrotem Plüsch und Cherubim, die sich an der Decke tummeln, lieferte den perfekten Rahmen für jede Oper von Bellini, Donizetti oder dem frühen Verdi. Eine Galavorstellung in diesem Theater war ein unvergeßliches Erlebnis: die Lakaien in goldbetreßten Uniformen und gepuderten Perücken, die die Gondeln in Empfang nehmen, die von Perlen und Brillanten glitzernden Logen, eine jede mit einem Bouquet scharlachroter Nelken auf der Brüstung, die vielen Gesellschaftsräume, die vom Rauschen der Seide und dem weichen Klang venezianischer Stimmen widerhallen. Die Qualität der Aufführungen im Fenice war sehr unterschiedlich, aber der äußere Rahmen des Theaters hat nie versagt.

Während der Zeit der österreichischen Besetzung war das Fenice häufig der Sammelpunkt der Unzufriedenen und Mißvergnügten. Sie pflegten symbolische rot-weiß-grüne Blumensträuße auf die Bühne zu werfen, und gelegentlich warf ein Patriot auch einen Strauß mit einem Band in den österreichischen Farben dazu, nur um das Vergnügen zu erleben, wie die Primadonna ihn verächtlich mit dem Fuß zur Seite stieß. In jenen Jahren waren Verdis Opern besonders populär, sowohl wegen ihrer versteckten Risorgimento-Bedeutung als auch, weil sie den Zuschauern Gelegenheit gaben, im Chor »Viva Verdi« zu rufen — denn die Buchstaben seines Namens ergaben die Parole Vittorio Emanuele Re d'Italia.

Mehrere bedeutende Opern wurden eigens für das Fenice geschrieben und hier zum ersten Male aufgeführt — Rossinis ›Tancredi‹ (1813) und ›Semiramide‹ (1823), Vincenzo Bellinis Fassung von ›Romeo und Julia‹, ›I Capuleti e i Montecchi‹ (1830), und ›Beatrice di Tenda‹ (1833). Doch die bedeutendsten Opern, die hier ihre Welturaufführungen erlebten, waren alle von Verdi — zuerst ›Ernani‹ (1844), sodann ›Rigoletto‹ (1851), der sofort ein durchschlagender Erfolg war. Erstaunlicherweise war ›La Traviata‹, erstmals 1853 aufgeführt, ein aufsehenerregender Durchfall — zum Teil wegen der modernen Kostüme, zum Teil wegen der mittelmäßigen und schlechten Sänger und zum Teil auch, weil ihr die Risorgimento-Symbolik fehlte. Betrübt, aber nicht gekränkt, schrieb Verdi noch eine weitere Oper für das Fenice, ›Simon Boccanegra‹, die bei ihrer Uraufführung 1857 eine begeisterte Aufnahme fand. In der Nachkriegszeit war die denkwürdigste Premiere wohl Strawinskys ›The Rake's Progress‹ im Jahr 1951.

Wir kehren zur Calle Larga zurück, biegen nach rechts ein, sodann bei dem Laden mit dem hübschen Schaufen-

Bernardo Belotto, gen.Canaletto,
*Capriccio: Terrasse und Loggia
eines Palastes an der Lagune*, um 1765

ster voller alter Stiche und Bücher nach links, dann abermals rechts und über den Ponte delle Ostreghe (Austern-
brücke) und gelangen so zum Campo *Santa Maria Zobe-
nigo*, auch Santa Maria del Giglio genannt. Die Fassade
dieser Kirche hat Ruskin zutiefst empört, denn nicht nur ist
sie ein Barockbau – von Giuseppe Sardi zwischen 1678 und
1683 errichtet –, sondern es findet sich auch inmitten ihrer
reichen Vielfalt bildhauerischen Schmuckwerks nicht ein
einziges christliches Symbol. Diese Fassade wurde von
Antonio Barbaro entworfen und bezahlt, der unter Francesco Morosini im Candia-Feldzug diente, aber wegen Un-
fähigkeit entlassen wurde, und ist wirklich eine empörend
unverschämte Selbstverhimmelung und Selbstrechtfer-
tigung, die noch dazu – worauf Barbaro in seinem Testament voller Schadenfreude ausdrücklich hinwies – in
Sichtweite von Morosinis Palast errichtet wurde. In der
Mitte steht eine Statue Antonio Barbaros in seiner Gene-
ralsuniform über seinem Sarkophag; zu beiden Seiten Statuen der Ehre, der Tugend, des Ruhms und der Weisheit; in
den Nischen darunter Statuen seiner vier Brüder; an den
Sockeln der Säulen Reliefansichten der Städte, in denen er
der Republik gedient hatte: Zara, Padua, Rom, Korfu,
Spalato und natürlich Candia.

Im *Innern* ist die Kirche viel weniger weltlich gestimmt
und übervoll von gemaltem und plastischem Bildwerk.
Beim Hauptportal eine elegante, langgestreckte Christusstatue von Giulio del Moro. Nach dem ersten Altar rechts
führt ein Durchgang zu einer dunklen Kapelle, in der ein
sehr schönes, aus dem 18. Jahrhundert stammendes Elfen-
beinkruzifix mit einer knienden hl. Maria Magdalena
dramatisch aus der Düsternis hervorleuchtet. Die letzte
Kapelle rechts vom Mittelschiff ist ein kleines Baptisterium aus dem 18. Jahrhundert – ein wilder Aufruhr von
Stuck-Cherubim und Draperien und Zuckergußsäulen
rings um ein Taufbecken mit einem Deckel aus vergoldeten Wellen, auf deren Schaumkronen Johannes der Täufer

Pirouetten tanzt. Unter den Gemälden sind zwei Evangelisten von Tintoretto (1552–57) hinter dem Hochaltar die
schönsten. In der Sakristei eine ›Jungfrau mit Kind‹, die
allzu optimistisch Rubens zugeschrieben wird. Von größerer malerischer Qualität ist das nahebei hängende Gemälde ›Abraham teilt Kanaan‹ von Antonio Zanchi – das
prächtigste Bravourstück der Barockmalerei, das in Venedig anzutreffen ist. Rings um die Kirche eine Folge von
Kreuzwegstationen von Meistern wie Giovanni Battista
Crosato, Domenico Maggiotto, Gaspare Diziani und Francesco Fontebasso, eine jede ein vorzüglich gearbeitetes kleines Kunstwerk.

Der Ponte della Feltrina, ein Campiello, noch eine
Brücke und danach eine kurze Calle führen uns zum
Campo San Maurizio. Auf der linken Seite steht der gotische Palazzo Zaguri aus dem 15. Jahrhundert und ihm
gegenüber, auf der anderen Seite, der schlichte und einigermaßen strenge Palazzo Bellavite (Nr. 2760), in dem
Alessandro Manzoni, der Verfasser des bedeutendsten italienischen Romans – ›I Promessi Sposi‹ –, in den Jahren
1803/04 wohnte. Ihm gegenüber steht die klassizistische
Fassade von San Maurizio von Giovanni Antonio Selva, mit
ernsten und feierlichen Statuen und Reliefs geschmückt,
und gleich dahinter die aus dem frühen 16. Jahrhundert
stammende Scuola degli Albanesi, in der sich früher ein

19 *Vorarbeiten für Il Carnevale,*
    das Fest der schönen Masken

20 *Frivole Späße beim Laienspiel auf dem Markusplatz*

21 *Unvergeßliche Erlebnisse – das prachtvolle*
    Teatro La Fenice war Schauplatz großer
    Premieren von Verdi- und Rossini-Opern

Zyklus von Gemälden von Carpaccio befand. Zwei davon sind heute in der Ca' d'Oro zu finden.

Die Calle zwischen der Scuola und dem Palazzo Bellavite führt über eine Brücke und vorbei an einer der verführerischsten Zuckerbäckereien der Stadt und mündet in den großen *Campo Francesco Morosini*. Dies ist einer der wichtigen Mittelpunkte des venezianischen Lebens, ausgesprochen bürgerlich im Vergleich zu der mondänen Piazza oder so volkstümlichen Gegenden wie dem Campo Santa Margherita. In der Mitte spielen stets Kinder – eine der nie versagenden Freuden Italiens ist die unablässige Gegenwart sonnengebräunter Kinder mit strahlenden Augen, die stets und überall völlig ungehemmt und gänzlich versunken ihre komplizierten Spiele treiben, ohne sich im geringsten um die Umwelt zu kümmern. Wer je den Wunsch verspüren sollte, einmal der Pracht und Großartigkeit, dem Fremdengewühl und den Musikkapellen des Markusplatzes zu entfliehen, der kann sich keinen besseren Ort aussuchen, um seinen ›aperitivo‹ oder seinen Kaffee zu trinken, als den Campo Morosini.

In der Mitte steht eine nicht sonderlich interessante Statue des Niccolò Tommaseo – eines Risorgimento-Führers – aus dem 19. Jahrhundert, auf dessen Kopf für gewöhnlich eine Taube sitzt. Zuweilen frage ich mich, ob die Tauben sich wohl aus den gleichen Gründen wie ich von der Piazza hierher zurückziehen. Rings um den Campo stehen mehrere bedeutende Gebäude: am äußersten linken Ende die Kirche *San Vitale* aus dem frühen 18. Jahrhundert mit einer von Palladio entlehnten Fassade. Im Innern ein hl. Vitalis von Carpaccio, der unverkennbar auf einem der Bronzepferde von San Marco reitet, eine reizvolle ›Verkündigung‹ von Sebastiano Ricci und einige gute Skulpturen des 18. Jahrhunderts von Antonio Tarsia. Neben San Vitale steht der lange, niedrige Palazzo Loredan (Nr. 2945) mit einem schönen Bronze-Türklopfer am Hauptportal in Form eines Neptun mit zwei Seepferden, von einem

Schüler Vittorias. Gegenüber öffnet sich der Campo Morosini in den kleinen Campo Pisani, und hier erhebt sich der *Palazzo Pisani* wie ein riesiges gestrandetes Schiff. Die Fassade stammt aus dem 18. Jahrhundert und wurde wahrscheinlich von Girolamo Frigimelica entworfen. Wenn man sich an den Portier wendet, erhält man möglicherweise Erlaubnis, das imposante Treppenhaus hinaufzugehen und sich eine Folge von grandiosen, mit Stuck und Fresken ausgeschmückten Räumen anzusehen. Der Palast ist seit 1897 ein Musik-Konservatorium, zu dessen Leitern der Komponist Ermanno Wolf-Ferrari und Gian Francesco Malipiero, der Monteverdi-Herausgeber, gezählt haben. An den Vormittagen tönen aus seinen Fenstern für gewöhnlich allerlei schülerhafte Musikübungen.

Am anderen Ende des Campo Morosini steht die große gotische Kirche *Santo Stefano*, die trotz ihres heutigen friedvollen Aussehens recht turbulente Zeiten durchlebt hat. Sie mußte nicht weniger als sechsmal neu geweiht werden, weil sich in ihren Mauern Blutvergießen zugetragen hatte. Das dazugehörige Kloster war zu Beginn des 16. Jahrhunderts berühmt wegen der Spiele, die von den Mönchen aufgeführt wurden. Man betritt die Kirche durch eine mit üppig wucherndem, gotischem Blattwerk umrankte Tür aus dem 15. Jahrhundert.

Das baulich einfache Innere ist reicher an Skulpturen als an Gemälden. Abgesehen von einer hübschen ›Geburt der Jungfrau‹ von Nicolò Bambini über dem ersten Altar rechts befinden sich die einzigen bedeutenden Bilder in der Sakristei am Ostende des südlichen Seitenschiffs. Hier hängen zwei späte Tintorettos von etwa 1580: der ›Garten Gethsemane‹ mit geisterhaften Gestalten, von denen man durch die Olivenbäume hindurch einen Blick erhascht, und eine ›Fußwaschung‹. Das ›Abendmahl‹ mit einem bezaubernden Detail, ein Kind zeigend, das mit einer Katze spielt, stammt von einem Angehörigen seiner Schule. Über der Tür ein riesiger ›Bethlehemitischer Kindermord‹

(1733), in reinen, hellen Farben gemalt und wohl das Meisterwerk des ansonsten langweiligen, zweitrangigen Malers Gaspare Diziani.

Rings um den Altarraum stehen eher steife, aus dem 15. Jahrhundert stammende Statuen von einem Bildhauer der Lombardi-Schule, die ursprünglich eine Altarschranke zierten. Der Hochaltar hat eine in strahlenden Farben gehaltene, 1661 datierte Frontale in ›pietre dure‹-Arbeit. Davor zwei reiche Bronzeleuchter, von denen der eine 1577 und wahrscheinlich in Vittorias Werkstatt hergestellt wurde, während der andere eine aus dem 17. Jahrhundert stammende Kopie ist. Der Mönchschor hinter dem Altar besitzt ein Gestühl mit einem geschnitzten, üppigen Gewucher gotischen Pflanzenwuchses von Marco Cozzi, von dem auch das Chorgestühl in der Frari-Kirche und eine Decke in der Accademia stammen.

Rechts von der Tür zur Sakristei befindet sich ein Bronzerelief der ›Madonna mit Heiligen und Stiftern‹, das Alessandro Leopardi, dem Künstler, der Verrocchios Colleoni-Standbild goß, zugeschrieben wird. In scharfem Kontrast hierzu auf der anderen Seite der Tür ein lachhaftabsurdes Barockdenkmal für einen Richter namens Lazzaro Ferri, mit gesträubter Perücke, flatternden Cherubim, gerafften, volantbesetzten Vorhängen und einem Adler, der eine Pergamentrolle in den Klauen hält.

Der dritte Altar links ist mit drei scharf geschnittenen kleinen Statuen verziert, von denen eine von Pietro Lombardo signiert ist; sie standen wahrscheinlich ursprünglich auf der Altarschranke. Pietro Lombardo und seine Söhne schufen auch das Denkmal des Giacomo Surian, eines Arztes aus Rimini, das an der West- bzw. Eingangswand steht. Es zeigt die liegende Grabfigur Surians, ferner ein Relief, auf dem er vor der Jungfrau kniet, und einen wundervoll gearbeiteten Sockel mit Totenköpfen, Früchtegirlanden, Schilden mit vorgetäuschtem Damastgewebe und einem bezaubernden kleinen Relief, das eine Szene auf einem

Madonna dell'Orto

Bauernhof zeigt. Daneben steht Antonio Canovas Denkmal für Giovanni Falier, seinen ersten Gönner und Auftraggeber. Das Denkmal gehört zu jenem Typ, den Canova
von den griechischen Stelen ableitete und der von seinen
zahllosen Nachfolgern zu einem Klischee herabgewürdigt
wurde. Die Arbeit ist besonders schön, vor allem in der
Wiedergabe der Gewebemuster auf den Kleidern der trau-
ernden Gestalt und der pergamentenen Gesichtshaut
Faliers. Canova schuf einige seiner ersten Arbeiten im
Kreuzgang von Santo Stefano, wo er ein Atelier hatte.

Vor dem ersten Altar links bezeichnet eine Platte die
Grabstätte Giovanni Gabrielis, der von 1585 bis 1612 Orga-
nist von San Marco war und einer der besten frühvenezia-
nischen Komponisten, die in unserem Jahrhundert wieder-
entdeckt worden sind. Auch Francesco Morosini liegt in
dieser Kirche begraben; seine riesige Grabplatte befindet
sich in der Mitte des Hauptschiffs.

Eine Tür am Ostende des nördlichen Seitenschiffs führt
in den Kreuzgang aus dem 16. Jahrhundert, in dem man
noch die letzten Überreste eines von Pordenone gemalten
Frieses sehen kann. Dieser Kreuzgang ist freilich nicht
mehr der friedvolle, weltabgeschiedene Ort, der er einstmals war. Im Kloster hat sich inzwischen das Finanzmini-
sterium mit einigen Abteilungen eingenistet, und an Stelle
der huldvollen alten Mönche, die früher hier gemächlich
einherschlurften, eilen jetzt verhärmte Steuerzahler und
geplagte Steuereinnehmer gehetzten Schrittes an einem
vorbei. Von dem Kreuzgang führt eine Tür auf den Campo
Sant'Anzolo oder Angelo.

Auf dem Campo steht das Oratorium Santissima Annun-
ziata, am anderen Ende der gotische Palazzo Duodo
(Nr. 3584), in dem 1801 der Komponist Domenico Cima-
rosa starb. Hinter dem Oratorium ein hübscher Palast aus
dem 18. Jahrhundert (Nr. 3831) mit großen Goliathsköpfen
von dem in Venedig so beliebten Typ, die über Türen und
Fenstern stirnrunzelnd auf uns herabblicken. Gleich dane-

ben, am Eingang zur Calle degli Avvocati, ein einfaches
gotisches Haus.

Gehen wir diese Calle entlang und biegen in die erste
Querstraße rechts, die Calle Pesaro, ein, so gelangen wir zu
einer Brücke, über der sich die aus dem frühen 15. Jahrhundert stammende gotische Fassade des *Palazzo Pesaro*
mit ihren Kielbogenfenstern und kleinen Marmorbalko-
nen erhebt. Die Calle führt weiter zum Campo San Beneto
(Benedetto), dessen eine Seite von einer anderen Fassade
des gleichen Palazzo Pesaro eingenommen wird. Sie ist
etwa ein halbes Jahrhundert jünger und wesentlich reicher verziert, mit sämtlichen blumenreich überladenen
Raffinements, gotischen Maßwerknasen, Kriechblumen-
Laubwerk und Mohnkapsel-Verzierungen. Im späten
18. Jahrhundert war der Palast der Sitz einer musikalischen
Gesellschaft und ist daher zuweilen auch unter dem
Namen Palazzo degli Orfei bekannt. Im späten 19. Jahrhundert wurde er von Mario Fortuny, einem spanischen
Maler und Designer von Textilien, Kleidern, Bühnenbildern und vielem mehr, gekauft, dessen Witwe ihn der Stadt
Venedig vermachte. Er ist nun als *Museo Fortuny* geöffnet
und bewahrt fast unverändert die Atmosphäre eines Fin de
siècle-Künstlerdomizils (obwohl Fortuny erst 1949 starb).
Nach dem Erklimmen der steilen Stufen sieht sich der
Besucher einem der ›Delphos‹-Kleider aus plissierter und
wallender Seide gegenüber, die in Künstlerkreisen ungeheuer gefragt waren. Den Herstellungsprozeß ließ sich
Fortuny 1909/10 patentieren. Es gibt hier auch Beispiele
von Stoffen, die Proust und D'Annunzio sehr bewunderten:
wie Samt erscheinende Baumwollstoffe, die in Naturfar-
ben mit Schablonen oder Holzstöcken mit Mustern aus
dem Islam und der Renaissance bedruckt wurden. Diese
wurden bis 1922 im oberen Stockwerk des Palastes produ-
ziert, bis Fortuny, um den wachsenden Markt zu befriedi-
gen, eine Fabrik auf der Giudecca eröffnete, die noch heute
aktiv ist. Eine Vielzahl seiner eigenen Gemälde finden sich

Ansicht des Palazzo Fortuny
auf einem Stich des 19. Jahrhunderts

an den Wänden oder auf Staffeleien, attraktive Skizzen Venedigs und eher weniger gelungene Kopien alter Meister. Das Erdgeschoß ist mit separatem Eingang für Wechselausstellungen – vor allem Fotoarbeiten – eingerichtet.

Die kleine Kirche *San Benedetto* enthält mehrere bedeutende Gemälde – den ›Hl. Franz von Paola‹ von Giovanni Battista Tiepolo, einen dramatischen ›Hl. Sebastian‹ von Bernardo Strozzi und zwei Bilder des ›Hl. Benedikt‹, davon eines mit einer phantastischen verhüllten Gestalt, von Sebastiano Mazzoni. Aber leider ist die Kirche nur selten geöffnet.

Verläßt man den Campo San Beneto durch die Salizzada del Teatro und biegt dann in die Calle delle Muneghe ein, so gelangt man alsbald zum Portal des Palazzo Contarini (Nr. 3980) mit seinem prachtvollen überdachten Treppenaufgang aus dem 17. Jahrhundert im Cortile, einem hübschen kleinen Brunnen und unter der Arkade einer Gruppe von ›cassapanche‹ aus dem 18. Jahrhundert mit kunstvoll gearbeiteten Rückenlehnen. Gehen wir die Calle weiter entlang, so kommen wir zum Ponte del Teatro Rossini, so genannt nach einem der ältesten Theater Venedigs, das längst zu einem Kino umgebaut worden ist. Es hieß ursprünglich Teatro San Benedetto und wurde ebenso wie mehrere andere Theater in Venedig von einer Adelsfamilie, in diesem Fall den Grimani, finanziert. Hier piepsten die Kastraten ihre Koloraturarien, und Hanswurste und Possenreißer führten die uralten Fabeln der Commedia dell'arte auf.

Zur Linken, am Canal Grande, erhebt sich der Palazzo Grimani, heute das Berufungsgericht. Vor der Brücke die Kirche *San Luca* mit einer reizlosen, aus dem frühen 19. Jahrhundert stammenden Fassade. Im Innern der Kirche findet sich wenig Interessantes, abgesehen von einem Madonnenrelief aus dem 15. Jahrhundert über dem ersten Altar rechts und einem Gemälde, den ›Hl. Lukas in der Verzückung‹ darstellend, von Paolo Veronese mit beträchtlicher Werkstattbeihilfe, über dem Hochaltar. In dieser Kirche wurde 1556 Pietro Aretino begraben, aber kein Grabstein bezeichnet seine letzte Ruhestätte. Dieser genialische Schriftsteller und Kunstkenner von hohen Graden war ein Freund Tizians und Sansovinos, zugleich aber auch die berüchtigtste böse Zunge der Geschichte. Man sagte von ihm, er habe für jeden ein böses Wort, außer für Gott, und das nur, weil sie nicht miteinander bekannt seien. Die Zwillingsgaben der überströmendsten Schmeichelei – für alle jene, die ihn mit Geschenken belohnten – und der schmähendsten Satire – für alle jene, die ihn nicht beschenkten – trugen ihm einen behaglichen Lebensunterhalt ein. In Venedig hielt er sich klugerweise davor zurück, die mächtigen Senatoren anzugreifen, und behielt sein Gift jenen vor, die ihm in der Stadt nicht schaden konnten, besonders den Ehefrauen unbedeutender Patrizier und den Herrschern anderer Staaten, die sich weigerten, sein

Schweigen zu erkaufen, vornehmlich Isabella d'Este, der »monströs dicken Marchesa von Mantua, die ebenholzschwarze Zähne und Augenbrauen aus Elfenbein hat, unanständig häßlich und ›arcidishonestamente‹ hergerichtet ist und noch in der Altersverblödung Kinder gebiert«. In seinen grobschlächtigen Epigrammen sind alle Frauen Huren und alle Männer impotente Hahnreis. Er leckt sich genüßlich die Lippen, indem er den Blick über die Szene schweifen läßt, und ruft gleich Thersites: »Unzucht, Unzucht, nichts als Unzucht!« So seltsam es uns heute vorkommen mag, galten seine Satiren für amüsant und trugen ihm in Venedig unzählige Nachahmer ein, während seine häufig sehr schön geschriebenen Briefe leider weniger nachgeahmt wurden. Der venezianische Charakter hat auch eine Vorliebe für grausame Verhöhnung, und ihr kam Aretino ausgesprochen entgegen.

Auf dem ›campiello‹ hinter der Kirche befindet sich eine ungewöhnliche, aus dem 13. Jahrhundert stammende gotische Türeinfassung (Nr. 4038), die mit einem Muster aus Backsteinen verziert ist. Der Ramo della Salizzada führt zum *Campo Manin*, der von Luigi Borros Bronzedenkmal des Daniele Manin beherrscht wird. Die Cassa di Risparmio oder Sparkasse auf der rechten Seite steht auf der Stelle, wo sich früher die von Aldus Manutius im 15. Jahrhundert gegründete Druckerei befand. Hier wurden die berühmten Aldus-Drucke hergestellt. Über der Tür war eine Ermahnungsinschrift angebracht: »Wer immer du bist und was immer du willst, ersucht Aldus dich, es mit wenigen Worten vorzubringen und dich hinwegzubegeben, es wäre denn, du seiest gekommen, um gleich Herkules dem müden Atlas die Hilfe deiner Schultern zu leihen. In diesem Fall wird es stets etwas für euch zu tun geben, wie viele ihr auch sein mögt.« Erasmus von Rotterdam war einer von jenen, die ihre Schulter liehen, als er nach Venedig kam, um die Drucklegung seiner ›Sprüche‹ zu überwachen. Doch ein unfreundlicher Bericht erzählt, er habe, während er bei Aldus wohnte, für drei gegessen und für viele getrunken, ohne die Arbeit eines einzigen zu verrichten.

Die Calle della Vida führt vom Campo Manin – erste links, erste rechts – zur *Corte Contarini del Bovolo*, wo man durch einen Gitterzaun eines der erstaunlichsten und phantastischsten Stücke der venezianischen Architektur des späten Quattrocento erblicken kann. Dies ist die Wendeltreppe – ›bovolo‹ ist venezianisch für Schnecke oder Spirale – des *Palazzo Contarini*, die kurz vor 1500 wahrscheinlich nach einem Entwurf von Giovanni Candi erbaut wurde. Dankenswerterweise ist dieses Gebäude der Aufmerksamkeit der Flutlichtbeleuchter entgangen; seine Marmorarkade im schimmernden Vollmondlicht ist ein überaus lohnender Anblick. Vor dem Palast befindet sich eine Gruppe alter, aus verschiedenen Teilen Venedigs zusammengetragener Brunnenhäuschen, darunter ein schönes byzantinisches Stück aus dem 11. Jahrhundert.

Die Calle della Vida führt in die Calle dei Fuseri (rechts einbiegen), und von dort geht der erste Durchgang links zur Calle Goldoni, die (rechts einbiegen) uns am *Bacino Orseolo* vorbei zum Markusplatz zurückbringt.

Das Hotel del Cavaletto, auf der gegenüberliegenden Seite des ›bacino‹, steht an der Stelle eines der ältesten Hotels von Venedig. Es hieß Cavaletto, weil es sich in der Nähe der Stallungen befand, in denen im 14. Jahrhundert ausländische Besucher Pferde mieten konnten. Damals war das Pferd noch das gebräuchliche Verkehrsmittel in der Stadt, und die Gondel hatte es noch nicht verdrängt. Heute ist der Bacino der Hauptsammelplatz der Gondeln und hallt von den Rufen der Gondolieri wider. In meinen Ohren klingen sie alle wie ein einziges, unmelodiöses OLE! Aber im 19. Jahrhundert unterschieden die Besucher noch eine größere Vielfalt – ›stali‹, ›premè‹ und ›sciàr‹ –, und Ruskin widmete ihnen in seinem Buch ›The Stones of Venice‹ einen besonderen Anhang.

KAPITEL 15

Cannaregio

Wie groß auch immer der Fremdenstrom sein mag, der sich allsommerlich nach Venedig ergießt, bleiben einige, erstaunlich große Teile der Stadt doch still und unberührt. Die Schwärme spärlich bekleideter, nach Sonnenöl riechender Tagesausflügler, die am Piazzale Roma den Autobussen entsteigen, sich so eng wie die Jungfrauen der hl. Ursula in die Motoscafi und Vaporetti zwängen und den Canal Grande hinunterfahren, dringen selten weit über den Markusplatz hinaus. Jene, die mit der Bahn kommen, trifft man zuweilen zu Fuß in den Calli zwischen Bahnhof und Rialto an, aber sie verirren sich nur selten nordwärts in den großen Stadtbezirk Cannaregio, so genannt nach einem Kanal, der einstmals im grünen Schatten dicht wuchernden Bambusrohrs lag. Es ist ausgesprochen angenehm, in diesen engen Calli und an den stillen Gewässern dieses Stadtteils entlang spazierenzugehen, der noch die ruhevoll schwermütige Atmosphäre des alten Venedig atmet.

Man geht am besten von der Kirche *San Marcuola* aus, die man mit dem Vaporetto des Canal Grande erreicht. Dies ist eine der sehr wenigen unvollendeten Kirchen Venedigs. Denn anders als die Florentiner, die vier von ihren fünf Hauptkirchen ohne Fassaden stehen ließen, war den Venezianern das Äußere eines Gebäudes nicht weniger wichtig als das Innere. Die zwischen 1728 und 1736 von Giorgio Massari erbaute Kirche besitzt einen schönen Innenraum. Der Anlageplan ist ungewöhnlich mit seinen Zwillingskanzeln über der Nord- und Südtür und den Altären, die sich in den Ecken zusammendrängen. Von den zahlreichen Statuen von Morlaiter und anderen sind der

›Johannes der Täufer‹ und der ›Hl. Antonius der Abt‹ in der Nordwestecke wohl die besten. Die beiden auf dem Hochaltar stellen die ›Heiligen Ermagora und Fortunato‹ dar, denen die Kirche geweiht ist und deren Namen sich mittels eines geheimnisvollen Verfahrens zu Marcuola zusammengeschoben haben. Das bei weitem schönste Kunstwerk in der Kirche ist Tintorettos ›Abendmahl‹ an der Nordwand des Altarraums, 1547 gemalt, als er gerade aus dem Schatten Tizians heraustrat, um seinen eigenen Stil zu entwickeln. Eine seltsame alte Legende berichtet, ein Priester von San Marcuola sei eines Nachts von sämtlichen unter der Kirche begrabenen Leichen aus dem Bett gezerrt und windelweich geprügelt worden, weil er unüberlegterweise gegen den Gespensterglauben gepredigt und erklärt hatte: »Wo die Toten sind, da bleiben sie.« Wozu anzumerken wäre, daß die Venezianer nahezu die einzigen Italiener sind, die sich an Gespenstergeschichten gütlich tun.

Wir verlassen San Marcuola durch die Nordtür, gehen rechts über die Brücke, sodann an der Rückseite des Palazzo Vendramin vorbei, wo eine Gedenktafel daran erinnert, daß Richard Wagner hier gestorben ist, dann links die Calle Vendramin weiter und gelangen so zum geschäftigen Rio Terrà della Maddalena. Dies ist eine wichtige Einkaufsgegend für den Sestiere di Cannaregio, und die zahlreichen Buden und Stände verkaufen nicht nur Lebensmittel, sondern auch Gondoliere-Hüte, Murano-Glasperlen und seidene Kopftücher, mit denen sie die Touristen auf dem Weg zum Bahnhof anlocken. Wir biegen rechts ein und kommen auf dem Weg zum Campo della Maddalena an zwei hübschen Palästen vorbei: Nr. 2347, dem Palazzo Contin mit seinen gotischen Fenstern, und Nr. 2343, wo ein monströs behaarter Kopf vom Schlußstein über der Tür lüstern auf uns herabschielt – der Palazzo Donà delle Rose, wohl einer der schönsten italienischen Familiennamen, dem nur der veronesische Name Giusti del Giardino gleichkommt.

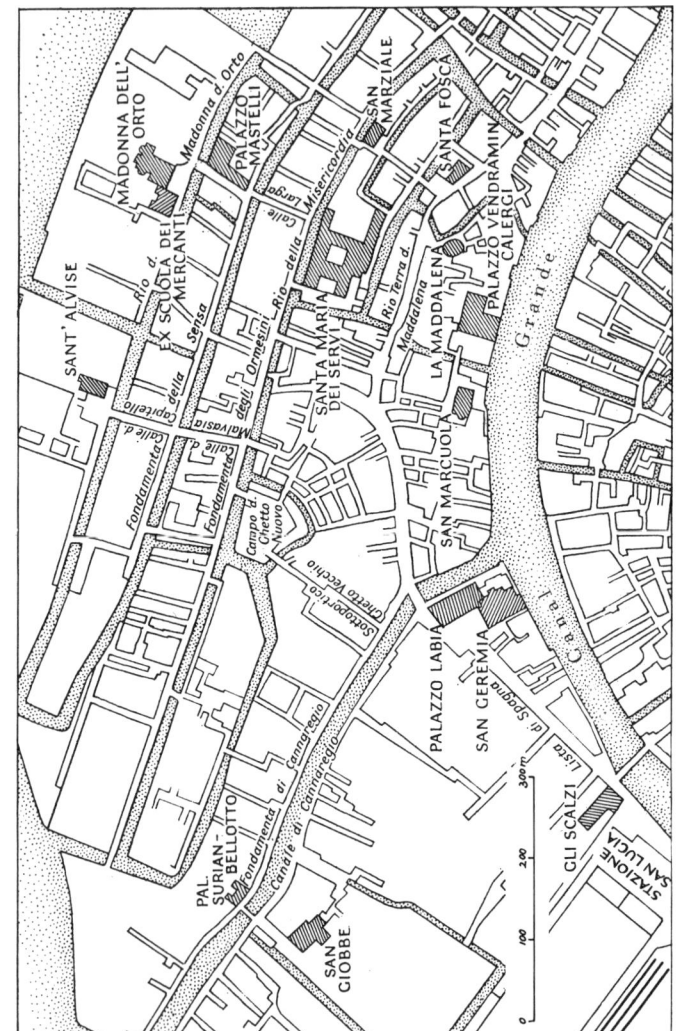

MADONNA DELL' ORTO

Madonna d'Orto

PALAZZO MASTELLI

SAN MARZIALE

SANTA FOSCA

SCUOLA DEI MERCANTI

Rio d.

Sensa

Calle della Misericordia

Largo

PALAZZO VENDRAMIN CALERGI

SANT' ALVISE

Rio Terra d.

LA MADDALENA

Grande

Maddalena

Calle d. Capitello

Calle degli Ormesini

SANTA MARIA DEI SERVI

Fondamenta

Malvasia

Fondamenta

SAN MARCUOLA

Campo d. Ghetto Nuovo

Sotteportico Ghetto Vecchio

Canal

PALAZZO LABIA

SAN GEREMIA

Fondamenta di Cannaregio

Calle d. Soubordo

Lista di

PAL. SURIAN- BELLOTTO

Canàle di Cannaregio

CLI SCALZI

300 m

STAZIONE SAN LUCIA

200

SAN GIOBBE

100

0

Der *Campo della Maddalena* ist von einem Gewirr alter Häuser gesäumt, deren gedrungene venezianische Kamine mühelos über die spindeldürren Fernsehantennen auf den Dächern triumphieren. Das Haus Nr. 2143 hat eine Spitzbogentür mit einem eigentümlichen, aus dem 15. Jahrhundert stammenden Relief eines Heiligen mit zwei Engeln. In der Mitte ein Brunnenhäuschen aus dem 16. Jahrhundert mit Akanthusblatt-Dekoration. Die Ende des 18. Jahrhunderts von Tommaso Temanza, dem Historiker der venezianischen Architektur, erbaute Maddalena-Kirche hat ein sehr schönes Inneres, das jedoch dem Besucher unnachgiebig verschlossen ist.

Der Ponte Sant'Antonio führt auf den Campo Santa Fosca. Hier steht in der Mitte die aus dem 19. Jahrhundert stammende Statue eines der größten aller Venezianer: *Pietro Sarpi*, ein Serviten-Mönch, den seine Zeitgenossen Fra Paolo nannten. Er wurde 1579 siebenundzwanzigjährig zum Provinzial des Serviten-Ordens für die Ordensprovinz Venedig gewählt und widmete den Rest seines Lebens dem Studium der Theologie, der Naturwissenschaften und der Geschichte, dem Dienst an seinem Orden und der venezianischen Republik. Als überzeugter Humanist und frommer Katholik ist er der Schutzheilige aller Modernisten. »Ich werde nie wagen, etwas zu bestreiten mit der Begründung, daß es unmöglich sei«, schrieb er einmal, »denn ich bin mir sehr wohl der unendlichen Vielfalt in den Werken der Natur und Gottes bewußt.« Von ihm stammt auch eine noch berühmtere Bemerkung, die zu einem venezianischen Sprichwort geworden ist: »Non dico mai bugie, ma la verità non a tutti.« (Ich pflege nicht zu lügen, aber auch nicht jedermann die Wahrheit zu sagen.) Sein Lebenswerk ist höchst eindrucksvoll. Er schrieb die maßgebende Geschichte des Konzils von Trient und half Galilei bei der Konstruktion des Fernrohrs. Er stellte als erster die Ausdehnung der Uvea im Auge fest und entdeckte wahrscheinlich die Funktion der Ventilklappen der Blutgefäße.

Er galt auch als Autorität auf dem Gebiet des Magnetismus, und in seiner Abhandlung ›Über das menschliche Wissen‹ nahm er die Philosophie John Lockes vorweg.

Sarpi war auch der erste katholische Theologe, der darauf hinwies, daß die territorialen Bestrebungen und Gebietsansprüche des Vatikans den geistlichen Zielen der Kirche zuwiderliefen. Dadurch geriet er natürlich in Konflikt mit der päpstlichen Kurie. Als der Papst 1606 Venedig mit einem Interdikt belegte, wandte sich der Senat an Sarpi um Rat, und Sarpi riet zum Widerstand, ermutigte die Geistlichkeit, in ihren Amtshandlungen fortzufahren, und bekämpfte das Interdikt mit einer Folge von streitbaren Manifesten. Der Papst schleuderte Verwünschungen und Bannflüche und rüstete zum Krieg, konnte aber bei keinem einzigen europäischen Staat Unterstützung für seinen Kampf um die weltliche Oberherrschaft finden und war schließlich gezwungen, nachzugeben und das rostige Schwert des Interdikts für alle Zeiten in die Scheide zurückzustecken. Es wurde allgemein anerkannt, daß dieser Sieg des Staates über die Kirche – der erste einer ganzen Reihe, die zur Gefangensetzung Pius' IX. im Vatikan führte – Sarpi zu verdanken war, und hinfort war er ein Gezeichneter. Seine Bücher wurden auf den Index gesetzt, und man ließ nichts unversucht, um ihn nach Rom zu locken, wo ihn der Scheiterhaufen willkommen geheißen hätte. Gedungene Mörder wurden auf seine Spur gesetzt, und eines Nachts im Jahr 1607, als er aus dem Dogenpalast in seine Zelle im Serviten-Kloster zurückkehrte, wurde er aus dem Hinterhalt überfallen, niedergestochen und für tot liegengelassen. Glücklicherweise waren seine Wunden nicht tödlich – er genas und diente dem Senat noch weitere sechzehn Jahre mit seinem Rat.

Die Brücke, auf welcher Sarpi niedergestochen wurde, ist der Ponte di Santa Fosca. Von hier aus sieht man zur Linken das hohe Backsteinportal des alten Serviten-Klosters. Ganz in der Nähe wohnte der englische Botschafter Henry

Wotton, der vergeblich hoffte, Venedig aus der römischen in die protestantische Kirchengemeinschaft hinüberziehen zu können, aber nicht in Rechnung stellte, daß Sarpi in allen Fragen – außer der der weltlichen Macht des Vatikans – ein orthodoxer Katholik war.

Vom Ponte di Santa Fosca führt die Calle Zancani zum *Campo San Marziale*. In der Kirche befinden sich vier Deckengemälde von Sebastiano Ricci – darunter ein zum Himmel aufsteigender hl. Marcellinus –, die zu seinen besten Arbeiten zählen. Auf dem überschwenglich barokken Altar rechts vom Südeingang ein stark restaurierter hl. Marcellinus von Tintoretto. Der Hochaltar, der wie ein himmlischer Felsgarten aussieht, in dem der hl. Hieronymus mit zwei Freunden, dem Glauben und der Mildtätigkeit, unter einem Tisch im Freien frühstückt, ist eines der liebenswertesten, wenngleich auch das haarsträubendste Phantasiestück des Barock in Venedig.

Wenn wir den Ponte San Marziale überqueren und dann links die Fondamenta entlanggehen, sehen wir auf der anderen Seite des Rio die Gartenmauer des Serviten-Klosters mit einem hoch über sie hinausragenden Feigenbaum und einer hübschen kleinen Statue der Madonna, die durch einen Metallbaldachin geschützt ist, an der Ecke. Hier gibt es einige Cafés, die außer zur Mittagszeit und am Abend wenig besucht sind und wo man sehr angenehm sitzen und einen Kaffee schlürfen kann oder auch das beliebte venezianische Getränk, das aus einem Glas Eiswasser mit einigen Tropfen Anisetta besteht. Die Calle Larga – die fünfte von rechts – führt zum Ponte dei Mori. Von dieser Brücke aus erhaschen wir direkt geradeaus vor uns einen Blick auf die Zwiebelkuppel des Campanile der Kirche Madonna dell'Orto, der Form nach beinahe islamisch, aber von einer rötlichen Farbe, die ihn wie ein Schalentier der Tiefsee aussehen läßt. Rechts ein hinreißender Durchblick den Rio della Sensa hinab; in der Ferne sieht man die hohe Fassade der Gesuiti mit ihren weißen Statuen, deren Gewänder gegen den Horizont aufflattern. Ganz in unserer Nähe hingegen, rechts von der Brücke, steht der kleine gotische Palast (Nr. 3399), in dem Tintoretto während der zwei letzten Jahrzehnte seines Lebens wohnte, umgeben von seiner Kunstsammlung, die Ölskizzen von Tizian, Abgüsse antiker Marmorbilder und Modelle von Statuen Michelangelos und Giovanni Bolognas enthielt, die ihm bei seinem lebenslangen Studium des menschlichen Körpers halfen. Hier gab er kleine Musikgesellschaften, bei denen er die Lieder seiner Lieblingstochter Marietta begleitete, die zugleich seine Schülerin, seine Helferin und seine Gefährtin im Greisenalter war und deren Züge er höchstwahrscheinlich auf mehreren seiner Bilder verewigt hat, obwohl nur die lebhafteste Einbildungskraft sie zu identifizieren vermag.

Indem wir die Stufen der Brücke hinabgehen, stoßen wir auf die steinerne Gestalt eines Mannes, die an der Ecke eines Gebäudes angebracht ist – er ist allgemein bekannt als Sior Antonio Rioba. Noch zwei weitere Statuen sind in die Mauer des gleichen Hauses, des Palazzo Mastelli, eingelassen und blicken auf den *Campo dei Mori* hinaus, der nach ihnen benannt ist. Sie stammen angeblich aus dem späten 13. Jahrhundert und gelten als die Porträts dreier Kaufmannsbrüder, die aus der Morea kamen – daher die Bezeichnung ›Mori‹, die nichts mit Mohren zu tun hat – und sich 1112 in Venedig niederließen, wo sie sich den Namen Mastelli zulegten. Wenn wir die Calle dei Mori ein Stück hinuntergehen, können wir in einen der Höfe des Palastes blicken, in dessen Mauern noch mehr solcher grober Steinplastiken eingelassen sind. An der schönen gotischen Fassade, die auf den Rio della Madonna dell'Orto hinausgeht, befindet sich das bezaubernde Relief eines Mannes, der ein schwerbeladenes Kamel am Halfter führt.

Obwohl kleiner als die Frari-Kirche oder Santi Giovanni e Paolo, ist die *Madonna dell'Orto* doch wohl die schönste der gotischen Kirchen Venedigs. Sie wurde an der Stelle einer früheren Kirche als Schrein für ein wundertätiges Muttergottesbild gebaut, das in einem nahegelegenen Garten gefunden wurde. Die Fassade stammt aus dem frühen 15. Jahrhundert mit Ausnahme der beiden großen Fenster, die etwa fünfzig Jahre später eingesetzt wurden. Aus warmem Backstein und reich mit Statuen geschmückt, bildet sie das einzige existierende kirchliche Gegenstück zur Üppigkeit der Ca' d'Oro und der Porta della Carta. Die Puristen freilich haben ihre ornamentale Vielfalt, die so stark an einen leuchtenden persischen Gebetsteppich erinnert, niemals zu billigen vermocht.

Im *Innern* ist die Madonna dell'Orto einfach gehalten, mit hellrot gestrichenem Ziegelmauerwerk und griechischen Marmorsäulen, die wie graue Moiré-Seide wirken. In der ersten Kapelle links erinnert nur noch ein Foto an eine kleine ›Madonna mit Kind‹ von Giovanni Bellini, die vor einigen Jahren gestohlen wurde. Über dem ersten Altar rechts noch eine von Giovanni Battista Cimas exquisiten Darstellungen meditierender Heiliger, die unter einer nicht ganz überzeugend anmutenden Renaissance-Kolonnade in idyllischer Landschaft mit dem Ausblick auf ein fernes Bergstädtchen stehen.

Diese Kirche war *Tintorettos* Sprengelkirche – er liegt mit seiner Familie in der Kapelle rechts vom Hochaltar begraben –, und sie ist reich an Werken von seiner Hand. Beiderseits des Hochaltars hängen die beiden riesigen, etwa siebzehn Meter hohen Gemälde ›Die Anbetung des Goldenen Kalbes‹ und ›Das Jüngste Gericht‹. Angeblich soll Tintoretto, dem es in den Fingern juckte, die leeren Flächen dieser Altarraumwände zu füllen, als Entgelt lediglich die Vergütung der Materialkosten verlangt haben. ›Das Jüngste Gericht‹ mit seinen zahlreichen auf- und niedertauchenden Gestalten hat etwas beklemmend Alptraumartiges, und die Verdammten, die anscheinend, wie auch bei Dante und Milton, stets interessanter sind als die

Seligen, füllen bei weitem den größten Teil des Raums dieses Gemäldes. Auf dem ›Goldenen Kalb‹ bezeugt Tintoretto eine ähnliche Anteilnahme an der irrenden Menschheit, selbst wenn er möglicherweise gegen den Midas-Kult seiner Mitvenezianer protestiert. Weitere Bilder von Tintoretto befinden sich hinter dem Hochaltar, an den Wänden zwischen Altarnischen und Kapellen, ferner in der vierten Kapelle rechts vom Mittelschiff. Interessanter als sie alle ist die ›Darstellung der Jungfrau‹ von 1551, die über der Sakristeitür im südlichen Seitenschiff hängt. Dies ist ein Werk von großer dramatischer Intensität, in schillernder Farbzusammenstellung gemalt, auf dem die kindliche Jungfrau als Sinnbild der Hoffnung der Menschheit silhouettenhaft gegen den Himmel steht. Man hat dieses Bild − das am besten im Nachmittagslicht zur Geltung kommt − oft mit Tizians ›Darstellung der Jungfrau‹ in der Accademia verglichen, der es auch einiges verdankt. Aber es liegt eine Welt zwischen Tizians sinnenhaftem, realistischem Werk und Tintorettos mystisch sakramentaler Behandlung des gleichen Vorwurfs. Die Figuren, die wie Schatten auf den Stufen stehen oder liegen, sind unterschiedlich als die Armen und Gebrechlichen oder als Repräsentanten des Alten Testaments − der Welt vor der Erlösung − gedeutet worden. Der Obelisk übrigens, der auch auf Tizians Bild erscheint, ist der ›Tragischen Szene‹ in Serlios Perspektiven-Buch entlehnt, einem Werk, das von den venezianischen Künstlern viel benutzt wurde.

An die Fassade der Kirche angelehnt steht die vormalige Scuola dei Mercanti mit einem aus dem frühen 16. Jahrhundert stammenden Relief der ›Jungfrau mit Heiligen‹ über der Tür. Unmittelbar gegenüber, auf der anderen Seite des Rio, der Laden einer Begräbnisanstalt, vor dem für gewöhnlich eine oder zwei mit Schnitzereien verzierte und vergoldete Leichengondeln festgemacht sind. Ein Stückchen weiter hinunter auf der rechten Seite befindet sich einer jener geheimnisvollen mauerumschlossenen

Gärten mit einer flammenden Bignonie als Wahrzeichen, die während des ganzen Sommers ihre ziegelroten Trompeten über das Wasser schwingt.

Wenn wir von hier weiter die Fondamenta entlanggehen, die Holzbrücke überqueren, dann rechts die Fondamenta della Sensa weitergehen und abermals rechts die Calle del Capitello hinauf, gelangen wir zum Campo und zur Kirche *Sant'Alvise* – einem der stillsten Orte in ganz Venedig. Die Kirche stammt aus dem späten 14. oder frühen 15. Jahrhundert, mit später hinzugefügten Verschönerungen. Ihr Inneres birgt ein amüsantes, krauses Durcheinander von Gemälden und Skulpturen.

Ein auffallendes und eindrucksvolles, aus dem frühen 15. Jahrhundert stammendes Porträt eines Priesters namens Filippo von Jacobello del Fiore hängt über dem Taufbecken. In der Mitte der rechten Wand des Hauptschiffs steht ein imposanter Altar aus dem 18. Jahrhundert mit einer vielfarbig bemalten Holzstatue des hl. Alvise aus dem frühen 16. Jahrhundert. Die drei besten Gemälde in der Kirche sind Giovanni Battista Tiepolos ›Kalvarienberg‹ an der rechten Wand des Altarraums und die ›Geißelung‹ und ›Dornenkrönung‹ in der Ecke des Mittelschiffs nahebei. Sie wurden um 1730 gemalt und waren als ein riesiges Triptychon gedacht. Trotz der großen Schönheit einzelner Figuren gehören sie nicht zu Tiepolos gelungensten Werken. Er wandte sich damals von der Anregung durch Veronese ab und Tintoretto zu, der ihm offensichtlich weniger entsprach, und reduzierte Tintorettos kosmische Dramen auf den Maßstab des venezianischen Theaters. Man hat den Eindruck, daß er in dieser Periode seines Lebens und Schaffens noch nicht in jene Tiefe des Empfindens vorgedrungen war, die für die Darstellung der Passionstragödie erforderlich ist.

Wir gehen die Calle del Capitello zurück, biegen in die Calle della Malvasia ein – so genannt nach dem Wein aus Monemvasia, den wir Malvasier nennen –, gehen dann

rechts die Fondamenta degli Ormesini entlang – deren
Name von einem aus Ormuz in Persien importierten Stoff
herrührt – und gelangen über die Brücke zum *Campo del
Ghetto Nuovo*. Das Wort Getto leitet sich von ›gettare‹ –
Metall schmelzen oder gießen – her, und dieser Bezirk hat
seinen Namen von den Gießereien, die sich hier befanden.
Im Jahr 1516 wurde er jedoch abgetrennt und den Juden als
Wohnviertel zugewiesen, und seither bezeichnete man die
Judenviertel anderer Städte ebenfalls mit dem Wort Getto.

Die Juden Venedigs haben seit langem, zum Teil wohl
angeregt durch Shakespeares Shylock, besonderes Interesse erregt. Bis zum 17. Jahrhundert war das Verhältnis der
Juden zur Republik wahrscheinlich glücklicher als das zu
irgendeinem anderen Staat. Schon 1132 befanden sich
mehr als 1300 Juden in Venedig, die anscheinend ungehin-
dert Handel treiben und als Ärzte praktizieren durften und
entweder auf der nach ihnen genannten Giudecca oder auf
dem Festland in Mestre lebten. Im Jahr 1374 erhielt eine
Anzahl von ihnen Erlaubnis, sich in Venedig selbst niederzulassen, wofür sie alle fünf Jahre eine Niederlassungs-
gebühr zu entrichten hatten. Sie verlegten sich mit solchem Erfolg auf Geldverleih und Zinswucher, daß sie 1395
bereits den größten Teil des Goldes, Silbers und kostbaren
Geschmeides der Stadt in Händen hatten. Sie wurden nach
Mestre ausgewiesen, kehrten aber allmählich zurück und
breiteten sich über ganz Venedig aus. Sie waren genötigt,
besonders kennzeichnende Kleidung zu tragen, durften
keinen Grundbesitz erwerben und keine Christen heiraten,
ja nicht einmal mit christlichen Frauen Verkehr haben,
selbst wenn sie Huren waren, und sie durften keinen Beruf
ausüben außer der Medizin, in der sie sich glänzend her-
vortaten. Im Jahr 1516 verfügte der Senat, daß sie sämtlich
im Getto-Viertel zu leben hätten – damals einer Insel, die
vom übrigen Cannaregio durch breite Kanäle getrennt
war –, und mit Ausnahme einer kurzen Zeitspanne der
Ausweisung zwischen 1527 und 1533 blieben sie hier mit

ihren Pfandleihen und Altkleiderläden bis zum Ende des 18. Jahrhunderts. Da das Gebiet des Getto begrenzt war, sahen die Juden sich genötigt, sehr hohe Wohnblocks zu bauen, von denen viele noch heute stehen. Napoleon ließ 1797 die Tore des Getto niederreißen, und danach durften die Juden wohnen, wo es ihnen beliebte. Aber viele haben am Getto festgehalten und sind dort geblieben. Es gibt hier noch immer fünf Synagogen, die benutzt werden, einen Gemeindesaal, eine Schule und ein Altersheim.

Auf dem Campo del Ghetto Nuovo erinnern etliche Bronzereliefs von L. N. Blatas an den Holocaust. Das Jüdische Museum, *Museo Ebraico*, befindet sich im Haus Nr. 2902b. Es enthält eine interessante Kollektion von Kultgegenständen, darunter unterschiedliche Leuchter, Silbergefäße für Waschungen und reichdekorierte Behältnisse für die Thora. Sehr schöne Textilien und Stickereien werden auf Schiebewänden ausgestellt, Vorhänge für den Thoraschrein, Hüllen für die Schriftrollen und Decken für die Lesepulte, meist italienischen Ursprungs aus dem 18. Jahrhundert und einige aus Frankreich. Geführte Rundgänge vom Museum zu zwei der Synagogen präsentieren anmutige Interieurs mit feinen Holzschnitzarbeiten des 17. und 18. Jahrhunderts. Der Ponte del Ghetto Vecchio führt in die Calle, in der die Hauptsynagoge steht, ein Bau aus dem 17. Jahrhundert mit hübschen schmiedeeisernen Fenstergittern und schön geschnitzten Türen. Gegenüber erinnert eine ergreifende Gedenktafel an den Tod von zweihundert venezianischen Juden, die zusammen mit sechs Millionen ihrer Glaubensgenossen aus anderen Teilen Europas von den Nazis ermordet wurden.

Rechter Hand, knapp vor der 1688 von Andrea Tirali entworfenen dreibogigen Brücke, steht der Palazzo Surian-Bellotto (Nr. 975–77) aus dem 18. Jahrhundert, in dem sich früher einmal die französische Botschaft befand. Hier arbeitete Jean-Jacques Rousseau 1743/44 als Sekretär des Botschafters, des Comte de Montaigu. Er mochte Venedig

San Geremia und der Palazzo Labia

ebensowenig leiden wie seinen Dienstherren – eine bei
ihm nicht ungewöhnliche Situation –, aber er genoß die
Musik der Theater und der Waisenhäuser, besonders die
der letzteren, und erklärte, er habe »rien d'aussi touchant
que cette musique« gehört. Auch erlebte er hier eine seiner
typisch mißlungenen Liebesaffären, die er in allen Einzelheiten in seinen ›Bekenntnissen‹ schildert. Auf der gegenüberliegenden Seite steht der Palazzo Savorgnan aus dem
17. Jahrhundert mit zwei riesigen barocken Wappenschilden an der Fassade. Links führt der Ponte delle Guglie, so
genannt nach den vier hohen Obelisken, die ihn zieren,
über den Kanal.

Von dieser Brücke aus bietet sich, wenn man in Richtung
des Canal Grande blickt, eine gute Ansicht des *Palazzo
Labia* mit seinem Fries von stolzen Adlern am Dachge-
schoß. Dieser Palast, zwischen 1720 und 1750 nach dem
Entwurf von Andrea Cominelli gebaut, ist einer der reichsten Settecento-Bauten in der Stadt – durchaus eine pas-
sende Heimstätte für die Familie Labia, deren extrava-
gante Verschwendungssucht sprichwörtlich war. Ein Labia
gab einmal ein Festmahl und warf, um seine Gäste mit dem
ärgsten und teuersten Wortwitz aller Zeiten zu amüsieren,
das gesamte schwere Goldgeschirr auf der Tafel in den
Kanal und rief: »L'abia o non l'abia, sarò sempre Labia – ob
ich es habe oder nicht, werde ich doch immer ein Labia
sein.« Im Palast befindet sich einer der schönsten Räume
in ganz Venedig, um 1750 von Giovanni Battista Tiepolo
zum Thema Antonius und Kleopatra ausgemalt; dargestellt
sind ihr Zusammentreffen und ein Bankett in einem
außergewöhnlich komplexen Rahmen illusionistischer Architektur, der das Auge verwöhnt, aber auch neckt. Die
Farben sind umwerfend, die Details bezaubernd. Die zwei
großen, mit unübertrefflicher Beherrschung des Metiers
gemalten Fresken verraten Tiepolos Meisterschaft in der
Darstellung dramatischer Szenerien. Kein anderes Bild
dieser Geschichte ist eindrücklicher. Der Raum kann pro-

blemlos besichtigt werden, jedoch nur nach telefonischer Anmeldung (Informationen im Touristenbüro erhältlich). Das Gebäude beherbergt heute die für das Veneto zuständige Zentrale der staatlichen Rundfunkgesellschaft RAI.

Neben dem Palast stehen ein aus dem 11. oder 12. Jahrhundert stammender Backstein-Campanile, einer der ältesten in der Stadt, und die Fassade von *San Geremia* aus dem 19. Jahrhundert. Das Innere dieser Kirche, von Santa Maria della Salute angeregt und um 1750 erbaut, ist schön und geräumig, mit Altären aus rosa Marmor, denen sanft geschwungene Ziergiebel aufgesetzt sind. Abgesehen von einigen hübschen Statuen aus dem 18. Jahrhundert auf den Altären enthält die Kirche an Gemälden oder Skulpturen nichts besonders Großartiges. Die Kapelle im nördlichen Querschiff birgt einen Schrein mit der sterblichen Hülle der hl. Lucia von Syrakus und ist mit Resten von Palladios Santa Lucia-Kirche geschmückt, die beim Bau des Bahnhofs abgerissen wurde.

Die Nordtür der Kirche geht auf den Campo San Geremia hinaus, der früher von den jungen Venezianern für das Pallone-Spiel, eine lokale Abart des Fußballspiels, benutzt wurde. In der Lista di Spagna hat das Haus Nr. 233, vormals der Palazzo Morosini, einen schönen Spitzbogeneingang mit Flachrelief-Putten. Der einigermaßen strenge Palast Nr. 168 aus dem 18. Jahrhundert war früher die spanische Botschaft, von welcher auch der Name der Straße stammt. Die Venezianer verlangten, daß alle ausländischen Botschaften sich in diesem Stadtviertel niederließen, damit sie leichter zu überwachen waren. Den Botschaftern wurden schwere Beschränkungen auferlegt. Es war ihnen keinerlei gesellschaftlicher Umgang mit den venezianischen Patriziern gestattet – obwohl diese Regel gelegentlich, vor allem von Mgr. de Bernis, durchbrochen wurde.

Die Lista di Spagna führt zur Kirche Santa Maria di Nazareth, für gewöhnlich *Gli Scalzi* genannt, die Ende des 17. Jahrhunderts erbaut wurde und eine kunstvoll geglie-

derte Skulpturenfassade von Giuseppe Sardi hat. Die
Scalzi, ein sehr strenger Ableger des Karmeliter-Ordens,
kamen 1633 nach Venedig. Ihre Missionstätigkeit im Peloponnes machte sie sowohl beim Adel wie bei den Soldaten
beliebt, die in den griechischen Kriegen kämpften. Als sie
darangingen, ihre neue Kirche zu bauen, wetteiferten die
Patrizier miteinander um das Vorrecht, sich an den Kosten
beteiligen zu dürfen. Die Fassade allein kostete 74.000
Dukaten und wurde vom Conte Cavazza bezahlt, der sich
soeben in das Patriziat eingekauft hatte und es dem
Prachtaufwand der älteren Familien gleichtun wollte.

Im *Innern* ist die Kirche sehr dunkel und sehr üppig ausgestaltet, mit marmorbedeckten Wänden, die verschwenderisch mit Statuen und Büsten geschmückt sind. Das
Glanzstück war Tiepolos Deckengemälde ›Die wunderbare
Versetzung des Heiligen Hauses nach Loreto‹, das 1915 von
einer österreichischen Granate zerstört wurde. Die gegenwärtige Decke wurde von Ettore Tito 1934 gemalt. Kleinere Fresken von Tiepolo befinden sich jedoch in der zweiten Kapelle rechts und in der ersten links.

Unter den Skulpturen sind die bedeutendsten die anmutigen Sibyllen von Giovanni Marchiori, die beiderseits des
Chors stehen und sich an den prunkvollen Baldachin lehnen. Die kraftvolleren Statuen des hl. Johannes (erster
Altar rechts) und des hl. Sebastian (dritter Altar links) wurden in den sechziger Jahren des 17. Jahrhunderts von Bernardo Falcone, einem römischen Bildhauer, geschaffen.
Heinrich Meyrings ›Verzückung der hl. Therese‹ in der
zweiten Kapelle rechts ist eine unbeholfene Nachahmung
von Berninis berühmter Gruppe in Rom. Das von einem
unbekannten Meister stammende barocke Kruzifix über
dem ersten Altar auf der linken Seite ist eine schöne
Arbeit. Darunter befindet sich ein Glaskasten mit den fast
beunruhigend lebensechten Wachseffigien eines Christus
zwischen zwei Peinigern, die aus dem frühen 18. Jahrhundert stammen. Barockfeindliche Kritiker haben häufig

erklärt, die gesamte Skulptur des 17. Jahrhunderts habe solche Effekte angestrebt. In Wahrheit jedoch ist die beste Barockskulptur weniger theatralisch-realistisch als die der spätgotischen Periode, und Wachsbildnisse dieser Art setzen ganz einfach eine Tradition des Mittelalters fort. Die Bildhauer des Barock suchten vor allem Geist und Seele zu erheben, ehe sie das Auge täuschten.

Die Scalzi-Kirche ist eine der populärsten in Venedig; ich habe in ihr immer zumindest eine Handvoll Andächtiger angetroffen. Denn die Venezianer waren stets ein frommes Volk und sind es auch weiter. Sie waren auch duldsamer gegenüber Juden, Schismatikern und Protestanten, solange sie keine Italiener waren – und von unverhüllter Feindseligkeit gegenüber der weltlichen Macht des Papsttums und der geistlichen Macht der Jesuiten. Wenn einigen ihrer religiösen Kunstwerke von Carpaccio bis Tiepolo der feierliche Ernst mangelt, so soll man darum nicht annehmen, daß sie in einem Geist frivolen Skeptizismus gemalt wurden. Ebenso wie sie sich der religiösen Verfolgungen enthielten – die Inquisition besaß in Venedig nur geringe Macht, was zum Teil der Grund ist, warum die Stadt im 17. Jahrhundert bei den englischen und deutschen Touristen so beliebt war –, ergingen sie sich auch selten in riesigen und schaudervollen Gemälden des Martyriums, die anderwärts in Italien so beliebt waren. Es ist bezeichnend, daß von den wenigen aus Venedig gebürtigen Heiligen bei weitem der beliebteste der heilige Lorenzo Giustiniani ist, ein Angehöriger einer Adelsfamilie, den eine Wundervision ins Kloster rief und der schließlich der erste Patriarch von Venedig wurde. In dem humanen Modernisten Fra Paolo Sarpi fanden die Venezianer das perfekte Musterbild ihres religiösen Lebens.

KAPITEL 16

Märkte und moderne Kunst

Der *Rialto* ist der Name eines Stadtbezirks und nicht einer Brücke – diese heißt Ponte di Rialto. Der Name Rialto leitet sich vom lateinischen ›rivus altus‹, einem tiefen Kanal, her und bezeichnete ursprünglich jene von einem tiefen Kanal durchschnittene Gruppe von Inseln, welche wir heute Venedig nennen. Die ersten Ansiedler saßen rings um diese mittlere Biegung des Kanals, und dies war das Hauptlebenszentrum der Ansiedlung, als die Führung der Lagunen-Konföderation von Malamocco auf Venedig überging. Eine zentrale Regierungsverwaltung wurde schon bald im Dogenpalast eingerichtet, und ein kirchlicher Mittelpunkt entstand später rings um die Kathedrale in Castello. Der Rialto jedoch blieb das Herzstück des Handels- und Geschäftslebens der Stadt, für die der Handelsverkehr von stetig wachsender Bedeutung war. Er ist auch heute noch der Hauptmarkt, und wer seine Einkäufe selbst besorgt, weiß, warum er hierher kommt.

Gegen Ende des 12. Jahrhunderts wurde an dieser Stelle eine Bootsbrücke über den Kanal gebaut. Auf sie folgte eine Reihe hölzerner Brücken, deren letzte, mit Buden auf beiden Seiten und einer Zugbrücke in der Mitte, wir noch auf einem Gemälde Carpaccios in der Accademia sehen können. Um die Mitte des 16. Jahrhunderts war diese Holzbrücke in einem äußerst gebrechlichen Zustand, und der Senat beschloß, eine neue Steinbrücke zu errichten. Michelangelo, Palladio, Vignola, Sansovino und Scamozzi reichten sämtlich Pläne ein. Aber der angenommene Entwurf stammte von einem wesentlich weniger hervorragenden Architekten namens Antonio da Ponte, und er baute schließlich zwischen 1588 und 1591 die gegenwärtige

Brücke. Es ist schwer einzusehen, warum man seinem Entwurf den Vorzug gab, außer daß er Funktion und Umriß der alten Brücke mit einem bescheidenen Maß klassischen Dekors vereinigte. Palladios wesentlich großartigerer, säulengetragener Entwurf hätte die Läden von der Brücke entfernt. So wie sie da steht, kann man sie schwerlich als ein Meisterwerk der Baukunst bezeichnen – die Gebäude sind viel zu schwer für die Bogenlinie, die Details sind grob, und der Schmuck ist alles andere als zweckvoll sachlich. Auf der ›stromabwärts‹ blickenden Seite befinden sich hübsche Reliefs des Erzengels Gabriel und der Jungfrau von Agostino Rubini, auf der anderen Seite Figuren des hl. Markus und des hl. Theodor von Tiziano Aspetti.

Die Brücke wirkt am besten beim Hinübergehen. Auf beiden Seiten befinden sich Läden, die Murano-Glaswaren, Schuhe, Schmuck, Spielsachen und Seidenstoffe verkaufen. In der Mitte rahmen die hohen Bogen schimmernde Ausblicke auf den Canal Grande ein, bis hinab zum Palazzo Pisani und hinauf zur Ca' da Mosto. Blickt man in Richtung des Bahnhofs, so sieht man rechts eine Folge der ältesten Paläste Venedigs mit byzantinischen Bogen und eingelassenen Reliefs. Beim Hinabsehen von der Brücke kommt man rechts an dem weißen Palast der Camerlenghi vorbei – der Finanzbeamten der Republik –, der zwischen 1525 und 1528 erbaut wurde und mit einer reichen Fülle schön gearbeiteter Renaissanceornamente geschmückt ist.

Die Brücke führt hinab auf die geschäftigen *Rialto-Märkte*, die an malerischer Farbenfreude alles in Venedig übertreffen und die leuchtendste Leinwand des 15. Jahrhunderts daneben trübe und farblos erscheinen lassen. In früheren Zeiten stellten ihre Buden und Stände die reichgewirkten Stoffe Italiens und der Levante und zierliche Silber- und Goldschmiedearbeiten zur Schau. Heute ist der Markt den Erfordernissen des täglichen Lebens gewidmet – Gemüsen, Obst, Fleisch, Fisch. Allmorgendlich drängen

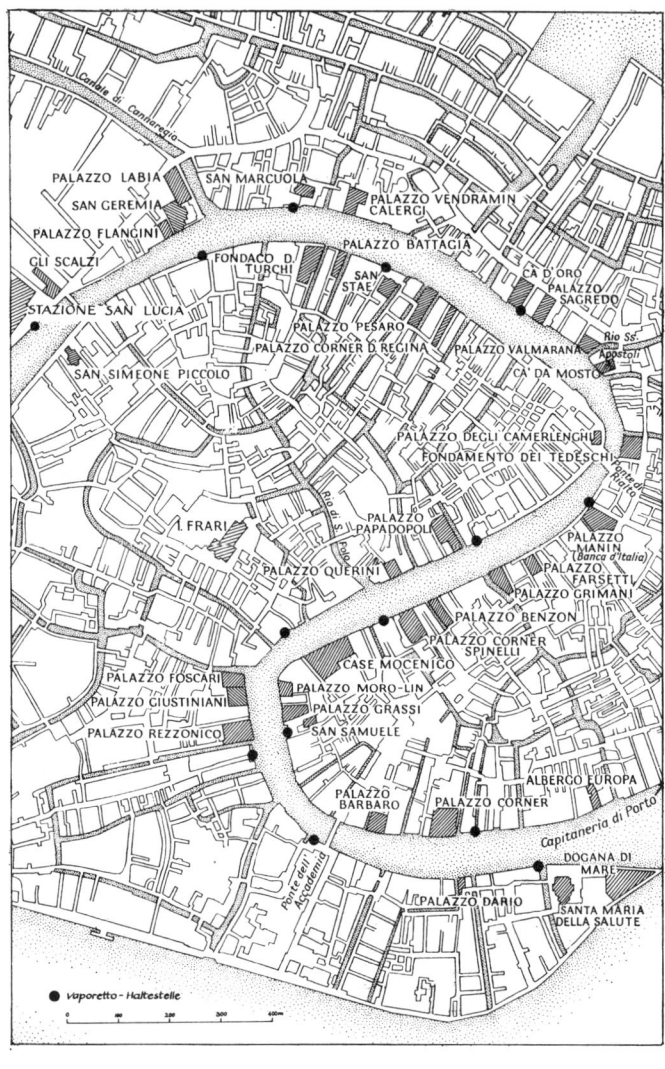

PALAZZO LABIA
SAN MARCUOLA
PALAZZO VENDRAMIN CALERGI
SAN GEREMIA
PALAZZO FLANGINI
PALAZZO BATTAGIA
GLI SCALZI
FONDACO D. TURCHI
SAN STAE
CA' D'ORO
PALAZZO SAGREDO
STAZIONE SAN LUCIA
PALAZZO PESARO
PALAZZO VALMARANA
PALAZZO CORNER D. REGINA
Rio SS. Apostoli
SAN SIMEONE PICCOLO
CA' DA MOSTO
PALAZZO DEGLI CAMERLENGHI
FONDAMENTO DEI TEDESCHI
I. FRARI
PALAZZO PAPADOPOL
PALAZZO MANIN (Banca d'Italia)
PALAZZO QUERINI
PALAZZO FARSETTI
PALAZZO GRIMANI
PALAZZO BENZON
PALAZZO CORNER SPINELLI
PALAZZO FOSCARI
CASE MOCENIGO
PALAZZO MORO-LIN
PALAZZO GIUSTINIANI
PALAZZO GRASSI
PALAZZO REZZONICO
SAN SAMUELE
ALBERGO EUROPA
PALAZZO BARBARO
PALAZZO CORNER
Capitaneria di Porto
Ponte dell' Accademia
DOGANA DI MARE
PALAZZO DARIO
SANTA MARIA DELLA SALUTE

● Vaporetto - Haltestelle

sich hier Hausfrauen und Hausangestellte, die sich mit
dem stolzen Hochmut der Gestalten eines Tizianischen
Altarbildes ihren Anliegen widmen. Die meisten venezianischen Köchinnen kaufen am liebsten immer nur für eine
einzige Mahlzeit ein – ein Bündel Spaghetti, eine oder zwei
Scheiben Fleisch, einen kleinen Salatkopf, ein wenig eher
unreifes Obst, ein Stückchen Käse und ein paar Gramm
Kaffee –, und zwar zum Teil, weil ihnen häufige Gänge
zum Markt Spaß machen, zum Teil aber auch, weil sie die
Vorsehung nicht in Versuchung führen wollen, denn wer
kann wissen, was zwischen ›pranzo‹ und ›cena‹, zwischen
Mittag- und Abendessen, nicht alles passieren kann?

In diesem Land, das bisher noch weitgehend von den
Schrecken tiefgekühlter, fertig verpackter Lebensmittel
verschont geblieben ist, halten die Marktstände und Buden
den Ablauf der Jahreszeiten mit bildhafter Anschaulich-
keit fest. Zu Beginn des Jahres erstrahlen sie von großen
Bergen sizilianischer Orangen und Mandarinen, geradezu
unnatürlich rosigen Äpfeln, gigantischen Bananen-Krän-
zen, langen gelben Birnen, dicklichem weißem Blumen-
kohl und den in sattem Rot und Gelb gestreiften Treviso-
Salatköpfen. Grünlich-violette Artischocken und bleiche
Fenchelknollen der Winterszeit und des frühen Frühjahrs
machen allmählich den riesigen, saftigen weißen Stangen
des Bassano-Spargels Platz. Haufen kleiner goldener ›ne-
spoli‹, Mispelfrüchte, tauchen auf, denen einige Wochen
darauf die ersten schimmernden, edelsteingleichen Kir-
schen folgen. Dann kommen Erdbeeren, die großen und
die kleinen, und schwängern die Luft mit ihrem besonderen Duft, goldgelbe Pflaumen, genannt ›gocce d'oro‹, Gold-
tropfen, und die ersten Pfirsiche mit weißem Fruchtfleisch,
grüne Feigen und rauhschalige Melonen. Der Hochsom-
mer bringt die übergroßen gelben Pfirsiche, die großen
grünen Melonen, die innen rot und schwarz sind – besserer
Stoff für den Maler als für den Feinschmecker –, glatte
Auberginen, gedrungene grüne ›zucchini‹ mit ihren gel-

ben Blüten, flammendrote Tomaten, unendlich viele verschiedene Pilzsorten und Berge grüner und schwarzer
Trauben. Die ersten Birnen verkünden das Herannahen
des Herbstes, der mit Haufen von Walnüssen hereinkommt, mit staubig braunen Kastanien und großen, leuchtend orangeroten Persimonen – den Äpfeln der Hesperi-
den. Im Dezember schmücken Girlanden von Haselnüssen
und getrockneten Feigen die Stände. Die ersten scharf
schmeckenden Mandarinen, an denen noch die grünen
Blätter hängen, treffen aus Sizilien ein, und der Ablauf der
venezianischen Jahreszeiten beginnt von neuem.

Es ist zu jeder Jahreszeit ein helles Vergnügen, diesen
Markt zu durchstreifen, der sich von der Rialto-Brücke beiderseits der langen Straße – der Ruga degli Orefici – hin-
zieht. Außer den Gemüse- und Obstständen sind da noch
die Käseverkäufer – pikanter ›grana‹, der außerhalb Italiens Parmesan heißt, geäderter Gorgonzola, Päckchen
mit weißem Certosina-Cremekäse, ein harter Käse aus Asa-
gio und schneeige Berge köstlichen Mascarpone-Topfens.
Einige kleine Läden widmen sich ausschließlich den unzähligen verschiedenen Sorten von ›pasta‹ – Spaghetti,
Tagliatelle, Taglierini und so fort. Blumenhändler sind da
mit Sträußen fröhlicher, doch betrüblich duftloser Nelken.
Und schließlich auch mehrere Juweliere, die schöne Gold-
ketten, Medaillons und Armbänder feilbieten.

Biegt man rechts ein, so kommt man an den Fleischern
vorbei, auf deren Ständen die Kalbsbraten aufgestapelt liegen, und an den Geflügelhändlern, deren Buden zur Zeit
der ›caccia‹, in der Jagdsaison, mit buntgefiederten Vögeln
behangen sind – Fasanen, Rebhühnern, Enten, Wachteln
und gewissen armselig-rührenden kleinen Vögelchen, die
ich nie das Herz gehabt habe, mir genauer anzusehen. Ein
Stückchen weiter kommt man zum Fischmarkt. Hier ist
Stand um Stand mit krabbelnden, sich krümmenden perl-
mutterfarben schimmernden Wesen bedeckt – den ›bran-
zino‹, ›palombo‹ und ›sanpietro‹, dem Petersfisch, Kisten

voller winziger Krebse, Trögen und Mollen mit grauen Krabben und kleinen Polypen, säuerlich angeordneten Reihen verdrießlich dreinblickender ›scampi‹, glatten und stacheligen Muscheln, Austern, Miesmuscheln und all den vielen kleinen Fischen, die samt und sonders ›sardine‹ heißen.

Die kleine Kirche *San Giacomo di Rialto* mit einem riesigen Zifferblatt auf der Fassade steht am Beginn der Ruga degli Orefici (das Wort ›ruga‹ bedeutet Ladenstraße, die ›orefici‹ sind die Goldschmiede). Sie soll an der Stelle stehen, an der vielleicht die ersten Siedler am Rialto im Jahr 421 ihre erste Kirche gegründet haben. Diese wurde jedoch wahrscheinlich 1071 in Form einer byzantinischen Kreuzkuppelkirche neu erbaut. Vorhalle und Fassade wurden im 15. Jahrhundert hinzugefügt. Im späten 16. Jahrhundert war das Gebäude jedoch in so schlechtem Zustand, daß es 1601 vollständig erneuert wurde; in frommer Erinnerung an die Gründer Venedigs behielt man die Form genau bei und verwendete auch die sechs großen griechischen Marmorsäulen wieder. Die Kirche hat daher einen wichtigen Platz in der Geschichte der venezianischen Architektur als Replica einer der zahlreichen, frühen mittelalterlichen Gemeindekirchen der Stadt, und sie vermittelt eine einmalige Vorstellung von deren Innenräumen (alle anderen sind über die Jahrhunderte vergrößert und umgebaut worden).

In der Ruga Vecchia San Zuane, am Ende der Ruga degli Orefici, steht die nur selten geöffnete Kirche *San Giovanni Elemosinario.* Man betritt sie durch ein unprätentiöses, eisernes Gittertor. Hier befindet sich ein überragend großes Kunstwerk − Tizians Altargemälde des ›Almosen spendenden hl. Johannes‹, etwa 1545 gemalt. Der hl. Johannes war ein Alexandriner, der beim Tod seiner Gattin und seiner Kinder seinen ganzen Besitz den Armen schenkte und Priester wurde; auf Verlangen der Geistlichen wie der Laien wurde er 610 zum Patriarchen von

Alexandria erhoben. In der Kapelle rechts vom Hochaltar hängt ein aus dem gleichen Jahr stammendes Altargemälde von Pordenone, das die Heiligen Katharina, Rochus und Sebastian darstellt, mit einem Engel, der ihnen den rechten Weg weist. Die satte, dunkle, samtene Farbgebung dieses Werkes bezeugt den Einfluß Tizians. Aber in jeder anderen Hinsicht sind die beiden Bilder grundverschieden. Während Tizians Bild aus einem Gefühl klassischer Ruhe und Gelassenheit, dem Bewußtsein der Geräumigkeit und des Wohlbefindens geschaffen ist, vermittelt Pordenones überfüllte Leinwand mit ihrer wirbelnden Komposition und ihren seltsam langgezogenen Figuren den Eindruck unruhiger, unbehaglicher, nervöser Intensität. Ansonsten ist in der Kirche nur noch ein wahrscheinlich aus dem 5. Jahrhundert stammendes Bruchstück eines byzantinischen, die ›Geburt Christi‹ darstellenden Reliefs bemerkenswert.

Die Ruga Vecchia San Zuane führt zum *Campo San t'Aponal*, den die Ahnungslosen zuweilen zu Sant'Apollo verdrehen. An der Fassade der säkularisierten Kirche Steinmetzarbeiten aus dem 15. und 14. Jahrhundert. Die Calle di Mezzo führt zur Corte Meloni, dem Ponte della Madonetta und dem *Campo San Polo*. Dies ist der größte der venezianischen Campi, obwohl seine Leere ihn kleiner erscheinen läßt als den geschäftigen Campo Santa Margherita oder den Campo Morosini.

Die Kirche ist ein mittelalterlicher Bau, der im 19. Jahrhundert stark verändert wurde. Die gotischen Spitzbogenfenster sind mit zierlichen modellierten Terrakotta-Platten gefaßt. Gegenüber dem Hauptportal erhebt sich der Campanile aus dem Jahr 1362 mit zwei romanischen Löwen, die seinen Sockel bewachen. Im Innern der Kirche mehrere beachtliche Gemälde. Links der Tür hängt ein ›Abendmahl‹ von Tintoretto, eine sakramentale Auffassung des Vorwurfs, die möglicherweise als die Meditation der hochgewachsenen nachdenklichen Gestalt auf der rechten

Seite gedacht ist. Das fröhliche Deckengemälde in der Kapelle rechts vom Hochaltar stammt von Gioacchino Pozzoli, einem der weniger bedeutenden Maler des 18. Jahrhunderts. Der Hochaltar besitzt anmutige Bronzestatuen von Vittoria. In einer Kapelle an der Westseite die vierzehn Stationen des Kreuzwegs, von Domenico Tiepolo 1747 im Alter von etwa zwanzig Jahren gemalt und erstaunlich reife Arbeiten – vor allem die siebente und zehnte Station, die in ihrer dramatischen Einfachheit besonders ergreifend sind. Sein Vater Giovanni Battista ist mit der schönen ›Erscheinung der Jungfrau vor dem hl. Nepomuk‹ von 1754 vertreten.

Mehrere große Paläste umstehen den Campo San Polo. Der Kirche schließt sich der strenge Palazzo Corner-Mocenigo (Nr. 2128a) an, der nach dem Kanal hinaus eine von Sanmicheli entworfene, wesentlich reicher gestaltete Fassade hat. Auf der anderen Seite des Campo zwei schöne gotische Paläste aus dem 15. Jahrhundert (Nr. 2169 und 2171) mit Balkonen und spitzenartig durchbrochenen Fenstern. Neben ihnen steht der Palazzo Tiepolo aus dem 18. Jahrhundert, der nach der Adelsfamilie Tiepolo, nicht nach dem Maler, heißt; wenn man durch den Sottoportico zwischen ihm und den gotischen Palästen durchgeht, kann man von der Brücke aus seine viel reichere, dem Wasser zugekehrte Fassade sehen. Nach dem 15. Jahrhundert wurde es allgemein üblich, daß die venezianischen Paläste, wie unbedeutend sie auch sein mochten, ihre Hauptfassade der Wasserseite zukehrten.

Wir gehen die enge Calle weiter, biegen in die erste Seitengasse links ein und gelangen zur Brücke über den Rio Sant'Aponal. Am unteren Ende dieses Rio, jenseits der nächsten Brücke, steht das Haus, in dem Bianca Capello wohnte, bis sie 1563 mit ihrem Liebhaber nach Florenz entfloh. Der Liebhaber war der Schreiber eines Bankiers, der im Haus gegenüber arbeitete und mit ihr durch die Fenster Seufzer und Zeichen austauschte. Der Onkel des

Schreibers wurde ins Gefängnis geworfen, wo er starb, die Bediensteten der Capellos wurden gefoltert und das schuldige Paar in Abwesenheit zum Tod verurteilt. Doch als Bianca zuerst die Geliebte und dann die Gemahlin Francescos de' Medici, des Großherzogs von Toskana, wurde, beliebte der Senat von Venedig, das Todesurteil zu vergessen und erklärte sie zur »adoptierten und geliebten Tochter unserer Republik«. Nichts hatte in der Renaissance solchen Erfolg wie der Erfolg, und nichts schlug so fehl wie der Fehlschlag. Als Bianca und ihr Gemahl an Vergiftung starben, legte der Senat für die Tochter und den Schwiegersohn der Serenissima keine Trauer an.

Von der Brücke führen ein malerischer Sottoportico und die zu Recht so benannte Calle Stretta – die engste Straße Venedigs – zum *Campiello Albrizzi*. An einer Hauswand die Narbe eines österreichischen Granateinschlags mit einer Marmor-Gedenktafel und einer Inschrift von D'Annunzio, die Österreich ewige Feindschaft schwört. Das große, aus dem 17. Jahrhundert stammende Gebäude (Nr. 940) ist der Palazzo Albrizzi, dessen Inneres eines der wenigen vollständigen, aus dem 18. Jahrhundert stammenden Interieurs in Venedig ist, die noch im Besitz der Nachkommen jener sind, für die sie errichtet wurden. Er ist der Öffentlichkeit nicht zugänglich. Der Ramo Campiello Albrizzi führt zur Calle Rio Terrà Ca' Rampani und links zum *Ponte delle Tette*.

Dieser seltsame Name – Brücke der Zitzen oder Brustwarzen – bedarf der Erklärung. Die Überlieferung erklärt, er erinnere an die Prostituierten, die im 16. Jahrhundert in diesem Viertel zu hausen genötigt waren. Diese Frauen pflegten bis zu den Hüften entblößt in den Türeingängen der Bordelle zu stehen, in die sie die Vorübergehenden hineinwinkten. Venedig war, wie man weiß, berühmt wegen seiner Dirnen, und die meisten Besucher machten ausführliche Aufzeichnungen über sie, auch wenn sie sich nicht ihre Gunst erkauften. Zu einem gewissen Zeitpunkt im 16. Jahrhundert gab es in der Stadt nicht weniger als 11654 behördlich eingetragene Dirnen, die jede eine eigens festgesetzte Steuer zahlten, welche den Einkünften der Republik sehr zustatten kam. Der Senat war jedoch einigermaßen besorgt über die Gleichgültigkeit vieler venezianischer Jünglinge gegenüber diesen drallen Mädchen. Einem Chronisten zufolge erließ er eine hochtrabende summarische Verordnung, die von den Prostituierten verlangte, daß sie mit herabbaumelnden Beinen und aufgeschnürten Miedern auf ihren Fensterbrettern zu sitzen hätten. Die venezianischen Huren verstanden sich jedoch ausreichend auf Psychologie, um ihre widerwilligen Kunden auf wirksamere Weise anzulocken – sie kleideten sich wie Knaben in Strumpfhosen und Wämser.

Gehen wir diese Calle weiter, biegen links in die Calle Larga ein und folgen dann den Wegweisern zur Ferrovia, so gelangen wir zu dem weiten *Campo San Giacomo dell'Orio* (so genannt wahrscheinlich nach einem ›alloro‹ oder Lorbeerbaum), der von niedrigen Gebäuden umrandet ist. In der Mitte steht die weitläufige, möglicherweise im 9. Jahrhundert begründete, aber seither häufig veränderte Kirche San Giacomo.

Der Fußboden dieser Kirche ist im Lauf der Jahrhunderte so oft erhöht worden, daß die Säulen des Mittelschiffs jetzt bis zu den ›Knien‹ im Stein stehen. Darüber spannt sich eine sehr schöne geschnitzte Holzdecke aus dem 14. Jahrhundert. Der Hochaltar, der so gelegen ist, daß die Messe auf der Ostseite zelebriert wird, steht in einer Apsis byzantinischen Ursprungs, die im 16. Jahrhundert mit eingelegten Kreuzen aus Porphyr und seltenem Marmor verschönt worden ist. In der Mitte der Apsis eine in satten Farben gemalte ›Madonna mit den Heiligen Andreas, Jakob dem Großen, Cosmas und Damian‹ von Lorenzo Lotto (1546), eines der letzten Werke, die er in Venedig malte, wo seine Mühen, wie er sich beklagte, unzureichend belohnt wurden. In der Sakristei einige üppige Gemälde von Paolo

Rialto-Brücke

Veronese – ›Der Glaube‹ und ›Die Kirchenväter‹ an der Decke und ein Altarbild der ›Heiligen Lorenz, Hieronymus und Prospero‹.

Die Calle Lunga führt vom Campo San Giacomo dell'Orio zum Ponte del Megio. In dem kleinen Palast zur Linken mit den hübschen Renaissancefenstern (Nr. 1757) wohnte bis zu seinem Tod im Jahr 1536 Marin Sanudo, der große Tagebuchchronist des Venedig des 16. Jahrhunderts. Jahrein, jahraus, vier Jahrzehnte lang, nahm er an den Sitzungen des Großen Rates teil und trug jeden Abend getreulich seine Beobachtungen in einem Tagebuch ein, das zuerst 1879 von einem Engländer namens Rawdon Brown entdeckt wurde. Diese ›Diarii‹ sind ein faszinierendes Buch, randvoll mit Tratsch und Klatsch und den absonderlichsten Informationen: Ein Plan zur Vergiftung des türkischen Volkes. Hochzeitsfestlichkeiten im Palazzo Contarini durch Rauferei unterbrochen. Nonne entführt. Priester verurteilt, in einem vom Campanile hängenden Käfig zu sitzen. Feierliches Begräbnis einer ehemaligen Kurtisane. Neues Gemälde von Giovanni Bellini. Kardinäle tanzen im Palazzo Cornaro. Grausame Hinrichtung auf der Piazzetta. Und so weiter und so fort, achtundfünfzig Bände lang.

Die Calle auf der rechten Seite führt zur Salizzada San Stae, die zur Kirche *San Stae* (venezianisch für Sankt Eustachius) am Canal Grande hinabgeht. Die reichgestaltete, verschwenderisch mit Skulpturen geschmückte Fassade ist das Meisterwerk des Domenico Rossi und wurde 1709 errichtet. Rossi, ein Neffe Giuseppe Sardis, war ein gebürtiger Schweizer. Da er eine Art Tunichtgut und lärmender Zechbruder war, der während der Karnevalszeit häufiger ausschweifende Festmähler gab, steht er als eine lebendigere Erscheinung vor uns als seine nüchterneren und fachkundigeren Kollegen. Er konnte angeblich kaum lesen und schreiben und fand an den Künsten keinen Geschmack. Aber obwohl seine überschwenglich lebensvolle Fassade von San Stae möglicherweise des herkömmlichen guten

Geschmacks ermangelt, liefert sie doch ein überaus passendes Titelbild zum letzten großen Jahrhundert venezianischer Kunst.

Das *Innere* der Kirche ist hauptsächlich interessant wegen einer Folge von Bildern im Altarraum, die von nahezu allen verheißungsvollen jungen Künstlern des ersten Jahrzehnts des 18. Jahrhunderts beigesteuert wurden. Das schönste dieser Gemälde ist wohl Piazzettas ›Martyrium des hl. Jakob des Großen‹ (untere Reihe, linke Seite) – eine dramatische Szene, die der Tradition des 17. Jahrhunderts noch viel verdankt und doch bereits die nahezu abstrakten Farbzusammenstellungen seiner reifen Arbeiten vorwegnimmt. Ihr hält auf der rechten Seite ein ›Martyrium des hl. Bartholomäus‹ von Giovanni Battista Tiepolo das Gleichgewicht. Zwei weniger bedeutende Künstler scheinen allen voran der anmutigen Eleganz des Rokoko entgegenzustreben – Giovanni Antonio Pellegrini mit seiner ›Kreuzigung des hl. Andreas‹ (das zweite Bild nach dem Tiepolo) und Sebastiano Ricci, von dem die ›Befreiung des hl. Petrus‹ (neben dem Piazzetta) und das Deckengemälde über dem Altar stammen.

Wir gehen jetzt von San Stae den gleichen Weg zurück die Salizzada hinauf und dann links den Ramo della Riorda entlang und kommen so zur kleinen Kirche *Santa Maria Mater Domini.* Das Innere dieser Kirche mit seinen Kreisen und Halbkreisen aus grauem Stein, die in den weißen Marmor des Gewölbes einschneiden, besitzt die ganze schmucke und adrette Eleganz der Frührenaissance. Zwei reizvolle Marmor-Retabel – das eine auf der rechten Seite, wenn man hereinkommt, das andere links vom Hochaltar, beide mit zierlichen Statuetten von Lorenzo Bregno aus dem frühen 16. Jahrhundert – fallen auf. Im linken Querschiff ein ungewöhnlich schön gearbeitetes, aus der Mitte des 13. Jahrhunderts stammendes venetobyzantinisches Relief der ›Anbetenden Jungfrau‹. Das zweite Altarbild auf der rechten Seite ist das Meisterwerk des vortrefflichen Malers Vincenzo Catena (1520). Es stellt eine Szene aus dem Leben der hl. Christine dar, die mit einem Mühlstein um den Hals in den See von Bolsena geworfen, aber von Engeln gerettet wurde. Das in satten, reinen Farben gemalte Bild zeichnet sich besonders aus durch die Vitalität seiner Figuren – vor allem der Engel –, die magische, träumerische Landschaft und vor allem den stillen, nachdenklichen Geist der Verehrung, den es ausstrahlt. Catena war ein wohlhabender Mann, wahrscheinlich ein Kaufmann, der Arzneien und Gewürze importierte, und kann vielleicht als der erste und größte Laienmaler in der Geschichte der Kunst angesehen werden.

Der Campo Santa Maria Mater Domini mit seinem Brunnenhäuschen aus dem 14. Jahrhundert in der Mitte ist von einer malerischen Gruppe von Häusern eingefaßt. Zunächst der Kirche steht der gotische Palazzo Viaro-Zane (Nr. 2123) aus dem 14. Jahrhundert. Die Casa Barbaro (Nr. 2179) hat um einiges üppigere gotische Fenster aus dem folgenden Jahrhundert. Die kleineren Case Zane (Nr. 2172–74) haben Fenster aus dem 13. Jahrhundert und sind mit Steinmetzarbeiten im byzantinischen Stil inkrustiert. An der Ecke bei der Brücke der Palazzo Gozzi aus dem 18. Jahrhundert (Nr. 2269), in dem Carlo und Gaspare Gozzi wohnten, der berühmte Dramatiker und sein Bruder, der ein schöngeistiger Literat und Belletrist war.

Ein Schild auf dem Campo weist den Weg zum *Palazzo Pesaro*, in dem heute eine Sammlung fernöstlicher Kunst und die *Galleria Internazionale d'Arte Moderna* untergebracht sind, nicht minder interessant wegen seiner reich dekorierten Räume aus dem 18. Jahrhundert als um der Sammlung von Kunst des 19. und 20. Jahrhunderts willen, die in diesen Räumen zu sehen ist. Den Eingang bildet ein imposanter, von Baldassare Longhena entworfener Cortile, der erst nach seinem Tod vollendet wurde.

Die Galleria Internazionale wurde ursprünglich zur Ausstellung der von der Stadt Venedig auf der Biennale

angekauften Kunstwerke gegründet und enthält eine
beträchtliche Anzahl repräsentativer Gemälde und Plastiken des 20. Jahrhunderts (momentan wegen Restaurierung
geschlossen). Unter den italienischen Arbeiten sind die
interessantesten: eine von Manzùs verschiedenen Statuen
sitzender Bischöfe, einige Gemälde und einige exquisit
radierte Stilleben (zumeist Flaschen) von Giorgio Morandi
– den viele für den bedeutendsten der neueren italienischen Künstler halten –, einige schimmernde Städtebilder
und Landschaften von Filippo de Pisis, einem Wahl-Vene-
zianer und dem bislang letzten Maler, der neue Aspekte der
Schönheit Venedigs enthüllt hat. Die Galerie enthält zahlreiche abstrakte Werke, darunter Gemälde zweier venezianischer Künstler, dem dekorativen Santomaso und dem
übersprudelnden Emilio Vedova. Außerdem eine Reihe
von Werken von Ausländern, vor allem Bonnard, Matisse,
Rouault und Chagall.

Die Stärke der Sammlung liegt jedoch in ihren zahlreichen Werken italienischer Meister des 19. Jahrhunderts.
Diese stehen heute bei den Besuchern Italiens in ebenso
geringem Ansehen wie die Gemälde und Zeichnungen des
18. Jahrhunderts vor hundert Jahren. Obwohl es durchaus
zutrifft, daß Italien keinen Manet, Cézanne oder Rodin
hervorgebracht hat – so wie es zuvor keinen Watteau, Char-
din oder Houdon hervorbrachte –, haben viele seiner
Künstler des 19. Jahrhunderts doch große Meriten. Unter
den Bildhauern war einer der beachtlichsten der Mailän-
der Medardo Rosso, dem ein ganzer Raum gewidmet ist.
Sieben Wachsköpfe zeigen die Reichweite seines Könnens,
vom Realismus eines Porträts der Yvette Guilbert bis zum
Impressionismus des faszinierenden ›Bambino alla Cucina
Economica‹. Von den Malern stammen mehrere der bedeu-
tenderen aus dem Veneto. Zwei wurden in Belluno geboren: Placidio Fabris, von dem ein eindrucksvolles Porträt
des ›maître d'hôtel‹ Signor Danieli hier hängt, und Ippolito
Caffi, der mit mehreren hellen, lichten Landschaften ver-

treten ist, die an Corot erinnern, den er persönlich kannte.
Francesco Hayez, der beliebteste Porträtmaler im Mailand
Stendhals, war ein Venezianer und ist hier mit einem
ernsten Selbstporträt vertreten. Zwei Venezianer, Giacomo
Favretto – der Maler eines berückenden Porträts einer
Dame mit hoch auf dem Kopf aufgetürmtem Haar – und
Guglielmo Ciardi – der Schöpfer zahlreicher dunstiger
Ansichten der Lagune – begründeten eine Schule der
Malerei in der Stadt. Die Werke aller dieser Meister und
anderer, weniger beachtlicher, lohnen die Aufmerksamkeit
eines jeden, dem daran liegt, den Zauber des 19. Jahrhun-
derts für sich zu entdecken.

Das *Museo Orientale*, im obersten Stockwerk des
Palastes, ist hauptsächlich chinesischen und japanischen
Gegenständen gewidmet. Teile der Sammlung japanischer
Wandschirme, Lackkästchen, Degenstichblätter, Kimonos
und eine Menge Rüstungen, außerdem einiges chinesi-
sches Porzellan aus dem 18. Jahrhundert, werden in Wechselausstellungen gezeigt.

Vom Palazzo Pesaro ist es zwei Minuten zu Fuß zur Vaporetto-Haltestelle bei San Stae. Ein anderer Rückweg zum
Rialto führt über die Fondamenta Pesaro – dort steht der
Palazzo Agnusdio mit einer Fassade, die mit Reliefdarstel-
lungen der Evangelisten geschmückt ist –, die Calle Tiossi,
den Campo Santa Maria Mater Domini, den Ramo Calle
della Regina und den Campo Cassiano. Hier birgt die
Kirche *San Cassiano* hinter einem abschreckenden, stark
restaurierten Äußeren einige schöne Kunstwerke – eine
›Kreuzigung‹ und einen ›Abstieg in die Vorhölle‹ von Tintoretto (1568) im Altarraum, einige attraktive Gemälde
von Schiavone auf der Orgelempore und eine hübsche
Sakristei aus dem 18. Jahrhundert mit einem Deckengemälde von Pittoni. Die Calle della Campanile und von
ihr die zweite Seitenstraße rechts führen uns zurück zum
Rialto-Markt.

KAPITEL 17

Gondelfahrt: Der Canal Grande

Hin und her geworfen im Kielwasser der Motorboote, halb vergiftet von ihren Auspuffgasen, betäubt von der schrillen Stentorstimme, mit welcher der Gondoliere eine Flut von Auskünften über ihn ausgießt, und insgeheim eine unerquickliche Auseinandersetzung mit ihm wegen des Fahrpreises vorahnend, vermag der heutige Besucher Venedigs nur selten sich Goethes Bild von der Gondel als der »sanft einschaukelnden Wiege« zu eigen zu machen, es wäre denn in bitterer Ironie. Nichtsdestoweniger besitzt die Gondel auch heute noch viel von ihrem Charme und alle ihre malerische Anmut.

Die Ursprünge der Gondel sind äußerst unklar und geheimnisvoll. Das Wort ›Gondel‹, das man aus dem Griechischen und Lateinischen herzuleiten versucht hat, taucht erstmals in einer Urkunde im Jahr 1094 auf, galt aber damals für alle Arten flachkieliger Boote, die auf der Lagune gerudert wurden. Gemälde von Carpaccio zeigen, daß die Gondel gegen Ende des 15. Jahrhunderts eine besondere, ihr eigentümliche Form angenommen hatte — ein langes, schmales Boot mit verziertem Bug und Heck, das mehr oder weniger auf die gleiche Weise gerudert wurde wie die heutige Gondel. Die Kabinen dieser Fahrzeuge waren häufig mit farbenreichen und bestickten Stoffen bedeckt und ausgekleidet. Ein Luxusedikt von 1562 verfügte, daß die Kabinen (›felzi‹) hinfort einfach und unverziert zu sein hätten, daß die Metallteile an Bug und Heck (›ferri‹) nicht vergoldet sein durften und alles Holz schwarz gestrichen zu sein habe. Diese Regeln galten für die zehntausend Gondeln, die es damals in Venedig gab, und sind mit Ausnahme der Fahrzeuge, die bei Regatten

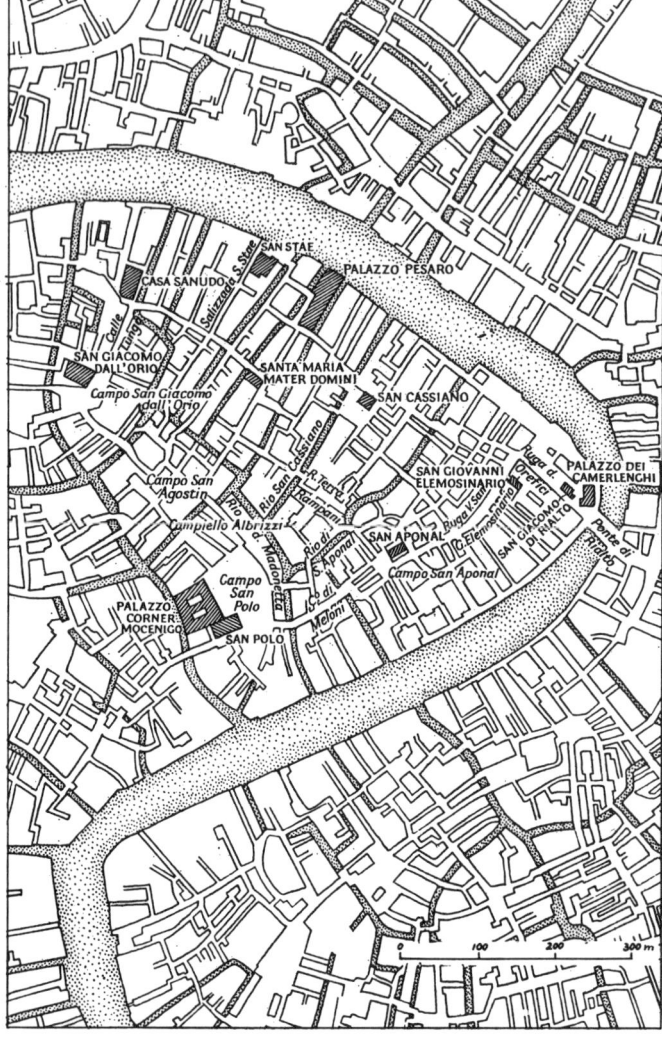

SAN STAE

CASA SANUDO

PALAZZO PESARO

SAN GIACOMO
DALL'ORIO

SANTA MARIA
MATER DOMINI

Campo San Giacomo
dall'Orio

SAN CASSIANO

Campo San
Agostin

SAN GIOVANNI
ELEMOSINARIO

PALAZZO DEI
CAMERLENGHI

Campiello Albrizzi

SAN APONAL

Campo San Aponal

PALAZZO
CORNER
MOCENIGO

Campo
San
Polo

SAN POLO

0   100   200   300 m

verwendet werden, bis auf den heutigen Tag getreulich eingehalten worden.

Wie die Bilder von Canaletto und Guardi zeigen, hatte die Gondel um die Mitte des 18. Jahrhunderts ihr heutiges Aussehen angenommen, mit einem stilisierten Metallschnabel und einer wesentlich einfacheren Verzierung am anderen Ende. Um diese Zeit verwendete der venezianische Architekturtheoretiker Pater Lodoli die Gondel als Illustrationsbeispiel für die Schönheit der reinen Zweckform. Überraschenderweise jedoch entwickelte die Gondelform sich gegen Ende des 19. Jahrhunderts plötzlich weiter, als nämlich Domenico Tramontin auf seinem ›squero‹ in der Nähe von San Sebastiano – der noch heute von seinen Söhnen und seinem Enkel betrieben wird – Gondeln des Typs zu bauen begann, wie man ihn heute auf den Kanälen sieht. Um ihre Geschwindigkeit zu erhöhen und zu ermöglichen, daß sie sich um ihre eigene Achse drehen konnten und zwei oder vier Gondolieri zusammen ruderten, baute er Fahrzeuge, die in jeder Hinsicht asymmetrisch sind. Der Aufriß seiner Gondel ist nicht gleichmäßig elliptisch, wie es den Anschein haben mag, sondern ausgesprochen windschief – die eine Seite kurvt sich wesentlich bauchiger heraus als die andere, etwa wie ein Ulmenblatt.

Die Gondel trägt keinerlei Schmuck mit Ausnahme der zwei kleinen bronzenen Seepferdchen beiderseits der Sitze, dem ›ferro‹ am Heck und dem um einiges kunstreicheren Metallblatt am Bug – die Bedeutung der sechs oder sieben Metallstreifen an diesem Schnabel ist unbekannt, wiewohl der Volksmund behauptet, sie bezögen sich auf die sechs Sestieri (Stadtbezirke) von Venedig. Die Einrichtung ist hübsch – die Sessel, ein jeder mit einer Armlehne, die fransenbesetzten schwarzen Kissen und vor allem die aus einem schweren Block Walnußholz geschnitzte ›forcola‹, auf der das Ruder ruht. Die ›forcole‹ mit ihren leicht voneinander abweichenden verschiedenen Formen haben in der Tat etwas von abstrakten Skulpturen, und eine Gruppe von ihnen wurde kürzlich als solche in Amerika ausgestellt.

Außer der Gondel trifft man noch verschiedene andere Arten kleiner Fahrzeuge in den Kanälen und auf der Lagune an. Am auffallendsten sind die Sandoli – anmutige kleine Boote, die mit zwei gekreuzten Rudern von einem Mann mit dem Gesicht nach vorn fortbewegt werden. Aber keines von ihnen besitzt die Anmut der Gondel – eine Anmut, die ebensosehr in der Form des Fahrzeugs wie in den schwingenden Bewegungen des Gondoliere liegt, denen, wie Henry James schrieb, »die Kühnheit eines herabtauchenden Vogels und die Regelmäßigkeit eines Pendels innewohnt«. Aber der Fahrgast, der solcherart fortbewegt wird, sieht davon natürlich nichts, denn der Gondoliere steht hinter seinem Rücken.

Die Gondel ist das ideale Fahrzeug für zwei Menschen, und nirgends ist man sich mehr bewußt, daß drei schon ein Gedränge sind. Ein altes venezianisches Dialektgedicht erzählt, die Gondel sei entstanden, als der Halbmond vom Himmel herabfiel, um einem jungen Liebespaar Unterkunft zu gewähren. Allein ihr Name schon klingt wie ein Liebesgedicht. Alfred de Musset zufolge kann niemand behaupten, alle Geheimnisse der Liebe erkundet zu haben, solange er nicht in einer mondhellen Nacht zwischen der Giudecca und San Giorgio Maggiore in einer Gondel gefahren ist. Goethe hingegen, der die Gondel mit einer Wiege verglich und das »Kästchen darauf« mit einem »geräumigen Sarg«, meinte, zwischen Wiege und Sarg schwanke und schwebe man »auf dem großen Kanal sorglos durchs Leben dahin«.

Gondeln im Privatbesitz, die von Gondolieri in schmucker Livree gerudert werden und die einen noch vor 20 Jahren mit Neid erfüllten, sieht man heutzutage nur noch ganz selten. Es gibt jedoch eine Vielzahl von oft sehr jungen Gondolieri, die fast ausschließlich für die Touristen arbeiten. Eine Gondelfahrt wird heute als ein ganz beson-

Gondeln und Traghetti auf dem Canal Grande

deres Vergnügen empfunden – wie in Indien auf einem
Elefanten zu reiten. Um von einem Ort zum anderen zu
gelangen, gehen die meisten Besucher, wie auch die Venezianer, entweder zu Fuß oder benutzen die öffentlichen
Schiffahrtslinien, wenn sie nicht, in größter Eile oder mit
großem Gepäck beladen, ein Wassertaxi nehmen müssen.
Diese ›taxi acquei‹ sind, wenn man den Minutenpreis
berechnet, sehr viel teurer als die Gondeln, aber dafür auch
schneller (die Tarife sind in ›Un Ospite di Venezia‹ veröf-
fentlicht). Wer sich nur eine einzige Gondelfahrt leisten
will, tut gut daran, sie sich für eine Fahrt durch die kleinen
Kanäle aufzuheben und den Canal Grande vom Vaporetto
aus zu besichtigen.

Wir fahren von der Gondel- oder Vaporetto-Haltestelle
in der Nähe der Piazza San Marco ab und gelangen, nachdem wir an der Dogana vorbeigefahren sind – dem Zollhaus auf der Landzunge vor Longhenas Santa Maria della
Salute , in den eigentlichen *Canal Grande*. Das Albergo
Europa auf der rechten Seite war das Hotel, in dem Verdi
1851 wohnte, während die Sänger im Fenice die Uraufführung seines ›Rigoletto‹ probten – wobei er ihnen die
Arie ›La donna è mobile‹ bis zum letzten Augenblick vor-
enthielt, weil er genau wußte: war sie einmal heraus, so
war sie alsbald auf den Lippen sämtlicher Gondolieri und
Laufburschen in der ganzen Stadt. Das Haus daneben,
heute das Hotel Regina, war früher einmal berühmt als das
Heim der Mrs. Bronson, einer amerikanischen Dame von
großzügiger Gastlichkeit. Hier konnte man in den acht-
ziger Jahren des vorigen Jahrhunderts häufig Robert
Browning oder Henry James beim Genuß einer Ziga-
rette auf ihrem Balkon erblicken. Das kleine rote Haus
mit den durchbrochenen gotischen Fenstern und Balkonen – der Palazzo Contarini-Fasan – stammt aus dem
15. Jahrhundert und hat irgendwie den romantischen
Namen Casa di Desdemona erworben (beide Häuser heute
Hotel Europa e Regina).

Auf der anderen Seite, nach der Salute-Kirche, steht die vormalige Abtei San Gregorio mit einer Reliefdarstellung des hl. Gregor aus dem 11. Jahrhundert über dem gotischen Tor. Nach einigen Gebäuden von geringerem Interesse kommt der *Palazzo Dario*, um 1487 erbaut, möglicherweise nach einem Entwurf von Pietro Lombardo, mit einer marmorinkrustierten Fassade und großen venezianischen Kaminen, die sich auf seinem Dach erheben. Von 1838 bis 1842 wohnte hier jener Rawdon Brown, der nach Venedig kam, um das Grab des »verbannten Norfolk« in Shakespeares ›Richard II.‹ aufzufinden, und den Rest seines Lebens in der Stadt blieb, wo er im Archivio alte Urkunden auszog und unter anderem Sanudos Tagebücher entdeckte. Das übernächste Haus – gleichsam ein weißer Marmor-Bungalow – wurde 1749 begonnen, kam aber nicht über den ersten Stock hinaus. Drinnen, gleich hinter dem Eingangstor, steht eine Bronze ›Pferd und Reiter‹ von Marino Marini, eines der zahlreichen Werke zeitgenössischer Bildhauerei in der Peggy Guggenheim-Collection. Im nächsten Haus wohnte Rosalba Carriera, die Pastell-Porträtmalerin.

Der sehr große klassizistische Bau auf der anderen Seite des Kanals mit den Reliefs römischer Brustpanzer in den Bogenzwickeln ist der Palazzo Corner – heute das Polizeipräsidium –, der um die Mitte des 16. Jahrhunderts nach dem Entwurf Jacopo Sansovinos erbaut wurde. Das kleine rote Haus mit dem Garten daneben war in den siebziger Jahren des 18. Jahrhunderts Canovas Atelier, und während des Ersten Weltkrieges wohnte in ihm der bedeutende Dichter und unersprießliche Zeitgenosse Gabriele D'Annunzio. Ein Stückchen weiter, kurz vor dem großen Palast aus dem 19. Jahrhundert bei der Accademia-Brücke, steht der Palazzo Barbaro, den Henry James in ›Die Flügel der Taube‹ schildert.

Bis zum Jahr 1854 führte einzig die Rialto-Brücke über den Canal Grande. In diesem Jahr wurde bei der Accademia eine Eisenbrücke gebaut, und zwar weniger der

Öffentlichkeit zu Gefallen als vielmehr, um es dem österreichischen Militärgouverneur zu ermöglichen, zur Unter-
drückung von Unruhen rasch Truppen über den Kanal
schaffen zu können. Die gegenwärtige Holzbrücke, die sie
1952 ersetzte, war nur als zeitweiliger Notbehelf gedacht,
aber sie ist ein so vertrautes Wahrzeichen der Stadt geworden, daß es einen schmerzen würde, wenn ihre Schiffs-
balken dem Stein oder Zement weichen müßten.

Nach der Brücke kommt auf der rechten Seite ein höchst
seltsames Bauwerk mit Schäften von Säulen und zwei
Stücken rustizierten Mauerwerks — alles, was noch von
einem Palast, der Ca' del Duca übrig ist, der von der Familie Cornaro begonnen, 1461 von ihr an Francesco Sforza,
den Herzog von Mailand, verkauft, aber nie vollendet
wurde. Tizian hatte hier eine Zeitlang sein Atelier. Ein
Stückchen weiter, nach der Haltestelle San Samuele, steht

Unten und rechts:
Bernardo Belotto, gen. Canaletto,
Palazzo Foscari, um 1735,
Skizzenbuch des Künstlers, Venedig, Accademia

der strenge Palazzo Grassi von Giorgio Massari (heute eines der wichtigsten Ausstellungsinstitute der Stadt) und ihm gegenüber, auf der anderen Seite des Wassers, Longhenas riesiger *Palazzo Rezzonico*. Nach drei einfacheren Bauten kommen dann auf der linken Seite die zwei für die Familie Giustiniani um die Mitte des 15. Jahrhunderts erbauten gotischen Paläste. Im zweiten verbrachte Richard Wagner den Winter 1858/59 und richtete hier seine Wohnung nach seinem Geschmack her, indem er die mit Fresken geschmückten Wände, ebenso wie die Türen, Tische und Stühle mit dunkelroten Tuchbespannungen bedeckte. Er schrieb hier den zweiten Akt von ›Tristan und Isolde‹ und ließ sich vom melancholischen Ruf der Gondolieri oben am Rialto zu dem klagenden Vorspiel des dritten Aktes anregen. Daneben der Palazzo Foscari, in dem König Heinrich III. von Frankreich 1574 ein Staatsempfang in Gold und Seide bereitet wurde.

Auf der anderen Seite, knapp vor der Biegung des Kanals, steht der Palazzo Moro-Lin, zuweilen auch das

Palazzo Grimani

›Haus der dreizehn Fenster‹ genannt, den sich der finanziell, wiewohl nicht künstlerisch erfolgreiche Maler Pietro Liberi im 17. Jahrhundert nach einem Entwurf des seltsamen surrealistischen Malers und Dichters Sebastiano Mazzoni erbauen ließ. Der aus dem frühen 16. Jahrhundert stammende Palazzo Contarini delle Figure, direkt daneben, gehörte Jacopo Contarini, einem Freund Palladios, der hier oft zu Gast war.

Sodann kommen die verschiedenen *Case dei Mocenigo*, die als getrennte Häuser erbaut, aber mit einer einheitlichen, mit klassizistischen Reliefs von Löwenköpfen verzierten Fassade zusammengefaßt wurden. Von allen Bauten am Canal Grande sind sie am reichsten an historischen Erinnerungen. Giordano Bruno, der freidenkerische Mönch, der in Rom als Ketzer verbrannt wurde, wohnte hier 1579. Lady Arundel mietete sich hier 1621 ein, als sie nach Venedig kam, um den guten Ruf Antonio Foscarinis wiederherzustellen, der hingerichtet worden war, weil er angeblich in ihrem Haus, zur Zeit als ihr Gatte englischer Botschafter in Venedig war, eine staatsfeindliche Verschwörung angezettelt hatte. (Es war gegen die Regeln, daß ein Patrizier privat mit einem ausländischen Botschafter verkehrte; er sollte nicht zu hochverräterischen Handlungen verleitet werden.) Lady Arundel enthüllte fröhlich und vergnügt, der Beweggrund seiner Besuche sei Ehebruch und nicht Hochverrat gewesen, und erlangte so die Reinwaschung seines Schattens. Die Geschichte dürfte Byron Vergnügen bereitet haben, der von 1816 bis 1819 den Palast bewohnte und hier eine Folge von Liebschaften mit dunkeläugigen Mätressen hatte – von denen eine sich aus dem Fenster stürzte –, ehe er sich endgültig Teresa Guiccoli zuwandte.

Der dunkelrote Bau auf der gegenüberliegenden Seite jenseits des breiten Rio di San Polo war das Haus des Archäologen und Kunstkenners Austen Layard, dessen Gemäldesammlung sich jetzt in der Nationalgalerie in

London befindet. Daneben erheben sich der edle Palazzo
Civran-Grimani aus dem 16. Jahrhundert, der Palazzo Bernardo, eines der besten gotischen Bauwerke am Kanal, und
der Palazzo Donà mit seinen byzantinischen Fenstern und
einem Relief der Madonna, das an Donatello erinnert. Ein
wenig weiter der Palazzo Papadopoli, ein schöner Bau aus
der Mitte des 16. Jahrhunderts mit Obelisken auf dem
Dach.

Auf der rechten Seite des Kanals, gegenüber dem
Layard-Palast, steht der wahrscheinlich von Codussi stammende *Palazzo Corner-Spinelli*, ein Bau mit einer überwältigenden Fülle von Renaissancemotiven, die den bei
den Venezianern so beliebten Eindruck verschwenderischen Reichtums hervorrufen sollten. Ein Stück weiter,
nach dem zweiten Rio, kommen wir am Palazzo Querini-
Benzon vorbei, dem Haus der Contessa Marina Querini-
Benzon, die zu Byrons Zeiten eine große ›Charaktertype‹
war. Als Byron sie kannte und sich ihrer Gunst erfreute,
war sie bereits eine dickliche Dame von sechzig Jahren. Sie
hatte eine übermäßige Vorliebe für Polenta, und wenn sie
in ihrer Gondel ausfuhr, stopfte sie sich ein heißes Stück
dieser seltsamen Delikatesse zwischen ihre üppigen Brüste,
um von Zeit zu Zeit daran knabbern zu können. Das
Dampfwölkchen, das sich dann aus ihrem Busen empor-
kräuselte, trug ihr den Spitznamen ›el fumeto‹ ein — der
kleine Rauch. In ihren schlankeren, weniger gefräßigen
Tagen hatte sie eines der bezauberndsten venezianischen
Liebeslieder inspiriert — ›La biondina in gondoleta‹, das
man noch heute entlang der Kanäle der Stadt hören kann.

Nach einigen weiteren Häusern kommen wir an dem
blumigen gotischen Palazzo Corner-Contarini mit Flachreliefs von Pferden an der Fassade vorbei und sodann an
dem sich hoch auftürmenden Palazzo Grimani, einem der
schönsten Paläste der Hochrenaissance, von Michele Sanmicheli entworfen. Das übernächste, orangefarbene Haus
war früher ein beliebtes Hotel, und hier stieg 1838 der

amerikanische Romanschriftsteller James Fenimore Cooper ab – weltweit entfernt vom ›Letzten Mohikaner‹.

Gegenüber, unmittelbar nach dem Palazzo Papadopoli, stehen zwei Häuser mit schönen byzantinischen Reliefplatten, die Ruskin sehr bewunderte. Von dieser Stelle ab führen auf beiden Seiten Fondamenta zur Rialto-Brücke. Rechts eine Folge hübscher Paläste. Zuerst der Palazzo Farsetti, stark restauriert, um ihm sein angeblich venetobyzantinisches Aussehen wiederzugeben. Daneben der Palazzo Loredan, ebenfalls aus dem 13. Jahrhundert. Peter von Lusignan, König von Zypern, wohnte hier 1363 und erlaubte den Loredans als Gegenleistung für finanzielle Hilfe, den aufsteigenden Löwen der Lusignans in ihrem Wappen zu führen – er taucht im Fries auf. Das kleine Haus Nr. 4172 ist das Geburtshaus des Dogen Enrico Dandolo, der trotz Blindheit die venezianischen Streitkräfte auf dem Vierten Kreuzzug und bei der Plünderung Konstantinopels 1204 anführte. Etwas weiter ein kleines Haus mit gotischen Fenstern (Nr. 4168), in dem Pietro Aretino von 1551 bis 1556 wohnte und in letzterem Jahr an einer Apoplexie starb, die – so erzählt die Moral-Anekdote – durch unmäßiges Gelächter über einen schlüpfrigen Witz hervorgerufen wurde. Der sehr große Palast aus dem 16. Jahrhundert, in dem sich jetzt die Banca d'Italia befindet, stammt von Sansovino.

Wir gleiten jetzt unter der *Rialto-Brücke* durch und haben dabei einen guten Ausblick links auf den glitzernd weißen Palazzo dei Camerlenghi. Auf der anderen Seite steht der große, düstere Block des Fondaco dei Tedeschi, den früher Giorgiones und Tizians Fresken belebten. Jenseits des kleinen Rio ein Palast aus dem frühen 19. Jahrhundert, der auf der Stelle des einstigen persischen Fondaco steht, wo es früher über alle Maßen orientalisch geglitzert haben muß. Gleich danach öffnet sich der malerische kleine Campiello del Remer – so genannt nach den Rudermachern – nach dem Kanal hin – es lohnt sich, ihn zu Fuß aufzusuchen. Etwas weiter auf der gleichen Seite steht die Ca' da Mosto, im 13. Jahrhundert erbaut und ein hervorragendes Beispiel des venetobyzantinischen Stils. Die gegenwärtige Fassade ist auf malerische Weise asymmetrisch, aber man sieht noch genau, wo die Fenster und Bogen der ursprünglichen Anlage zugemauert worden sind. Dieser Bau war im 18. Jahrhundert ein Hotel, und ein künftiger Zar von Rußland und ein Kaiser von Österreich stiegen hier ab. Im Jahr 1780 wohnte außerdem der exzentrische englische Schriftsteller William Beckford hier. An seinem ersten Abend in Venedig saß er hier an seinem Fenster – »um die Kühle zu genießen und, soweit die Dämmerung es gestattete, die Vielfalt der Gestalten zu beobachten, die in ihren Gondeln vorüberschossen. Indes die Nacht hereinbrach, schimmerten unzählige Kerzen durch die Markisen vor den Fenstern. Ein jedes Boot hatte seine Laterne, und die rasch vorbeiziehenden Gondeln waren gefolgt von Lichtspuren, die auf dem Wasser leuchteten und spielten. Ich blickte auf diese tanzenden Flammen hinab, als Musikklänge die Kanäle entlanggeschwebt kamen, und als sie lauter und lauter wurden, glitt eine erleuchtete Barke voller Musikanten aus dem Rialto hervor. Sie hielt unter einem der Paläste an und begann eine Serenade, die alles Rufen zum Schweigen brachte und jegliches Gespräch auf den Galerien und in den Porticos unterbrach, bis sie schließlich, indes sie langsam davonruderte, nicht mehr zu hören war. Die Gondolieri nahmen die Melodie auf, ahmten ihre Kadenzen nach, und ihnen antworteten andere aus der Entfernung, deren Stimmen, vom Bogen der Brücke zurückgeworfen, einen klagenden, merkwürdigen Ton annahmen. Ich begab mich, noch ganz erfüllt von diesem Laut, zur Ruhe, und noch lange, nachdem ich eingeschlafen war, schien die Melodie in meinem Ohr weiterzuschwingen.«

Weiter hinauf, knapp jenseits des Rio dei Santi Apostoli, steht der aus der Mitte des 18. Jahrhunderts stammende

Palazzo Mangilli-Valmarana, den sich der englische Konsul Joseph Smith bauen ließ, er war ein großer Gönner und Förderer der venezianischen Künstler, besonders Canalettos und Piazzettas, und seine riesige Sammlung wurde von König Georg III. angekauft und befindet sich heute in Schloß Windsor. Dieser »vortreffliche Mann«, wie Goethe ihn nannte, gab die Kupfer-Faksimile-Ausgabe der Werke Palladios heraus, die Goethe 1786 in Venedig erwarb: »Man muß es den Engländern lassen, daß sie von lange her das Gute zu schätzen wußten und daß sie eine grandiose Art haben, es zu verbreiten.« Konsul Smith liegt auf dem Lido begraben. Nach einigen weniger bemerkenswerten Bauten kommen wir am Campo Santa Sofia vorbei, an dessen Seite der Palazzo Sagredo mit seinem Durcheinander von gotischen Fenstern und flammenden Geranien steht, und sodann zur Ca' d'Oro.

Das übernächste Haus nach der Ca' d'Oro ist der Palazzo Fontana, ein einfacher Renaissancepalast, in dem 1693 Carlo Rezzonico, der spätere Papst Clemens XIII., geboren wurde. Gegenüber, auf der linken Seite, steht der Palazzo Corner della Regina aus dem frühen 18. Jahrhundert, ein schöner Barockbau mit Groteskköpfen, die knapp über dem Wasserspiegel aus der Fassade herausschauen. Ein kurzes Stück weiter, und wir kommen am Palazzo Pesaro vorbei, der in den sechziger Jahren des 17. Jahrhunderts von Longhena begonnen, aber erst 1710 vollendet wurde. An reiner Pracht wetteiferte er mit dem Palazzo Rezzonico und scheint eigens so entworfen, daß er die flackernden Spiegelungen auf dem Kanal in den tiefen Einschnitten seiner Fassade aufzufangen vermag.

Jetzt kommt die reichgegliederte weiße Fassade von San Stae in Sicht. Nach dem nächsten Rio noch ein Longhena-Palast – der Palazzo Belloni-Battaglia – mit elegant sich verjüngenden Obelisken auf dem Dach und zierlichen Gittern vor den unteren Fenstern. Gegenüber auf der rechten Seite steht der Palazzo Erizzo, der im 17. Jahrhundert einem alten Erzkonservativen gehörte, der seinen Sohn enterbte, weil er rote Strümpfe und eine Perücke trug. Er ist durch einen quadratischen Garten vom edlen *Palazzo Vendramin-Calergi* getrennt, dessen Dach von einem Wirrwarr von Fernsehantennen verunstaltet ist – im Winter befindet sich hier das städtische Kasino. Der Palast wurde im ersten Jahrzehnt des 16. Jahrhunderts von Mauro Codussi begonnen, aber von einem Baumeister des Lombardo-Kreises vollendet. Mit seinen großen Rundbogenfenstern und scharfgemeißelten klassischen Ornamenten und eingelegten Porphyrmedaillons ist er eines der schönsten Beispiele der Frührenaissance-Architektur in Venedig. Von 1844 an wohnte hier die Herzogin von Berry, die Schwester Ferdinands II. von Neapel und Schwiegertochter Karls X. von Frankreich, und bildete den Mittelpunkt einer Gruppe von Legitimisten, die bis zum letzten Atemzug an ihrer höfischen Etikette festhielten. Ein anderer Bewohner des Palastes war Richard Wagner, der hier 1883 starb.

Das große festungsähnliche Gebäude gegenüber war früher der venezianische Kornspeicher. Daneben steht der *Fondaco dei Turchi*, der um die Mitte des 13. Jahrhunderts als Privathaus gebaut und 1621 in die Niederlassung der türkischen Kaufleute umgewandelt wurde. Mit dem Niedergang des türkischen Handels geriet der Bau in betrüblichen Verfall. Ruskin schilderte ihn als »eine schauerliche Ruine … und alles, was an diesem Wrack verehrungswürdig oder traurig ist, wird durch Versuche verhüllt, es zu den niedrigsten Zwecken zu verwenden«; allerdings gewahrte er im Gras und zwischen den Sträuchern, die im zerbröckelnden Mauerwerk Wurzeln geschlagen hatten, exquisite Steinmetzarbeiten im byzantinischen Stil. Der Bau wurde 1869 restauriert oder vielmehr mit einigen der alten Baumaterialien neu aufgerichtet, die man noch unterscheiden kann, wenn man sich die harte, starre, ausnehmend unmittelalterliche Fassade genau ansieht. Heute ist er das naturgeschichtliche Museum und mit ausgestopften

Vögeln und Fischen, Muscheln und Steinen angefüllt. Zwischen einigen Skulpturen unter dem Portikus steht ein Sarkophag, der einstmals die enthaupteten Überreste des Dogen Marino Falier enthielt.

Auf der anderen Seite des Kanals öffnet sich vor dem Palazzo Labia der breite *Canale di Cannaregio*. Nach der Kirche Santa Geremia, an der eine Inschrift vermeldet, daß sich hier die Reliquien der hl. Lucia von Syrakus befinden, kommen wir an dem eigentümlich hohen und schmalen Palazzo Flangini vorbei. Er wurde im 17. Jahrhundert von Giuseppe Sardi entworfen, aber es waren erst zwei Achsen fertiggestellt, als das Geld zu Ende war. Die Geschichte, wonach zwei Brüder den Palast erbten und der eine seine Hälfte abriß, um den anderen zu ärgern, ist unwahr. Aber sie veranschaulicht die Familienstreitigkeiten, die in Venedig nahezu stets auf einen Todesfall folgten, denn hier wie auch im ganzen übrigen Italien muß der ererbte Besitz gleichmäßig zwischen den Kindern aufgeteilt werden.

Das Boot nähert sich jetzt dem Bahnhof auf der einen und der Kirche *San Simeone Piccolo* auf der anderen Seite, zwei Gebäuden, die das Ende der ›Hauptstraße‹ Venedigs bezeichnen. Die Kirche, zwischen 1718 und 1738 von Giovanni Antonio Scalfarotto erbaut, ist ein Mischmasch historischer Motive. Der kreisrunde Grundriß und der Portikus gehen auf das Pantheon und Palladios Kapelle in Maser zurück; die ballonähnliche Kuppel ahmt den venetobyzantinischen Stil nach. Im Innern ist das kreisrunde ›Hauptschiff‹ ein Widerhall des Pantheon, während der überkuppelte Altarraum und die Apsiden von Palladios Redentore-Kirche auf dem Umweg über Longhenas Santa Maria della Salute herkommen. San Simeone Piccolo ist in der Tat eine regelrechte Anthologie der venezianischen Architektur, ein ›capriccio‹, ähnlich denen, die Canaletto bald nach ihrer Erbauung malte. Während die Kirche auf die venezianische Geschichte zurückblickt, hat der Bahnhof den Blick voraus gerichtet, auf die Gestalt der kommenden Dinge, falls Venedig je zu einer modernen Stadt entwickelt werden sollte. Er ist durchaus von einer gewissen Schönheit, die er gleich so vielen Bauwerken in Venedig schönen Baustoffen, dem Spiel des Lichtes auf ihren Oberflächen und der Nähe des Wassers verdankt.

Doch der Canal Grande ist nicht alles. Es lohnt sich, sich in einer Gondel ein Stündchen oder länger auf den kleineren Wasserwegen herumrudern zu lassen. Allerdings empfiehlt es sich, die Wahl des Weges dem Gondoliere zu überlassen, denn sie hängt davon ab, wieviel Zeit man zur Verfügung hat und auch, da viele Kanäle ›Einbahnstraßen‹ sind, vom Ausgangspunkt der Spazierfahrt. Auf diesen engen und schmalen Wasserwegen braucht man keinen ›Cicerone‹ – die Schönheit der größeren Paläste und die malerischen Qualitäten anderer, die unvermittelten Kontraste von Üppigkeit und Armut sprechen für sich selbst. Niemand hat dieses Erlebnis des Dahintreibens in einer Gondel besser geschildert als Marcel Proust:

»Meine Gondel folgte dem Lauf der kleinen Kanäle; gleich den geheimnisvollen Händen eines Luftgeistes, die mich durch den Irrgarten dieser morgenländischen Stadt führten, schienen sie, indes ich in sie eindrang, für mich eine Straße durch das Herz eines überfüllten Viertels zu schneiden, das sie einfach entzweiteilten, und mit einem willkürlich gelegten Schnitt, einem schmalen Riß die hohen Häuser mit ihren winzigen, maurischen Fenstern auseinanderspalteten, und gleich als halte der magische Führer eine Kerze in der Hand und leuchte nur den Weg, warfen sie beständig einen Strahl Sonnenlicht voraus, dem sie den Weg bahnten.«

Auch läßt sich unmöglich vorhersagen, was man vom bequemen Gondelsitz aus zu sehen bekommt – vielleicht ein kleines Mädchen in seinem weißen Kommunionskleid, das sich silhouettenhaft wie die kindliche Jungfrau auf Tintorettos ›Tempelgang Mariä‹ (und dabei um wie vieles rührender und schöner) gegen den dunklen Hintergrund abhebt; ein altes Weib, das seine Geranien hoch oben auf einem Fenstersims begießt oder an einem vielgeknoteten Seil einen Korb mit Lebensmitteln heraufzieht; eine Wäscheleine mit scharlachroten und blauen Kleidern gegen den zerbröckelnden taubengrauen Mauerverputz; ein junges Pärchen, das Arm in Arm durch einen dunklen, geheimnisvollen Sottoportico verschwindet; eine Katze, die eine Mahlzeit verdorbenen Fischs verzehrt, die jemand vorsorglich auf dem Pflaster zurückgelassen hat; eine Gruppe von Knirpsen, die mit mehr natürlicher Anmut herumtollen und sich prügeln als selbst die schönsten gemalten oder gemeißelten Renaissanceputten. Diese und unzählige andere flüchtig erhaschte Bilder führen einen zurück ins unvergeßliche und unvergängliche Venedig – in die Stadt, die die Kraft besaß, so viele ihrer Söhne zu Großem zu befeuern und so vielen ihrer fremden Besucher Trost zu spenden.

KAPITEL 18

Lagunenfahrt

In früheren Zeiten, als nahezu jeder Venezianer ein Boot besaß oder sich mühelos eins ausleihen konnte, war die Lagune Venedigs Hauptvergnügungs- und Tummelplatz. Eine alte und beliebte Barkarole vergleicht die wehmutsvolle Atmosphäre der Stadt mit den Freuden einer Bootspartie auf dem Wasser:

> Coi pensieri malinconici,
> Non te star a tormentar.
> Vien co mi, montemo in gondola,
> Andaremo fora in mar.

»Bleib nicht und quäl dich mit melancholischen Gedanken, komm mit mir, wir nehmen eine Gondel und fahren hinaus aufs Meer.« Heutzutage ist es die Lagune, die mit ihren stillen Gewässern und verlassenen Inseln so wehmutsvoll erscheint. Um sie wirklich gründlich zu erkunden, muß man sich noch immer ein Bootstaxi nehmen. Aber zu allen interessanteren Inseln kann der Besucher heute mit den öffentlichen Verkehrsmitteln, den Vaporetti und − Motoscafi, gelangen. San Michele, Murano, Burano und Torcello sind leicht zu erreichen. Auch San Lazzaro degli Armeni und San Francesco del Deserto sind erreichbar, nur verkehren die Dampfer weniger häufig. Und zum Lido mit seinem eleganten Badestrand und seinen noch eleganteren Hotels − das Hotel des Bains lieferte die Kulisse für Thomas Manns ›Tod in Venedig‹ − gelangt man natürlich ganz mühelos. Von allen diesen Fahrten ist die nach Torcello bei weitem die lohnendste.

Es gibt mehrere Möglichkeiten, nach Torcello zu gelangen. Man kann ein Motorboot von Harry's Bar nehmen

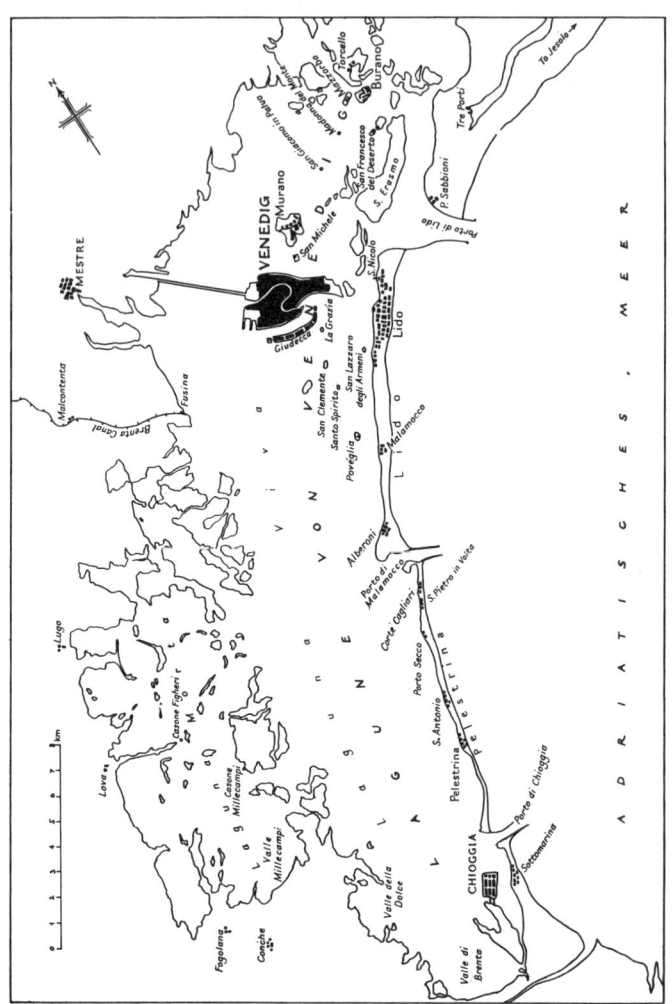

oder das Motorschiff der Linie 12. Wenn man den ganzen Tag zur Verfügung hat, lohnt es sich, die Fahrt gemächlich zu machen und an den verschiedenen Haltestellen unterwegs auszusteigen. Die Vaporetti fahren etwa alle Stunde von den Fondamenta Nuove nach San Michele, Murano, Burano und Torcello. Auf Murano und Burano gibt es einfache, aber hübsche und gute ›trattorie‹, wo man zu Mittag essen kann — auf Torcello liegen die um einiges teureren Restaurants.

Die Dampfer von den Fondamenta Nuove halten als erstes an der Friedhofsinsel *San Michele*, unmittelbar bei der Kirche. »Kommt hierher«, schrieb der venezianische Humanist Paolo Delfin, »damit ihr etwas Großes und Einzigartiges erblickt … einen Tempel, der nicht nur das Altertum heraufbeschwört, sondern es sogar noch übertrifft.« Die Kirche wurde von Mauro Codussi 1469 begonnen und war die erste venezianische Renaissancekirche mit einer strengen und nüchternen klassischen Fassade, die von Albertis Tempio Malatestiano in Rimini hergeleitet ist und der ein halbkreisförmiger Ziergiebel aufgesetzt wurde. Später, 1530, wurde seitlich die sehr anmutige sechseckige Cappella Emiliana von Guglielmo Bergamasco angefügt.

Man betritt die Kirche durch den Kreuzgang, wo allmorgendlich sandalenbeschuhte Franziskanermönche auf ruhige und sachliche Weise Leidtragenden und Särgen ihre Plätze in der Kirche und auf dem Friedhof anweisen. Das Innere der Kirche mit einem Mittelschiff, das für seine Breite zu hoch ist, und unbehaglich schmalen und engen Seitenschiffen verkörpert die noch halbwüchsig-schlaksige Wachstumsphase der Entwicklung der venezianischen Renaissancearchitektur. Bei weitem das Beste an ihr ist die massive Altarschranke, die quer über das Westende des Hauptschiffs läuft, mit ihrem Skulpturenschmuck, von dem einiger sehr schön, anderer recht hart und grob restauriert ist. In der Nordostecke führt ein Durchgang in die Cappella Emiliana, deren Inkrustationen aus grünem

Marmor ihr eine Unterwasserbeleuchtung verleihen. Blasses Licht sickert von der Laterne herab und erhellt drei Hochrelief-Retabel, die von Giovanni Antonio da Carona, einem der weniger bedeutenden Bildhauer des 16. Jahrhunderts, stammen.

Ein einfacher Stein vor der Haupttür im Atrium bezeichnet die letzte Ruhestätte des Fra Paolo Sarpi, dessen Gebeine hierhergebracht wurden, als das Serviten-Kloster aufgehoben wurde. An der Wand über der Tür ein großes Denkmal für Kardinal Dolfin, der 1622 starb. Die Allegorien des Glaubens und der Hoffnung sind von Pietro Bernini, während die Büste mit dem äußerst ärgerlichen Gesichtsausdruck das Werk seines viel größeren und berühmteren Sohnes Gian Lorenzo ist – obwohl sie noch wenig von seinem Genie erkennen läßt.

Vom *Friedhof* mit seinen Gebirgen aus gleißend weißem Carrara-Marmor, seinen Legionen von Engelsstatuen, Büsten und Fotografien der Abgeschiedenen, seinen hohen, dunklen Zypressen und seinen Horden von Katzen, die zwischen den Gräbern umherschleichen mit dem Ausdruck von Leuten, die soeben bei ganz besonders verwerflichen Unternehmungen erwischt worden sind – von diesem Friedhof geht eine eigentümliche Faszination aus. Er wurde um die Mitte des 19. Jahrhunderts angelegt, erwies sich aber schon bald als zu klein für seinen Zweck. Folglich dürfen, abgesehen von jenen, die reich genug sind, um einen Flecken Boden für alle Zeiten zu kaufen – einige Familien haben genug gekauft, um darauf Mausoleen für sich selbst und ihre Nachkommen zu errichten –, die meisten Venezianer hier in ihren seltsamen kleinen Marmorschubladen nur zwölf Jahre lang ruhen; danach werden ihre Gebeine entfernt und auf einer entlegenen Insel in der Lagune abgeladen. Kaum ein einziger bekannter oder berühmter Venezianer liegt hier begraben; die Schatten, denen wir hier begegnen, sind die unserer Genossen, der fremden Besucher Venedigs. Da liegt der unselige Léopold

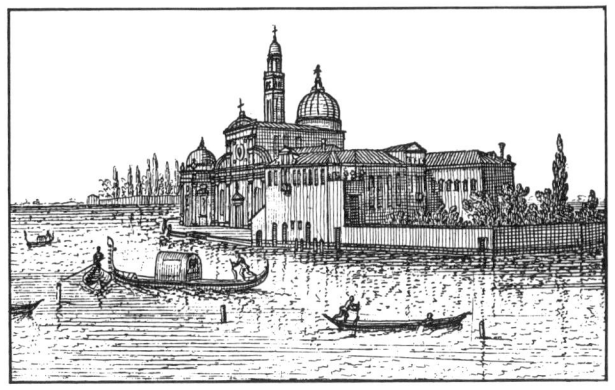

Friedhofsinsel San Michele

Robert, der sich darauf spezialisierte, Banditen zu malen, und 1835, am zehnten Todestag seines Bruders, Selbstmord beging – sein Grab trägt eine Grabschrift von Lamartine. In einer anderen Ecke liegt das einfache Grab des exzentrischen englischen Schriftstellers Frederick Rolfe, der sich Baron Corvo nannte. Und in der orthodoxen Abteilung des Friedhofs liegt Sergei Diaghilew begraben, bei dessen Begräbnis der Tänzer Serge Lifar eine Szene hervorrief, indem er schmerzerfüllt in die offene Grube sprang. In der Nähe finden sich auch die Gräber von Igor Strawinsky und Ezra Pound.

Von San Michele braucht ein Vaporetto nur einige Minuten nach *Murano*. Seit 1291, als die venezianischen Glasfabriken wegen der Brandgefahr hierher verlegt wurden, ist der Name Murano nahezu gleichbedeutend mit Glasfabrikation. Glas war eine der wenigen Waren, welche die Venezianer selbst herstellten, es galt als ein wichtiger Exportartikel, und die Geheimnisse seiner Herstellung

wurden eifersüchtig gehütet. Jeder Glasbläser, der den
Staat Venedig verließ, wurde als Verräter in Abwesenheit
zum Tod verurteilt. Aber zahlreiche Vorrechte wogen diese
Beschränkung der Freizügigkeit wieder auf. Die Murane-
sen rühmten sich ihres eigenen ›Libro d'Oro‹ und erfreuten
sich einer wesentlich demokratischeren Regierung als die
Venezianer. Ein venezianischer Adliger, der die Tochter
eines Glasbläsers heiratete, durfte seinen Sitz im Großen
Rat behalten. Zuweilen beging der Senat, um diese Handwerker zu schützen, ausgesprochene Verrücktheiten. Als
1524 ein Glasbläser einen Mord beging und nach Mantua
entfloh, wurde ihm Straffreiheit zugesichert unter der
Bedingung, daß er zu seiner Arbeit nach Murano zurückkehrte.

Doch beschränkte sich der Ruhm Muranos nicht auf
seine Glasfabriken. Im 16. Jahrhundert wurde die Insel
zum Lieblingsaufenthalt gelehrter Humanisten, von denen
sich mehrere hier Häuser bauten und Gärten anlegten.

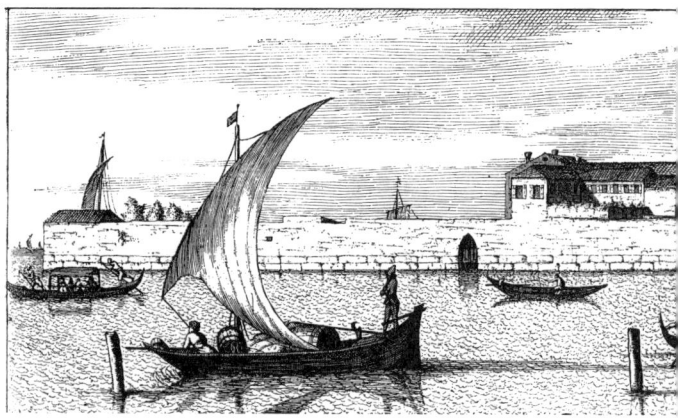

Man unterhielt sich über die Natur der Liebe und ähnliche Gegenstände, Männer wie Pietro Bembo und Aldus Manutius tauschten griechische und lateinische Sprüche aus, man lustwandelte inmitten von Regimentern eingetopfter Zitronenbäume, von Springbrunnen, Alleen, deren Baumkronen sich zu Dächern verschränkten, Quincunxen und Lauben, las einander Gedichte vor und sang ›canzoni‹. Man kann sich das alles heute nur noch schwer vorstellen. Der Palast Daniele Barbaros, des aristotelischen Philosophen, Architekturtheoretikers und Gönners Palladios, ist zwar erhalten, aber er ist in traurigem Zustand und in einen Lagerspeicher für Glaswaren umgewandelt, und die meisten anderen Villen sind vollständig verschwunden.

Am besten steigt man an der dritten Haltestelle, im Canal Grande von Murano, aus. Wegweiser führen einen von hier zum *Museo Vetrario*, dem Glasmuseum; es befindet sich in dem hübschen Palazzo Giustiniani, den sich die Bischöfe von Torcello Ende des 17. Jahrhunderts erbauten.

Laguneninsel San Cristofero

Im Erdgeschoß befindet sich eine gute Auswahl von anti-
kem römischen Glas aus dem 1. bis 4. Jahrhundert und im
oberen Stockwerk eine der größten Sammlungen venezianischen Glases in der Welt. (An der Decke des Hauptsaals
die ›Apotheose des San Lorenzo Giustiniani‹ von Francesco
Zugno, einem talentierten Nachfolger Tiepolos.)

Obwohl man weiß, daß bereits im 10. Jahrhundert in
Venedig Glas hergestellt wurde, stammen die frühesten
erhaltenen Stücke aus dem 15. Der früheste Gegenstand in
diesem Museum ist ein aus dem späten 15. Jahrhundert
stammender Hochzeitspokal aus dunkelblauem Glas, der
mit den Porträts der Jungvermählten und verschiedenen
Allegorien in strahlend buntem Email verziert ist (Saal x).
Der Überlieferung zufolge wurde er in der Werkstatt des
Angelo Barovier gefertigt, der in Filaretes Abhandlung
über die Architektur erwähnt ist. Das Goldene Zeitalter des
venezianischen Glases, sowohl in künstlerischer als auch in
kommerzieller Hinsicht, begann im frühen 16. Jahrhundert, als die Kunst der Herstellung klaren ›Kristall‹-Glases
vervollkommnet wurde. Die Werkstätten in Murano gin-
gen unverzüglich daran, das neue Verfahren auszubeuten,
und exportierten schon bald nach allen Teilen Europas
Becher, Schalen und Schüsseln von einer Reinheit und
Klarheit, mit der nur noch der Bergkristall wetteifern
konnte. Mehrere Stücke dieser Art sind in der Sammlung
zu sehen – vor allem einige Becher und Pokale von exquisiter Grazie und Anmut, ähnlich jenen, aus denen die Jünger auf Veroneses ›Gastmahl im Hause des Levi‹ trinken.
Gegen Ende des 16. Jahrhunderts führte die Vorliebe der
Venezianer für das Bizarre und Absonderliche zur Herstellung ausgefallenerer Gegenstände: Lampen in Gestalt von
Pferden, von Drachen gehaltene Pokale mit Deckeln,
absurd hohe Stengelgläser. Das Geheimnis der Kristallglas-
herstellung war vor Beginn des 17. Jahrhunderts bereits
durchgesickert, Venedig verlor sein Monopol, und in
Murano setzte der Niedergang ein. Spiegel aus geblasenem

Glas, die in Murano seit dem 16. Jahrhundert hergestellt wurden, blieben während des ganzen 17. beliebt und wurden nach allen Teilen Europas exportiert, aber schließlich von den französischen Spiegeln aus geschliffenem Glas verdrängt. J. G. de Keysler, der Venedig in den dreißiger Jahren des 18. Jahrhunderts aufsuchte, vermerkte, daß »die halbwegs großen außerordentlich teuer sind, wo doch andere Spiegel gegenwärtig so billig sind«. Der gleiche Autor bemerkte: »Venezianisches Glas ist sehr rein und formbar, wenn es in Fluß ist; aus welchem Grund es sich leichter schmelzen läßt und für Phantasiewerke viel besser geeignet ist als irgendeine andere Glasmasse.« Im 18. Jahrhundert machten sich die Glasfabriken in Murano diese besondere Eigenschaft vollauf zunutze, indem sie große Mengen von Tellern und Schüsseln herstellten, die mit verschlungenen Mustern aus goldenen oder weißen Bändern verziert waren, kunstvolle, komplizierte Schmuckgegenstände und riesige Kronleuchter, von denen sich mehrere gute Beispiele im Museum finden.

Wer die verschiedenen Verfahren der Glasbläserei und des Glasmodellierens, die noch heute in Murano angewandt werden, mit eigenen Augen sehen möchte, stößt auf keinerlei Schwierigkeiten. Die ganze Insel wimmelt von Schleppern, die die Fremden in die Fabriken zu locken versuchen. Der Besuch kostet kein Eintrittsgeld, aber es gilt als recht unhöflich, wenn der Besucher nach einem Rundgang die Fabrik verläßt, ohne wenigstens einen Gegenstand im Ausstellungsraum gekauft zu haben, wo Glaswaren sämtlicher Qualitätsstufen vom recht Schönen über das gerade noch Erträgliche bis zum Schauerlichen zu haben sind.

Das bedeutendste Baudenkmal auf Murano ist die aus dem 12. Jahrhundert stammende Kirche *Santi Maria e Donato*, einige Schritte vom Glasmuseum entfernt. Sie gehörte einst zu den schönsten Kirchen der Lagune. Ruskin, der sie höchlichst pries, beklagte ihren verfallenen und heruntergekommenen Zustand – doch zwischen 1858 und

1873 wurde sie einer fühllosen Restauration unterzogen, die mehr Schaden anrichtete als die jahrhundertelange Vernachlässigung. Denn während es leichtfällt, mit dem geistigen Auge ein verfallenes Bauwerk wiederherzustellen – und Ruinen besitzen bekanntlich ihre eigene Schönheit –, vermag kein Kunststück der Phantasie einen stark restaurierten Bau wieder lebendig zu machen. Hier schreien die neuen Ziegel geradezu kreischend auf gegen die Bruchstücke verwitterter alter Steinmetzarbeiten, gegen die alten perlmuttschillernden Marmordreiecke, die wenigen unberührten Kapitelle. Die Kirche wirkt wie ein Bastard des 12. und 19. Jahrhunderts und ähnelt weder dem Bauwerk in seinem ursprünglichen Zustand noch einem Gebäude, das von neun Jahrhunderten herumgeknufft und geliebkost worden ist. Glücklicherweise hat der stämmige Campanile aus dem späten 12. oder frühen 13. Jahrhundert unter den Händen der Restauratoren weniger gelitten.

Das *Innere* der Kirche ist, obwohl häufig darüber Klage geführt worden ist, ansprechender als das Äußere – ein durchaus reizvolles Flickwerk der Jahrhunderte, ein Monument der unablässigen, unbeirrbaren Frömmigkeit der einheimischen Bevölkerung, und das sollte schließlich eine Kirche ja vor allem sein. Jedes Zeitalter hat zu diesem Inneren sein Scherflein beigetragen und seiner frommen Hingabe in seiner eigenen, unverwechselbaren Sprache Ausdruck verliehen. Beim Betreten der Kirche sieht man sich sogleich dem Mosaik über der Apsis gegenüber – einer liebreizenden, langgestreckten Figur der betenden Madonna, die ganz allein gegen das Gold eines byzantinischen Himmels steht. An der Wand unterhalb dieses Mosaiks aus dem 12. Jahrhundert befindet sich ein Relief mit der ›Verkündigung‹ aus dem 18. Jahrhundert, und auf dem Hochaltar stehen Barockstatuen der Heiligen Lorenzo Giustiniani und Theodor. Der Fußboden, ein großer, welliger Mosaikteppich, auf dem Pfauen zierlich goldene Körner aufpicken und stolze Hähnchen einen auf eine Stange gespießten Wolf davontragen, bringt uns zurück ins 12. Jahrhundert. Die Säulen aus griechischem Marmor haben venetobyzantinische Kapitelle. Über dem ersten Altar links befindet sich ein Relief des hl. Donato, auf das zwei winzige, zu seinen Füßen kniende Stifter aufgemalt sind; es trägt das Datum 1310 und ist eines der lebendigsten Beispiele der venezianischen Malerei dieser Zeit. Die Reliquien des hl. Donato befinden sich übrigens in dieser Kirche, wie auch die Gebeine eines von ihm getöteten Drachen, die hinter dem Hochaltar zu sehen sind. Über der Tür zum Baptisterium eine Lünette, ›Madonna mit Heiligen und einem Stifter‹ darstellend, eine der besten Arbeiten Lazzaro Bastianis, der sie 1484 malte. Das klassizistische Baptisterium enthält einen Sarkophag aus Altinum mit einer schönen, deutlichen Inschrift in römischen Lettern. In der Sakristei blicken die Bildnisse einer Folge von recht trüb und undeutlich gemalten Pfarrgeistlichen von den Wänden herab. Hier jedoch ist der fesselndste Gegenstand eine große Maschine, von der man vermuten würde, daß sie sich aus dem Schaltraum eines Atomforschungslaboratoriums hierher verirrt hat, wenn sie nicht die Aufschrift ihres Herstellers trüge, welche lautet: »Amerikanisches Glockenspiel – Basilika-Glocken«. Tagtäglich kann man hier kurz vor zwölf Uhr mittags einen sorgengeplagten Mann antreffen, der mit der Uhr in der Hand neben diesem Apparat steht und schließlich auf einen Knopf drückt, welcher mit surrendem und summendem Räderwerk das Glockenspiel in Bewegung setzt und aus einem Lautsprecher in dem alten Campanile die mittägliche Stadt mit einem Disneyland-Glockenläuten besprenkelt.

Die Fondamenta führen von der Kirche am Glasmuseum vorbei zu den Fondamenta Cavour und zum Ponte Vivarini. Von dieser Brücke hat man einen guten Blick auf den links vom Kanal stehenden *Palazzo da Mula*, einem der wenigen ›villeggiatura‹-Häuser, die in Murano erhal-

ten sind. Er wurde im 15. Jahrhundert erbaut, mit Bruchstücken byzantinischer Skulpturen verziert und im
16. Jahrhundert umgebaut und verändert.

Ein Stück weiter, auf der anderen Seite des Kanals, steht
die Kirche *Santa Maria degli Angeli*. Das Kloster daneben
war der Schauplatz eines von Casanovas farbenfreudigsten
Abenteuern. Die Geschichte, die so kompliziert und verwickelt ist wie die Handlung einer Komödie von Goldoni,
läßt sich hier nicht im einzelnen wiedererzählen. Ihre
Hauptpersonen sind der junge und noch sehr hübsche
Casanova, ein von seiner Familie ins Kloster verbanntes
venezianisches Mädchen und eine schöne Nonne mit
einem Talent für geheime Machenschaften, die Mätresse
des französischen Botschafters, Monsieur (später Kardinal)
de Bernis, der sie veranlaßte, sich in eine Liebschaft mit
Casanova einzulassen, so daß er sich des Vergnügens eines
›voyeurs‹ erfreuen konnte. Die Szenerie ist attraktiv: die
Kirche mit dem Nonnenchor, der durch ein Gitter abgetrennt ist, durch welches die Nonnen selbst sehen, aber
nicht gesehen werden können; das Sprechzimmer der Nonnen, ein elegant in französischem Geschmack eingerichte-
tes Landhaus; eine Gondel. Und dann die Kleider − der
Botschafter im schwarzen Gewand eines Abbé; Casanova
angetan nach dem letzten Schrei der venezianischen Mode,
dann maskiert mit Domino und ›bautta‹, dann im Pierrot-
Kostüm; die Nonne in ihrer Kutte, dann in einer
»berückenden Robe aus schwarzem Samt«, dann in einem
Männerrock aus goldbesticktem rosenrotem Samt, einer
Brokatweste, schwarzseidenen Kniehosen und brillanten-
besetzten Schuhschnallen, und schließlich … doch lassen
wir lieber die Einzelheiten, sonst müßten uns die An-
schläge an jeder Kirchentür verwundern, die uns auffor-
dern, die herkömmliche hohe Moralauffassung Venedigs
zu respektieren.

Vom Ponte Vivarini führen die Fondamenta an einer
hübschen Apotheke aus dem 18. Jahrhundert (Nr. 139) vor-

bei zur Kirche *San Pietro Martire*, einem dunklen und nicht besonders interessanten Gebäude, in dem sich jedoch ein Hauptwerk von Giovanni Bellini befindet. 1488 datiert, zeigt es die Madonna thronend zwischen dem hl. Augustinus und dem hl. Markus, der den knienden Dogen Agostino Barbaro vorstellt. Die Figuren stehen gegen einen violetten Samtvorhang, der sie von der weiten, luftigen venezianischen Landschaft abschließt, die sich bis hinauf in die Dolomiten erstreckt. Ein Pfau sitzt auf einer Marmorbalustrade, die von den Lombardi gemeißelt sein könnte, darunter stolzieren ein Rebhuhn und ein Reiher einher. Das Gemälde hat an der Westseite des südlichen Seitenschiffs seinen Platz. Nahebei hängt eine ›Himmelfahrt Mariä‹ aus der Bellini-Werkstatt mit einem Halbkreis von Heiligen in reich kontrastierenden Gewändern (die Heiligen Petrus, Johannes der Evangelist, Markus, Franziskus, Ludwig von Toulouse, Antonius der Abt, Augustinus und Johannes der Täufer). Die Landschaft im Hintergrund erinnert an die oberhalb von Vicenza, mit Burgen, die auf kleinen Hügelkuppen sitzen, schmucken Reitern und einem Schäfer, der unter einem Baumstumpf schläft. Es ist ein ziemlich spätes Bild, etwa zwischen 1505 und 1515 entstanden. Neben der ›Himmelfahrt‹ zwei Gemälde von Paolo Veronese mit beträchtlicher Werkstattbeihilfe.

Geht man über die Brücke gegenüber dem Südausgang der Kirche, dann rechts die Fondamenta Manin entlang und dann links den Viale Garibaldi hinunter (vorbei am Ospizio Briati, das 1752 für die Witwen von Glasarbeitern gegründet wurde), so kommt man zum Leuchtturm (›faro‹), wo die Dampfer nach Murano, Burano und Torcello halten.

Der Dampfer schuckert in nordöstlicher Richtung durch eine Allee von Pfählen dahin, die die Fahrtrinne zwischen den heimtückischen Sandbänken markieren. Nachdem wir an den Inseln San Giacomo in Paluo und der Madonna del Monte vorbeigekommen sind, werfen wir rechts einen

Blick auf die Zypressen der Insel San Francesco del Deserto. Die Fahrtrinne windet sich sodann zwischen den beiden Inseln von *Mazzorbo* (ursprünglich ›major urbs‹) hindurch, die in der Frühgeschichte der Lagune ein Ort von einiger Bedeutung waren. Heute ist Mazzorbo nicht mehr als eine Gruppe von Gemüsegärtnereien mit einigen Bauernhäuschen und einer einfachen gotischen Kirche aus dem 14. Jahrhundert. Der Dampfer hält hier, ehe er nach Burano weiterfährt. Wer Lust hat, kann hier aussteigen und durch die Wiesen und über die Brücke zu dieser Insel hinüberwandern.

Burano ist eine ziemlich dicht besiedelte Insel. Die meisten ihrer Bewohner sind Fischer, und einige ihrer Frauen und Töchter klöppeln noch heute die besondere Art von Spitze, für die Burano früher so berühmt war. Mit seinen in fröhlichen Farben gestrichenen Häusern hat Burano ein südlicheres Aussehen als irgendein anderer Ort der Lagune und dazu den ganzen Zauber, den Netze und Takelage, Segelleinwand, eine Unzahl kleiner Boote und die Gerüche von Fisch und Teer einem jeden Hafen verleihen. Es ist ein bezaubernder Ort zum ziellosen Umherschlendern.

Wer genügend Zeit hat, miete sich einen Sandolo und lasse sich nach *San Francesco del Deserto*, der Insel, auf der der hl. Franz angeblich Schiffbruch erlitt, hinüberrudern. Sie gehört seit 1228 den Franziskaner-Mönchen, die sie für sich selbst und die zahllosen Vögel, die hier unbelästigt nisten, zu einer Zufluchtsstätte des Friedens und der Weltabgeschiedenheit gemacht haben. Die Gebäude bestehen aus einer kleinen Kirche, einem Klosterhaus und zwei Kreuzgängen, von denen einer aus dem 14. Jahrhundert stammt. Aber dies ist kein Ort für Daten und kunsthistorische Begriffe. Hier, angesichts der fernen Dolomiten, umgeben von Bäumen und Blumen, die auch das exquisiteste Kunstwerk noch dreist und klobig erscheinen lassen, ist man in die Ewigkeit eingeschlossen. Die ganze Insel hallt wider vom ›Sonnengesang‹ des hl. Franz:

Gelobt seist Du, Herr,
durch Bruder Mond und die Sterne.
Durch Dich funkeln sie am Himmelsbogen
und leuchten köstlich und schön.
Gelobt seist Du, Herr,
durch Bruder Wind
und Luft und Wolke und Wetter,
die sanft oder streng, nach Deinem Willen,
die Wesen leiten, die durch Dich sind.
Gelobt seist Du, Herr,
durch Schwester Quelle:
Wie ist sie nütze in ihrer Demut,
wie köstlich und keusch!

Hier ist in der Tat ein Ort, um »Gott in der Schönheit der Heiligkeit zu verehren«.

Die Hauptstraße auf Burano ist nach dem Komponisten Baldassare Galuppi genannt, der 1706 hier geboren wurde und den Spitznamen ›Il Buranello‹ erhielt. Browning machte ihn zum Gegenstand eines seiner schönsten Gedichte, aber in neuerer Zeit ist er auf Grund seiner eigenen Verdienste als einer der besten italienischen Komponisten seiner Zeit wieder zu Ruhm gelangt. Am Ende der Straße steht die Kirche San Martino, ein großer, nüchterner, hauptsächlich aus dem 16. Jahrhundert stammender Bau. Sie enthält – im Oratorium der hl. Barbara – ein beachtenswertes Kunstwerk, nämlich Giovanni Battista Tiepolos ›Kreuzigung‹, ein ganz frühes Jugendwerk. Düsterer in der Farbgebung, nüchterner in der Auffassung als die meisten seiner Werke, besitzt es eine Kraft des Gefühls, die von Tintoretto herstammt.

Von Burano braucht der Dampfer nur wenige Minuten nach *Torcello*. Vom Landesteg führt ein kurzer Weg an einem Kanal entlang, über den geländerlose Backsteinbrücken hinüberführen und der beiderseits von rebenumzäunten Feldern mit Artischocken, Bohnen und Salat begleitet wird. Falls man den Vaporetto verpaßt hat, findet man leicht jemand, der einen in einem Sandolo hinüberrudert.

In einem der schönsten Absätze seiner ›Stones of Venice‹ gibt Ruskin dem Besucher von Torcello den Rat, gegen Sonnenuntergang auf den Campanile zu steigen und die Aussicht zu betrachten, die sich jenseits der »Einöde des Meeresmoors« erstreckt. Im Nordosten umranden die Berge den Horizont, ostwärts liegt die Adria.

»Sodann blicke weiter nach Süden. Jenseits der sich verbreiternden Arme der Lagune erhebt sich aus dem dunklen See, in welchem sie sich sammeln, eine Vielzahl von Türmen dunkel und verstreut zwischen den eckigen, gedrungenen Formen der sich zusammendrängenden Paläste, eine lange unregelmäßige Linie, die den südlichen Himmel kräuselt.

Mutter und Tochter – du erblickst sie beide in ihrem Witwentum – Torcello und Venedig.

Vor dreizehnhundert Jahren sah das graue Sumpfland genauso aus wie heute, und die purpurnen Berge standen ebenso strahlend in den tiefen Fernen des Abends; aber auf der Horizontlinie mischten sich seltsame Feuer mit dem Licht des Sonnenuntergangs, und der Klagelaut menschlicher Stimmen mischte sich mit dem murmelnden Gekräusel der Wellen auf den Sandrippen. Die Flammen stiegen aus den Ruinen von Altinum auf, der Klagelaut aus der Menge seines Volkes, das wie einst Israel auf den Pfaden des Meeres eine Zuflucht vor dem Schwert suchte.

Das Vieh grast und ruht an der Stelle der Stadt, die sie verließen; des Mähers Sense ist heute bei Morgengrauen über die Hauptstraße der Stadt, die sie erbauten, hingegangen, und die Garben weichen Grases schicken jetzt ihren Duft in die Nachtluft hinauf, der einzige Weihrauch, der den Tempel ihrer alten Gottesverehrung füllt. Begeben wir uns hinab auf jenen kleinen Flecken Wiesengrund.«

Drücken wir es prosaischer aus. Zwischen dem 5. und 7. Jahrhundert gründeten die Einwohner von Altinum und anderer Orte an der Küste, die vor den eindringenden Barbaren geflohen waren, eine Niederlassung auf Torcello. 638 erhielt dieser Auszug seine Bestätigung dadurch, daß der Bischof seine Kathedrale und die Reliquien aus Altinum nach Torcello verlegte.* Die Siedlung blühte und gedieh und wurde zu einer der reichsten in der Lagune. Aber in dem Maß, in dem Venedig wuchs, schrumpfte Torcello. Gegen Ende des 14. Jahrhunderts setzte dann der Abstieg kräftig ein, und im 18. Jahrhundert war nur noch die Erinnerung seines einstigen Glanzes übrig, der Bischofssitz, die Kathedrale und ihr Campanile, die Ruinen des aus dem 7. Jahrhundert stammenden Baptisteriums, die kleine Kirche Santa Fosca und einige unbedeutende weltliche Gebäude.

Die *Kathedrale S. Maria Assunta* wurde 639 gegründet, 864 neu erbaut und 1008 stark verändert. So wie es heute dasteht, stammt das Mauerwerk hauptsächlich aus dem 11. Jahrhundert, mit Ausnahme der zwei kleinen Apsiden und des mittleren Portikus aus dem 9. Jahrhundert und der Galerien beiderseits des Portikus aus dem 14. oder 15. – die Fensterverschlüsse auf der Südseite des Hauptschiffs, jeder aus einer einzigen Steinplatte gefertigt, sind noch 11. Jahrhundert. Das Innere der Kirche – eines der erschütternd schönsten der Welt – gemahnt in seltsamer Weise an das Meer. Das moiréseidige Grau der Säulen und der Marmortäfelung der Hauptapsis scheint wie vom Anspülen der Wellen gemustert, während die Kapitelle und andere Steinmetzarbeiten vom Anschlagen der Brecher geformt und gebleicht zu sein scheinen, die Sockel der Säulen haben sogar einen Hauch von Seealgen-Grün, als hätten sie jahrhundertelang in einer Felsenhöhle des Meeres gestanden.

Der Mosaikfußboden stammt aus dem 11. Jahrhundert, desgleichen die Kapitelle der griechischen Marmorsäulen mit Ausnahme der zweiten und dritten Säule links, die aus dem 6. Jahrhundert sind. Der Ambo wurde im 13. Jahrhundert aus Stücken älterer, skulptierter Marmorplatten zusammengesetzt. Die sogenannte Ikonostase besteht aus vier großen Marmortafeln und Säulen aus dem 11. Jahrhundert, die eine Folge von Tafelbildern der Madonna und der Apostel aus dem 15. Jahrhundert tragen. Eine der Marmortafeln ist mit einem Relief geziert, auf dem zwei Pfauen sich an Weinstöcken hochrecken, um aus einem hohen Abendmahlskelch zu trinken – ein beliebtes byzantinisches Symbol: Die Ranken stellen die wahre Rebe dar, auf die der Christ durch sein Teilhaben an Christus aufgepfropft wird, und die Pfauen bedeuten das menschliche Fleisch, das durch die Teilnahme an der Eucharistie unverweslich geworden ist. Die mathematische Genauigkeit der Komposition, der symmetrische Rhythmus der Figuren, die Feinheit der Bildhauerarbeit und das edle Material sprechen die Sinne ebenso an wie die Symbolik den Geist. Die Platte wurde wohl in Konstantinopel gearbeitet.

Der aus dem 7. Jahrhundert stammende Altar in der Apsis ruht auf einem römischen Sarkophag aus dem 2. oder 3. Jahrhundert mit Reliefs von überaus heidnischen ›amorini‹ – er soll angeblich die Gebeine des hl. Heliodorus, des ersten Bischofs von Altinum, enthalten haben. Hinter dem Altar erhebt sich ein Halbkreis von Steinbänken für die Geistlichen rings um den Thronsitz des Bischofs. Die Apsis ist von einem Mosaik überwölbt, welches die Muttergottes über einem Fries von Aposteln stehend darstellt. Zuweilen frage ich mich, ob Bellini wohl an diese Apsis gedacht haben mag, als er seine ›Himmelfahrt‹ in San Pietro auf Murano malte. Die Mosaiken mit den Aposteln scheinen im frühen 11. Jahrhundert ausgeführt worden zu sein. Aber die Muttergottes ist etwas später entstanden, möglicherweise bis zu hundert Jahre später, und scheint eine Darstellung des Christus Pantokrator ersetzt zu haben, die der Tradition mehr entspricht und zu der auch die Inschrift besser paßt: »Ich bin Gott und das Fleisch der Mutter und das Abbild des Vaters – ich zaudere nicht, einen Fehltritt zu bestrafen, doch bin ich zur Hand, um den Schwankenden zu helfen«. Wie dem auch immer sei, diese Muttergottes ist eine der großen Leistungen der byzantinischen Kunst, eine ätherische Gestalt, in der sich Würde und fast vertrauliche Sanftheit vereinigen. Sie ist höchstwahrscheinlich das Werk von Kunsthandwerkern aus Konstantinopel.

Diese Mosaiken lassen erkennen, auf welche Weise die byzantinischen Künstler versuchten, optischen Täuschungen nachzuhelfen. Damit die beiden Apostel an den Enden des Halbkreises ebenso groß wirken wie die übrigen, machte der Mosaizist sie wesentlich untersetzter und gedrungener. Um die Rundung der Muschel auszugleichen, zog er die Figur der Muttergottes in die Länge. Heute erzielen diese optischen Berichtigungen nicht mehr ganz die beabsichtigte Wirkung, zum Teil, weil wir unwillkürlich unsere Augen auf Formen, die wir erkennen, einstellen, zum Teil auch, weil die Mosaiken heute von einem stärkeren Licht beleuchtet werden als dem, welches durch die Alabaster- oder Rauchglasscheiben der ursprünglichen Kirchenfenster einsickerte.

In der Kapelle rechts vom Hochaltar befindet sich ein Mosaik aus dem 9. Jahrhundert, das oben Christus zwischen den Erzengeln Michael und Gabriel und unten die Heiligen Nikolaus, Ambrosius, Augustin und Martin zeigt. Hier ist die Farbzusammenstellung aus Grün, Gold, Blau und Weiß ganz besonders schön, obwohl die Arbeit einigermaßen grob ist. Die Westwand der Kirche ist von einem riesigen Mosaik des ›Jüngsten Gerichts‹ bedeckt, das im späten 12. oder frühen 13. Jahrhundert ausgeführt, aber im 19. Jahrhundert durchgreifend restauriert wurde: Zahlreiche Teilflächen wurden damals entfernt und durch Kopien ersetzt, und die Originalstücke haben seither den Weg in Museen und Privatsammlungen gefunden. Aber es ist auch so noch immer ein überaus eindrucksvolles Werk, das den gleichen Geist atmet wie die franziskanische Hymne ›Dies irae‹ des frühen 13. Jahrhunderts. Der oberste Teil stellt die ›Kreuzigung‹ dar, im zweiten steigt Christus, begleitet von

Erzengeln von einer geradezu aztekischen Grelle und Schrecklichkeit, in die Hölle hinab, im dritten sitzt er, umgeben von Aposteln und Heiligen, zu Gericht, und im nächsten blasen Engel die Posaunen des Weltuntergangs. Beiderseits der Tür versammeln sich die Seligen und die Verdammten, um ihrem Geschick entgegenzugehen.

Die anschließende Kirche *Santa Fosca* wurde im 11. Jahrhundert erbaut, um die Reliquien einer frühchristlichen Märtyrerin aufzunehmen, die vor 1011 auf die Insel gebracht worden waren. Die Vorhallen mit eleganten gestelzten Bögen, die wohl im 12. Jahrhundert hinzugefügt wurden, deuten einen oktogonalen Grundriß an, obwohl es sich um ein griechisches Kreuz mit einer Erweiterung für die Altarapsis handelt. Gekrönt von einem kegelförmigen Ziegeldach, besteht das Äußere aus einer kunstvollen Kombination reiner geometrischer Formen; genau ineinander passend, doch eher nüchtern und schmucklos, wenn man von den Säulenkapitellen im byzantinischen Stil, den weißen Kreuzen an den Enden der Querschiffwände und den Steinmustern der Apsis absieht. Im Innern gibt es wenig, was von der harmonischen Linienführung ablenken könnte. Gegenüber der Kathedrale befindet sich das *Museo dell'Estuario* im ehemaligen Ratspalast. Einige interessante Objekte aus der Kathedrale wie die Mosaikfragmente des 12. Jahrhunderts aus dem Tympanon der Apsis und die Überreste der versilberten Altarfront aus dem 13. Jahrhundert sind dort zu sehen, zudem auch einige Gemälde aus abgerissenen Kirchen. Wenige Gäste besuchen das Museum, nur wenn sie noch über überschüssige Zeit verfügen, bevor das nächste Schiff nach Venedig zurückkehrt.

Abgesehen von dieser Hauptrundfahrt durch die Lagune sind noch zwei Ausflüge zu Wasser der Mühe wert.

San Lazzaro degli Armeni liegt knapp vor dem Nordwestufer des Lido, und man kann die Insel mit dem Vaporetto entweder vom Lido aus oder vom Monumento an der Riva degli Schiavoni erreichen. Die Insel war vormals eine

Niederlassung für arme Aussätzige und wurde 1717 einem armenischen Mönch namens Manug di Pietro, genannt ›Mechitar‹ – der Tröster –, geschenkt, der vor den türkischen Eroberern aus Morea geflohen war und hier für seine Landsleute ein Kloster gegründet hatte. Dieser Mönchsorden, dem die Insel noch heute gehört, ist der römischen Kirche unterstellt, obwohl seine Angehörigen den orthodoxen Ritus verwenden. Der Gesang in ihrer Kirche an hohen Festtagen ist ganz besonders schön. In den umfangreichen Klostergebäuden befindet sich ein Seminar für armenische Knaben, die Mönche edieren hier ihre Publikationen, wenngleich die eigene Druckerei mittlerweile geschlossen wurde. Höfliche bärtige Mönche begleiten die Gäste durch das Kloster und zeigen eine erstaunliche Vielzahl von Gegenständen. Gemälde schmücken die Wände, eine schöne Decke zeigt ›Iustitia und Pax‹ von Giovanni Battista Tiepolo. In der umfangreichen Bibliothek befinden sich auch eine ägyptische Mumie (um 1000 v. Chr.) und eine Marmorbüste Papst Clemens' XIII. Rezzonico des französischen Bildhauers André-Jean Lebrun. Ein ›Urartu‹-Bronzerelief (9.–8. Jahrhundert v. Chr.) und eine Vielzahl armenischer und russischer Keramiken werden in Vitrinen präsentiert. Kostbare Handschriften werden in einer modernen Rotunde gezeigt. Zudem gibt es Andenken an Byron, der eine Zeitlang auf der Insel zubrachte, um den Mönchen bei der Erstellung eines Englisch-Armenischen Wörterbuches zu helfen. Ein Gästebuch verewigt die Unterschriften von Browning, Longfellow, Marcel Proust und anderen. Die Insel kann lediglich am Nachmittag besucht werden.

Lohnenswert ist ein Ausflug nach *Chioggia*, für den man einen ganzen Tag einplanen sollte. Entweder fährt man mit dem Auto die Bundesstraße nach Süden oder mit einem der Ausflugsboote direkt vom Monumento oder mit der Linie 11 vom Lido aus. Der ehemals bedeutende Fischereihafen ist heute vor allem Touristenanziehungspunkt.

KAPITEL 19

Das venezianische Festland

Zwischen Fusina und Noventa Padovana sind die Ufer der Brenta von Villen gesäumt. Fährt man zu Wasser oder im Wagen diese alte Vergnügungsstraße entlang, so kann man schmerzvoll-neugierige Blicke auf ihre Fassaden werfen. Einige sitzen schwer und behäbig mit dem ganzen feierlichen Ernst des 16. Jahrhunderts hinter ihren Säulenvorhallen; andere recken aus einem wuchernden Buschwerk gestikulierender Statuen phantastische Barockhäupter empor; wieder andere blicken stirnrunzelnd hinter ihren schmiedeeisernen Gitterzäunen hervor oder äugen über eine Schutzmauer niedriger Bäume hinweg. Alle Augenblicke gewahrt man eine versperrte, nicht mehr benutzte Kapelle, von deren Wänden der Verputz abblättert, auf deren vermodernde Tür mit Kreide geheimnisvolle Zeichen gemalt sind. Doch für gewöhnlich hängt noch eine Glocke zaghaft in ihrem kleinen Glockenturm, als warte sie geduldig auf den Schatten eines Abbé des 18. Jahrhunderts, daß er – in schwarzem Seidenhabit, mit silbernen Schuhschnallen und einem Grübchenlächeln – über die Steinfliesen dahergetrottet komme, um die Hausgäste aus den Lauben und freskengeschmückten Hallen herbeizurufen, wo sie sich diese letzten zweihundert Jahre lang dem Glücksspiel und Liebesgetändel hingegeben haben. Eine wehmutsvolle Poesie hüllt diese großen Torpfosten, diese Säulen, Statuen und leeren Blumentöpfe ein, diese ungepflegten Gärten und vernachlässigten Häuser, die dem Verfall entgegenwanken und doch einst der Schauplatz von so viel Freude und Herzeleid waren, von so viel Liebeslust und Herzklopfen, Verführungen und Entführungen – da man den Totentanz zu den Klängen einer Gigue tänzelte.

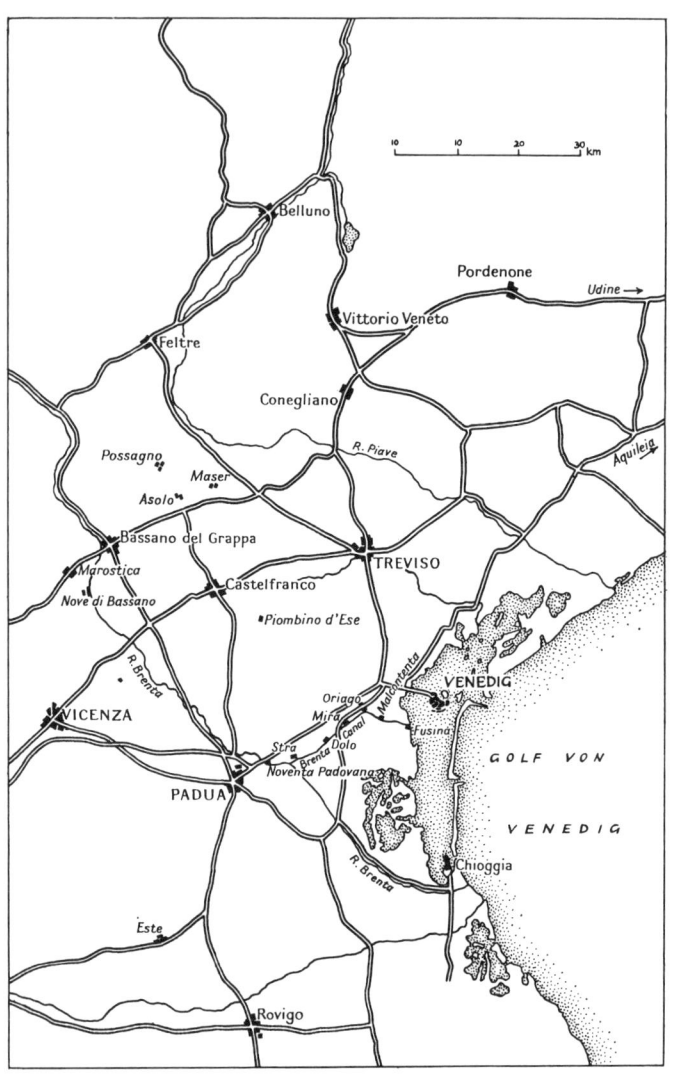

Im 16. Jahrhundert war es bei allen venezianischen Familien von einigem Wohlstand – Bürgern ebenso wie Patriziern – allgemein üblich, daß man als Zufluchtsort vor der Sommerhitze ein Landhaus auf dem Festland besaß. Alljährlich am 4. Juni, dem Vorabend des Festtags des hl. Antonius, verließ jeder, der es sich leisten konnte, mit der Pünktlichkeit der Madonnenlilie – auf italienisch ›giglio di Sant'Antonio‹ –, die stets an diesem Tag aufblüht, die Stadt Venedig und begab sich hinaus aufs Land. Die Gerichtshöfe und, außer in Notstandszeiten, der Senat vertagten sich. Die Piazza San Marco wurde, einem Dichter des 17. Jahrhunderts zufolge, zu einem ›San Francesco del Deserto‹. Diese Sommerferien dauerten bis Ende Juli. Dann kam eine zweite Zeit der ›villeggiatura‹, des Landaufenthalts, vom 4. Oktober bis Mitte November oder noch länger, je nach der Dauer der schönsten aller Jahreszeiten in Venetien, des späten Nachsommers. Interessanterweise kehrte man während der glühendheißen Monate August und September nach Venedig zurück, denn während dieser Zeit ist es auf dem Land nicht kühler als in der Stadt, und man entflieht der Hitze nur in einem offenen Boot auf dem Wasser.

Da die für die ›villeggiatura‹ gebauten Villen hauptsächlich, wenn nicht gar ausschließlich, für die Benutzung während der warmen Sommermonate gedacht waren, unterschieden sie sich in vieler Hinsicht von den Landhäusern der englischen Aristokratie, die später ihre Form und Gestaltung nachahmten. Die venezianischen Villen waren nur selten die Herrenhäuser großer Grundbesitzungen oder gehörten zu größeren Bauerngütern. Die Bauernhöfe waren klein und wurden anscheinend weniger als wirtschaftliche Unternehmungen betrieben denn als Bequemlichkeit für ihre Besitzer, um die Villa mit Wein, Getreide, Gemüse, Milch, Butter und Eiern zu versorgen. Diesem Umstand sowie dem italienischen Geselligkeitsbedürfnis ist die vorstädtische Anlage der Villen zuzuschreiben, die oft nur durch kleine Gärten voneinander getrennt waren. Ja, sie standen entlang der Brenta in der Tat so dicht gedrängt, daß man den Fluß geradezu als Verlängerung des Canal Grande bezeichnete.

Die Venezianer betrachteten ihre Villen als Orte der Vergnügung und der Lustbarkeit. Mit Ausnahme einiger weniger Männer im 16. Jahrhundert – wie Alvise Cornaro und Lorenzo Emo, die entdeckten, daß es einen eigentümlichen, fesselnden Reiz hatte, den Ablauf der Jahreszeiten auf einem Bauernhof mitzuerleben – war ihre Auffassung vom Landleben eine ausgesprochen städtische. Das Leben in der Villa, wenn es sich auch von dem im Palast unterscheiden mochte, konnte nicht als ländlich oder bäuerlich bezeichnet werden. Die unterhaltenden Zerstreuungen des Spielsaals, des Ballsaals und des Kasinos wurden in die Villa und ihren Garten verlegt. Das Land selbst lieferte hierzu nur eine schöne Kulisse, so wie eine Landschaft auf einem Altargemälde von Bellini. Der Adel pflegte sich auf dem Festland ein wenig einfacher zu kleiden und ließ seine offiziellen Togen in Venedig. Aber die Ladenbesitzer und ihre Frauen legten die prächtigsten und umständlichsten Kleider an, um anzuzeigen, daß sie im Sommerurlaub zu den vornehmen Herrschaften gehörten. Für beide Gruppen scheint sich das Leben auf dem Festland im wesentlichen um eine Folge von Gesellschaften gedreht zu haben. Und in der Tat sollen die Kosten der ›villeggiatura‹ so manche venezianische Familie ruiniert haben.

Die Ufer der Brenta waren, da sie leicht zugänglich und erreichbar waren, die beliebteste Gegend für den Bau von Villen. Wer kein eigenes Fahrzeug für sich selbst, seine Familie, sein Dienstpersonal und seine Hauseinrichtung besaß – die meisten Villen wurden, wenn sie nicht bewohnt waren, mit Ausnahme der größeren Möbelstücke völlig ausgeräumt –, konnte mit dem ›burchiello‹ hinausfahren, einer großen Barke, die täglich zwischen Venedig und Padua verkehrte. Dieses Fahrzeug wurde von ausländischen Besuchern viel bewundert. Zu Beginn des 17. Jahrhunderts äußerte sich der englische Weltreisende Fynes Moryson höchst lobend über seine Bequemlichkeit, versicherte, er habe an Bord angenehme Gesellschaft angetroffen, und zitierte das Sprichwort, wonach der Burchiello an dem Tage sinken werde, an dem er weder einen Mönch noch einen Studenten oder eine Kurtisane mit sich führe. Der Präsident de Brosses erging sich in höchsten lyrischen Tönen, nannte das Schiff »un fort petit enfant du vrai Bucentaure, mais aussi le plus joli enfant du monde« und schilderte die Kabine, die mit venezianischem Damast ausgeschlagen und mit lederbespannten Stühlen und Tischen möbliert war. Goethe schließlich, der Ende September 1786 auf dem Burchiello von Padua nach Venedig fuhr und auf ihm zwar weder Student noch Kurtisane, wohl aber zwei deutsche Pilger aus Paderborn antraf, die sich infolge mangelnder Sprachkenntnis gar nicht zurechtfanden, schrieb: »Die Fahrt auf der Brenta, mit dem öffentlichen Schiffe, in gesitteter Gesellschaft, da die Italiäner sich vor einander in Acht nehmen, ist anständig und angenehm. Die Ufer sind mit Gärten und Lusthäusern geschmückt, kleine Ortschaften treten bis ans Wasser, theilweise geht die belebte Landstraße daran hin. Da man schleusenweis den Fluß hinabsteigt, giebt es öfters einen kleinen Aufenthalt, den man benutzen kann, sich auf dem Lande umzusehen und die reichlich angebotenen Früchte zu genießen. Nun steigt man wieder ein und bewegt sich durch eine bewegte Welt voll Fruchtbarkeit und Leben.«

In jüngster Zeit ist der *Burchiello* in motorisierter Form wiederbelebt worden – mit Armsesseln und einer Bar und einer Reisebegleiterin, die während der Fahrt laufend mehrsprachige Erläuterungen zum besten gibt. Wer die Villen der Brenta in aller Bequemlichkeit und Gemütsruhe betrachten will, dem kann man nur raten, diese Fahrt zu machen. Der Fahrpreis beinhaltet ein akzeptables gutes Mittagessen an Bord und die Rückfahrt von Padua im

Autobus. Das Schiff fährt nur im Sommer allmorgendlich um zehn Uhr vom Pontile Giardinetto in der Nähe des Markusplatzes ab.

Der Burchiello fährt vorerst den breiten Giudecca-Kanal hinab, überquert dann den ›mare morto‹ − Totes Meer − genannten Teil der Lagune, fährt an der Insel San Giorgio in Alga (St. Georg im Seetang) vorbei und hinüber nach *Fusina* auf dem Festland. Blickt man von hier zurück, so genießt man ebenjenen Anblick, der Goethe grüßte, als er, »aus der Brenta in die Lagunen einfahrend«, zum erstenmal »diese wunderbare Inselstadt, diese Biberrepublik« gewahrte. Doch wir haben ihr jetzt den Rücken zugekehrt und kommen schon bald nach der Einfahrt in die Mündung der Brenta an der Villa Foscari, gemeinhin *Villa della Malcontenta* genannt, vorbei.

Die Villa Malcontenta, die ›Unzufriedene‹, trägt ihren Namen angeblich zur Erinnerung an eine Dame aus dem Hause Foscari, die in dieses Haus verbannt worden war, allerdings gibt es auch andere, weniger romantische Erklärungen. Sie wurde von Andrea Palladio entworfen und um 1560 erbaut. So wie sie sich da schwer und viereckig über dem flachen Land erhebt mit einer schönen Säulenvorhalle, die sich im Wasser spiegelt, kann sie als die ideale venezianische Villa gelten. Ja, man ist geradezu geneigt, sie als völlig selbstverständlich hinzunehmen, als sei sie ein natürliches, freiliegendes Stück Gestein, das aus der Ebene herausragt, ohne die Originalität ihres Entwurfs zu bedenken oder sich zu fragen, warum sie ausgerechnet diese Form hat, die von späteren Architekten in ganz Europa kopiert werden sollte. Auf seine Grundelemente zurückgeführt, besteht das Haus aus einem rechteckigen Block mit einem Portikus, der aus der Mitte der Hauptfassade herausstößt. Die Form des Blocks und sein Verhältnis zum Portikus werden von jenen mystischen Gesetzen der harmonischen Proportionen bestimmt, die nach Auffassung Palladios und seiner Auftraggeber die Harmonie des Welt-

alls versinnbildlichten und den Schlüssel zur Größe der
römischen Baukunst lieferten. Offensichtlicher freilich als
diese ist, daß der ionische Portikus die klassische Bauform
der Villa besonders betont.

Palladio war der erste Architekt, der häufig solche Tem-
pelfronten bei Wohnhäusern verwendete. In seinem Buch
über die Baukunst bemühte er sich zu beweisen, daß sie
nicht nur schön, sondern auch nützlich seien. Denn, so
schrieb er, sie »zeigen den Eingang zum Haus und tragen
sehr zur Großartigkeit und Pracht des Werkes bei, indem
die Front auf diese Weise bedeutender hervortritt als das
übrige; außerdem bieten sie bequemen Raum für die
Anbringung der Insignien oder Wappenschilder der Besitzer, die man ganz allgemein in die Mitte der Front zu setzen pflegt«. Sein Hauptgrund für die Übernahme des Portikus war jedoch das historische Vorbild, was er wie folgt
ausführt: »Die Alten verwendeten ihn ebenfalls bei ihren
Gebäuden, wie man an den Überresten der Tempel und
anderer öffentlicher Gebäude sehen kann, und ... sie entlehnten wahrscheinlich die Erfindung und die Prinzipien
von Privathäusern.« Wir wissen heute, daß dies ein Trugschluß war und daß die römischen Häuser nicht mit Säulenvorhallen geziert waren. Aber im 16. Jahrhundert waren
nur sehr wenige Beispiele römischer Wohnbaukunst zu
sehen. Spätere Architekten wandelten Palladios Entwürfe
ab und schufen allerlei Varianten, und der Tempel-Porti-
kus wurde mit der Zeit allgemein als ein wesentliches Stil-
element des Landhauses – auch nachdem der historische
Trugschluß nachgewiesen worden war – in England,
Holland, Deutschland, Rußland und Amerika nicht weniger als in Venetien angesehen.

Das Innere des Hauses ist ein vollkommenes Beispiel für
Palladios symmetrische Grundrißplanung – die er ebenfalls von römischen Ruinen herleitete – und die Anwendung harmonischer Proportionen. Die Grundfläche des
Portikus hat das Verhältnis 12 zu 32, und dies dient als

Ouvertüre zum Gesamtplan, in welchem die kleinsten Räume 12 zu 16 messen, die quadratischen 16 mal 16, die größten 16 zu 24, während die Halle 32 Einheiten breit ist, was eine arithmetische Reihe 12:16:21:32 ergibt. Ehe der kunstverständige Privatmann A. C. Landsberg die Villa in den dreißiger Jahren restaurierte, waren die Fresken bereits halb von den Wänden abgerissen worden, und es war nur noch ein blasser gespenstischer Hauch dessen übrig, was Battista Franco und Giovanni Battista Zelotti gemalt hatten. Die Malcontenta hat viele berühmte Besucher in ihren Räumen gesehen: Heinrich III. von Frankreich, Großherzog Ferdinand II. von Toskana, den Kurfürsten August II. von Sachsen, König Friedrich IV. von Norwegen und König August III. von Polen. Keiner von ihnen war jedoch für die Geschichte der Baukunst so bedeutend wie gewisse englische Reisende, die einen Blick zwischen den Bäumen auf die Villa erhaschten, als sie im 17. und 18. Jahrhundert die Brenta hinabfuhren: der Graf von Arundel und Inigo Jones im Jahr 1613 und Thomas Coke, der nachmalige Graf von Leicester, sowie William Kent hundert Jahre später.

Nach der Malcontenta sind die Ufer der Brenta allmählich immer dichter mit Villen besetzt, großen und kleinen, aus den verschiedensten Perioden zwischen dem 15. und dem 18. Jahrhundert. Die nächste kleine Stadt, an der wir vorbeikommen, ist *Mira*, das William Beckford 1781 schilderte als »ein Dorf von Palästen, dessen Höfe und Gärten – so prachtvoll wie Statuen, Terrassen und Vasen sie nur gestalten können – ein großartiges, wenn auch alles andere als ländliches Bild bieten«. Das nächste Städtchen ist *Dolo* mit mehreren schönen Villen, deren eindrucksvollste die Villa Ferretti-Angeli ist, ein langgestreckter, niedriger Bau, von Vincenzo Scamozzi 1596 erbaut.

Bald darauf gelangt der Burchiello nach *Stra*, einer kleinen Stadt, die von der riesigen weißen Fassade des *Palazzo Pisani* beherrscht wird, einem von mehreren Landhäusern, die der Familie Pisani gehörten. Der Palazzo wurde 1735 nach einem Entwurf von Girolamo Frigimelica begonnen und von Francesco Maria Preti vollendet. Er ist bei weitem das größte und imposanteste der Häuser an der Brenta und erinnert mich immer ein wenig an die Villa des Senators Pococurante, des Urbilds des unzufriedenen Millionärs, in Voltaires ›Candide‹.

Im Innern führt in anscheinend endloser Folge ein kühler, leerer Raum in den nächsten. Einige sind mit Fresken geringerer Meister geschmückt, andere mit mittelmäßigen Gemälden des 18. Jahrhunderts behängt. Einige wenige sind spärlich mit volantbesetzten Betten, dickbäuchigen Kommoden oder groblackierten Tischen und Stühlen möbliert, andere mit adretten, steifen Empire-Möbeln französischer oder italienischer Herkunft. Die Spärlichkeit der Einrichtung ist historisch korrekt; im 18. Jahrhundert waren die Häuser wesentlich sparsamer möbliert als heute. Das ganze Haus vermittelt einen guten Eindruck der Großartigkeit, mit welcher eine Dogenfamilie sich zu umgeben wünschte. Es ist eine ausgesprochen billige, flitterhafte Großartigkeit mit blicktäuschend gemalten statt echter Säulen und Marmortäfelungen, und sie geben der Villa mehr das Aussehen von Bühnendekorationen für eine Goldoni-Komödie als eines Palastes der reichsten Familie Venedigs.

Ein Raum freilich ist überraschend, nämlich der Ballsaal, und er allein würde die Fahrt nach Stra lohnen. Die Decke ist die großartigste, die Giovanni Battista Tiepolo in irgendeinem italienischen Haus gemalt hat, und zugleich auch seine letzte Arbeit in Italien; er vollendete sie zu Beginn des Jahres 1762, kurz bevor er zu seiner Reise nach Spanien aufbrach, wo Enttäuschung und Tod ihn erwarteten. Dieses Deckengemälde, mit einer juwelengleich blitzenden und strahlenden Palette gemalt, stellt die Verherrlichung der Familie Pisani dar. Ein Engel posaunt ihren Ruhm in die vier Weltgegenden, während die Pisani selbst, in schwerste Seide gekleidet, wie eine Reihe Kinder bei einer Schulfeier dasitzen und andächtig zuhören. Unterhalb von ihnen und völlig uninteressiert an diesem ganzen Schaugepränge sitzt ein Musikant und bringt einem Mädchen unter einer Piniengruppe ein Ständchen – die Annalen des Hauses Pisani »werden den Himmel nachtdunkel bewölken, bevor ihre Geschichte erstirbt«. An den Wänden hinter dem reichgeschmiedeten Balkon befinden sich Grisaillen – Allegorien der Künste und Wissenschaften, des Handels und der Landwirtschaft, des Friedens und des Krieges – von Domenico Tiepolo.

Der Garten hinter der Villa ist der besterhaltene der zahlreichen Gärten, die einstmals seit dem 18. Jahrhundert die Ufer der Brenta zierten. Die Mauerumfassung ist durch kunstreiche Toreingänge unterbrochen: Aussichtstürmchen und andere ›Ergötzlichkeiten‹, ein berühmtes Labyrinth, Balustraden und Vasen und zart mit Flechten bedeckte Statuen wechseln miteinander ab. Am Ende des Kanals, der von der Villa nach rückwärts verläuft, stehen eindrucksvolle Stallungen mit einer Säulenvorhalle, gekurvten Flügeln und Statuen auf dem Dach. Im Innern sind die einzelnen Boxen durch toskanische Säulen voneinander getrennt, und eine jede trägt die Statuette eines Pferdes. Dieser Bau ist ein Beispiel gelungener und wirksamer ›trompe-l'œil‹-Architektur, denn von der Villa aus gesehen wirkt er doppelt so groß, als er tatsächlich ist, und doppelt so weit entfernt. Die Bäume sind auf raffinierte Weise so gepflanzt, daß es aussieht, als erstrecke sich der Park noch weit über die Stallungen hinaus, während sie tatsächlich am Ende des Parks stehen. Die ganze Anlage ist eine nicht weniger kunstreiche Täuschung als irgendein von Tiepolos erfinderischen Gehilfen gemaltes ›trompe-l'œil‹-Gemälde.

Viele berühmte Leute haben in der Villa Pisani gewohnt – Napoleon, Eugène Beauharnais, als er Vizekönig von Italien war, ein Zar von Rußland und ein Kaiser von Österreich. Im Jahr 1866 ging sie in die Hände des Königs von

Italien über, der unverzüglich nahezu alle ihre besten Gemälde und Kunstgegenstände entfernte und nach Turin schickte. Bedauerlicherweise trug sich hier auch ein Ereignis mit tragischen Folgen zu – die erste Zusammenkunft zwischen Mussolini und Hitler.

Kurz nach Stra kommt der Burchiello an *Noventa Padovana* vorbei, wo man auf der rechten Seite die aus dem späten 17. Jahrhundert stammende Villa Giovanelli sehen kann. Sie ist leicht erkennbar an ihrer Säulenvorhalle mit den eigentümlich eingebuchteten Seiten.

Der Burchiello kommt um fünf Uhr nachmittags in *Padua* an. Das läßt einem Zeit, um einen ganz kurzen Blick auf die Stadt zu werfen, ehe man im Autobus nach Venedig zurückfährt. Die wichtigsten Baudenkmäler in Padua sind die Scrovegni-Kapelle, die Eremitani-Kirche, die Santo-Kirche und der Prato della Valle.

Die *Cappella Scrovegni* steht in den Ruinen des römischen Amphitheaters und enthält einen der schönsten Freskenzyklen in ganz Italien – die Fresken, die Giotto zwischen 1305 und 1310 malte. Die Kapelle wurde von einem gewissen Enrico Scrovegni erbaut als ein Akt der Buße für seines Vaters unehrenhaft erworbene Wuchergewinne und als Bitte an die Muttergottes um Fürsprache für ihn. Giottos Darstellungen von Szenen aus dem Marienleben sollten somit eine Predigt über die Erlösung und das Seelenheil mit besonderem Bezug auf die Sünde des Wuchers veranschaulichen. Das Thema ist an der Eingangswand dargelegt, wo Scrovegni der Muttergottes und den Schutzheiligen die Kapelle darbietet, während Wucherer in einer Art Danteschem ›Inferno‹ an ihre Geldsäcke gefesselt sind. Gegenüber schildern die Gemälde über dem Altarraum die Berufung Mariens zum Werkzeug des göttlichen Willens und zur Fürbitterin für die Menschheit. Die Szenen an den Wänden sind so angeordnet, daß sie zu jenen an der Bogenwölbung hinführen – der ›Heimsuchung‹, der ›Verkündigung‹ und dem ›Judas, der das Sündengeld annimmt‹. Die

Beziehung zwischen den Szenen auf den beiden Reihen ist ebenfalls sorgfältig durchdacht, so daß beispielsweise die ›Geißelung Christi‹ unter dem ›Bethlehemitischen Kindermord‹ steht und die ›Auferstehung‹ unter der ›Auferweckung des Lazarus‹.

Vom künstlerischen Standpunkt aus ist diese Folge von Fresken schlechtweg umwälzend, denn sie ist das erste Werk, in dem Giottos Genie in seiner ganzen Reichweite, seiner Vitalität und Humanität voll zutage tritt. Eine jede Szene ist mit einem überaus lebhaften Begriff ihrer dramatischen Qualitäten komponiert. Jede Figur ist ein unverwechselbares Menschenwesen, jede Gebärde ist bedeutungsträchtig, jedes Antlitz spricht irgendeine menschliche Regung aus, sei sie Kummer, Freude, Resignation, Grausamkeit oder Schlauheit. Noch erstaunlicher in Anbetracht der Zeit, zu der diese Fresken geschaffen wurden, ist die Tatsache, daß sowohl die Gestalten als auch die Bauwerke hinter ihnen dreidimensional im Raum stehen. Ja, Giotto hat sogar zwei Gemälde eingefügt, die überhaupt nur den Raum darstellen: die ›trompe-l'œil‹-Ansichten der zwei kleinen Kapellen beiderseits des Triumphbogens. Man braucht nur an die venetobyzantinischen Ikonen oder Mosaiken in Venedig zu denken, um zu erkennen, wie entscheidend Giotto sich von den ausgetretenen Pfaden ihrer überalterten Tradition abwandte; man braucht sich nur daran zu erinnern, daß die Scrovegni-Kapelle im ersten Jahrzehnt des 14. Jahrhunderts ausgemalt wurde, um zu begreifen, daß die venezianischen Künstler volle hundertfünfzig Jahre brauchten, um Giottos Entdeckungen einzuholen. In der Scrovegni-Kapelle erlebt man in der Tat mit eigenen Augen die Geburt der modernen Malerei in Europa. Und wie auch bei Dante vermag man durchs mittelalterliche Zwielicht hindurch das erste Aufblühen der Renaissance-Morgenröte zu erkennen.

Auf dem Altar stehen Statuen der Muttergottes mit dem Kind und zweier Engel von Giovanni Pisano, die aus der gleichen Zeit stammen wie die Fresken und in ähnlicher Weise einen Bruch mit der hieratischen, byzantinischen Relieftradition bezeugen. Die mittlere Figur läßt erkennen, daß der Bildhauer eine gewisse Anregung aus Frankreich bezog – sie zeigt sich in der anmutigen Eleganz der Figur und dem zärtlichen Verhältnis zwischen Mutter und Kind – und daß er überdies über Byzanz hinaus weiter zurück nach Rom blickte. Diese Figuren besitzen den Adel und die ruhige Gelassenheit klassischer Statuen.

In der Nähe der Cappella Scrovegni steht die große *Eremitani-Kirche*. Hier, in der Kapelle rechts vom Hochaltar, sind noch traurige Überreste von Mantegnas großen Fresken zu sehen. Sie wurden 1448 gemalt und waren die ersten ausgesprochenen Renaissancegemälde, die in Venetien ausgeführt wurden. Sie verkündeten mit ihren statuenhaften Figuren und mit ihren architektonischen Details, was sie der Antike schuldig waren, und verrieten überdies den Einfluß Donatellos, der zur Zeit ihrer Entstehung für die Antonius-Basilika, kurz Il Santo genannt, in Padua arbeitete. Betrüblicherweise wurde die Kirche im Zweiten Weltkrieg von einer Bombe getroffen, und nur die beiden Szenen mit dem Martyrium des hl. Christophorus sind wenigstens teilweise unversehrt davongekommen.

Schilder in nahezu jeder Straße weisen den Weg zum *Santo* am anderen Ende von Padua. Mit ihren vielen Kuppeln und minarettähnlichen Türmen wirkt diese Kirche womöglich noch morgenländischer als San Marco in Venedig. Obwohl die größte Kirche der Stadt, ist sie doch nicht die Kathedrale. Sie wurde 1232 gleichsam als Schrein für die Reliquien des hl. Antonius von Padua, eines Jüngers des hl. Franz von Assisi, begonnen, wurde bald zu einem beliebten Wallfahrtsort und erhielt ihre gegenwärtige riesige Gestalt vor der Mitte des 14. Jahrhunderts.

Draußen vor der Kirche steht eine der schönsten Renaissancestatuen – Donatellos Standbild des Erasmo von Narni, genannt ›Gattamelata‹, Oberbefehlshaber der venezianischen Heere. Sie wurde zwischen 1445 und 1453 geschaffen und ist die erste in einer Folge von Reiterstandbildern der Renaissance, die den Glanz des Altertums in den Straßen der italienischen Städte neu zu erwecken suchten. Es ist bezeichnend, daß sie, gleich Mantegnas Fresken in der Eremitani-Kirche, nicht in Venedig ausgeführt wurde, sondern in der unterworfenen und abhängigen Stadt Padua, wo der von der Universität geförderte Humanismus um so vieles stärker war.

Donatello ist auch im Innern der Kirche durch die Statuen der Madonna und sechs Heiliger vertreten sowie mit einer Folge von Flachreliefs, sämtlich in Bronze, auf dem Hochaltar, allerdings leider nicht in ihrer ursprünglichen Anordnung. Dieses große, zwischen 1446 und 1449 geschaffene Werk führte den Stil der Renaissance in die Skulptur Venetiens ein und lieferte Vorbilder für die nachfolgenden Generationen von Künstlern in Padua und Venedig. Vor dem Hochaltar steht der Osterleuchter, das Meisterwerk von Il Riccio. Die Kapelle des hl. Antonius ist eingefaßt von Reliefs von Tullio und Antonio Lombardo, Sansovino und anderen. In einer Kapelle an der gegenüberliegenden Seite des Hauptschiffs befinden sich Fresken von Altichiero — datiert 1377 —, dem ersten der norditalienischen Maler, der Giottos Führung folgte. In auffallendem Kontrast hierzu der ›tesoro‹ am Ostende der Kirche, eine Hinzufügung des 17. Jahrhunderts, die reich mit überschwenglich sinnlichen und sogar leicht unheimlichen Skulpturen von Filippo Parodi ausgestaltet ist.

Vom Santo führt die Via L. Belludi zum *Prato della Valle.* Dies ist ein Miniaturpark auf ovalem Grundriß, umfaßt von einem Kanal, bewacht von Statuen der wirklichen und legendären ›alumni‹ von Padua und geschmückt mit Obelisken von geradezu kühner Eleganz — ein Meisterwerk der Stadtbaukunst des späten 18. Jahrhunderts.

Es gibt noch zahlreiche andere Dinge in Padua, die es anzusehen lohnt. Das Museo Civico enthält eine gute

Sammlung venezianischer Gemälde. In der Scuola di Sant'Antonio hängt ein ganzer Saal voller Gemälde von Tizian und anderen. Im Oratorio di San Giorgio, zwischen der Scuola und dem Santo, befindet sich eine Folge von Fresken von Altichiero, deren Szenen größer sind und folglich auf den Betrachter noch schlagender wirken als die in der Giotto-Kapelle. Wer sich besonders für gotische Malerei interessiert, wird einen Besuch des Baptisteriums neben dem Dom lohnend finden – es enthält eine sehr schöne Folge von Fresken von Giusto de' Menabuoi, um 1370 gemalt. Wen andererseits die Architektur des 16. Jahrhunderts fesselt, der sollte den Palazzo Municipale und auch die luftige Kirche Santa Giustina am Ende des Prato della Valle aufsuchen. Gartenliebhaber werden sich an dem Orto Botanico, dem ältesten botanischen Garten Europas, freuen. Doktoren der Medizin sollten der Universität einen Besuch abstatten.

Und niemand sollte Padua verlassen, ohne zuvor zumindest einen Espresso im Café Pedrocchi getrunken zu haben – dem palastähnlichsten Café Europas.

KAPITEL 20

Epilog

Die Koffer sind gepackt, die Rechnung ist bezahlt, und man sitzt in der Halle des Hotels oder der ›pensione‹ und wartet auf die Gondel oder das Motorboot oder den ›facchino‹, damit er das Gepäck zum Motoscafo trägt. Und unwillkürlich kommen einem die untröstlich sentimentalen Worte einer alten Barkarole in den Sinn, so abgedroschen und zugleich so unvergänglich wie alles, was schön ist in dieser Stadt:

> La campagna me consola,
> Ma Venezia zè la sola
> Che me posa contentar,
> O Venezia benedetta
> Non te vogio più lasar.

»Die Landschaft tröstet mich, aber Venedig ist der einzige Ort, der mir Zufriedenheit schenkt; o gesegnetes Venedig, ich mag dich nicht mehr verlassen.« Man sitzt gelähmt da wie Proust in ›Albertine Disparue‹, außerstande, sich zu dem herzzerreißenden Schritt aufs Festland aufzuraffen.

Einer meiner Freunde, den ich zu den kenntnisreichsten Liebhabern Venedigs zähle, sagte zu mir am Ende eines seiner alljährlichen Besuche: »Ich komme nie mehr wieder. Der Schmerz des Abschiednehmens ist zu groß, und er wird jedesmal ärger.« Ich selbst habe bei der Abreise aus Venedig größere Trauer verspürt als beim Verlassen irgendeiner anderen Stadt. Auf der Fahrt zum Piazzale Roma glaube ich eine Stimme zu hören, die mir zuraunt: »Schau genau hin, denn so wie jetzt wirst du es nie wiedersehen.« Warum ergreift einen dieses Gefühl in Venedig um so vieles stärker als in anderen schönen Städten, als in Florenz, Rom, Wien, Kopenhagen oder Paris? Es gibt dafür mehrere Gründe.

Die Schönheit Venedigs ist so zart und zerbrechlich, daß die geringste Kleinigkeit sie zerschmettern kann. Eine Lichtreklame, ein grelles, geschmackloses Schaufenster, eine aufgesetzte Dachwohnung auf einen alten Palazzo können das Aussehen eines ganzen Campo verändern. Ein gut entworfener, mit guten Baustoffen verkleideter moderner Zweckbau, den man in einer anderen Stadt überhaupt nicht bemerken würde, wird in Venedig zu einem schauerlichen Ungeheuer — ganz einfach, weil er nicht wie alle seine Nachbarn hier geboren und aufgewachsen ist. Einige neue Bauten sind trotzdem in dieser Hinsicht gelungen — wie etwa der S.A.D.E.-Bürohausblock in der Nähe des Piazzale Roma. Die Architekten haben hier mit Hilfe moderner Bautechniken eine anmutige Leichtigkeit und Gewichtlosigkeit der Form, jene Auflösung der Fassade in ein Muster aus Licht und Schatten erreicht, um die sich auch die früheren venezianischen Baumeister bemühten. Aber dies sind seltene Fälle, und nur wenige andere moderne Bauten haben den ›genius loci‹ in ähnlich einfühlsamer Weise respektiert.

Probleme der Stadtplanung haben in jüngster Zeit Venedig in zwei Parteien gespalten, die sich wohl noch erbitterter befehden als die Castellani und die Nicolotti im Mittelalter. Die eine Partei, vertreten durch die Mitglieder der Vereinigung ›Italia Nostra‹, tritt für Erhaltung und Bewahrung ein und hat einen vorzüglichen, wiewohl kostspieligen Plan entworfen, um die Stadt zu einer intellektuellen Hauptstadt zu machen, die heruntergekommenen Mietshäuser in den Elendsvierteln in freundliche Wohnungen umzuwandeln und so fort. Die andere Partei, geführt von einer Vereinigung mit Namen ›Venezia Viva‹, setzt sich für durchgreifende Modernisierung ein. Diese Partei erklärt, Venedig sei kein Museum und könne größeren Wohlstand erreichen, wenn es industrialisiert und aus seiner Abhän-

gigkeit vom Fremdenverkehr befreit werde. Einige Extre-
misten haben sogar vorgeschlagen, den Canal Grande
trockenzulegen und ihn zu einer Autostraße zu machen.
Warum diese Leute ihren Tatendrang nicht auf Mestre
konzentrieren, das schwerlich noch häßlicher aussehen
könnte als gegenwärtig und das sich leicht zu einer modernen Stadt umwandeln ließe, ist ein Geheimnis. Jedenfalls
ziehen sie ihren Plan zur Zerstörung Venedigs vor. Obwohl
es mir schwerfällt, ihre Vorschläge ernst zu nehmen, ver-
lasse ich Venedig doch nie ohne das unbehagliche Gefühl,
daß sie sich eines Tages vielleicht doch durchsetzen könnten.

Die Stadt wird jedoch seit langem von einer wesentlich
ernsteren Gefahr bedroht, als es die Städteplaner sind –
nämlich vom Wasser. Venedig sinkt langsam, und was die
Sache noch verschlimmert, der Wasserspiegel der Adria
scheint zu steigen. Die Inseln Venedigs bestehen bis zu
einer Tiefe von etwas über dreißig Metern aus Schlamm,
dann kommt eine etwa drei Meter dicke Schicht von
schwerem Lehm, der auf Schichten von Torf und wäßri-
gem Sand schwimmt. Sämtliche Bauten Venedigs ruhen
auf hölzernen Pfählen, die durch den Schlamm in die
Unterschicht aus Lehm hineingetrieben sind, und diese
Unterschicht ist an einigen Stellen, wie etwa dem Dorsoduro, fester als an anderen. Aber es ist weniger der Lehm,
welcher die Stadt trägt, als vielmehr der Schwemmsand
darunter. Nach den Gesetzen der Hydraulik ist der auf-
wärts gerichtete Druck um so stärker, je größer der Gegen-
druck, das heißt das Gewicht, auf dem Schwemmsand
lastet. Der beiderseitige Druck auf die Lehmschicht von
oben und unten hat jedoch diese Schicht allmählich
zusammengepreßt, so daß sie ihre Elastizität verliert, durch
welche die Bewegungen des Schwemmsandes ausgegli-
chen werden. Es ist bereits hier und dort zu gelegentlichem
Absacken des Bodens gekommen, wodurch Gebäude sich
zur Seite geneigt haben (es gibt nur wenige wirklich senk-

rechte Campanile in der Stadt) und zuweilen sogar einge-
stürzt sind. An anderen Stellen der Stadt hat sich der Boden
gleichmäßiger gesenkt, wie etwa auf dem Markusplatz und
der Piazzetta, wo im Laufe der Zeit immer neue Pflaster-
schichten aufgelegt werden mußten, um das Niveau über
dem Wasserspiegel zu halten. An vielen Stellen liegen Säulen und Toreingänge, die sich früher in Pflasterhöhe befanden, jetzt ein gutes Stück darunter. Gleichzeitig verrotten
und verfaulen die hölzernen Pfähle allmählich, und ihr
schlechter Zustand wird außerdem noch durch den zunehmenden Motorbootverkehr auf den Kanälen verschlimmert.

In dem Maß, in dem die Stadt sinkt, werden die Über-
schwemmungen häufiger. Ein Scirocco, der die Adria heraufbläst, peitscht das Meer am Strand des Lido hoch und
blockiert so die Mündungen, durch welche das Flutwasser
aus der Lagune ins offene Meer hinaus entweichen will.
Diese Flutwasser werden folglich auf die Stadt Venedig
zurückgetrieben und treten, wenn sie hoch sind, allmählich über die Kanäle und bedecken alle tiefer liegenden
Straßen der Stadt. Im 18. Jahrhundert waren solche Über-
schwemmungen noch so selten, daß die Personen in Goldonis Stücken vom »Jahr der ›acqua alta‹«, dem Hochwas-
serjahr, sprechen konnten, so wie ihre Zeitgenossen auf der
englischen Bühne den berühmten Winter erwähnten, in
dem die Themse zufror. Noch gegen Ende des 19. Jahrhunderts war eine Überschwemmung etwas so Ungewöhnliches, daß sie beträchtliche Aufregung hervorrief. Horatio
Brown schildert, wie die Straßen sich mit Menschen füll-
ten, die alle »nach der Piazza liefen, um sich den Spaß
anzusehen. Alles lacht und scherzt und findet nackte Beine
und hohe Stiefel einen großartigen Witz – die Menschen
amüsieren sich königlich darüber, obwohl die Keller-
geschosse ihrer Häuser durchweicht sind und sich ihr
Brennholz für den Winter allmählich mit Wasser voll-
saugt.« Heute ist die ›acqua alta‹ nicht mehr zum Lachen.

Jeden Winter verwandelt sich der Markusplatz mehrmals in einen See, und es werden kleine Knüppeldämme aus auf Böcken ruhenden Planken gebaut, damit die Menschen ihn überqueren können. In einigen Gegenden der Stadt, wie zum Beispiel dem Campiello Albrizzi und dem Gebiet zwischen der Gesuiti und den Santi Apostoli, steigt das Wasser häufig bis zu einem Meter über das Pflaster. Es steigt zwar langsam, aber wer nicht achtgibt, ist plötzlich auf einer Brücke wie auf einer einsamen Insel ausgesetzt oder genötigt, durch eiskaltes Wasser zu waten, um wieder aufs trockene Pflaster zu gelangen. Die Schätzungen, wie rasch Venedig sinkt, weichen stark voneinander ab. Die größten Pessimisten errechnen zweieinhalb Zentimeter in fünf Jahren. Ruskin schilderte im Jahr 1851 Venedig bereits als »ein Gespenst auf dem Sand des Meeres« und nahm sich vor, die »Linien dieses Bildes nachzuziehen, ehe es auf immer verlorengeht«. Er war offensichtlich der Meinung, daß er gerade noch rechtzeitig gekommen sei.

Das Wissen, daß Venedig, wie langsam auch immer, im Wasser versinkt, beeinflußt zwangsläufig die Art, wie wir seine Kirchen und Paläste betrachten. Ihre Gefährdung macht uns ihre Schönheit nur noch stärker bewußt, und wir blicken auf San Marco, auf die Ca' d'Oro oder Santa Maria della Salute mit der gleichen gebannten Intensität, mit der wir die Blüte einer Purpurwinde betrachten, die bereits vor der Mittagsstunde welken wird, eine Rose, deren Blüte sich am Abend entblättern wird, eine herbstliche Lichtung, deren Bäume der nächste Sturm nackt und kahl fegen wird. Diese wehmutsvolle Schönheit ist es, die den empfindsamen Liebhaber Venedigs so in ihrem Bann hält.

Doch liegt die Schönheit Venedigs nicht einzig oder auch nur hauptsächlich in den architektonischen Vorzügen seiner Bauten, so groß sie auch sein mögen. Je mehr man sich bemüht, über die venezianische Baukunst zu schreiben, desto stärker wird einem bewußt, daß es unmöglich

ist, sie mit rein objektiven, intellektuellen Begriffen zu
erfassen. Die Rialto-Brücke würde vielleicht wirklich so
aussehen, wie Gibbon sie schilderte – »eine schöne Brücke,
die durch zwei Reihen Häuser darauf verdorben wird« –,
wäre nicht das blitzende, funkelnde Licht, das vom Wasser
auf die Unterseite des Bogens zurückgeworfen wird. Überall in Venedig wird man unablässig von den architektonischen Motiven durch diese flackernden, sich wellenden
Muster aus Licht und Schatten abgelenkt, die von den
absichtsvoll so gestalteten Gebäuden aufgefangen und wiedergegeben werden. Daneben gibt es noch andere Ablen-
kungen. Während man zur Fassade von San Giorgio Maggiore hinaufblickt, wandert das Auge höher hinauf und
über sie hinaus zu den Kuppeln aus Kumuluswolken oben
am Himmel; während man die intellektuelle Präzision der
Redentore-Kirche studiert, wird der Blick durch einen
Sandolo abgelenkt, der den Giudecca-Kanal heraufgesaust
kommt. So vieles, was in Venedig schön ist, verdankt seine
Schönheit den Umständen seines szenischen Hintergrunds.

In ähnlicher Weise sprechen venezianische Gemälde
uns zum Teil gerade deswegen an, weil sie venezianisch
sind, weil sie die Stimmung oder das Licht, wenn nicht gar
die tatsächlichen Bauwerke der Stadt, so abbilden, wie wir
sie heute kennen. Daher die unversiegbare Anziehungs-
kraft von Carpaccios Bildern. Selbst auf den Werken der
großen Meister, der Bellini, Tizian, Tintoretto und Veronese, leihen die rein lokalen, venezianischen Details einen
zusätzlichen Zauber – ein Blick auf die fernen Berge wie
der vom Campanile auf Torcello, die Haltung einer sam-
metgekleideten Dame, die genau wie die Contessa Z. aussieht, wie sie sich im Foyer des Fenice umblickte, eine mus-
kulöse Figur genau wie ein Gondoliere beim Rudern, ein
Abendhimmel, der dem Sonnenuntergang, welchen wir
gestern über der Giudecca bewunderten, zum Verwechseln
ähnlich sieht. Venedig und seine Kunstwerke ergänzen einander: Je mehr wir das eine lieben, desto unwiderstehlicher

werden wir zu den anderen hingezogen. Auch die venezianische Literatur fasziniert in ähnlicher Weise allein auf Grund der Tatsache, daß sie ein Produkt dieses einzigartigen Ortes ist. Wer würde sich um Goldonis Sittenkomödien kümmern, wenn die Nebenpersonen in der Mundart Bolognas oder Mailands redeten? Es ist Venedig selbst, das so viel größer ist als die Summe seiner Gemälde, Skulpturen und Bauten, seiner phantastischen Möbel und strahlenden Seidenstoffe, seines Goldes und seiner Gläser; es ist der Gedanke, daß Venedig langsam im Wasser versinkt, der einem die Kehle zuschnürt, wenn der Sänger mit bebender Stimme zum Höhepunkt seines Liedes gelangt:

> O Venezia benedetta,
> Non te vogio più lasar.

Wenn der Augenblick der Abreise kommt, werden die Eindrücke, die am stärksten im Gedächtnis haften, höchstwahrscheinlich mehr von der Stadt und der Lagune als von ihren Kunstschätzen herrühren. Kein ›Cicerone‹ kann angeben, kein Reiseführer kann vorhersagen, welches diese Eindrücke sein werden. Vielleicht ist es nicht mehr als ein flüchtiger Blick durch einen wappengeschmückten Torbogen in einen Cortile, in dem Wäsche aufgehängt ist, oder das plötzliche Freudengefühl, wenn man aus einer langen, dunklen Calle auf lächelnde Fondamenta hinaustritt. Eine Hochzeitsgesellschaft in einem Zug von Gondeln, ein Grünzeughändler und ein Marktträger, die einander in der zischenden Mundart von Goldonis Pantalone beschimpfen, ein Gondoliere, der die Bronze an seinem Boot poliert, eine alte Frau, die andächtig in irgendeiner stillen, kühlen Kirche kniet, wo eine Madonna von Bellini mitfühlend auf sie herabblickt, das Flackern der Kerzen vor einem Altar, das die Marmorblumen eines Tullio Lombardo erleuchtet, oder vielleicht ein so simples Bild wie eine Katze, die sich auf einem alten Brunnenhäuschen sonnt, oder ein Taubenpaar, das sich auf einem der Bogen, welche, quer über eine enge Calle gespannt, die Paläste auseinanderhalten, silhouettengleich gegen den Himmel abhebt. Die Bauten Venedigs werden, auch wenn sie vielleicht versinken, unsere Zeit überdauern; aber Bilder und Szenen wie diese, die einen unerläßlichen Teil der Erinnerung an Venedig ausmachen, werden und können nie auf die gleiche Weise wiederkehren.

Register